고통에

KB059803

응답하지 않는

정치

고통에 응답하지 않는 정치

김동춘 지음

사계절

2016~17년 촛불시위에 힘입어 출범한 문재인 정부는 '기회의 평등, 과정의 공정, 결과의 정의'를 내걸었다. 그러나 문재인 정부 5년 동안 이 멋진 구호가 제대로 실천되었다고 생각하는 사람은 거의 없다. 정부가 나름대로 애를 썼다고 보는 사람도 있겠지만, 나는 그렇게 생각하지 않는다. 노무현 정부는 여러 개혁을 시도하다 강력한 반발에 부딪쳐 실패했지만, 문재인 정부는 시도조차 하지 않은 것이 대부분이다. 이로써 촛불시민을 비롯한 지지자들에게 허탈을 안겼을 뿐 아니라, 박근혜 탄핵 이후 쓰러졌던 국민의힘 세력을 완벽하게 부활시켜 정치 경험이 일천한 검찰총장 윤석열을 곧바로 대통령으로 만들었다. 또한 사회경제 정책에 관한 한 문재인 정부는 민주화 이후의 역대 정권 가운데 가장 실적이 없는 정부다.

'공정'은 문재인 정부를 상징하는 구호였다. 비정규직의 정규직화, 최저 임금 인상, 노동 시간 단축 등은 모두 다 정말 필요한 일이었다. 그러나 여기에서 얼마나 성과를 거두었는지는 회의적이다. 문재인 대통령은 공정과 정의 실현의 선결 조건이 남북 분단 극복과 한반도 평화라고 생각한 것 같다. 아니면 대통령이 주도권을 갖고서 할 수 있는 일이 남북·한미 관계의 정상화라고 생각했을 수도 있다. 그러나 이 부분에서도 이루어진 것은 거의 없다. 또한 국민들이 피 흘려 얻은 권력, 촛불시민이 위임해준 대통령의 권력을 제대로 사용하지 못했다. 민주주의 확대와 불평등 극복이라는, 국가와 사회의 미래가 달린 중요한 사회경제적 사안을 제대로 다루지 못해서 촛불 이후 '다 죽어가던' 세력에게 권력을 넘겨준 일에 면죄부를 줄 수는 없다.

지금까지 우리는 세 번의 '민주'정부를 겪었다. 그동안 대중은 이들을, 그러니까 민주당을 보며 민주화운동 경력과 선의善意, 그리고 국민의힘보다 상대적으로 덜 부패한 이미지를 떠올렸다. 그러나 지난 5년간 문재인 정부를 겪고 나서는 표 계산에만 천착하는 무능한 정당이라는 인식이 매우 강해졌다. 정권 교체가 서민들의 삶의 변화로 이어지지 않으면서 '그렇다면 왜 정권을 교체해야 하는가'라는 회의가 더욱 확산되었다.

다음 대선에서 윤석열 정부의 실정에 힘입어 민주당이 다시 집권할 수도 있겠지만, 그들이 한국 사회를 제대로 이끄는 정치 세력으로 거듭날 것이라는 기대를 갖기 어렵다. 촛불시위라는, 김대중·노무현 정부와는 비교할 수 없을 정도의 엄청난 정치적 자본을 갖고 출발한 문재인 정부는 심지어 21대 총선에서 국회 의석 180석을 얻은 뒤에도 개혁을 미적미적했다. 이를 본 우리는 도대체 어떤 조건이 충족되어야 민주당이 움직일 것인지 묻지 않을 수 없다. 언제까지 검찰과 언론 탓만 할 텐가? 신자유주의의 물결이 여전히 거세고, 날로 격화하는 미중 양국의 패권 경쟁 구도에서 한국의 입지는 매우 좁다. 또한 지난 70년간 한국을 이끈 보수 세력은 지금도 막강하다. 그렇다고 민주정부의 실패를 또다시 인정하기에는 현재 우리의 삶이 너무 팍팍하고 미래는 밝지 않아 보인다.

자본주의 사회에서 자본이 없는 사람은 제아무리 애를 써도 경제적 강자에게 맞설 수 없다. 입법, 사법, 행정 등 국가의 모든 시스템은 투자, 고용, 구매력 같은 '시장력'을 가진 사람에게 유리하게 작동한다. 사회경제적 약자들이 시장력의 횡포로부터 스스로를 보호할 수 있고, 정치사회적 의사 결정 과정에 주체적으로 참여할 수 있어야 민주주의가 보장된다. 그런데 한국에서는 재벌대기업의 힘이 강하고, 지역·노동·시민의 연대는 매우 미약하다. 국민의힘은 거론할 것도 없고, 민주당도 입으로만 "진보와 개혁"을 말할 뿐 사회경제적 약자의 고통과 아픔을 돌보지 않는다. 약자들은 표가 되지 않는다고 생각하기 때문일까? 민주당은 종합부동산세 부과 대상을 상위 2퍼센트로 제한했고, 그마저도 비판이 무서워서 세율을 반으로 줄여 입법했다.

해마다 2000여 명이 산업재해로 사망하지만, 민주당이 만든 중대재해처벌법(시행 2022년 1월 27일)으로는 이 죽음의 행렬을 멈출 수 없다. 노동계와 시민사회의 강력한 요구로 법을 만들기는 했으나, 국회에서 5인 이하 사업장은 적용 대상에서 제외하고 50인 이상 사업장은 시행을 3년 유예했으며 사용자의 책임도 줄였기 때문이다.

대체로 후발 자본주의 국가는 재정 부족과 정치 세력의 부재로 구성원에게 인간다운 삶을 유지하는 데 필수적인 각종 사회 서비스를 온전히 제공하지 못한다. 대신 가족이나 이웃, 친구 같은 사적인 관계에 복지를 떠맡긴다. 한국도 가구당 민간 보험료 지출이 공공 보험금보다 크며, 생존에 필요한 주택·의료·교육 등은 고도로 상품화되어 있다.

한국은 국가의 경제 규모나 재정, 그리고 1인당 소득 등 많은 지표에서 선진국에 진입했다. 그러나 사회 구성원이 자신의 생존과 인간으로서 자존감을 유지하는 데 드는 비용을 대부분 사적으로 지불하고 있다는 점에서 사회 시스템은 여전히 개발도상국에 더 가깝다.

20세기 후반 이후 금융 자본주의, 디지털화와 자동화, 유연 생산 체제가 전 세계로 확대되었다. 그 결과 오늘날 수많은 노동자의 고용과 복지가 불안한 상황에 처해 있다. 거의 모든 나라에서 불평등이 심화되고 민주주의가 후퇴했다. 21세기 한국도 예외가 아니며, 갈수록 사회 이동의 기회가 제한되고 있다.

세 번의 민주정부(김대중 1998~2003년, 노무현 2003~08년, 문재인 2017~22년)를 거치며 부동산이 폭등하고 평범한 이들이 흙수저와 벼락거지로 전락한 상황을, 사회적 약자의 삶이 전보다 훨씬 더 핍진해진 까닭을 어떻게 이해할 것인가? 이것은 정치의 실패일 뿐 아니라, 선거를 통해 정권을 교체하고 제도 정치를 통해 사회의 여러 문제를 해결하는 능력이 현저히 저하되었음을 뜻한다. 또한 이것은 외환위기 이후 '자본 또는 시장의 힘'이 '정치가 사회에 개입하는 힘'을 압도한 결과일 수 있다.

이제 나는 지구화와 신자유주의라는 파고 속에서 정권 교체에 성공한 역대 민주진보 대통령과 민주화운동 세력이, 그리고 이들의 주도로 구성된 민주당이 시장력의 확대에 맞서는 사회력을 제대로 형성하지 못한 원인을 역사정치적 과정 속에서 살피고자 한다. 독자들과 함께 한국의 성장 과정을 돌아보고 새로운 대안을 찾고자 희망한다. 이로써 이 책이 독자들에게 한국 사회에 대한 성찰을 통해 대전환의 희망과 변화의 가능성을 탐색하는 기회가 되기를 바란다.

성장주의 논리가 지배하는 사회 시스템을 전면 개혁해야 하고, 보통 사람들이 안전하고 행복하게 살 수 있는 나라를 만드는 일을 국가와 사회의 목표로 삼아야 한다. 특히 한국의 국제적 위상이나 경제력에 비해 뒤처진 국내 사회 시스템을 극복해야 한다. 주거·노동·교육 문제로 인한 국민적 고통을, 수도권의 과도한 집중과 저출생과 높은 자살률의 원인을 구조적으로 해명해서 새로운 정치사회 세력이 등장할 단초를 마련하자는 문제의식을 갖고 이 책을 세상에 내놓는다.

5장 ✕ 거시 역사 구조와 지식 정치

6장 × 한국 자본주의의
경로 대전환

344

1장

민주화 이후

경제와

사회

선진 한국의
불행한 한국인

한국 정부의 성적표

2021년 유엔무역개발회의^{UNCTAD}가 한국을 선진 32개국에 포함했다. 2차 세계대전이 끝난 1945년 이후 개발도상국에서 선진국으로 올라선 나라는 한국이 유일하다고 한다. 2021년 기준 한국의 국내 총생산^{GDP}은 세계 10위이고 1인당 국민 총소득^{GNI}은 3만 5000달러를 돌파했다. 2021년 6월에는 문재인 대통령이 영국에서 열린 주요 7개국^{G7} 정상 회담에 초청받아 국격을 높였다는 찬사를 받았다.

2020년 코로나19 팬데믹 상황에서 전 세계가 한국의 성공적인 방역에 주목했다. 팬데믹 이전부터 심각한 불평등과 취약한 공공 의료로 인해 몸살을 앓던 미국, 브라질, 인도는 전쟁을 방불케 하는 참사를 겪었고 복지 선진국으로 알려진 유럽의 영국, 독일, 스웨덴도 큰 혼란을 피하지 못했다. 반면 한국 정부는 체계적이고 효율적인 방역으로 주목을 받았다.

그러는 사이 『눈 떠보니 선진국』(박태웅, 한빛비즈, 2021)이라는 제목의 책도 나왔다. 젊은 세대의 지식인들은 한국의 놀라운 발전을 직시하자면서 "우리는 선진국 '추격'을 끝내고 '추월'하는 단계에 와 있다"라고 주장한다.[1] 이들은 한목소리로 기성 민주화운동 세대는 한국을 너무 비판적으로만 본다고 질타한다. 실제로 2020년 구매력 기준 1인당 GDP로는 한국이 일본을 추월했다. 과거의 식민지 국가가 식민 종주국과 비등한 경제력을 갖게 된 세계 유일의 사례이다. 봉준호 감독의 영화 〈기생충〉이 오스카상을 휩쓸고, 그룹 BTS가 전 세계 청년들의 사랑을 받는 등 여러 영역에서 '한국 모델K-model'이 거론될 정도로 한국이 선진국 반열에 올라선 것도 사실이다.

그러나 최근 출간된 『성공한 나라 불안한 시민』(이태수 외, 헤이북스, 2022)에서는 복지 및 정책 전문가들이 나서서 나라는 부유해졌는데 반대로 시민의 삶은 팍팍해진 현실을 폭로한다.[2] 이 책의 필자들은 경제는 발전했으나 국민 행복 지수는 후퇴했고, 2016~17년 촛불시위를 거친 뒤 민주화 이후 세 번째 민주정부인 문재인 정부가 들어섰지만 삶의 질은 거의 개선되지 않았으며, 청년을 비롯한 대다수 한국인은 삶이 더욱 힘들어졌다고 말한다. 임금 소득만으로는 잘살기 어렵다고 생각한 청년들은 '영끌(영혼까지 끌어모은 대출)'로 주식과 비트코인을 긁어모았다. 그러다 금리 인상의 여파로 이자가 오르고 원금 상환 부담이 커지자 벼랑 끝으로 몰리고 말았다.

한국은 어느새 고령화 사회 초입에 들어섰지만, 65세 이상의 취업자 비율은 34퍼센트로 주요 선진국 중 압도적 1위이다. 노인이 되어서도 일하지 않으면 살 수 없는 나라라는 이야기다.[3]

그뿐이랴. 청년, 빈곤층, 노동자, 여성, 노인의 일상생활과 사회경제적 권리는 참담한 수준이다. 2021년 「세계행복보고서」에서 한국은 2020년에 비해 11계단 상승한 50위를 기록했다(1위는 4년째 핀란드이다). 이 순위는 1인당 GDP, 사회적 지원, 건강 기대 수명, 삶에 대한 선택의 자유, 관용, 부정부패 등 여섯 개 항목에 대한 평가를 기초로 매겨지는데, 한국은 건강 기대 수명과 1인당 GDP 등 두 개 항목은 비교적 상위권에 속해 있으나, 사회적 지원과 삶에 대한 선택의 자유는 거의 최하위권이다. 특히 2018년부터 2020까지 3년간 삶에 대한 선택의 자유는 148개 국가 중 128위였다.[4] 즉 "어려움에 처했을 때 이웃이나 친구 중에서 도와줄 사람이 있는가"와 "당신이 선택한 삶에 만족하는가"라는 질문에 긍정적으로 답변한 비율이 매우 낮다. 여러 가지 사회적 부정의와 불평등으로 인해 사람들이 얻는 기회가 저마다 다르고 다수가 삶의 기회를 제대로 얻을 수 없다면, 그곳은 개인이 자신의 역량을 발전시킬 수 없는 사회이다. 핀란드나 덴마크가 언제나 「세계행복보고서」 상위에 위치하는 이유 역시 평등, 복지, 반부패, 안전, 신뢰 등의 측면이 다른 나라에 비해 월등히 낮기 때문이다.

한국에서 노동자, 빈곤층, 노인, 여성 등 사회적 약자의 삶은 과거에 비해 개선되었다고 해도 여전히 OECD 국가 중 최하 수준이다. 김대중 정부 이후 4대 보험 체계를 갖추는 등 사회복지 시스템이 발전했지만 가입률은 낮고, 특히 퇴직급여를 연금으로 받는 비율은 매우 낮다.[5] 세 번째 민주정부인 문재인 정부 시기에도 사정은 달라지지 않았다. 2015년 세계경제포럼[WEF]의 보고에 의하면 한국은 소득 불평등과 노동자 해고 관련 정책이 선진

30개국 중 최악이었다. 임금 불평등도 심각하지만 조세, 복지 등을 통한 재분배 효과도 OECD 국가 중 최하위권이고, 대기업 등이 지대^{rent}를 뜯어가는 형태의 부패가 매우 심각하다고 지적했다.[6]

한국보다 상황이 낫긴 하지만, 사회적 지표가 경제 발전 수준을 따라가지 못하는 나라로 이웃 일본이 있다. 1980년대에 일본은 미국을 위협할 정도로 경제적으로 성장했다. 그러나 '풍요로운 사회'가 되었다는 찬양 아래에서 보통 시민의 생활은 전혀 풍요롭지 못했다. 이때 일본의 노동자들은 극도의 경쟁 속에서 과로사로 쓰러졌는데,[7] 1997년 외환위기 이후의 한국이 그 모습을 그대로 답습했다. 일본이 가지고 있던 '자살률 1위'를 물려받은 한국은 그 자리를 20년째 지키고 있다.

저출생, 자살, 그리고 산업재해

전쟁을 제외한다면, 국가나 사회의 지속 가능성과 사회적 건강을 가장 심각하게 위협하는 현상은 저출생과 자살이다. 특히 출생은 국가 및 사회 재생산의 가늠자이다. 한국은 현재 전 세계에서 아이를 가장 적게 낳고(2021년 합계 출산율 0.81명) 자살률은 가장 높은(2021년 인구 10만 명당 26명) 나라이다. 그 밖에도 산재 사망자의 수, 임시직 고용 비중, 연평균 노동 시간, 성별 간 임금 격차, 노인 빈곤율[8] 등의 지표에서 어느 것 하나 빠지지 않고 OECD 국가 중 바닥권이다. 2020년에는 외환위기 이후 가장 많은 수인 345명이 영양실조로 사망하기도 했다.[9] 이런 지표를 보면 한국 사회가 아무 일도 없는 것처럼 굴러가는 게 이상할 정도다. 과연 앞으로 한국이 지탱될지, 지금 태어난 아이들이 제대로 살아갈 수 있을지 의심스럽다.

〈표1〉에서 볼 수 있듯이 1990년대 이후 저출생이 악화일로이다.[10] 2020년대에 들어서는 한 해에 태어나는 아기의 수가 30만 명 이하로 줄어들었고, 합계 출산율은 0.8명까지 오게 되었다. 출산율은 노무현·이명박 정부에서 미미하게 증가했지만 추세를 뒤집지는 못했다.

모든 생물은 생태학적 여건에 따라서 번식 여부를 결정한다. 살기 좋은 환경에서는 낳지 말라고 해도 많이 낳고, 척박한 환경에서는 아무리 낳으라고 해도 소용이 없다.[11]

현재 한국인들, 특히 여성은 사회 재생산을 기피·사보타주

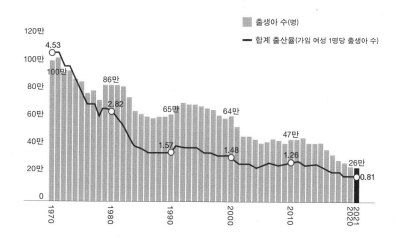

〈표1. 역대 합계 출산율과 출생아 수〉
출처: 통계청, 국가통계포털

민주화 이후 경제와 사회

sabotage 혹은 파업 중이다. 가족사회학자 장경섭이 말하듯 일종의 '자기 부과적 구조조정'에 들어간 것이다.[12] 서울대 국제대학원의 김현철 교수는 일본의 잃어버린 20년은 '인구절벽'에 기인한 것이며, 이제 한국이 그 뒤를 밟게 될지도 모른다고 말한다.[13] 대학교, 술집, 노래방, 커피숍이 문을 닫고 산부인과, 유치원, 예식장, 학원이 폐업하는 것으로 끝나지 않을 것이다. 골목 상권이 무너지고, 지방 도시는 황량해지며, 지방 대학 캠퍼스는 폐허로 변하는 국가 대재앙의 경고음이 울리고 있다.

한국은 이미 1979년을 기점으로 시장에 노동력이 무한정 공급되던 시기가 끝났다. 그런데도 정부는 1995년까지 산아 제한 정책을 그대로 유지했다. 복지부 장관을 역임한 서상목은 당시의 분위기를 다음과 같이 설명했다.

한국은 가족 계획에 성공한 나머지 방향 전환이 늦었다. 한국이 인구 대체율(현 상태의 인구 구조를 유지하기 위해 필요한 평균 출생아 수)인 합계 출산율 2.1명에 도달한 것은 1983년이다. 10년이 지난 1993년 『인구 정책 30년사』 발간 때도 600페이지 전부를 출산율 떨어뜨린 것을 자랑하는 내용으로 채웠다. 어디에도 출산율이 떨어져 문제가 될 것이라는 언급이 없다. 1995년 이집트 카이로에서 유엔세계인구회의가 열렸는데 여기에 갔다 온 자문단이 "출산율이 너무 빨리 떨어진다. 가족 계획을 중단해야 할 것 같다"라고 제안하더라. 당시 내가 복지부 장관이었는데, 6개월간 인구 심의회를 거친 뒤 가족 계획 사업을 중단했다. 지금 생각해보면 1983년에 바로 저출산 대책을 세웠어도 늦었다.[14]

22

그러고도 10년이 더 지난 2005년에야 저출산고령사회위원회가 설치되어 정부 차원에서 이 문제에 대처하기 시작했다. 왜 정부가 이미 저출생이 예상되던 1980년대 초, 심지어 1990년대까지 기존의 산아 제한 정책을 유지했는지 의문이다. 냉전 시대의 경제 발전의 틀에 안주했던 한국에서는 독재 정권, 정치 엘리트들과 관료 집단이 국가의 정책을 주도했다. 그러면서 김영삼 정부 이후 심지어 김대중, 노무현 정부 초기까지도 저출생에 대한 원인 분석이나 체계적인 대책을 마련하지 않았다. 2021년 한국금융연구원은 「향후 우리나라의 잠재 성장률 경로 추정」 보고서에서 출생 감소 추세가 지속될 경우 2030년 잠재 성장률이 최저 0.86퍼센트, 최고 0.92퍼센트까지 추락한다고 전망했다.[15]

정부는 2006년부터 3차에 걸쳐 5개년 '저출산고령사회 기본계획'(이하 '기본계획')을 수립하고 2020년까지 15년 동안 거의 380조 원의 예산을 출산 정책에 쏟았다. 이 돈은 신혼부부 출발 지원, 자녀 양육 가정의 경제적·사회적 부담 경감, 양질의 다양한 육아 지원 인프라 확충, 임신·출산 지원 확대, 일과 가정의 양립, 가족 친화적 사회 문화 조성, 모성 보호 강화, 가족 친화적 직장 문화 조성, 학교·사회에서의 교육 강화 및 가족 문화 조성 등 100여 개의 사업에 지출되었다. 문재인 대통령도 저출생의 심각성을 인정하고 "기존의 생각과 정책을 넘어서자"라고 촉구했다. 제3차 '기본계획'은 저출생 대응 패러다임의 전환을 선언하고, 이에 따라 새로운 사회 구조적 대책을 제시하였다. 그러나 일·생활 균형, 평등하고 안정적인 여성 일자리, 그 밖에 고용·주거·교육 등 다양한 정책을 펼쳤음에도 합계 출산율은 더 가파르게 떨어졌다. 결국 노무현 정부 이후 역대 정부의 모든 정책은 격화소양隔靴搔癢하는 미봉책에 불과했다는 점이 드러났다. 여러 분야의 정책을 종합적으로 추진하지 않았고, 생애 과정의 격차 누적 같은 이유를 고려하지 않았다.[16]

　한국이 저출생(합계 출산율 2.1명 미만) 사회를 넘어 초저출생(합계 출산율 1.3명 미만) 사회로 돌입하게 된 원인은 매우 복합적이고 다양하다. 1930년대 스웨덴에서 저출생 문제가 본격화되었을 때 경제학자 군나르 뮈르달이 지적했듯이 그것은 단지 인구의 문제가 아니라 모든 정책의 종합판이자 정치적인 문제였다.[17] 사회학자 박경숙도 "저출산은 단순히 인구 차원의 문제가 아니라 우리 사회 모두가 겪고 있는 고통의 결과물"[18]이라고 지적한다. 인구 감소를 경고하는 신문 기사에 "저출산으로 망하는 게 아니라, 망할 세상이라 저출산이다"라고 달린 댓글에 답이 있다. 사회학자 조은주 역시 한국 사회에서 '인구' 문제가 국가권력이 근대적으로 재편되는 과정에서 부상했음을 증명하며 "한국의 출산율은 문제 그 자체가 아니라 문제를 드러내는 증상이자 징후"[19]라고 강조했다.

　2011년 당시 보건복지부의 조사에 의하면 저출생의 가장 직접적인 원인(60.2퍼센트)으로 자녀 양육비와 교육비 부담이 지목되었다.[20] 지독한 경쟁 사회에서 미래를 설계할 수 없는 사람들은 당연히 결혼과 출산을 기피할 것이다. 2016~20년 5년간 취업여성의 유산 사례는 25만 8646건으로 집계되는데 유산을 겪은 여성 10명 중 6명이 직장인이며, 특히 노동 시간이 길수록 유산율이 높았다. 즉 소득과 자산의 불평등 심화, 장시간의 노동과 불안정한 노동권, 그리고 일과 가정의 양립이 불가능한 현실이 저출생의 중요한 이유임을 알 수 있다. 여기에 더해 가부장적 가족주의, 과도한 경쟁, 사교육과 주거 부담, 사회 안전망 붕괴, 수도권 과밀화 등이 저출생을 더욱 가속하고 있다는 분석은 정부와 민간 양쪽에서 이미 산더미처럼 나왔다. 그럼에도 역대 정부와 관료 집단은 사회 구조를 개혁할 수 없다고 생각하는지, 생색용 정책을 열거하거나 아예 이 정책에서 손을 놓은 것 같다.[21] 그들은 저출생을 여성의 사회 참여와 경제 활동이 활발해진 시대에 어찌할 수 없는 불가항력적 자연법칙이라고 여기고 싶을 것이다. 최근『한국경제신문』의 사설은 이 문제에 대해 "답이 없다"고 주장하면서, 아예 외국인 노동자를 적극 받아들이자고 말한다.[22]

저출생만큼이나 사회의 재생산을 위협하는 현상은 높은 자살률과 산재 사망이다. 한국에서는 여러 가지 이유로 너무 많은 사람이 스스로 목숨을 버리고, 수많은 노동자가 일하러 나갔다가 집으로 돌아오지 못한다. 자살률은 1997~98년 외환위기를 겪으며 본격적으로 증가했고, 그 추세가 지금까지 이어지고 있다. 국가별 자살률은 2002년 1위였던 일본을 제친 이후 지금까지 20년째 OECD 국가 중 가장 높으며, 지금도 매일 37명이 대한민국 어딘가에서 스스로 목숨을 끊는다. 특히 한국은 남성 노인의 자살률(70대 남성 74.6명, 80대 이상 남성 133.4명)이 매우 높아서 OECD 평균의 세 배에 달할 정도이다.[23] 10대, 20대의 우울증과 자살도 날로 심각해지고 있다. 한국 청소년 네 명 중 한 명은 학업이나 우울증 때문에 자살을 생각한 적이 있으며,[24] 실제로 10대와 20대 자살자 수가 크게 증가하고 있다. 한국인들은 자신의

민주화 이후 경제와 사회

삶을 선택할 자유가 없다고 생각하기에, 그래서 자살이라는 극단적 방식을 선택한다.

OECD 국가 가운데는 리투아니아나 슬로베니아, 헝가리처럼 급격하게 체제를 전환한, 즉 국유 자산을 민간에 불하하는 급진적 시장화 과정을 겪은 구 동구권 국가의 자살률이 높다.[25] 여기에 미국을 포함하면 시장화와 경쟁주의로 인해 공공 복지, 사회적 연대나 응집력이 매우 취약한 국가에서 공통적으로 자살률이 높음을 알 수 있다.[26] 또한 '불평등 극복과 사회의 연대를 지향'하는 진보 정당이 없다는 점도 자살률이 높은 나라의 특징이다.

한편 한국에서는 2021년 1월 한 달 동안 65명이 산재로 사망했다. 통계청은 이런 내용을 담은 「한국의 지속 가능 발전 목표 SDGs 이행 보고서 2021」을 발표했는데, 여기에서도 한국은 노동자 10만 명당 사고 사망자 수가 OECD 국가 중 네 번째로 많았다. 산업재해가 발생하는 원인은 비교적 단순하다. 흔히 언론에서 말하는 사용자와 노동자의 '안전 불감증' 때문이 아니라, 비용을 줄이고 이윤을 늘리려고 대기업이 추진해온 '위험의 외주화'가 원인이다. 대기업이 하청과 재하청의 수직 지배 구조로 중소기업을 포섭한 결과, 이 구조의 아래층에 놓인 중소기업은 열악한 노동 환경을 개선하는 데 비용을 지불할 여력이 없다. 산재의 85퍼센트는 하청기업에서 발생하고, 원청기업은 이 사고에 대해 법적 책임을 지지 않는다. 미국과 더불어 동유럽의 구 사회주의권 국가나 튀르키예, 멕시코 같은 후발 자본주의 국가와 함께 비교하면 산업재해와 노동자의 사회적 권리의 관계가 더 잘 보인다.

자살과 산재는 대표적인 사회적 죽음social death이다. 자살은 사회적 모순의 표현이자 국가의 사회·경제 정책의 실패 혹은 실종 상태를 보여주는 중요한 척도이며, 사회의 지속 가능성과 건강의 위험을 알리는 경고장이다. 자살로 인한 사회적 비용은 연간 6.5조 원으로 추정되며, 자살자의 가족이 겪는 고통과 트라우마는 계산할 수도 없다.

자살의 원인은 산재보다 복잡하다. 기존의 연구에 따르면 소득 양극화와 상대적 빈곤율은 모든 연령대에서 자살과 깊은 상관관계를 보여준다.[27] 은기수는 1998년 외환위기 이후 30~40

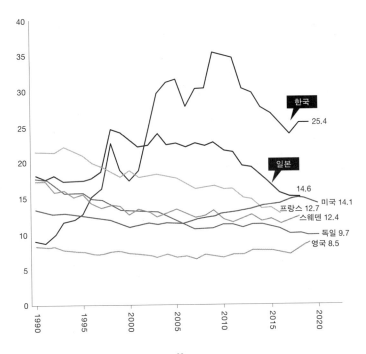

〈표2. 국가별 인구 10만 명당 자살률 추이〉[28]
출처: OECD Data, https://data.oecd.org/, 단위: 명

민주화 이후 경제와 사회

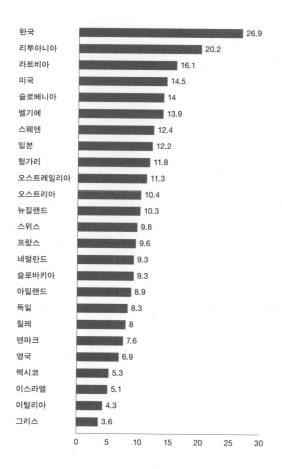

■ 인구 10만 명당 자살자 수(단위: 명)

〈표3. 2019년 OECD 주요 국가의 연령 표준화 자살률 비교〉
출처: 통계청, 국가통계포털

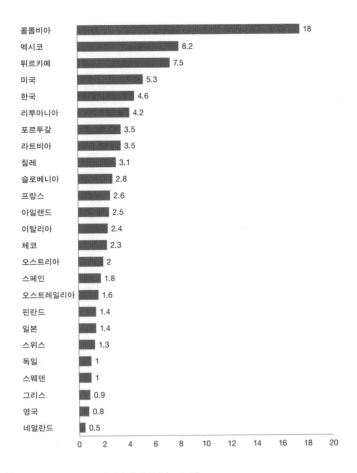

콜롬비아	18
멕시코	8.2
튀르키예	7.5
미국	5.3
한국	4.6
리투아니아	4.2
포르투갈	3.5
라트비아	3.5
칠레	3.1
슬로베니아	2.8
프랑스	2.6
아일랜드	2.5
이탈리아	2.4
체코	2.3
오스트리아	2
스페인	1.8
오스트레일리아	1.6
핀란드	1.4
일본	1.4
스위스	1.3
독일	1
스웨덴	1
그리스	0.9
영국	0.8
네덜란드	0.5

■ 노동자 10만 명당 산업재해 발생 횟수(단위: 회)

〈표4. OECD 주요 국가의 노동자 10만 명당 산업재해 발생 횟수〉

출처: 통계청, 국가통계포털

비고: 한국·일본은 2019년 통계, 미국·칠레는 2018년 통계, 오스트레일리아는 2017년 통계, 튀르키예·오스트리아·체코·그리스·리투아니아·스페인·스웨덴은 2016년 통계, 그 밖의 다른 나라는 모두 2015년 통계로 표를 작성하였다.

민주화 이후 경제와 사회

대 경제 활동 인구의 자살은 소득 분배와 깊은 관계가 있다고 보았다.[29] 청소년의 경우는 교육과, 노인의 경우는 경제적 빈곤과 가족 해체, 돌봄 제도 미비 등과 관련이 있으며, 그 어떤 경우에도 경제적 이유만으로는 높은 자살률을 설명할 수 없다. 노법래는 OECD 20개 국가를 대상으로 한 조사에서 공적 사회 서비스 지출이 노령화, 정신 병리, 알코올 소비를 감소시켜서 자살 위험을 낮추는 효과가 있음을 확인했다.[30] 이용재와 김경미도 시·군 단위 농어촌 지역 및 사회복지 지출이 낮은 지역에서 자살률이 더 높다는 사실을 확인했다.[31]

저출생, 자살, 그리고 산재는 한국의 '사회경제' 시스템과 관련 있는데, 지표와 기존 연구를 보면 주거와 교육의 시장화 압박, 노동자의 낮은 지위와 처우, 돌봄이나 성평등의 미비 등과 직간접적으로 이어진다. 저출생은 선진 자본주의 국가에서 흔히 나타나는 현상이지만 모든 선진국이 한국과 같은 심각한 출생 감소를 겪는 것은 아니다. 산재는 노동권이 취약한 후발 자본주의 국가에서 나타나는 일반적 현상이며, 자살의 이유는 급격한 시장화, 빈곤과 불평등, 사회적 관계망의 파괴와 관련이 깊어 보인다. 어쨌든 이 세 지표에서 한국은 가장 나쁜 상황에 처해 있고, 이것은 경제 발전과 사회의 저발전의 심각한 괴리를 보여준다. 이를 해결하기 위해서는 국가의 목표와 발전 방향, 사회 시스템을 일대 전환해야 한다.

민주화, 그러나 불평등은 심화

스웨덴 예테보리대학이 실시하는 민주주의의 다양성Varieties of Democracy: V-dem 조사는 자유 민주주의, 선거, 자유, 평등, 참여, 숙의 등 여섯 개 지표로 전 세계 모든 국가의 민주주의 상태와 순위를 조사한다. 2022년 조사에서 한국은 자유 민주주의 국가 중 상위 10퍼센트 안에 포함되었으며, 미국이나 영국보다 앞섰다. 물론 아시아에서는 일본, 타이완을 제치고 최상위에 올랐다.[32] 한국의 민주주의에 대한 높은 평가는 최근 5년 동안 꾸준히 지속되었다. 이 연구소의 2020년 보고서는 민주주의는 지구적 도전에 직면해 있다고 발표했다. 전 세계 24개국에서 세계 인구의 약 3분의 1이 "제3의 전제 정치 물결The Third Wave of Autocratization"에 신음하고 있으며, 그 비율은 2016년에 비해 크게 늘었다.[33] 그러나 한국은 이러한 세계적 추세와는 관계없이 높은 수준의 자유 민주주의를 구가하는 나라로 평가되었다.

한국은 아시아 최후진국에서 출발하여 1960~70년대의 개발 독재를 거쳐 1980~90년대에 이르러 민주화와 경제 발전을 동시에 성취한 나라로 주목을 받았다. 오랜 유교적 신분 질서, 일제 식민치하의 전제 정치, 그리고 군사 독재의 역사를 가진 한국은 그런 질곡에서 떨쳐 일어나 서구의 자유주의, 민주주의, 자본주의 이상을 따랐다. 서구의 민주주의는 그리스 로마에서 시작한 역사와 문화, 가치, 사상의 토대 위에 성립되었지만, 한국 등 비서구 국가는 다른 토양에서 그것을 받아들였다.[34] 3·1운동, 4·19혁명, 1987년 민주화와 2016~17년의 촛불시위를 거치면서 한국은 아시아를 넘어 세계 최상위 수준의 민주주의를 성취한 모범 국가가 되었다. 물론 관료주의와 권위주의, 정당의 취약한 사회적 기반, 언론과 검찰의 과도한 정치 편향, 경제권력의 과도한 지배가 한국 민주주의의 발전을 가로막고 있다. 극우 인종주의와 혐오, 유사 파시즘 세력이 득세하는 미국과 일부 유럽 국가, 그리고 군부의 전횡, 법치의 부재, 사적 폭력이 국가와 정치의 정상적 작동을 압도하는 남아시아의 여러 국가보다는 그나마 앞선 모습이지만 사회경제적인 측면을 보면 1997년의 국가 부도의 위기 이후 한국인의 삶의 질은 크게 저하되었다. 노동조합과 노동자 정당의 힘을 바탕으로 복지 국가의 길로 간 서유럽이나 북유럽과는 판이하게, 한국은 노동자 세력의 힘이 미약한 상태에서 경제 성장이 공공 복지를 대신하였다. 글로벌 신자유주의의 파고가 불가항력적으로 덮치면서 1990년대에 이미 저성장 디지털화, 탈제조업 국면으로 접어들었고, 금융 자본주의와 영미형 시장 자본주의 질서에 편입되지 않을 수 없었다.

그 결과 이제 우리는 개발 독재 30년과 그 이후 신자유주의 경제 30년을 모두 겪었다. 그리고 세계 최저의 출생률과 최고의 자살률이라는 이중의 사회적 재생산의 위기에 처해 있다. 외환위기와 이어진 기업 구조조정, 무차별적인 정리해고와 대량의 실업자 발생 사태, 부동산 폭등과 양극화는 '민주정부'에 대한 기대를 남김없이 무너뜨렸다. 외환위기 2년 만에 김대중 대통령은 "우리는 이제 IMF 체제에서 완전히 벗어났습니다"라고 큰 목소리로 선언했다. 그러나 응급 치료였을 뿐 체질은 완전히 바뀌어버렸다. 한국은 주주와 투자자와 소비자가 '시민'이 되는 세상이 되었다. 외환위기 이후 지금까지 "부자 되세요"와 "기업하

기 좋은 나라"라는 구호가 박정희 시대의 "총력안보"와 "잘 살아
보세"를 대신해 온 나라와 평범한 시민의 일상을 지배했다. 김대
중·노무현 정부의 개혁 의지는 사상 최대의 집값 폭등과 비정규
직 노동자의 급속한 증가로 빛이 바랬다. 이명박·박근혜 정부의
개발주의적 퇴행을 촛불시위로 무너뜨리고 등장한 문재인 정부
의 '공정', '노동이 존중받는 나라'라는 구호도 집권 2년 만에 슬
그머니 사라졌다.

　　자살률과 산재율이 높은 나라는 대체로 불평등이 심각한 나
라이다. 자산과 소득을 기준으로 볼 때 한국은 OECD 국가 중 미
국 다음으로 불평등한 국가이다. 소득 상위 0.1퍼센트가 최하위
의 1000배를 벌고, 자산 상위 1퍼센트가 국가 총 자산의 70퍼센
트를 소유하고 있다. 또한 소득 상위 10퍼센트가 전체 소득의 절
반을 차지한다. 특히 한국의 불평등은 매우 다층적이다.[35] 우선
정규직과 비정규직 노동자 사이에 심각한 격차가 있다. 그리고
정규직 안에서도 기업 규모에 따라 임금 격차가 매우 심하다. 토
지와 건물 소유 여부에 따른 자산 불평등도 상당하며, 여기에 더
해 학력이 소득의 격차를 더욱 벌린다. 이로 인한 불평등은 당연
히 구성원의 삶의 질을 떨어뜨릴 뿐만 아니라 사회의 건강을 심
각하게 위협한다. 금수저·흙수저론이 나오고 헬조선 담론이 퍼
진 것은 사회적 불평등이 심화되고 갈수록 경제력이 대물림되는
상황을 방증한다.

　　불평등 정도를 측정하는 지니 계수로도 이 점이 확인된다. 1에
가까워야 더 평등한 사회인데, 한국의 지니 계수를 보면 2011년
0.388을 기록한 이후 줄곧 내리막길을 걷고 있다.[36]

물론 이것은 한국만의 현상이 아니다. 선진 자본주의를 구가하던 세계 여러 나라에서도 경제위기와 불평등의 심화로 인해 민주주의가 크게 후퇴했다. 경제사회학자 볼프강 슈트렉이 말한 것처럼, 민주주의를 내팽개친 오늘의 자본주의는 이제 국가와 민간의 부채 위에서 '시간 벌기'나 하면서 버티고 있는 것인지도 모른다.[37] 1990년대 이래 이어진 전 세계의 고성장 시대가, 평생 고용이 보장되던 시대가 이제 끝났다. 선진 자본주의 국가일수록 디지털 기술이 경제와 사회를 지배하면서 사람들의 일자리를 없애고 있다. 플랫폼 노동의 확대로 고용 조건이 악화되고 고용 불안이 만성화되었으며, 1인 가구의 증가와 '정상가족'의 약화는 정규직 남성 가장이 한 가구를 오롯이 부양하는 기존의 사회 시스템을 더 이상 지속하기 어렵게 만들었다. 특히 전 지구적 환경 위기와 코로나19 팬데믹은 탄소 중립을 전제로 기존의 성장주의 경제 질서를 완전히 재구조화하고 현대의 생활 방식을 재구성하라고 강력하게 요청한다.

금융 자본주의와 신자유주의 세계화가 본격화된 이후에는 북유럽과 서유럽의 복지 체제나 사회적 시민권도 크게 마모되었다.[38] 특히 코로나19로 인한 사망자 수가 폭증하는 모습을 지켜보면서 이들이 과연 공공 의료 등 사회 안전망을 갖춘 나라인지 의심이 들 정도였다. 최근 10년간 이민자 증가와 극우 세력의 창궐로 갈등을 겪고 있기는 하지만, 그럼에도 북유럽과 서유럽 복지 국가의 민주주의, 평등, 그리고 국민의 행복감은 아직도 세계의 부러움을 산다. 이 나라들은 19세기 후반에서 20세기 초반에 사회 보험을 제도화했고, 이를 바탕으로 2차 세계대전이 끝난 뒤 복지 국가의 틀을 완성했다. 정치적으로도 자유 민주주의의 이상은 미국과 영국이 아니라 이들 북유럽 사회 민주주의 국가에 남아 있다.

앞에서 한국인의 불행에 가장 큰 영향을 미치는 항목이 '삶에 대한 선택의 자유'라는 점을 확인했다. 자신의 삶을 선택할 자유는 일자리 보장과 최소한의 재산 소유 여부에 달렸다고 해도 과언이 아닐 것이다. 물론 사회적 삶, 즉 안정적인 주거 공간, 자녀 교육, 의료 보장, 그리고 이웃 및 친구들과의 관계 등도 그것만큼 중하다. 일자리와 수입이 생존을 위한 것이라면, 주거와 교육과 의료는 삶의 재생산과 관련 있다. 이 두 가지 측면이 모두 보장되어야 인간은 행복을 느낄 수 있다.

오늘 한국 인구의 대다수는 여러 가지 형태로 고용되어 임금과 수당을 받아 생활하는 노동자다. 과거에 지주가 소작 계약을 해지하지 않을까 불안에 시달리던 소작농들의 고통은 해고되거나 계약 해지 통지를 받지는 않을까 불안해하는 비정규직 노동자, 집주인의 집세 인상 통보가 올까 전전긍긍하는 세입자의 고통과 유사하다. 안정된 수입이나 주거 공간을 확보할 수 없고 자녀 교육과 돌봄 서비스를 사회로부터 제공받지 못하는 이들에게 민주주의는 공허한 메아리이다. 노무현·문재인 두 민주정부가 이명박·윤석열 정부로 각각 교체된 것도 이런 이유 때문이다.

정치적 민주화, 촛불시위 이후 문재인의 등장이 불러온 희망과 기대가 어쩌다 좌절과 환멸로 바뀐 것일까? 민주진보를 표방한 김대중·노무현 대통령은 왜 '좋은 사회'의 길을 열지 못했는가? 왜 우리가 이루었다는 민주화와 선진화는 나에게 일상의 민주화와 삶을 선택할 기회를 제공하지 못하는가? 한국이 좋은 사회가 되기 위해서는 무엇을 넘어서 어디로 어떻게 가야 하는가? 바로 지금 한국인에게 던져진 가장 큰 질문은 이것이다.

사회적 삶의 재생산,
사회 정책, 시장력과 사회력

사회적 삶의 재생산

인간은 생로병사와 같은 생물학적 한계를 절대로 피할 수 없다. 우주와 지구의 시간에서 보면 이 찰나와 같은 제한된 삶의 기간 동안 개인이 겪는 고통과 행복의 양상은 천차만별이다. 자본주의 사회에서 대다수 사람들은 임노동자, 농민, 자영업자로서 생산 활동을 수행한다. 이들에게는 경제적으로 풍요로운 삶, 좋은 일자리와 많은 보수를 얻는 것과 더불어 가족, 교육, 주거, 사회적 관계 맺기 등 재생산의 영역 또한 매우 중요하다. 인간은 친밀감, 성적 만족, 신체의 안전, 건강, 인간적 자존감 유지, 휴식과 레저, 정체성의 인정 등 사회적 삶을 추구하는 존재이기 때문이다.[39]

사실 인류 역사의 대부분은 자연에서의 생존 및 빈곤과의 사투로 점철되어 있다. 동시에 인류는 당장의 생존을 넘어서 보다 더 고차원적인 이상과 가치를 추구했기 때문에 오늘의 문명을 건설할 수 있었다. 그 이상과 가치란 개인의 자유와 자존감, 상호 부조와 연대, 그리고 공동체적인 가치의 추구 등이다. 마사

누스바움은 인간이 존엄한 삶을 살기 위해 필요한 가장 중요하고 기본적인 역량 세 가지를 설명한다. 첫째는 유기적 생명체로서 삶 자체의 재생산, 둘째는 자유를 누리고 존중을 받으면서 사는 것, 즉 존재 혹은 정체성identity의 유지,[40] 마지막은 목적이나 계획을 행동으로 옮길 수 있는 역량, 즉 적정한 보수나 자산의 확보이다.[41] 누스바움의 주장을 따르면 생명, 사회관계, 정체성, 그리고 자산 등 역량의 정도에 삶의 재생산이 달려 있다. 결국 사회의 구성원들이 생존을 위한 조건과 능력을 확보, 유지, 발휘하게 되면 사회적 재생산이 원활하게 이루어지고 반대로 기본 역량을 갖추지 못하면 재생산은 어그러진다.

　자본주의 경제 질서는 대체로 자본의 증식, 주로 자산 소유자들의 요구를 충족시키는 방향으로 작동하고, 법과 정치는 기업과 개인의 경제적 생존, 갈등 조절, 그리고 사회적 요구 충족을 위해 작동한다. 자본주의 국가의 구성원은 학력, 기술 훈련과 자격증 취득을 거쳐 일자리를 얻은 뒤 임금 등의 수입을 통해 생활한다. 성장 과정에서 단계별 교육을 이수하여 지식과 판단력을 갖추고, 다른 사람과 교류하면서 세상일에 참여할 능력을 기르며, 관계 맺기와 조직 활동을 통해 자신의 존재와 정체성을 확인한다. 현대 국가는 공교육 제도를 통해 구성원이 사회적 생존 기술을 익히도록 하고, 지배 질서와 가치를 내면화하도록 한다.[42] 근대 자본주의 사회에서는 경제, 정치, 교육, 노동, 가족 등의 여러 체제가 사실상 하나로 긴밀하게 얽혀 있다.

　2020년 현재 한국의 경제 활동 인구 2800만 명 중에서 약 2000만 명은 어떤 형태로든 임금으로 생활하는 노동자이다.[43]

한국의 정부나 사회는 의도적으로 노동자라는 용어 사용을 기피하며 그 대신 '근로자'로 부르고, '계급'이라는 용어 대신 '서민'을 고집하지만, 그렇게 한들 임금 생활자의 존재가 사라지는 것도 아니고 그들의 처지가 달라지지도 않는다. 노동자들은 오직 임금으로 개인과 가족의 생계를 꾸리는 동시에 불의의 사고와 노후까지 대비해야 한다. 오늘날 한국에서 자영업자와 임노동자의 경계에 서 있는 특수 고용직 노동자, '개인 사업자'로 구분되지만 실제로는 임금 생활자와 다르지 않은 다양한 형태의 플랫폼 노동자들의 처지도 마찬가지다.[44] 오늘날 세계의 인민들이 겪고 있는 가장 핵심적인 문제는 곧 노동자로서의 생존과 인간다운 삶을 보장받는 문제로 집약된다. 임금, 고용 안정, 일터의 안전, 복지, 각종 차별의 극복이 모두 노동자의 사회적 삶을 보장하는 조건이다. 이때 임금과 노동 조건은 최소 조건이고 일터에서의 보람과 만족, 자기 실현은 최대 조건이다.

임금, 노동 조건, 일터에서의 만족 다음으로 삶의 지속성에 중요한 요인은 주거와 교육이다. 주거와 교육은 생물학적 생명유지, 그리고 자녀 양육이라는 인간의 기본 활동, 더 나아가 인간다운 삶의 유지를 위해 중요하다. 그래서 이것은 삶의 기본재에속한다. 만약 기본재를 모두 시장에서 구매해야 한다면 그것을 얻기 위한 경제적 압박이 극심할 수밖에 없다. 교육은 학생들이 장차 일자리를 갖고 사회경제적 지위를 얻을 수 있는 발판을 마련해주고, 세상에 대한 판단력을 기르고 앎의 욕구를 충족하도록 도와준다. 그래서 국가나 사회는 교육의 기회를 최대한 균등하게 분배해야 한다. 만약 이 기회가 경제력에 따라 차등 분배된다면 경제적 약자들은 삶의 기회를 확보하고 사회적 삶을 재생산하는 데 몹시 어려움을 겪을 것이다. 반대로 경제적 강자들의 재산은 손쉽게 세습될 것이다. 임금이나 소득이 많아도 주거와 자녀 교육에 대부분을 지출하거나 빚을 갚는 데 다 쓴다면 가처분 소득이 줄어든다. 현재 한국에서 자녀를 대학에 보내기 위해 지불하는 사교육비와 등록금은 안정된 직장을 가진 정규직 노동자 혹은 기업의 중견 간부에게도 만만치 않은 수준이다. 만약 부부가 모두 비정규직이라면 자녀 교육비를 감당하기 위해 밤낮으로 두세 개의 일을 동시에 해야 할 수도 있다.

주거 역시 마찬가지다. 삶을 안정시키고 시민으로서 최소한의 권리를 누리려면 안정적인 주거 공간이 보장되어야 한다. 그런데 주거 공간이 상품화되거나 부의 축적 수단이 되면 재산이 없는 사람은 주거권을 보장받지 못한다. 이처럼 노동, 교육, 주거를 통한 삶의 재생산은 사람이 존엄을 유지하고 행복을 추구할 수 있는 기본 조건이다.

개인의 수입으로 집을 장만하거나 양질의 장기 임대 주택을 구하기 어렵다면 어떻게든 소득을 늘리거나 주택 구입에 자산을 쏟아부어야 한다. 공공 복지가 확충되면 교육과 주거, 질병 치료, 노후 보장에 개인이 비용을 지출하는 부담이 줄어든다. 이로 인해 정규직 노동자도 임금 인상이나 호봉제 임금 체계에 덜 집착하게 된다.[45] 특히 여러 가지 사회 보험이나 노후 복지 같은 간접임금이 어느 정도 보장되면 직접 임금에 덜 얽매일 수 있다.

앞서 본 것처럼 한국의 초저출생, 높은 자살률과 산업재해 발생률은 한국인의 삶과 재생산이 심각한 위기에 처해 있다는 징후이다. 특히 한국인은 사회적 지원, 즉 어려울 때 도움을 청할 사람이 없고 과도한 경쟁에 시달리며 자신의 인생을 선택할 자유가 없다고 생각한다. 보통 사람들은 여전히 각자도생과 약육강식의 논리가 작동하는 시장의 생존 경쟁에 내몰려 있다.

가족은 인류의 물질 및 정신세계의 거의 대부분을 차지한다. 60대 이상의 보통 한국인에게 가족과 친족은 삶의 전부였다. 그들은 오직 자기 가족, 자기 자식과 손자녀밖에 없다는 생각으로 인생을 살았다. 가족은 사회의 기본 세포이고, 가족 구성원 재생산은 가족 밖의 모든 사회적 관계의 재생산과 연결되어 있다. 문제는 근대 이후 한국인의 삶에서 가족이 떠맡은 책임이 과부하되었다는 점이다. 인류의 근대는 곧 '개인'의 탄생사이지만, 필자는 한국의 근대는 오히려 가족주의와 결합된 채로 강화된 '가족개인family individual'의 역사라 보았다.[46] 심각한 억압과 전쟁, 이주와 경제위기 등 대환란이 발생할 때마다 국가와 사회는 거의 기능 부전에 빠져 가족에게 생존과 복지의 임무를 떠넘겼다. 만약 가족과 친족이 그 부담을 감당하지 못하면 무방비 상태의 '개인'만 남게 된다. 특히 시장 질서가 사회관계의 전 영역을 지배하게 된 상황에서 복지, 교육, 주거 등 모든 사회적 재생산을 가족이 책임져야 한다면 가족은 파괴될 것이다.

가족 밖의 사회는 흔히 '시민사회'라고 부르는 영역으로 기업, 여러 자발적 사회 단체, 마을, 교회, 노동조합 등을 말한다. 이 '관계'로서의 사회는 정치 및 경제 질서와 구분된다. 국가 혹은 정치는 강제력이 작동하는 영역이며, 권력의 분배와 관련된 지배·피지배 관계를 의미한다. 경제는 이윤을 위한 상품 생산과 시장에서의 교환을 통해 주로 물질적인 욕망 및 이익의 극대화와 손실의 최소화를 추구하는 이해관계에 의해 작동한다. 이에 반해 사회 혹은 시민사회는 계급적 지위나 사회적 인정을 추구하며 차별과 배제, 타 집단과의 거리두기나 구별짓기, 정체성 유지와 관련된 제도 및 관계와 행위의 묶음이다. 이러한 관계로서의 사회는 재생산을 통해 지위, 계급, 인종, 성 등에 의한 차별과 억압에 거부하고 저항하는 운동을 만들어낸다.

사회적 재생산은 개인적 활동이 아니라 집합적이고 구조화된 과정이다. 경제적 여건, 국제 정치 및 국내의 법과 정책이 재생산의 조건이 되어 구성원 개인이나 집단의 적응과 참여를 유도하고, 그러한 행동이 또다시 제도와 구조를 만들어낸다. 다시 말해서 개인 간의 관계, 가족이나 기업 내의 사회관계에 의해 만들어지는 실천이 곧바로 제도와 시스템으로 바뀌는 것은 아니다. 의식이나 사회적 실천은 계급 정치, 이익 정치, 그리고 정당의 실천이나 이념적 분포 등의 매개 과정을 거쳐 사회적 재생산구조 혹은 사회 시스템으로 구축된다. 탈근대 시대는 '개인화'의 시대다. 사회적 재생산을 모두 가족을 통해서 이루려던 기존의 법과 제도는 이제 변화를 준비해야 한다.[47]

오늘의 자본주의와 국가, 그리고 사회 정책

국가의 사회 정책

자본주의는 재산권 보장, 경제적 자유, 상품 생산을 전제로 작동한다. 특히 자본주의 국가는 특정한 영토 안에서 사유 재산에 대한 규칙을 법으로 정하고 자본과 노동, 국가와 시민의 관계를 배타적이고 독점적으로 설정한다.

한편 국가는 합법적인 폭력을 행사하는 조직이다. 미국의 사회학자 찰스 틸리가 말한 것처럼 세금 추출, 분배, 주민 보호가 그 핵심이다.[48] 국가는 하나의 권력 주체이자 공식 담론과 이데올로기를 전파하는 최고의 문화 기구이기도 하다. 또한 여러 정치 세력이 각축을 벌여서 정책을 만들어내는 장場이기도 하다.[49] 즉 자본주의 국가는 단순히 자본가나 강력한 이익집단의 조종을 받는 도구는 아니다. 국제 정치, 경제 질서와 다른 국가들과의 관계, 그리고 국내의 사회적 역학에 의해 복합적으로 규정되고, 그 규정 속에서 구성원인 국민에게 강제력을 발동하는 주체이다.

국가는 국제 관계에서는 여러 국가 중 하나의 주체이자 행위자이나 국내에서는 법 제정과 폭력의 독점체이며, 또한 사회 관계를 반영하고 강제력을 행사하는 별개의 주체이다. 전쟁 같은 예외 상황에서 국가는 대외적으로나 대내적으로 사회와 절연된 주체로 행위할 가능성이 높다. 그러나 평상시에는 사회의 일부이자 그 연장이며, 국가의 법과 행정의 집행은 사회 내 주요 행위자들의 전략적 선택의 결과이다. 근대 국가는 자본주의 경제 질서의 유지 및 재생산과 결부되어 있으며, 세계 체제에서 중심부에 속하는지 주변부에 속하는지에 따라 자율성과 독자성 정도가 결정된다. 해당 국가가 패권국인가 주변국인가, 지리적으로 패권 다툼을 하는 강대국의 인접 국가인가 아니면 중간 지대에 있는가, 경제적으로 강대국인가 약소국인가 등 지구적 경제 지리, 정치 지리 질서 속에서 각국이 가진 위상에 따라 국내의 경제 정책과 복지, 구성원의 권리 보호 능력이 달라진다.[50]

국가는 곧 군대, 사법 기구, 검찰과 경찰, 관료 조직을 앞세워 전통적 방식으로 가시화된 권력을 행사한다. 더불어 비가시화된 권력, 즉 화폐를 발행하고 기준 금리를 조정하며 시장을 움직이는 등의 방법으로 규율 체제를 작동시킨다. 행정 결정, 법 집행과 재정 지원, 국민 동원, 학교 교육 등을 통해 규율 권력을 행사하는 것도 국가의 핵심 활동이다.[51] 정당 정치가 활성화된 내각제 국가에서는 주로 집권 정당의 정책이 국가의 '전략적 선택'으로 나타나지만, 한국과 같은 공고한 중앙 집권적 관료제 국가, 그리고 사실상 북한과 전쟁 상태에 있으며 대통령제를 채택하고 있는 국가는 이승만·박정희·전두환 정권 시기에 그러했듯이 대통령이 국가 그 자체인 경향이 있다. 이런 상황에서는 대통령의 지휘와 명령을 받는 관료, 대통령이 임명하는 사법부와 검찰처럼 선거를 통해 선출되지 않는 국가 기관이 선거로 선출된 의회의 활동을 압도하기도 한다. 이 경우 안보나 경제 개발 등의 모든 정책은 최고 권력자의 의지와 집권당의 성격에 크게 좌우되고, 그 밖의 정당이나 사회 세력, 시민사회와 여론의 힘은 부차적인 역할만 한다.

경제와 안보는 모든 국가의 가장 중심적인 활동이다. 미국의 사회학자 C. 라이트 밀스는 냉전 체제가 미국의 국내 정책, 군산 복합체의 등장에 어떤 영향을 주었는지 살펴보면서 국가 혹은 지배 집단에게는 '상위 정책'과 '하위 정책'이 있다고 보았다. 군사·안보·경제 분야의 정책이 전자에 속한다면, 사회 분야는 후자에 속한다는 것이다.[52] 여기서 상위 정책이란 주권에 관한 것, 지배 세력의 존립 및 이해관계와 직결된 것을 말한다. 그것은 국가의 기본 성격, 즉 헌법과 지배 집단의 계급적 기반과 관련 있으며, 정권 혹은 지배 엘리트의 교체보다 더 근본적이다. 물론 전제 군주제, 자본주의하의 파시즘, 식민지나 군사 독재하에서 '통치'는 국가 내부의 정당 '정치'보다 상위에 있다. 즉 전쟁 등의 이유로 국가의 안전과 존속이 위기에 처하거나 내전, 혁명, 혹은 국가 비상사태가 발생하면 국내의 정치적 대립이나 정당 정치가 중단되고, 내부의 '반역자'를 진압 대상으로 간주하는 '전쟁 정치'가 나타날 수 있다.[53]

앞에서 말한 것처럼 오늘날 세계 모든 나라의 사회 문제는 임노동자와 사실상 노동자보다 더 열악한 처지에 놓인 영세 자영업자, (과거 반半프롤레타리아트로 부르던) 불안정 취업자, 실업자 프레카리아트precariat 등의 고통으로 집약된다.[54] 과거 유럽 복지 국가의 전성기 시절에는 노후 보장, 주거, 교육, 의료 등 생존과 삶에 필요한 모든 것을 시장에 의존하지 않게끔 여러 복지 제도와 사회 안전망이 마련됐다. 그러나 신자유주의의 지구화가 확산되고 디지털 자본주의와 금융 자본의 지배가 강화되면서 안정된 고용 조건을 가진 임노동자가 축소되자 복지 국가의 틀도 크게 허물어졌다. 그럼에도 "집단, 개인, 가족의 삶의 기회나 사회적 지

민주화 이후 경제와 사회

위에 영향을 미치는 국가의 제반 활동"으로서 사회 정책이[55] 무의미해진 것은 아니다. 즉 양질의 노동력을 안정적으로 공급하고, 최소한의 삶의 재생산을 보장하기 위해 법과 행정을 집행하고 예산을 지출하는 일은 어떤 형태로든 계속된다.[56] 바로 여기에 가족 등의 공동체나 임금으로는 다 해결하기 어려운 노동자들의 삶과 재생산을 책임지는 사회 정책이 반드시 필요하다.

이른 시기에 자본주의 발전을 경험한 서구 여러 나라의 사회 정책은 일차적으로는 산업화가 가져온 빈곤, 실업, 불평등의 문제, 특히 노동자나 노동운동의 요구에 대한 대응 혹은 해결책으로 나타난 것이다. 근대 이전의 사회 정책은 주로 노동의 기회를 갖지 못한 빈민을 대상으로 하는 구호 활동이었다. 16세기에 영국이 자본주의적 생산 기구에서 탈락한 빈민층을 구제하기 위해 구빈법Poor Laws을 만든 일이나 조선 시대에 극심한 가뭄을 겪은 후 국가가 백성을 구휼한 것이 대표적인 예이다. 근대 사회과학도 이러한 사회 문제를 해결하는 과정에서 발전했고,[57] 사회 정책은 문제가 발생하고 크게 논란이 된 뒤 찾은 사후 대책이라고 볼 수 있다.

사회 정책은 흔히 사회 보장책 혹은 복지와 같은 개념으로 쓰이기도 한다. 산업 노동자의 열악한 노동 조건에 대한 국가의 규제, 실업자 구제, 노동자와 주민 건강에 대한 배려, 보통 교육, 연금 보험 제도화 등이 초기의 대표적인 사회 정책이다. 이 정책이 가장 일찍 입법화된 곳도 유럽이다. 사회 보험 제도를 가장 먼저 실시한 독일에서 볼 수 있듯이 이것은 비스마르크와 같은 전제적 권력자의 체제 유지를 위한 방어 도구이자 급진적 노동운동을 포섭하는 전략이었다.[58] 즉 사회 정책은 자본주의적인 산업화와 산업 노동자의 요구에 국가가 응답하는 것이기는 하지만, 지배 엘리트들이 자발적으로 수용하고 제도화한 것은 아니다. 그것은 영국의 사회학자 토머스 마셜이 말한 '계급 투쟁의 제도화' 혹은 사회적 시민권social citizenship 확장의 역사였다.[59] 한 국가의 사회 정책은 역사의 축적과 궤적, 경제 질서, 그리고 수없이 많은 정치사회적 역학 속에서 만들어지고 진화한다. 나라마다 다르긴 하지만 사회 정책과 경제 정책의 가장 두드러진 차이는 경제 정책이 시장의 등가 교환 즉 개인주의 정신에 입각한 반면 사회 정책은 정당성, 인간성, 공공의 유지와 발전을 지향한다는 점이다.

자본주의 국가는 기업의 자본 축적을 관장하고 지원하기도 하지만, 그에 앞서 시장과 자본의 형성자이며 시장화martetization의 관장자이기도 하다.[60] 후발국의 국가 주도 산업화 과정을 돌아보면 외국의 차관과 원조를 국내 자본 형성의 기반으로 삼도록 지원하고, 국내의 사회적 자원이나 공공재를 사기업에 이전시키거나 이제 막 형성된 기업에 금융, 세제, 환율 등에서의 특혜를 부여하여서 이들이 시장을 독점할 수 있는 조건을 만들어주기도 했다. 생산의 기반이 되는 공공 자산인 국토, 자연, 자원 등과 더불어 모든 국민이 갖고 있는 재산, 능력, 노력까지도 국가의 정책 과정을 통해 동원되고 배분된다. 그리고 사회 정책은 국가 경제 활동의 보조적 역할을 한다. 오늘날의 자본주의 국가에서는 각종 규제 포획 혹은 '정책 포획policy capture'이 일상화된다. 즉 정부가 우위에 선 것처럼 보이지만 실제로는 주로 대기업의 이해에 사회 및 경제 정책이 포획된 상태로 진행되며[61] 사실상 국가와 기업은 한 몸이다.

사회 정책이 일정한 수준으로 제도화되면 사회과학자들이 복지 레짐welfare regime이라고 부르는 사회적 삶의 재생산 체제가 구축된다. 이 경우 복지 체제 혹은 레짐은 국가, 시장, 가족이 제도적으로 결합된 구조이다.[62] 이것은 국가와 자본주의 체제의 형성, 법과 제도의 작동, 정부의 성격 등에 의해 지속되고 변화한다. 전쟁 같은 이례적 사건이나 경제위기는 삶의 기회에 심대한 영향을 주기도 하지만, 평상시에는 국가가 법제화한 재산권 규칙과 법원의 판결 등이 사회 구성원의 권리를 확정한다. 따라서 법, 판결, 사회 정책은 구성원의 행동을 어떤 방향으로 유도하거나 차단하는 강력한 신호signal이기도 하다. 그 점에서 사회 정책은 자원의 배분이자 일종의 국민 훈육이다.

에스핑앤더슨은 현대 자본주의 국가의 복지 레짐 혹은 사회 정책을 이해 집단이나 가족의 요구를 제도화한 보수주의conservatism, 시장의 공정한 작동을 도모하면서 그 사각지대에 있는 집단이나 개인에게 지원을 하는 자유주의liberalism, 그리고 시장을 적극적으로 통제하여 국가의 모든 구성원의 삶의 질을 보장하는 사회 민주주의social democracy로 분류했다.[63] 각 유형에 속한 개별 국가를 보면 그 나라의 사회경제적 특성을 이해하는 데 도움이 된다. 그러나 그의 분류에는 유럽의 일부 국가와 미국만 포함되었을 뿐, 세계 인구의 대부분을 차지하는 아시아와 남아메리카는 빠져 있다. 그런데 유럽 복지 국가의 사회 정책은 미국과 다르며, 식민지 체제에서 막 벗어난 후발국일수록 오히려 국가의 복지 기능이 매우 약한 미국과 유사하다.

모든 자본주의 국가는 실질적으로는 자본의 축적을 지원하지만 외형적으로는 민주주의 체제를 유지하는 모순적 역할을 수행한다. 1989년 이전까지 동구의 사회주의 국가는 자본주의와 다른 원칙으로 운영되었다. 그러나 사회주의가 붕괴한 1990년대 이후에는 세계 대부분의 국가가 자본 축적을 지원하는 동시에 정치적 민주주의를 보장하는, 두 가지 상반된 목표를 지향한다. 즉 국가의 행정과 사법은 자본의 축적과 국가의 경제력 향상을 1차 목적으로 하지만 정치적으로는 주기적인 선거, 시민 동원, 이익 집단의 이해 조정, 그리고 국회의 운영을 통해 국가의 통합성을 유지하려 한다. 이것은 매우 불안한 체제이다.

에스핑앤더슨은 복지 레짐을 유형화하면서 복지를 가족 네트워크에 의존한 경우를 동아시아형이라고 명명했다. 그는 이런 유형은 국가의 공공 복지, 그리고 시민사회의 자발적 지원이 취약한 곳에서 강하게 드러난다고 본다. 가족이 모든 위험을 떠맡는 관행은 유교적 가족주의 같은 전통 이데올로기의 산물이기도 하지만, 동시에 취약한 공공 복지의 결과이기도 하다. 그래서 가족주의를 이념적 차원에서 접근하기보다는 정책, 관행, 사회 조직 등에 배태되어 있는 원칙으로 접근하자는 주장도 제기되었다. 이러한 주장을 하는 이들은 울리히 벡의 '제도적 개인주의'에 대비되는 개념으로 '제도적 가족주의'라는 개념을 정립했다.[64] 제도적 가족주의는 가족주의 토양 위에 나타난 것이기는 하나 성장주의, 반공주의 등의 정치 및 경제 질서와 맞물려서 시장 경제가 초래한 재생산 문제의 해결을 국가가 아니라 가족에게 떠

넘기는 제도이다. 따라서 탈상품화^{de-commodification}의 성격을 갖는 공공 복지나 국가 복지 대신 시장주의와 기업 복지만 활성화된다.

기존의 사회 정책 유형론이 주로 선진 자본주의를 대상으로 한다는 점을 지적한 이언 고프는 후발 자본주의 국가를 별도의 유형으로 구분했다. 고프는 '사회 정책 레짐^{social policy regime}'이라는 개념을 사용해서 선진 복지 국가와 발전 국가의 차이를 강조하고, 신자유주의 시대에도 여전히 선진 자본주의 국가와 현격하게 다른 비서구 지역의 상황과 복지 체제를 규명하려 하였다.

그는 서유럽식 복지 체제의 유형론에 남아시아와 남아메리카는 물론 동아시아 국가도 포함시키기 어렵다고 주장했다. 이곳에서는 '복지'보다 '안전^{security}'이 더욱 시급하기 때문이다. 그는 남유럽과 동유럽, 그리고 아시아와 아프리카 국가를 다시 분류했다. OECD에 속하지 않은 발전도상의 국가 혹은 중위 소득 국가를 비공식 안전 체제^{Informal Security System}가 작동하는 나라라고 명명했다. 고프는 복지는 안전 체제^{security regime}일 뿐만 아니라 비공식적인 안전 혹은 불안전 체제^{insecurity regime}의 일부라고 보았다.[65] 복지는 곧 자본주의 시장 경제와 노동자가 안고 있는 위험의 최소화 혹은 제거라 할 수 있는데, 후발 국가는 비공식적 복지 체제와 불안전 체제가 현실을 압도하고 있기 때문이다. 즉 국가 기구가 제대로 작동하지 않고 국가가 국민의 안전을 보장할 수 없는 나라에서 사회적 시민권을 이야기하는 것은 적절하지 않다는 것이다.

삶의 재생산과 사회 정책은 각 행위 주체들의 참여와 적응을 유도하는 제도, 구조, 행위의 집합, 그리고 신호의 체계이자 시스템이기도 하다. 사회를 이러한 신호 체계의 집합이라고 볼 수 있다. 신호 체계는 미시적 생활 세계 속 사회 구성원들의 행위에 영향을 미친다. 중요한 것은 이 신호 체계에 대한 해석이 충돌하거나 혹은 이로 인해 갈등이 생기는 경우이다. 현실 해석을 독점하는 지배 엘리트 집단의 담론이 공식으로 군림한다. 그런데 사회 내 각 행위자의 사회적 영향력은 매우 비대칭적이다. 물론 모든 피지배층이 지배 계급이 원하는 대로 행동하는 것은 아니다. 여기에서 사회적 재생산의 균열이 발생한다. 그리고 바로 이 틈에서 대중의 저항운동이 나오기도 한다.

국가의 역할 포기 혹은 축소

세계 경제 및 국제 정치 질서 안에서 한 국가의 위상이나 힘, 근대화의 수준이나 발전 단계에 따라 국가가 국민에게 보장하는 사회권의 정도가 결정된다.[66] 개별 국가는 지구적 '권력의 장', 다시 말해 국제 안보 체제의 일부이며 세계를 무대로 하는 금융 자본, 생산·무역 시스템의 한 단위다. 지난 세기에 후발 국가였던 독일과 일본, 그리고 소련은 파시즘 및 전체주의로 치달으며 지배 세력이 자국의 경제 자원을 강압적으로 동원·분배하여 패권국에 도전했다. 2차 세계대전 후의 냉전 구도 안에서 서유럽은 누진세 같은 방식으로 세율을 높이고 노동조합을 포섭하는 방식으로 복지를 확장했다.

냉전 초기에 서유럽과 미국은 정도의 차이는 있지만 복지 국가의 길로 사회를 재구조화했다. 복지 국가는 '전쟁에서 태어난 아기'라는 말도 있듯이,[67] 서유럽과 북유럽이 복지 국가의 길로 간 배경에 멀리는 세계대전이 있고 가까이는 미소 냉전 구도가 있었다.[68] 개별 국가 차원에서는 공산주의의 위협에 맞서기 위한 방어적 복지가 필요했다. 동시에 19세기 이래 노동운동의 전통과 제도화된 노동자 정당의 지속적인 집권이 계급 간의 타협을 강제할 정도로 발전했다.

한편 이 시기에 식민 지배를 겪고 냉전의 최전선에 서게 된 한국, 타이완 등 동아시아 후발 국가는 안보와 경제 발전을 국가의 지상 목표로 설정했다. 체제 유지를 위해 공안 기구와 경찰력을 확대하고 수출 산업을 지원하기 위해 기업에 특혜를 주며 개발주의 경제 성장이라는 과제를 실천하기 위해 사회 정책은 사실상 부차화되었다. 이곳에서는 노동조합, 계급 정당, 그리고 시민사회의 형성이 지지부진했고, 이제 막 태동한 공업 노동자는 경제 개발의 도구로 취급되었다. 특히 사회 정책이 경제 정책에 종속되거나 경제 정책이 곧 사회 정책이었다.[69]

그런데 1980년대 이후 미국과 영국이 신자유주의로 정책을 전환하고, 곧이어 1989년에 사회주의권이 붕괴했다. 이후 지구화, 포스트 포디즘, 디지털 자본주의는 세계 정치와 경제의 질서를 완전히 재구조화했다. 금융 자본이 주도한 지구화는 자본의 국제 이동, 규제 완화, 민영화, 노동 시장 유연화를 수반한 새로운 경제 규범을 세우면서 국가의 개입을 축소했다. 이제 영미식 시장 자본주의가 국제 표준이 되었고, 1970년대까지 서유럽 국가를 지탱한 사회 민주주의의 합의는 점차 시장, 경쟁, 효율성이라는 담론으로 대치된다.[70] 국가가 금융 자본에 문을 활짝 여는 사이에 시민권과 사회적 권리는 심각하게 침식당했다.[71]

　　후발 자본주의 국가에서는 대체로 농촌에서 이주해온 대규모의 도시 빈민과 불안정 취업자가 조직된 산업 부문의 임노동자보다 비중이 크다. 그러나 포디즘적 축적 구조가 무너진 이후 미국 등 선진국에서도 그런 현상이 일반화되었다.[72] 노동 인구의 프레카리아트화는 상시 고용 노동자를 모델로 한 제도를 뒤흔들었다. 나아가 노조 조직화나 복지의 사각지대에 놓인 대규모 불안정 노동자층과 이주 노동자의 등장은 기존의 민주주의 정치 질서까지 위협했다. 신자유주의 경제 이론에 따라 국가는 신자유주의 통치 질서를 전면에 내세웠다. 그 결과 국가 안의 정치 세력은 국제 자본을 규제하기 어려워졌고 더 이상 국민의 삶을 책임질 수 없게 되었다.

　　신자유주의하에서는 국가 자체가 기업가적 국가The Entrepreneurial State가 되고,[73] 복지의 다른 표현인 '시장에 반하는 정치 Politics against Market', 즉 국가나 정치가 분배와 재분배 정책을 통해 시장을 일정하게 규제하는 역할은 거의 무력화된다.[74] 후발국의 관료 집단이나 지배 엘리트는 국제 금융 자본의 요구를 여과 없이 받아들인다. 나아가 후발국, 종속국의 관료와 엘리트는 패권국의 엘리트와 결합하여 이익 공동체가 되기도 한다. 오늘날 지구화로 자본이 국경을 넘어 이동하고 시민운동 역시 국가의 경계를 넘어서기 때문에 지그문트 바우만의 말처럼 권력 없는 국가powerless state에서는 "권력과 정치가 별거 중이고 이혼을 코앞에 둔 상태"가 된다.[75]

신자유주의 세계화는 지구적 금융 자본과 국제 기구 등의 방향과 노선, 새로운 국제 규범, 그리고 개별 국가의 '전략적 선택' 과정을 거쳐서 각 나라의 산업과 사회 정책 전반에 심대한 영향을 미쳤다.[76] 경제 정책과 직결되는 노동 정책이 가장 큰 영향을 받고, 교육과 복지도 직간접적으로 국제 기구의 권고나 담론의 영향을 받는다. 이때 정부의 재정은 주로 기업의 경제 활동을 지원하는 쪽으로 흘러가고, 정부 안에서 경제 부처(한국의 경우 기획재정부)가 주도권을 갖는다. 신자유주의 질서에서는 국가의 규제 자체가 악으로 간주되고, 감세 및 사기업의 자율성과 주도성이 찬양된다. 미국 및 미국이 주도하는 국제 기구가 각국의 정치와 경제 엘리트를 통해 간접적으로 영향력을 행사하는 경우도 있지만, 한국의 외환위기에서 본 것처럼 IMF나 세계은행이 직접 국가의 재정, 산업, 노동, 금융 정책을 관장하기도 한다.

유럽의 신좌파 학자들은 사회적 타협 체제와 복지 국가의 후퇴, 사회적 시민권의 훼손과 지출의 감소를 설명할 때 후기 자본주의의 재정 위기, 혹은 더 근본적으로는 자본주의 축적 체계의 변화, 자본의 세계화, 그리고 가족 제도의 변화 등을 예로 든다.[77] 물론 신자유주의의 지구화 과정에서 각국의 경제 정책이 모두 똑같은 형태로 진행되지는 않는다. 역사적 배경과 다양한 사회적 재생산 양상에 따라서 서로 다른 사회 정책과 복지 레짐이 형성된다. 이 차이는 특히 사회의 기본 단위인 가족적 삶의 양식과 긴밀하게 결합되어 있다. 좁게 보면 사회 정책은 지배 집단의 힘, 그리고 그들의 이념과 사상이 표현된 것이다.

오늘날 세계는 시간적으로 동일한 조건을 공유하지만 공간적으로는 지구, 지역 차원으로 분절되어 있다. 모든 정치, 경제 및 사회 현상은 서로 얽혀 있기 때문에 하나만 분리해서 살펴볼 수 없다. 사회적 재생산 시스템은 역사와 문화의 산물인 동시에 국제 정치와 경제의 영향을 받고 있으며, 또한 그 질서를 내장하고 있다.

국가가 사회경제 정책을 적극적으로 펼칠 능력을 상당히 상실하거나, 규제 완화 등의 방법으로 자발적으로 그 역할을 축소한 시대에 정책은 어떻게 작동하고 어느 정도의 힘을 발휘할까? 긴축과 탈규제, 권한의 민간 이양은 모두 국가의 공적 역할 축소와 관련 있다. 특히 시민이 투자자가 되고 소비자가 되어 사실상 기업의 시장 장악력 확대의 한 동력이 되면 과거와 같은 노동 보호, 주거 보장, 교육 공공성과 사회 안전망 확보 같은 정책의 입안과 실행을 압박하는 주체가 될 수 있을까? 거의 모든 사회 구성원이 소유자를 지향하고 투자와 소비의 틀에 편입된 지금 정부나 정당에 어느 정도의 책임을 물을 수 있을까?

시장력과
사회력

시장력과 사회력의 상호 작용 메커니즘

칼 폴라니가 말했듯이 시장은 분명 사회의 일부이다. 공동체의 도덕 경제moral economy를 칭송하는 보수주의 역시 근대 혁명이나 과도한 시장화에 맞서서 가족 공동체와 사회 통합을 추구한다. 그러나 다양한 형태의 사회주의, 사회 민주주의, 그리고 '사회 국가'는 시장화에 맞서서 사회의 자력화empowering를 추구한다. 시장화와 개인화가 인간에게 자유, 즉 '해방'을 의미하기도 하지만 동시에 사회적 관계의 상실이자 새로운 속박 체계가 될 수도 있다. 에스핑앤더슨의 탈상품화 개념은 사회적 시민권의 확장을 지표화한 것이지만, 동시에 사회적 삶에서 시장과 사회가 각각 차지하는 비중의 변화를 드러내는 지표이기도 하다.

시장화는 국가의 규제 철폐의 결과이며, 이는 사회적 연대를 파괴한다. 자본주의 사회에서 자본의 힘은 투자를 기피하거나 포기하는 방식으로 국가와 노동자를 굴복시키는 일종의 사보타주 능력에서 나온다.[78] 이는 곧 생산 수단을 구매하고 사용할 능력이자 생산품으로 시장을 장악할 능력이고, 또한 노동자

를 고용하거나 해고하는 능력이다. 여기서 시장력^{market power}이
란 상품이 될 수 없는 토지, 노동력, 화폐를 모두 상품으로 만들
고 모든 사회관계를 상품의 거래로 확장하려는 힘으로, 그 주도
자는 자본이다. 이 능력은 모든 것의 상품화, 재산권 보장, 자유
계약권 보장이라는 국가의 법과 강제력에 의해 뒷받침된다.

　자본주의 국가에서 형식상 계약은 개인 대 개인 간의 행위
이지만, 실제로는 법적 인격(법인)을 부여한 주식회사와 타 회사,
혹은 회사와 개인들 간에 이루어진다. 대주주가 지배하는 법인
과 개인들 간의 모든 계약은 매우 심하게 한쪽으로 기울어 있다.
그런데 시장력은 법과 정치가 대주주의 재산권과 계약권 행사를
노골적으로 뒷받침할 때 극대화된다.[79] 금융 자본이 주도하는 자
본주의하에서 법인은 기업 인수합병이나 구조조정을 통해 시장
력을 행사하고, 이 힘에 노출된 피고용자들은 생존 기반을 박탈
당하거나 필수재를 개인의 돈으로 구매하지 않을 수 없다.[80]

　사회 정책은 대체로 자본이 주도하는 시장력에 맞선 사회적
통합 혹은 사회력의 강화를 지향한다. 시장은 개인들의 집단화
와 집단 행동을 부정하고[81] 개인적 선택을 강요하는데, 사회력은
그것에 맞선다. 사회력이란 사회적 재생산의 세 차원인 생명, 존
엄과 정체성, 행위 역량(자원, 지식)을 정치사회적으로 현실화할
수 있는 힘이다. 또한 갈등의 조정, 이웃 약자들과의 나눔, 소통
과 참여, 조직화와 연대, 정치사회적 대표성을 발휘하는 역할을
하며 정치경제적 강자에게 맞서서 개인의 생명과 안전과 복지를
지킬 수 있는 힘이다. 자생적인 복지 활동, 협동조합, 그리고 각
종의 시민 기부가 사회력의 물질적인 기반으로서 시장에서 탈락

57

하는 사람들의 버팀목이 될 것이다. 여기서 사회력은 대체로는 사회적 시민권으로 제도화되고 사회운동으로 나타나기도 한다. 사회적 대표성을 가진 정당의 형성과 발달도 거시적으로는 사회력에 기초를 두며, 나아가 국가의 주권 행사도 경제력뿐만 아니라 사회력에 기반을 둔다.

"사회, 그런 것은 없다"라는 마거릿 대처의 단언처럼 신자유주의와 법인 기업의 시장력 강화는 사회의 방어력을 무장 해제하고 복지 정책에 의해서 구축된 사회적 연대의 기반을 박살내며 모든 사람을 '시장 지향적 인간'으로 파편화한다. 조지 소로스가 말한 '시장 근본주의market fundamentalism'[82]는 노동 보호 정책과 국가의 개입주의를 공격한다. 정치적 민주화를 경제 차원으로 확대하려는 모든 시도, 예를 들어 임금 인상과 분배 확대, 노조 인정과 조직 운영에서의 위계와 권위주의 극복, 부당한 차별 철폐, 사회적 안전망 구축 등은 장벽에 부딪칠 것이다. 반면에 기업 조세 감면, 복지 축소, 정규직과 비정규직의 차별 심화, 외국인 노동자 배제, 생산성과 경쟁력에 의한 위계와 보수의 차등화처럼 사회의 방어력을 침식하거나 없애는 힘이 강력하게 작용할 것이다. 시장 근본주의하에서 개인은 고립되어 사회적 삶을 포기하기도 한다.

오늘의 자본주의 질서에서는 지구적 금융 자본과 다국적 기업, 대기업의 시장력이 자본력과 구매력 없는 개인의 생존을 결정적으로 제약한다. 법과 공권력을 등에 업은 대주주와 지주들의 재산권 행사[83]는 개인을 시장에 내던진다. 특히 세습 재벌대기업이 경제뿐만 아니라 정치와 사회까지 지배하는 오늘 한국에서 재벌의 시장권력 행사는 하청, 재하청 중소기업의 사용자는 물론 이들 기업에 직간접 고용된 모든 노동자와 기업 밖 소비자의 선택권까지 극도로 제한한다. 한국이나 일본처럼 학력주의가 학벌주의가 되어 지위를 폐쇄적으로 독점하거나 능력주의라는 이름으로 엘리트 지배가 강화되어도 사회력의 형성은 크게 제한된다.[84] 연대의 해체는 지역과 일터에 완전한 개인화, 원자화를 가져온다. 집은 '부동산'으로, 도시는 오직 '일터'로만 존재하며 농촌은 공동화되고 언론과 문화 공간은 상품화된다. 지역의 권력을 관변 조직과 토호 세력이 독점한 상황에서 주민이 교류하고 협동할 여지는 극히 미미하다.

과거 냉전 체제하의 안보 국가national security state나 성장주의 국가에서는 국가가 기업과 시장을 육성하고 통제했지만, 동시에 국가가 기업가처럼 행동하며 자유권적 시민권은 물론이고 사회적 시민권의 형성을 차단했다. 전쟁과 내전, 만연한 국가 폭력으로 국민이 재산과 생명을 지킬 수 없게 되거나, 개발주의하에서 국가가 사실상 기업가가 되어 기업의 시장력 확대를 지원하고 노조 활동을 통제할 경우 농민과 노동자, 세입자들은 아무런 방어 수단을 가질 수 없다. 이 경우 국가는 시장에 대한 정치적 방어막이었던 복지 국가와 반대로 자본의 시장력 강화를 보장하는 강력한 후원 세력이다.[85] 이에 더해 권위주의나 가부장주의라는 문화적 자원이 국가와 기업의 재산권 행사와 결합하면 개인의 의사 표현과 저항권이 제한되고 자유와 자율성은 최소화된다.

그러나 냉전하에서도 시민의 직접 참여를 강조하고 자율성·다양성·능동성을 강조하는 저항운동과 조직적 사회운동이

민주화 이후 경제와 사회

계속 이어졌다. 지방 정치, 새로운 거버넌스 구축, 생산 영역 바깥에서의 다양한 형태의 시민 참여와 일상의 민주화가 그것이다. 이러한 것들을 통틀어 사회력이라 지칭한다. 사회력이란 국가나 시장의 전제적 힘으로부터 자신을 보호하고 더 나은 삶을 추구하려는 개인과 사회의 자생적인 힘이다.

이상의 논의를 도식화하면 다음과 같다.

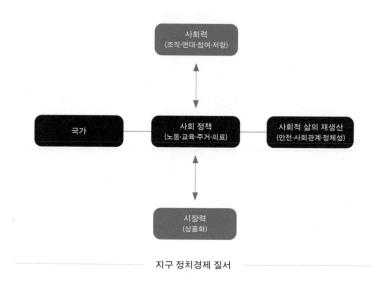

〈표5. 시장력과 사회력, 사회적 재생산의 구조〉

가족주의와 이기주의는 사회력을 잠식한다. 특히 한국에서는 재산이 많으면서도 편법으로 임대 주택에 들어가 주거비를 아끼는 사람들, 부자이면서 의료 보험료를 아끼려고 자녀를 자기 회사의 직원으로 등록한 이명박 전 대통령 같은 사람들, 의료

보험 제도를 악용해 타인이 누릴 의료 서비스를 제한하는 사람들[86]이 많다.

사회의 자기 치유와 갈등 조정 기능이 제대로 작동하면 국가나 기업이 지불해야 할 경제적 비용(의료비, 보험료, 각종 보상비, 소송비 같은 갈등 치유 비용)은 줄어들 것이다. 이와 같이 형성된 사회력을 기반으로 정치적 갈등을 조정하는 것을 '연성 정치soft politics'라 부를 수 있다. 연성 정치는 곧 시민 정치, 혹은 시민 자치, 사회의 자체 갈등 조정이나 정화 능력을 말한다. 이것은 억압적 공권력 발동, 대의제 정치나 각종 소송, 사법부의 판결에 덜 의존하면서 이익집단이나 주민들이 스스로 조정하고 타협하여 갈등을 해결할 수 있는 능력이다.

국가 내 불평등의 심화는 사회력을 파괴한다. 예란 테르보른에 따르면 불평등은 네 가지 층위 혹은 메커니즘을 거쳐 발생한다. 거리두기, 배제, 위계화, 그리고 착취이다. 불평등이란 재산권의 배타적 행사, 국가 권력과 법의 편향적 행사, 민주주의의 굴절, 준신분적 특권 집단의 존재, 인종·성·지역·학력 등에 의한 배제와 착취, 관료의 권한 독점, 시민권의 차별적 배분 등을 뜻한다. '거리두기'론은 이 사회가 개인으로 구성되어 있으며, 능력과 노력, 기업의 혁신 등에 의한 차등 보상에서 기인한 불평등은 거리를 좁히려는 노력으로 만회될 수 있다고 본다. 그러나 자본주의 경제 질서에서 자본과 노동의 구조적 관계 때문에 노동은 사실상 선택의 여지가 없다.[87]

배제와 위계화는 마르크스주의적 착취 이론에서는 충분히 다루지 않지만 불평등이 심각한 모든 나라에 엄연히 존재한다.

민주화 이후 경제와 사회

사회력의 형성은 각종 불평등의 제거와 깊은 관련을 갖는다. 경제 영역에서의 분배 개선이 사회력 확장의 매우 중요한 기반인 것은 분명하지만 분배와 재분배가 자동적으로 사회력 형성을 보장하지는 않는다. 사회 구성원들의 주체화, 자율성과 책임감, 혁신 능력과 학습 능력이 수반되어야 한다.

오늘의 중국을 통해 볼 수 있듯이 자본주의 경제 질서는 민주주의 제도와 반드시 쌍을 이루지는 않는다. 근대화론이나 마르크스 이론은 시장을 경제 외적 강제, 즉 봉건적 차별이나 억압, 국가의 개입과 배치되는 것으로 설명했다. 그러나 초기 자본주의는 시장 외적인 강제력의 축적 과정을 통해 발전하였고, 후발 자본주의의 국가 주도 공업화는 기업 특혜와 독점화의 길을 걸었다. 오늘날의 자본주의는 시장 원칙을 위배해야만, 즉 독점과 국가 개입을 통해서만 존립할 수 있다는 점이 더욱 분명하다. 즉 자본주의 기업은 오직 매우 제한된 범위에서만 민주주의를 허용한다.

한국의 사회 시스템 관련 쟁점

프리드리히 하이에크 등이 생각하는 것처럼 경쟁이 완벽하게 작동하는 신자유주의적 시장은 극히 비현실적인 추상이며,[88] 현실 자본주의는 자유로운 경쟁을 제약하는 각종 정치사회적 장치가 결합된 '역사 제도'로 존재한다.[89] 현재 자본주의 체제 내에서도 나라마다 사회 정책과 삶의 재생산이 다양한 형태로 나타난다. 그러면 우리는 이러한 신자유주의적 지구화라는 외적 정치경제 질서를 전제하고서라도, 한국의 경제 발전과 사회적 후진성의 심각한 괴리가 어떤 정치사회적 역학 관계 속에서 나타나게 되었는지, 그리고 장차 어떤 형태로 변해갈 것인지 질문해야 한다.

정책의 입안, 입법화, 제도화, 실행은 정치사회적 역학의 결과이며 그 담론과 지향, 그리고 결과는 문화 헤게모니적으로 구성된다. 정부의 모든 정책 보고서와 담론에는 지배 문화 이데올로기가 담겨 있다. 정책은 상황에 대한 정치적 규정, 그리고 기존의 사회정치적 지배 질서와 긴밀하게 연결되어 있기 때문에 국가나 특정 정권의 기본 성격이나 그들이 내건 이데올로기의 틀로 보지 않고서는 그 목표와 내용과 의미를 전혀 이해할 수 없다.[90] 예를 들어 자유주의 정책은 언제나 선택의 자유, 자기 책임, 경쟁, 혹은 자선 등의 가치나 이념을 강조한다. 복지 정책에서 선별적 복지로 나타난다. 그러나 자유와 자선으로 자본주의가 만들어낸 빈곤과 소외와 불평등을 해결할 수 있다고 생각하는 사람은 거의 없을 것이다. 그래서 정책 시행을 둘러싸고 심각한 정치적 대립이 발생할 수밖에 없다.

사회적 시민권은 시장력에 맞선 사회력 강화의 제도적 표현이다. 그것의 가장 구체적이고 현실적인 사례인 유럽 복지 국가의 형성과 유지에 관해 발테르 코르피, 에스핑앤더슨 등의 권력자원론power resource theory과 테다 스카치폴의 국가의 정책을 독립 변수로 보는 시각은 다른 설명을 내놓는다. 코르피와 에스핑앤더슨은 복지 국가 형성에 가장 중요한 영향을 미친 요소로 노동자 계급의 힘, 노동자 정당의 집권과 지속, 친노동적 정책에 주목했다. 반면 스카치폴의 국가론과 사회 정책론은 주로 민주주의 확장이라는 측면에서 이 문제에 접근한다. 높은 노조 조직률이나 정치적 노동운동이 곧바로 시민권 확장을 보장하지 않는다는 바버라 캐슬의 주장도 있고, 자본가 계급의 협조 및 시민사회의 역량을 사회적 시민권 강화의 중요한 변수로 보는 연구도 있다. 특히 1990년대 이후 노동 계급의 연대성이 약화되면서 시민사회의 연대가 사회적 시민권 강화 혹은 사회력 강화에 더 중요해졌다는 지적도 많다.[91]

1990년대의 한국은 개발 국가의 틀을 가진 상태에서 지구적 신자유주의의 파고에 휩쓸렸다. 이로 인해 자유화, 민주화, 지구화 같은 비동시적인 것들이 동시적으로 공존하게 되었다. 그래서 한국의 사회 정책과 사회적 재생산을 하나의 시스템으로 전제하고 그 등장과 제도화, 구조화 과정을 설명하기 위해서는 기존의 사회 정책 유형론과는 거리를 둔 새로운 시각과 접근이 필요하다. 특히 한국 및 동아시아의 국가 형성이나 자본주의 발전의 시점이나 경로는 서유럽 국가와 상이하기 때문에 서구 자본주의의 역사적 경험에 바탕을 둔 이론적 틀로는 충분히 설명하기 어렵다.[92] 앞에서 말한 것처럼 탈상품화라는 기준으로 복지 국가의 정도를 측정할 수 있지만 사실상 한 국가 안에서도 전상품화pre-commodification와 탈상품화가 공존한다.[93] 그리고 가족 내의 성별 분업 체계는 물론 가족 체제와 복지 체제의 연관성도 충분히 고려해야 한다.

앞에서 말한 것처럼 국가 혹은 공적 신뢰가 매우 취약하거나 애초부터 국가나 공적인 지원보다는 가족, 친족, 연고 등 1차

집단 간의 네트워크와 유대를 통해 위험을 해결하는 곳에서는 시장과 가족의 복합 지원 체제가 유지되고 강화되는 경향이 있다. 영미형 자본주의처럼 시장의 활성화와 개인적 자산 축적, 그리고 교육 투자가 사회복지를 대신하거나, 과거 한국이나 일본처럼 성장주의가 복지를 대체하고 비공식적 복지(가족이나 기업 복지)가 공공 복지를 대신하는 국가는 대체로 시장·가족 체제가 두드러진다. 그리고 신자유주의 시대에 국가의 규제 축소 혹은 사회적 삶의 시장화와 가족 의존 체제의 강화는 애초부터 공공 부문이 취약한 점과 맞물려 있다. 이 경우 교육이나 주거는 복지의 측면도 있지만, 지위 이동을 위해 사적으로 구매해야 할 상품이라는 성격을 갖는다.[94] 그래서 장경섭은 한국과 같은 체제를 '가족 자유주의'라고 부르기도 했다.[95]

그동안 많은 사회과학자들이 이 쟁점을 둘러싸고 문제를 제기하였고,[96] 동아시아 개발주의, 냉전 체제, '작은 복지 국가', 가족주의 등의 현상을 중심으로 한국의 복지 체제 혹은 사회 정책을 규명하려 시도했다.[97] 이들은 사회 서비스나 복지 급여의 관용성에서 한국은 북유럽 국가와 반대편 극단에 있다는 점을 주목한다. 또한 서구의 복지 정책에서 많이 동원되는 권력 자원론에 입각해서 한국의 선거 제도가 진보 정당의 등장을 제약하고, 기업별 노조 운동과 결합된 재벌대기업의 기업 복지 확장이 사회 복지를 대신하였으며, 복지 동맹의 기반이 될 수 있는 조직노동이 약화되었다는 점에도 주목했다.[98] 특히 한국의 성장주의 복지는 핵심 경제 활동 집단을 대상으로 한 사회 보험 확대가 중심이기 때문에 역진적 선별주의—복지의 수혜자와 소외자의 격차

65

를 더 심화시키는 방식—로 진행되었다는 것이 거의 공통된 주장이다.

또한 이들은 유럽의 민주적 조합주의와는 판이하게 다른 한국의 국가주의 전통, 그리고 식민지 파시즘과 냉전 체제에서 형성된 적대적 노사 관계가 지속적으로 유지되는 점, 역사적으로 형성된 가족주의가 보편적 복지의 장애물이 된 부분도 있지만 오히려 교육과 노동 영역에서의 취약한 사회 보장과 맞물려 성장주의가 재생산되었다는 점에도 주목했다. 한국은 복지 체제의 측면에서 볼 때 자유주의, 보수주의, 복지주의와 구별되는 경제 성장 우선주의, 생산주의productivist 양상을 띤다.[99]

교육학자인 사토 마나부도 일본의 모델이 곧 동아시아 모델이 되었다는 관점에서 동아시아 모델의 특징을 강조한다. 이때 동아시아형은 성장주의와 가족주의가 결합되어 있다는 특징을 갖는다.[100] 성장주의하에서 복지는 잔여적인 것으로 취급된다. 성장이 복지를 해결한다고 강조하는 한국과 같은 동아시아 후발국은 주로 공공 복지와 자발적 시민 단체의 지원보다 가족이나 공동체에 의존하는 경향이 있다.

국가가 주도한 성장 정책의 결과 저축 같은 사적 자산이 공공 복지의 대체물이 되었다. 그런데 한국에서 분단과 냉전, 특히 반공 이데올로기는 과거형이 아니라 지금도 재산권을 배타적으로 보장하고 정부의 자원 배분을 좌우하고 있다. 이것이 풀뿌리 시민사회의 조직화를 가로막으면서, 즉 복지 국가로의 진전을 제약하면서 신자유주의 질서와 결합했다.[101] 이제 '제3세계'라는 개념은 사라졌지만, 선진 자본주의 국가와 후발 국가 간의 사회경제 시스템의 질적인 차이까지 사라졌는지에 대해서는 여전히 논란의 여지가 있다. 특히 동아시아 각국의 자본주의는 서북부 유럽이나 영미형, 그리고 중남미 국가와도 분명히 구별되는 점이 많다.

자본주의란 단순히 경제 질서를 의미하는 것이 아니라 '정치'경제 질서이고, 사회 재생산 체제이기도 하다. 사회적 조정과 타협의 정도, 기업 지배 구조, 정치 체제 등 여러 지표에 기초한 각국 자본주의의 집락 분포를 보면 자본주의의 다양성varieties of capitalism 혹은 비교 자본주의론은 사회주의 붕괴 이후의 영미형 자본주의와 유럽형 조정 시장 경제를 구분했다.[102] 한국은 '조정 시장 경제'보다는 미국식 '자유 시장 경제'에 가깝고, 고용 불안과 임금 불평등의 측면에서 보더라도 영미형 자본주의의 하위 유형에 속하며, OECD 국가 중에서 시장 원리가 가장 강하게 관철되는 국가이다.[103] 지난 20년 동안 한국의 복지 재정과 복지 정책은 크게 확충되었지만 여전히 비슷한 경제 규모의 국가 중에서 복지 최후진국이다.

2장

성공의 증거,

흑은

불행의 원인?

성장주의와
물질주의

민주화 이후에도 공고한 성장주의

    30대 여성 총리 산나 마린이 이끄는 핀란드 내각의 국정 방침 첫 줄에 "노르딕 복지 국가에서 경제는 국민을 위해 관리되며, 그 반대는 아니다In a Nordic welfare state, the economy is managed for the people, not the other way round"라는 문구가 있다. 200쪽에 달하는 이 보고서에는 신기하게도 '성장'이라는 단어가 단 한 번도 등장하지 않는다.[1] 미국의 트럼프 전 대통령과 바이든 대통령의 경제 공약에도 조세나 통상 문제는 나오지만 '성장'이라는 단어는 없다. 프랑스의 마크롱 대통령도 경제 활성화나 규제 완화, 노동 시간 단축 완화 등은 언급해도 '성장'은 거론하지 않았다. 오히려 그는 불평등과 싸우겠다고 말했다.[2] 그런데 한국은 다르다. 대통령과 정부, 민간을 막론하고 언제나 성장 담론을 사용한다.

    2017년 대한민국 제19대 대통령선거 직전에 문재인 캠프는 '국민성장'이라는 이름의 싱크탱크를 출범했다. 문재인 정부의 경제 정책 기조는 '소득 주도 성장'론인데, 임금 소득을 높여서 소비 시장을 창출하고 그것에 기초해서 새로운 성장 동력을 마련하는 방식이다. 그것은 이명박·박근혜 정부처럼 기업과 재벌이 주도하는 외형적 성장과는 거리를 두면서 성장과 분배의 선순환을 도모하겠다고 했다. 사실 노무현 정부도 7퍼센트 경제 성장을 목표로 제시하였다. 그리고 집권하자마자 "국민 소득 2만 불 시대"라는 구호를 내세우기도 했다. 이 구호는 노무현 대통령의 평소 철학이나 참여정부의 성격과 거리가 멀어 보였지만, 결국 '성장'이 노무현 정권의 가장 중요한 목표가 되었다.

노무현 대통령에 대한 지지율이 바닥을 친 2007년 말 대선에서 이명박 후보는 '747 공약'을 내세웠다. 임기 중에 '실질 성장률 7퍼센트·국민 소득 4만 달러·선진 7개국 진입'을 달성하겠다는 것이다. 완전히 속이 빈 공약임이 드러났지만, 그가 500만 표 차이로 선거에서 승리한 가장 중요한 이유는 참여정부의 경제 정책에 대한 중산층의 불만 때문이었다. 이후 이명박 정부는 동반성장위원회를 만들었다. 대기업과 중소기업의 양극화와 갈등을 해결한다는 취지는 좋았지만, 최종 목표는 역시 '성장'이었다. 이어진 박근혜 정부도 474 공약(잠재 성장률 4퍼센트·고용률 70퍼센트·국민 소득 4만 달러 달성)을 내놓았고, '한강의 기적'을 다시 강조했다. 결국 국민이 2007년 대선에서 이명박 후보를 선택하고, 2012년 대선에서 박근혜 후보를 선택한 것은 '민주화'보다는 경제 성장을 택한 것으로 볼 수 있다.

그런데 이명박 정부의 747 공약의 원조는 외환위기를 맞아 성장 기조로 급선회한 김대중 정부라는 지적도 있다.[3] 박정희식 개발주의는 오래전에 끝났고 한국 경제의 고속 성장 시대도 지나갔다는 것이 명백해졌음에도, '민주'정부를 자처한 김대중·노무현·문재인 정부는 성장주의를 국가 운영의 최고 목표로 설정했다. 보수 세력의 성장주의와 선을 긋는 국정 목표를 제시하지 않은 것이다.[4]

성장 지상주의는 사회 발전의 핵심 요인 또는 필요조건이 경제 성장에 있다고 본다. 이를 달성하면 여타의 발전 목표나 가치를 충족시킬 수 있다는 전제하에 오로지 성장을 국가 발전의 지상 과제이자 모든 사회 문제의 치료책으로까지 간주한다. 성장주의는 2차 세계대전 이후 국가를 하나의 총체적 경제 단위로 보고 국민 소득과 GNP, GDP 등의 지표로 거의 모든 나라의 경제 규모를 비교하면서 일반화되었다.[5] 박정희 정권에서는 수출액이 바로 성장의 지표였다.

한국이 경제 발전의 길로 본격적으로 들어선 1960년대 이후 국가를 이끌어온 기본 가치나 이데올로기, 국가의 기본 정책 방향은 한마디로 경제 성장 혹은 경제 개발이다.[6] 박정희 정권 18년과 전두환 정권 7년은 가장 전형적인 성장주의 시대였다. 박정희 대통령에게 성장이란 국시國是에 가까운 것이었으며, 그것의 지표는 성장률과 수출액과 국민 소득의 증대였다. 제1차 경제 개발 5개년 계획 이후 이 수치들이 국가의 성공을 입증했다. 그런데 박정희에게 성장이란 북한과의 체제 대결에서의 승리를 의미하기도 했다. 즉 미국발 근대화 이론이 그렇듯이 동아시아의 성장주의는 지구적 반공주의와 결합되어 있었다.[7]

경제학자 안병직은 발전과 근대화 같은 개념이 이데올로기적 함의를 갖고 있다고 인정하면서, 성장의 개념을 중심으로 한국의 변화를 보자고 제안했다.

73

오늘날에는 경제 성장이다 민주화다 통일이다 모든 역사적 과제
를 얘기하지만 … 경제가 성장하면 민주주의고 통일이고 모든 문
제가 해결되어 한국 사회가 기본적으로 진보한다.[8]

안병직은 민족이나 통일 등의 민족주의 담론은 한국 사회의
기본을 설명하는 개념이 될 수 없다고 보았다. 지도자의 도덕성
이나 친일 경력 문제도 대중의 삶을 실제로 바꾸는 차원에서 보
면 그다지 중요하지 않다. 무엇보다 대중의 경제적 삶의 실질적
인 변화와 그것을 위한 노력이 가장 중요한 과제라고 보았다. 뉴
라이트 노선으로 돌아선 그는 일제의 식민지 지배를 미화한다는
자신에 대한 비판을 의식하면서, 한국의 모든 변화는 자본주의
시스템이 외부로부터 주어졌다는 사실을 인정하고 그 위에서 논
의를 진행해야 한다고 주장하였다. 그의 주장은 성장은 어떤 희
생을 치르더라도 달성해야 하는 지상 과제라는 한국 주류 보수
의 생각을 집약해 보여준다.[9]

물론 성장주의가 한국에서만 나타난 구호나 가치는 아니다.
2차 세계대전 후 전 세계 모든 나라는 GDP를 기준으로 국가의
발전을 측정하고 성장을 추진했다. 아시아에서 서구 따라잡기
catch-up 발전 전략은 1945년 이전에 제국주의 일본에서 시작되었
다. 일본은 1858년 미국 페리 제독의 압력으로 개항을 한 뒤 메이
지 유신의 기세에 힘입어 러일전쟁에서 승리하고, '명예 백인'의
자격을 얻어 비서구 국가 중 유일하게 제국주의의 대열에 올랐
다. 메이지 이후 일본의 근대화는 아시아를 넘어서 서구로 진입
하자는 탈아입구脫亞入歐 기조로 일관했다. 2차 세계대전 이후 독

립한 신생국, 일본의 발전 전략을 본받은 1945년 이후의 타이완과 한국 등에서 성장은 국가의 지상 목표가 되었다.

동아시아 국가는 기업과 결합하고 국민을 동원해서 빠른 시간 내에 경제를 발전시키는 방식으로 산업화를 추진했다. 1961년 일본의 이케다 하야토 총리는 10년 안에 국민 소득을 두 배 늘린다는 목표를 설정했고, 여기에는 수출을 매년 10퍼센트씩 늘린다는 계획이 포함되어 있었다. 타이완과 싱가포르는 언제나 국가의 성취를 숫자로 제시하고 또 평가했다. 성장주의를 생산주의와 유사한 것으로 보는 이언 홀리데이는 이 나라들의 생산주의를 일종의 '동아시아 예외주의'라고까지 주장했다.[10] 그는 생산주의는 압축 성장과 추격 발전의 객관적 요청에 부응하는 전략이며, 일본의 산업화를 가장 전형적인 예로 들었다.

산업 발전 단계에서 볼 때 한국은 1990년대 이후에 고도 성장의 시기를 지났다. 그러나 자본주의 발전이 일정 수준에 도달한 21세기에도 한국의 성장주의는 아주 유별나다. '성장 제일주의', '성장 지상주의', '성장 만능주의'라 불러도 좋을 것이다. 타이완에서도 개혁 세력인 민진당은 복지를 강조하지만 국민당은 여전히 경제 제일주의를 표방한다. 원주민 통합 등 체제 유지를 위해 복지 정책을 활용해야 하지만,[11] 오히려 '경제와 사회 발전의 조화'[12]를 강조한다. 그러면서 중소기업이 경제를 주도하는 '안정과 평등 기조하의 경제 성장' 정책을 지향한다. 타이완 국민당은 쑨원(삼민주의)의 영향을 받아서 평균 지권의 사상, 토지 균등 분배, 그리고 국민 생활의 안정과 평등을 기본 가치로 삼는다. 그로 인해 토지 개발 이익의 사회적 환수제를 헌법에 규정하

성공의 증거, 혹은 불행의 원인?

는 것이 가능했다.[13] 반면 한국의 성장주의는 경제 만능주의와 재벌 몰아주기에 가깝다. 1960년대 이후 한국은 전략 산업으로 지정한 분야에 모든 재원을 집중 투여하였으며, 재벌에 집중 지원하는 불균형 성장 전략을 택했다.

외환위기 이후로는 성장과 분배, 성장과 복지라는 선택지를 주고 사람들의 의견을 조사하면 후자를 중시하는 비중이 점점 늘고 있다. 그럼에도 경제가 어려워지면 사람들은 성장으로 기우는 경향이 있다. 개발주의 시대를 겪은 60대 이상도 그렇지만, 어린 시절부터 외환위기와 경쟁주의 속에서 자란 오늘의 청년들도 다분히 성장 지향적이다. 한국 사회의 지향점을 '분배 중시 사회'(-3)와 '성장 중시 사회'(+3) 사이에서 고르라는 질문에 청년들의 평균 답은 +0.47로 기성세대(+0.19)보다 성장에 대한 선호가 높았다. '능력 차이를 보완한 평등 사회'와 '능력 차이를 인정한 경쟁력 중시 사회' 가운데서도 청년(+0.55)이 기성세대(+0.44)보다 경쟁을 선호했다. '연대·협력'과 '경쟁·자율'을 두고서도 중립에 가까운 기성세대(+0.04)와 달리 청년(+0.16)은 경쟁 쪽으로 기울었다.[14]

2020년 코로나19 위기로 성장주의에 기반을 둔 삶의 방식을 성찰할 필요성이 제기되었다. 그로 인해 성장주의에 대한 비판이 커질 것으로 짐작했지만, 실제 한국인의 성장주의 성향은 결코 완화되지 않았다. 2020년 조사에서는 성장(43.6퍼센트)이 중요하다는 사람이 분배(25.7퍼센트)를 택한 사람보다 훨씬 많았다. 세금을 적게 내는 대신 위험을 개인이 책임져야 하는 상황이 세금을 많이 내는 대신 사회 보장이 확대되는 것보다 좋다는 사람이 두 배 이상 많았다.[15] 이렇게 성장 담론 자체를 건드릴 수 없으니 자꾸만 '녹색 성장', '소득 주도 성장', '정의로운 성장', '공정 성장', '전환적 공정 성장' 같은 온갖 종류의 형용사와 접두사만 늘고 있다.

"항산恒産이 있어야 항심恒心이 있다"라는 맹자의 가르침이나 "군주는 시민들이 안심하고 상업이나 농업에 종사도록 해야 한다"라는 마키아벨리의 지적을 거론하지 않더라도, 국민의 배고픔을 해결하고 더 많은 사람이 물질적 풍요를 누리게 하는 '경제'가 국가의 가장 중요한 과제임은 분명하다. 앞선 민주정부가 성장주의를 가장 중요한 국정 목표로 제시한 까닭은 재벌대기업을 비롯한 한국의 주류 보수 세력을 끌어안기 위한 것일 수도 있다. 혹은 한국인이 여전히 경제 발전과 선진국 따라잡기 신화를 철석같이 믿고 있다고 보고 선거용 구호로 내건 것일 수도 있다. 그런데 민주화 이후 민주정부가 표방한 성장주의는 박정희식 재벌 밀어주기 개발주의를 언제나 다시 불러온다는 점이 중요하다.[16] 민주정부의 성장 담론이 설사 선거 공학적 고려 때문이라 하더라도 그것이 복지, 정의, 형평 등의 다른 가치와 결합되지 않으면 친기업, 반노동, 반복지, 반환경의 틀에서 벗어나지 못한다. 즉 김대중·노무현·문재인 정부를 '진보'라고 보는 사람도 있지만, 사회경제 정책 기조에서 본다면 이들 정부는 박정희식 개발주의 헤게모니 안에 있었다. "성장이냐 분배냐"라는 질문은 참으로 구태의연한 것이지만, 성장주의를 내세우는 순간 민주정부는 그 궤도에서 벗어나기 어렵다.

지구화, 신자유주의의 시대까지도 성장주의 담론이 공고한

성공의 증거, 혹은 불행의 원인?

이유는 무엇일까? 성장의 과실이 온 사회로 흘러 내려온다는 신화가 거의 무너진 1990년대 중반 이후, 특히 외환위기로 국가가 부도 상태에 빠지며 재벌 주도의 성장이 일자리 창출이나 복지 확대에 미치는 문제가 분명하게 드러났다. 이렇게 불평등, 빈곤, 사회복지의 결함 등 성장으로 해결되지 않는 사회경제적 문제들이 노골화된 시점에도 성장주의가 민주정부의 정책 목표로 설정되는 것은 정책 결정 권한을 갖는 경제 관료들이 그러한 지향을 굳건히 유지하기 때문일 것이다. 또한 여야를 막론하고 정치 세력이 대자본과 경제 관료의 헤게모니 아래 있기 때문이다.

자본주의 세계 체제에서 어떤 국가나 정권도 성장보다 분배가 중요하다고 공개적으로 말하기는 어렵다. 그러나 한국처럼 정치 세력이 언제나 성장만 강조하면 복지나 분배 의제, 민주주의의 가치는 뒤로 밀린다. 한국에서 성장은 민주주의 혹은 시민권 확대와 충돌하며, 성장주의는 기업의 경쟁력이 우선이고 기업이 먼저 발전해야 다수의 노동자들을 위한 일자리가 생긴다고 전제한다. 성장주의는 인간을 생산적 경제 구조로 포섭하는 경향이 있으며, 또한 이것은 인간을 도구화하는 경제 이데올로기이기 때문에[17] 복지, 정의, 연대, 삶의 질 향상이나 불평등 해소 같은 다른 사회적 가치나 의제를 뭉개는 효과가 있다. 박정희의 선성장 후복지 논리에 이미 그 성격과 의미가 집약되어 있다.

경제 성장을 국가의 기본 철학으로 삼으면 특히 재벌대기업에 대한 국가의 지원이 다른 어떤 정책보다 중요해진다. 대기업에게 특별한 혜택—세금 및 환율 우대, 수출 지원, 토지 이용, 산업용 전기 사용, 노사 관계 통제 등—이 주어진다. 이명박 정부 때 등장한 '기업하기 좋은 나라'라는 슬로건이 바로 성장주의와 짝을 이룬 것이었다. 이런 상황에서 복지가 기업의 성장과 연동된다. 국민은 각자 임금 소득을 저축하며 주거와 교육 문제를 해결해야 하고, 대기업 노동자들은 회사를 통해 복지를 해결해야 한다. 지역 사회에서는 기업에서 거둔 세금으로 공공 사업과 복지 사업을 벌여 성장의 과실이 시민들에게 돌아갈 수 있도록 유도한다. 선거철마다 성장주의의 신화가 쩌렁쩌렁 울리는 한 국민의 복지와 증세, 삶의 질이라는 문제는 언제나 경제에 종속될 수밖에 없다.

성장주의는 결코 계급적·계층적으로 중립적인 구호가 아니다. 21세기 한국의 성장주의는 과거 개발주의 시대의 성장주의와 달리 경제 민주주의의 확대에 대한 거부와 결합되어 있다. 박정희가 강조했듯이 경제 성장을 통해서 분배의 파이를 키울 수 있고, 그런 다음에 개인의 권리와 민주주의를 확장하자고 주장할 수도 있다. 그러나 이미 디지털화, 탈공업화, 저성장 시대에 진입한 21세기의 선진국이 여전히 경제 성장을 국가나 정부의 목표로 설정하는 것은 뭔가 이상하다. 안보와 경제는 국가의 기본적이고 항상적인 과제이지만, 성장을 공식 목표로 내거는 것은 성장 프레임을 받아들이겠다는 말이 된다. 이 점에서 민주화 이후 세 번의 민주정부는 성장주의 프레임으로 운신의 폭을 제한한 채 시작하였거나, 박정희식 성장주의를 넘어서는 국가 비전을 제시하지 못하고 재벌과 경제 관료의 주도권 아래에서 국가를 운영했다.[18]

성장주의와 발전주의 지표를 거부하는 사람들은 GDP 대신 다른 지표를 만들자고 제안했다. 호주국립대학교의 아이다 커비세브스키는 사회의 수준 및 환경 비용을 포함한 실질 진보 지수Genuine Progress Indicator: GPI를 개발했다. 여기에서는 환경 오염이나 범죄, 불평등으로 인한 사회적 비용과 함께 가사 노동과 자원봉사처럼 금전 교환은 없지만 인간에게 이로운 활동 등을 포함해서 이익과 손실을 계산했다.[19] 웰빙경제연합WEAll을 주도하는 캐서린 트레벡도 GDP를 다른 웰빙 지표로 대체하자고 주장했다.[20] 그에 따르면 GDP는 "삶의 진정한 목표를 측정하지 않는다." 그것은 시장에서 거래되는 상업적 활동을 측정할 뿐, 우리 삶에 실제로 도움이 되는지는 따지지 않기 때문이다.[21]

경제 만능과 물질주의

2017년 문재인 정부의 국정 운영 5개년 기본 계획에는 '경제'라는 단어가 복지나 공정과는 비교할 수 없을 정도로 자주 등장한다.[22] 2012년 대선에서 여당의 박근혜 후보는 당연히 경제를 중시했는데, 야당 문재인 후보도 다르지 않았다. 이는 민주당 후보는 경제에 무능하다는 비판을 만회하려는 시도로 보인다.[23]

선거 국면에서 경제는 주로 보수 세력에게 어필하는 의제이다. 동시에 잘살기를 원하는 모든 국민의 가장 중요한 관심사이기도 하다. 안정적인 일자리가 필요한 국민에게 경제보다 더 중요한 것은 없다. 주류 보수 세력은 언제나 민주화 세력을 공격하기 위해 박정희식 경제 제일주의를 끄집어낸다. 민주화 이후 민주정부의 대통령이나 집권 정당이 성장과 경제를 가장 중요한

국정 의제로 제시한 이유는 다수의 국민이 경제 성장 다음의 가치를 생각해본 적이 없기 때문이다. 그들은 국민이 물질적인 지표와 물질 자체를 최고의 가치로 여기고 국가가 그것을 충족시켜주기를 원한다는 사실을 알고 있었다.

한국, 일본, 미국, 스웨덴, 멕시코 등 다섯 나라의 물질주의 정도를 비교하면 한국인의 지향을 명확히 알 수 있다.[24] 여기서 물질주의란 경제 성장과 애국심 등을 강조한다는 점에서 전형적인 부국강병론 사고와 일치한다. 반면 복지 국가인 스웨덴은 물질주의 정도가 굉장히 낮다. 조혜연 등의 연구에서도 한국의 물질주의는 미국, 중국, 인도보다 더 높은 수준이라는 점이 확인된다.[25]

홍사단 투명사회본부가 매년 조사한 결과를 보면 2019년에는 "10억 원을 준다면 감옥에 들어가도 괜찮은가"라는 질문에 대해 초등학생의 23퍼센트, 중학생의 42퍼센트, 고등학생의 57퍼센트가 긍정적으로 대답했다. 특정 직업에 대한 선호를 물은 다음 그 이유를 질문하니 "돈 잘 벌잖아요"라는 답변이 나왔다.[26] 청소년들이 나이가 들고 세상을 알면 알수록 더 돈에 집착한다는 것을 보여준다.

19세기 이후의 서구 문명은 물질주의에 기초한 것이고, 조선이 일본 제국주의에 편입된 시점부터 바로 그 물질주의가 한국인의 일상과 행동을 지배하기 시작했다. 조선 말의 부국강병론도 제국주의가 압박한 기술주의와 물질주의가 한국의 선각자들의 머릿속을 지배하기 시작했음을 의미한다.

페르낭 브로델의 주장처럼 물질문명 혹은 물질생활은 자본

성공의 증거, 혹은 불행의 원인?

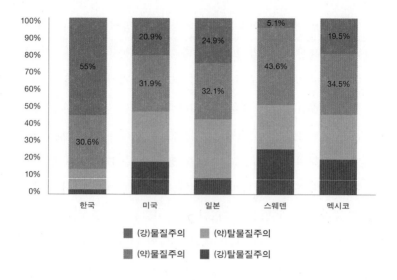

〈표6. 5개국 물질주의 대 탈물질주의 비교〉
출처: 세계 가치관 조사 기관 "웨이브 5", 장덕진의 글에서 재인용

주의보다 더 근원적인 서구 문명의 산물이다. 서구의 물질주의
속성은 기술 발전과 인간의 경제적 욕망에서 태어났다.[27] 브로
델의 도식에서는 물질문명 위에 시장 혹은 경제가 자리 잡고 최
상층에 자본주의가 존재한다. 세 층위는 각각의 시간성과 리듬
을 갖는데, 물질문명은 일상의 영역을 지배하면서 지속된다. 그
는 교환 혹은 거래로서의 시장과 경제 활동과 착취를 통해서 이
윤 추구를 목적으로 하는 자본주의가 물질문명과 충돌할 수 있
다고 본다. 그러나 막스 베버는 '금전욕', 즉 돈벌이 자체를 목적
으로 하는 활동은 자본주의 정신과 거리가 멀고, 오히려 자본주
의가 발전하지 못한 나라에서 그러한 현상이 두드러진다고 설명
한다.[28]

19세기 이후 물질문명과 자본주의는 서구에서 시작하여 전

세계로 퍼졌다. 시장과 자본주의가 침투하기 이전에도 비서구 지역의 부자들은 매우 물질주의적이었을 것이다. 그러나 물질문명·시장·자본주의가 침투해 도덕 경제가 사라지면 가난한 사람은 부자를 선망하고 그들 이상으로 돈을 갈구한다. 베버가 말하듯이 그들의 일상과 정신은 온통 돈 버는 일에 사로잡힐 수도 있다. 로널드 잉글하트는 근대화를 거쳐 일정한 경제 발전 단계에 진입하면 인간은 점차 탈물질주의적이 된다고 했는데, 앞의 조사에서 볼 수 있듯이 한국은 그러한 도식과 전혀 다른 양상을 보여준다. 한국인들이 물질주의를 강하게 지향하는 이유는 무엇일까?

여러 사회 조사에 의하면 소득과 물질주의의 상관성은 크지 않고, 오히려 사회관계가 물질주의와 밀접한 것으로 나온다. 행복 지수를 측정하는 여러 지표 가운데 '사회관계'에서 한국이 OECD 꼴찌 수준이었다는 점을 환기할 필요가 있다. 행복학 연구자 에드워드 디너는 돈이 모든 평가의 기준이 되면 당연히 사회관계의 질이 낮아지고 구성원은 이기적으로 변한다고 설명한다. 이때 행복감은 낮을 수밖에 없다.[29] 「세계행복보고서」에서 한국의 사회적 지지 점수가 낮게 나온 사실은 남미 국가들과 크게 대비된다. 남미 국가 대부분의 국민 소득은 한국보다 낮지만 사회적 지지는 매우 높다. 즉 가족, 이웃, 친척들과의 돈독한 관계가 이들을 지탱하고 있다.[30] 한국인들은 일본과 마찬가지로 과도한 경쟁에 노출되어 있고 사회관계가 매우 취약하다. 경쟁의 피로는 당연히 삶의 질을 떨어뜨린다.

경제적·물리적 안전을 생존 가치라 보고 약자와 소수자, 생태 환경 등에 대한 배려를 자아 표현 가치라고 본다면, 한국인은

성공의 증거, 혹은 불행의 원인?

생존 가치를 중시하고 자아 표현 가치는 경시한다.[31] 양해만과 조영호는 외형적 경제 성장에도 불구하고 한국인의 물질주의 경향은 여전하고 특히 한국의 부유층들은 저소득층보다 더 물질주의적이라고 강조하는데,[32] 이는 부유층조차 다른 삶의 가치를 추구할 여유가 없다는 뜻이다. 한편 그들은 자녀 교육비 부담이 물질주의를 지속시키는 중요한 이유라고 보았다. 한국인이 돈에 집착하는 이유는 자녀 학비, 즉 교육 문제 때문이라는 것이다. 한국의 기성세대는 교육 기회와 주거를 모두 시장에서 상품으로 구매해야 했다. 그래서 한국인의 물질주의 지향은 문화 의식 차원이나 선진국 진입 여부와도 별개의 문제이다. 무엇보다도 외환위기와 신자유주의 구조조정 이후 '먹고사니즘'이 더 절실해진 것과 연관 있을 것이다.

먹고사니즘을 추동하는 가장 큰 요인은 생계의 불안과 노동시장의 불안이다. 한국 노동자의 고용 안정성은 OECD 국가 중에서 최저 수준이다. 1년 미만 근로자의 비율(36퍼센트)이 OECD 국가 중 가장 높고, 반대로 10년 이상 근로자의 비중(17퍼센트)은 가장 낮다.[33] 평균 근속 기간도 5.6년으로 가장 짧다. 성별에 따른 차이도 심해서 여성의 근속 기간은 4.3년으로 남성의 6.7년보다 더욱 짧다. 6개월 이하 단기 근로자의 비율(25퍼센트)도 전체 국가 중 최하위이다.[34]

고용 불안의 또 다른 이유는 낮은 노조 조직률로 인해 노동자들이 시장에 적나라하게 노출되어 있기 때문이다. 한국은 노조 조직률은 물론 노조 교섭의 영향력도 OECD 최하 수준이다. 문재인 정부 이후 노조 조직률이 소폭 상승했으나 여전히 14퍼센트에 불과하다. 이로 인해 노동자의 86퍼센트가 고용 조건이나 임금을 시장의 처분에 맡기고 있다. 각자도생 사회는 경제적 강자를 추종하는 보수주의가 득세할 틈을 만든다. 경제적 강자의 특권이 경제적 자유라는 이름으로 맹위를 떨치는 사회일수록 약자는 시장 경쟁에 무방비로 노출된다.

사실 신자유주의적 경제 질서가 본격적으로 도입되기 이전에도 도시화와 산업화 과정의 한국은 경제, 즉 물질이 모든 것을 지배하는 사회, 모든 사람이 차가운 이방인으로 각자도생하면서 충돌하는 '피난 사회'의 양상을 띠고 있었다.[35] 1970년대 이후 서울 등 도시에서 중산층으로 자란 사람들은 아직 전근대적인 인간관계가 남아 있던 농촌을 매우 목가적인 공동체로 상상하는 경향이 있는데, 이는 당시 농촌의 실상과 부합하지 않는다. 군사 독재하의 개발주의는 사회적 유대를 파괴하고 구성원을 개인화했다. 특히 한국전쟁 때 전국의 거의 모든 마을에서 상호 적대와 증오, 학살이 발생하면서 그 원한이 깊이 깔린 농촌에서 협동과 공동체 정신은 거의 사라졌다. 전쟁은 기본적으로 적자생존의 원칙이 압도하는 상황이다. 그리고 이후의 개발주의와 도시화가 그러한 원리를 더 강화했다.

2000년 12월 김대중 대통령이 "국제통화기금의 차관을 모두 상환하고 IMF 위기에서 완전히 벗어났다"라고 선포한 직후부터 사람들은 주식과 펀드에 뛰어들었고, 서점에서는 자기개발서와 재테크 책이 불티나게 팔렸다.[36] 이 과정에서 한국인은 경쟁 인간, 시장 인간,[37] 소비 인간으로 거듭 태어났다. 2016년 「국민대통합위 보고서」는 한국인은 한국을 경쟁 사회, 양극화 사회

성공의 증거, 혹은 불행의 원인?

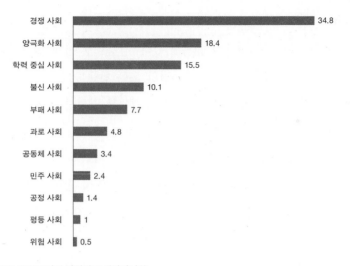

경쟁 사회	34.8
양극화 사회	18.4
학력 중심 사회	15.5
불신 사회	10.1
부패 사회	7.7
과로 사회	4.8
공동체 사회	3.4
민주 사회	2.4
공정 사회	1.4
평등 사회	1
위험 사회	0.5

〈표7. 한국은 어떤 사회라고 생각하나?〉

출처: 「국민대통합위 보고서」, 「매일경제신문」, 2016.2.25., 단위: 퍼센트

라고 생각한다는 점을 확인해주었다. 경쟁이 사회적 연대를 파괴하고 사회관계가 시장 원리에 따라 움직이거나 그것의 일부가 되면 사람들의 일상은 매우 피폐해진다.

　한국인의 물질주의는 모든 사안을 경제와 안보 문제로 환원하던 역대 군사 정부와 주류 세력의 개발주의 지배 체제의 결과일 수도 있다. 성장과 경제 중심의 체제는 냉전과 개발 독재하에서 추격 발전을 추구한 이상 어느 정도 불가피한 점도 있었다. 그런데 민주화 이후에도 여전히 물질주의가 강하게 유지되는 것은 국가의 거시적 방향성을 삶의 질을 추구하는 쪽으로 전환하지 않았기 때문이다. 그리고 이것은 그동안 '민주정부'를 표방하며 권력을 잡은 대통령과 정당이 시민의 요구에 응하기보다는 선거 정치와 집권을 위해서 익숙한 성장주의 담론에 계속 편승했기

때문이다.

성장주의, 경제만능과 물질주의는 지금도 한국인의 일상과 정신을 지배한다. 우리가 이것을 한국인의 일반 가치나 태도에 따른 문화적 현상이 아니라 개발주의의 오랜 지속성, 분단, 반공 체제, 외환위기 이후 미국형 시장 질서 확대와 취약한 사회 안전 망 등을 포함하는 정치경제적 현상으로 바라볼 때 비로소 문제 의 원인을 찾고 해결에 도달할 수 있을 것이다.

성공의 증거, 혹은 불행의 원인?

세습 재벌과
기업 국가, 기업 사회

재벌 체제와 세습 자본주의

사회학자 찰스 더버는 미국에서는 민주주의의 공식 절차가 민주주의의 훼손을 숨기는 수단으로 전락했다고 말한다. 프랭클린 루스벨트 대통령이 "국민에 대한 배려도 없고, 어떤 책임도 질 줄 모르는 보이지 않는 정부가 왕좌에 앉아 있다"라고 말한 법인체의 지배corpocracy가 국민 주권의 배후에서 작동한다는 것이다.[38]

2021년 8월 13일 대한민국 법무부는 삼성의 이재용을 가석방했다. 당시 박범계 법무장관은 코로나19 장기화로 인한 국가 경제와 글로벌 경제 환경에 대한 고려를 가석방의 이유로 설명했다. 이미 6월 2일 청와대를 방문한 4대 재벌의 총수들이 뇌물 공여로 복역 중인 이재용 부회장의 석방을 건의했다. 반도체 사업은 대형 투자가 필요한데 총수가 있어야 의사 결정을 신속하게 할 수 있다는 것이었다. 이에 대해 문재인 대통령은 "국민도 공감하는 바가 많다"라고 화답했다.[39] 문재인 대통령은 그전부터 이재용의 가석방과 취업 제한 해제 등을 염두에 두고 있었던 것 같다.

그러나 삼성이 이재용의 기업 승계를 위해 박근혜 정부 때 제일모직과 삼성물산의 합병에 국가권력을 탈법적으로 동원한 것은 움직일 수 없는 사실이다. 시민사회 단체는 분식 회계, 주가 조작, 그리고 국민연금까지 동원해 경영권 세습을 시도한 이재용의 가석방은 '반시장 범죄자의 사면권을 제한'하기로 한 대통령의 공약과 어긋난다고 비판했다. 또한 만약 이재용을 사면할 경우 재벌이 법 위에 있음을 공식화하여 법치주의를 무너뜨릴 것이라고 경고했다. 그럼에도 불구하고 1년 뒤인 2022년 8월 이재용이 광복절 특사로 사면 복권되면서 재벌, 특히 삼성은 법 위의 존재임이 다시 확인되었다.

한국기업공헌평가원은 재무 실적, 수출액, 법인세 납부액, 급여 지급액, 고용 인원, 사회 공헌도 등의 기준으로 봤을 때 삼성전자의 국가 경제 비중이 압도적 1위이며 SK 등 2~4위를 합친 것보다 크다고 평가했다.[40] 2021년 기준 삼성그룹의 자산은 440조 원으로 한국의 1년 예산 558조 원의 80퍼센트에 육박했다. 삼성전자의 수출은 국가 총수출의 20퍼센트를 차지한다. 같은 시기에 삼성전자는 코로나19의 위기 국면과 미국과 중국이 벌이는 경제 갈등의 틈바구니에서 사상 최대의 반도체 수출이라는 성과를 거두었다.

삼성이 국가 경제에 기여하는 바를 강조하며 효율성을 위해 재벌이 독점과 편법 상속 등으로 시장을 교란하고 법치를 위배해도 묵인해야 한다는 목소리가 매우 크다. 대부분의 언론과 친재벌 성향의 학자는 삼성 등 재벌이 수출을 통한 낙수 효과와 고용 창출로 국가와 사회에 기여한다면서 재벌 총수에게 면죄부를 주

성공의 증거, 혹은 불행의 원인?

자고 주장한다. 특히 한국에서는 총수의 이익이 곧 기업의 이익
이고, 기업의 이익이 곧 국가의 이익이라는 등식이 자리 잡았다.

1987년 민주화 이후 재벌의 지배력은 더욱 커졌다. 1997년
외환위기는 사실 재벌기업이 해외 차입금을 제때 갚지 못해 발
생한 유동성 위기지만, IMF 관리 체제와 가혹한 구조조정 과정
에서 살아남은 재벌은 스스로를 금융 자본주의에 더욱 편입시켜
자본 시장의 수익성 논리에 조응했다. 이로써 재벌은 국내외 투
자 은행과 주주들의 협조 없이는 기업 지배력을 지탱할 수 없게
되었다.[41] 특히 지구화된 금융 자본주의 질서에서 주주 가치 제
고라는 압력이 강화되었다. 동시에 이 과정을 지나며 재벌의 시
장 독점과 경제력 집중도 더욱 강력해졌다. 재벌의 시장 교란과
위법은 과거에 그랬듯이 여전히 솜방망이 처벌을 받고, 노동의
외주·하청과 하청업체에 대한 단가 후려치기, 기술과 인력 약탈,
노조 파괴 등의 횡포는 점점 더 심해졌다. 외환위기 이후 규제 완
화의 일환으로 추진된 통신방송 사업자 선정이나 공기업 민영화
는 국민의 세금으로 세운 공기업을 대체로 재벌이나 외국 투자
자의 것으로 바꾸어놓았다.

한국 경제에서 4대 재벌 혹은 10대 재벌이 차지하는 비중
은 지난 30년간 크게 증가했다. 서울대학교 행정대학원의 '시장
과 정부 연구센터'에 의하면 2020년 한국의 명목 GDP 대비 30대
재벌의 자산 총액 비중은 91퍼센트에 달한다. 삼성, 현대차, SK,
LG, 롯데 등 5대 재벌의 2020년 자산 총액은 1143조 5700억 원으
로 GDP의 60퍼센트에 달했다.[42] 64개 기업 집단의 계열사 수는
2016년 1670개에서 2020년에는 2292개로 크게 늘었다. 그런데

공정위가 조사한 재벌에 포함되는 자산 총액 5조 원 이상의 공시 기업 64개의 주식 소유 현황을 보면 총수 일가는 겨우 4퍼센트도 되지 않는 지분으로 기업 전체를 지배한다.[43] 외환위기는 한국 재벌의 도덕성에 치명상을 입혔고, 이후의 기업 구조조정 과정에서 대우 등 일부 재벌이 몰락하였으나 살아남은 기업들은 국제 경쟁력 강화라는 명분으로 몸집을 더 키울 수 있었다. 결국 경제 민주화를 위한 기업 지배 구조 개혁 조치는 형식에 그쳤다.

재벌은 업무와 관계없는 토지와 각종 조세 특혜를 통해서도 엄청난 불로 소득을 얻었다. 경제정의실천시민연합(경실련)이 2019년 2월 26일 공개한 '5대 재벌 토지 자산 실태 조사'를 보면 2017년에 이들이 보유한 토지의 가치는 67조 5000억 원으로, 2007년(23조 9000억 원)보다 2.8배나 불어난 규모이다.[44] 부동산 폭등으로 인한 자산 불평등 심화의 배경에는 재벌의 토지 독점 문제가 있는데, 이 역시 국가나 지자체가 기업에게 산업 부지를 특혜로 제공한 결과이다. 사실상의 은폐된 상속이라 할 수 있는 일감 몰아주기를 통해 지배 주주 일가가 편법으로 취한 이익이 2018년 한 해에만 총 35.8조 원에 달한다. 특히 이재용(6.5조 원), 최태원(5.1조 원), 서정진(4.5조 원), 정의선(3.1조 원) 등 상위 재벌 총수의 사익 편취가 두드러졌다.[45]

재벌은 후발 자본주의 국가인 한국의 고도 성장을 이끈 견인차였다. 1980년대까지 정부는 재벌과 손을 잡고 저임금에 기초한 조립 가공 위주의 산업으로 선진국을 따라잡기 위해 총력을 다했다. 바로 이 전략이 한국을 선진국의 문턱까지 올라가게 만든 점을 부인할 수는 없다. 이후 전자 기기, 자동차, 반도체 등

성공의 증거, 혹은 불행의 원인?

제조업으로 전환하는 과정에서 총수들의 선견지명이나 과감한 결단, 그리고 경영 능력이 매우 중요한 역할을 했다. 삼성전자는 메모리 반도체 부문에 집중 투자해 세계적 기업으로 발돋움했다. 일본이 그랬듯이 한국에서도 재벌대기업의 확대와 그로 인한 경제적 격차는 이들이 자본력으로 시장을 장악한 결과인 동시에 국가의 일방적인 지원과 대기업 중심의 성장 정책이 불러온 결과로 볼 수 있다.[46] 그러나 공룡화된 재벌기업의 문어발식 확장이 오히려 경제 생태계를 교란하고, 기술 혁신과 후발 주자의 진입을 가로막고 있다. 재벌의 성장과 영향력 확대가 자체의 기술 혁신 결과인 측면도 있지만 권력 작용의 결과라는 점도 부인하기 어렵다. 일자리의 대부분을 중소기업이 책임지는 상황에서 재벌의 지배력 때문에 중소기업이 빈사 상태에 놓이면 고용 시장도 휘청일 수밖에 없다.

이러한 산업 생태계에서 재벌기업과 하청 중소기업의 이윤율 격차는 벌어질 수밖에 없다. 2009년 삼성전자의 영업 이익률은 8.23퍼센트였고, 하청 부품업체는 5.66퍼센트였다. 2010년 1분기에 삼성전자는 영업 이익률이 14.56퍼센트로 올랐지만, 하청 부품업체는 4.87퍼센트로 오히려 더 떨어졌다.[47] 박상인은 재벌기업은 하청 중소기업의 희생으로 가격 경쟁력을 담보할 수 있다고 보았다. 그는 현대자동차와 폭스바겐의 재무제표에서 매출액 대비 재료비 비중을 분석했다. 그 결과 현대자동차가 2015년까지 단가 후려치기 방식으로 가격 경쟁력을 유지했음을 밝혔다.[48] 그러나 재벌 하청기업보다 독립된 중소기업의 기술력과 생산성이 더 열악하다는 조사도 있기 때문에, 재벌의 지배가 중소

기업 일반에게 부정적이라고만 보기는 어려운 점도 있다.[49]

　재벌이란 1900년대 초반 일본에서 동향의 부호 일족을 지칭하던 용어에서 왔다. 2차 세계대전 시기 일본의 재벌이나 오늘날 한국 재벌은 애초의 창업자 가족이 모회사(지주회사)를 중핵으로 다양한 사업 분야의 여러 기업을 지배하며, 또 가족이 이들 기업 집단의 경영을 지배한다는 공통점을 갖는다. 그러나 일본 재벌은 전쟁 범죄를 저지른 주체로 지목되어 비군사화, 경제 민주화 기치를 내건 전후 일본의 맥아더 사령부에 의해 해체되었다.[50] 이후 재벌은 '가족 경영과 다각화된 독점 체제'로서 주로 후진국에서 나타나는 기업 지배 현상을 가리킨다.[51] 한국의 재벌은 산업 구조가 선진화되고 기업의 규모나 매출도 세계적인 수준으로 상승한 상황에서 한두 가족이 수십 개 이상의 계열사를 거느리고 통제한다는 특징이 있다. 여기에 더해 한국의 재벌 체제는 사실상 가족 대표자 1인이 독재하는 체제이며 세습된다. 한국의 기업이 공적인 조직임에도 사실상 인적 지배, 중세적 귀족주의 경향을 보이는 이유도 여기에 있다.[52]

　김기원은 한국 재벌을 '족벌 경영, 친족 경영'이 아니라 '총수 독재 경영, 총수 독재 세습 경영, 전근대적 독점과 근대적 독점의 결합물'이라고 부르자고 제안한다.[53] 사실상 아무런 법적 근거와 권리가 없는 '총수'라는 용어가 사법부의 판결문에 사용되는 것은 매우 이상하다. '경영권'이라는 정체 불명의 용어가 사회 일반에서 공공연하게 사용되지만, 사회 관행으로 존재한다는 이유로 법원이 경영권 개념의 실재를 인정하는 것은 더욱 이해하기 어렵다. 자본주의 시장 경제와 경영권 세습은 형용 모순

　　　　　　　　　　　성공의 증거, 혹은 불행의 원인?

이다. 세습 자본주의는 자본주의의 외피를 둘렀을 뿐 사실상 근대 이전 봉건 사회의 특징이기 때문이다. 대한항공 '땅콩회항' 사태에서 드러난 '갑질'이 재벌 일가의 중세적 귀족주의를 보여주었다는 비판도 제기되었다.[54] 재벌은 자신의 이익을 방어하고 기업의 지배 구조를 유지하기 위해 과거 한국의 양반, 유럽 귀족들처럼 다른 재벌가와 혼인을 맺는다. 이 통혼은 기업 지배의 수단이며, 한국 재벌가 집단의 계급 지배를 공고히 하는 수단이다.[55]

그런데 법적으로 성립 불가능한 재벌기업의 상속·승계에는 기업의 업무 관할권, 즉 경영권과 대표권 승계가 모두 포함된다. 물론 스웨덴 등 서구 자본주의 국가에도 재벌이 존재하고 기업이 상속되는 경우도 있지만, 대체로 주식을 물려주는 재산 상속의 양상을 지닌다. 이때 소유와 경영은 분리되며, 경영권의 세습은 인정하지 않는다.[56] 그런데 한국의 재벌 세습은 언제나 혈연 계승의 형태이고, 계열 기업 모두를 통괄하는 '경영권'을 자식에게 물려주는 것이 특징이다. 법적으로 불가능한 세습을 가능하게 만들려고 재벌가는 온갖 편법을 동원한다.

공병호는 거대한 공조직인 기업을 한두 가족이 좌우하는 지배 방식이 대리인 비용을 줄이기 위한 고심에서 나왔다면서 재벌을 옹호한다. 즉 전문 경영인이 나서지 않고 총수가 중요 의사 결정을 직접 관장해야 효율적이라는 것이다.[57] 그러나 박정희도 '능률적 민주주의'를 강조했지만 그가 만든 유신 체제는 한국의 민주화와 자유화를 심각하게 제약했듯이, 재벌 체제가 기업의 의사 결정 효율을 높인다는 설명도 그것이 경제적 양극화를 초래하고 사회정치 전반에 전근대적인 거버넌스를 온존시키는 역할을 한다는 점까지 정당화하지는 못한다. 무엇보다 법치와 공정의 실종이 가장 심각하다. 한국의 재벌기업 총수는 어떤 범죄를 저질러도 '징역 3년, 집행유예 5년'을 받고 풀려난다는 법칙이 있다. 이처럼 재벌의 존재는 민주주의와 경제 정의를 심각하게 위협한다.[58]

재벌은 경제 정책 수립부터 입법 활동, 사법부의 판결과 검경의 수사, 언론과 사회·문화 분야에 이르기까지 모든 영역에 막강한 영향력을 행사하는 '그림자 정부' 역할을 하고 있다. 아울러 재벌기업에 직접 고용된 사람뿐만 아니라 공무원, 주주, 소비자 등 모든 구성원들의 일상과 정신을 지배한다. 박근혜·최순실 수사 과정에서 드러난 삼성 미래전략실 장충기 사장이 각계 고위 인사들과 주고받은 문자 메시지를 보면 삼성이 사실상 '그림자 정부'라는 사실을 확인할 수 있다.[59] 특히 삼성은 백혈병 관련 노동자들의 사망 사건 은폐, 노조 설립 과정에서 분신자살한 직원을 매수하려 한 공작, 핸드폰과 텔레비전 등 주요 제품과 관련된 위탁 사업을 부당하게 취소하거나 응하지 않을 경우 고의로 물품 납품을 지연하는 등의 행태를 반복하며 천문학적 비용의 사회적 피해를 남겼다.[60]

선출되지 않은 권력의 지배는 재벌 체제에만 국한된 이야기가 아니다. 주류 언론, 사학 재단, 대형 교회에서도 세습이 만연하다. 세습주의의 공통점은 창업 당시의 사적인 기여를 근거로 이후 국가와 사회의 제도적·물적 지원을 받아 이룬 결과까지 모두 창업자와 그의 가족이 손에 쥔다는 점이다. 이들은 이사회 같

95   성공의 증거, 혹은 불행의 원인?

은 공식 기구를 장악하고 탈법적·초법적 권한을 휘두르며 대대로 권력과 부를 세습한다. 구 동구권의 여러 나라, 남미의 여러 나라와 필리핀에서는 여전히 세습 대지주와 재벌의 힘이 막강하다. 과거의 일본, 스웨덴과 이스라엘에도 재벌이 있었다. 그러나 한국처럼 언론, 사학, 교회까지 세습되는 나라는 세계에서 찾아보기 어렵다.

세습 자본주의는 외환위기 이후 더 강화되었다. 한국은 자수성가형 부자의 비율이 매우 낮다. 우리나라 최고의 부자 열 명 가운데 스스로 부를 일군 사람은 셋에 불과하다. 조건을 30대 부자로 넓혀도 비율은 23퍼센트에 그친다. 신흥 공업국인 중국(97퍼센트), 우리보다 자본주의의 역사가 훨씬 긴 일본(73퍼센트)이나 미국(63퍼센트)과 차이가 크며 심지어 경제 수준이 낮고 양극화가 심한 필리핀(53퍼센트), 인도네시아(47퍼센트), 태국(40퍼센트)에도 못 미친다.[61]

전 세계 모든 나라가 그러했지만, 개발주의 시기인 1970~80년대까지만 하더라도 한국은 비교적 평등한 국가였다. 그러다 1990년대 후반 이후 특히 외환위기와 전 세계에 불어닥친 신자유주의 세계화 물결이 맞물리면서 한국은 세계에서 미국 다음으로 불평등한 국가가 되었다. 2015년 현대경제연구원의 조사에 의하면 "아무리 노력해도 계층 상승이 어렵다"라고 답한 사람이 81퍼센트에 이른다. "부와 가난의 대물림이 심각하다"라는 답변은 무려 90.7퍼센트이며, 특히 30대에서는 94퍼센트로 조사되었다.[62] 2019년 『중앙일보』는 기초생활보장 수급자 130명의 빈곤 실태를 조사했는데, 그 결과 절반인 65명이 청소년 시절 부모가 하위 계층에 속했다고 응답했다. 또한 52.3퍼센트는 "생활 수준이 지금보다 나아질 가능성이 없다"라고 응답했다.[63] 지금 한국의 한쪽에서는 부와 권력이 각종 탈법적 절차를 거쳐 세습되고, 동시에 다른 쪽에서는 가난과 불평등이 대물림되고 있다.

기업 국가, 기업 사회

기업 사회라는 용어는 원래 일본에서 나온 것이다. 정치학자 와타나베 오사무는 고도 성장기 일본의 기업 경영 방식을 회사주의, 기업 민족주의, 기업 사회, 회사 인간 등으로 설명했다. 이것은 대기업 종업원을 회사와 한 몸으로 만드는 노조와 종신 고용 제도, 그리고 기업 내부의 치열한 경쟁과 해고에 대한 두려움 등과 연결된 개념이다.[64] 그는 전후 일본의 정치적 지배 구조를 설명하면서, 대기업의 종업원 지배 방식이 사회 전반으로 확산되어 다른 모든 사회관계를 관장하는 기업 사회가 되었다고 했다. 또한 일본인의 일상 행동과 의식을 통제하는 기업의 지배 구조가 국가와 천황제 위에서 변형된 형태로 대중의 인식 속에 자리 잡았다는 점을 주목했다.

시기와 맥락은 약간 다르지만 한국은 일본의 경제 발전 모델을 따랐다. 정치적으로는 민주화가 되어도 회사에 고용된 대부분의 도시 노동자들은 기업 안에서 상명하복과 경쟁주의 원리를 익혔고 기업을 전근대적인 가족처럼 한 몸으로 여기도록 요구하는 질서를 체화했다. 1970~80년대의 미국과 일본, 그리고 1997년 외환위기 이전의 한국의 저류를 관통하는 작동 원리가

성공의 증거, 혹은 불행의 원인?

바로 사회의 기업화이다.

1995년 4월 13일 이건희 삼성전자 회장이 한국의 "행정력은 3류, 정치력은 4류, 기업 경쟁력은 2류"라고 발언한 것이 민주화 이후의 한국 사회에서 기업이 가장 으뜸가는 조직으로 자리 잡게 된 신호탄이다. 이때부터 기획예산처, 공정거래위원회와 같은 경제 부처뿐 아니라 외교통상부, 통일부를 비롯한 행정부의 고위 공무원들이 삼성인력개발원에서 연수를 받았다. 노무현 정부 당시 친노 계열의 386 국회의원들은 여러 공부 모임을 만들어 전경련과 법률 개정안을 논의했고, 중앙 부처와 지자체를 가릴 것 없이 '기업 따라 배우기' 붐이 일어났다.

여기서 기업 사회, 혹은 사회의 기업화란 대기업이 국가와 사회에 대한 통치권을 장악하여 기업의 이해관계에 따라 사회를 거의 식민화하거나[65] 대기업 CEO가 사실상 사회의 실질적 주권자로 자리매김하는 현상이다. 이때 일반 사회 조직의 리더는 기업의 CEO처럼 경영자가 되라고 요구받고, 실제로도 이들을 CEO라고 부른다. 가족, 학교, 공공 기관, 각종 협회나 단체, NGO, 심지어 교회와 사찰까지 모든 조직이 효율성을 생명으로 하는 기업과 같은 운영 방식을 채택한다. 또한 모든 인간관계와 사회관계가 기업 내의 관계 혹은 경제적 관계로 변하며, 모든 구성원은 주주 혹은 소비자의 정체성을 갖는다.

예를 들어 연세대는 송자 총장 시기(1992~96년)를 거치며 학문과 교육자적 능력보다 외부의 기금 모금에서 탁월한 성과를 내는 CEO형 총장을 선호하게 되었다. 1990년대 이후 삼성이 인수한 성균관대나 두산이 인수한 중앙대도 기업식 경영 논리를

도입했다. 교회도 다르지 않다. 과거 민주화의 성지였던 명동성
당은 이제 "듣기만 해도 달콤한 자본이, 편의성이, 여유가, 뽐내
고픈 위용이 그 자리를 차지"하고 "자본과 권력이 주는 안정감
에 부지불식간에 몸을 틀어박은" 존재가 되었다.[66]

　기업 사회에서 정부는 주로 규제 완화와 기업에 대한 지원
을 강화하는 역할에 치중한다. 정부는 가능한 한 공기업을 민영
화하거나 사기업처럼 효율성을 앞세우고, 조직 운영에서도 평
가 체제를 강화하는 등 사기업의 경영 방식을 적용하여 경쟁 논
리를 퍼트린다. 그런데 기업 국가는 국가가 투자 위험 부담을 감
수하고 핵심 기술 개발에 적극적으로 개입하는 기업가형 국가En-
trepreneurial state와는 성격이 다르다.[67] 1인 1표의 현대 민주주의 규
칙에 따르면 선출된 국회의원과 대통령이 입법과 행정의 주역이
며 정치는 기업의 활동과 무관한 것처럼 보인다. 하지만 기업 국
가에서는 기업의 가시적·비가시적 지원과 정치 자금 동원이 정
치권력의 등장과 퇴장을 좌우하고, 대기업 집단의 로비가 입법
과 정책 결정에 지대한 영향력을 행사한다. 여야를 불문하고 정
치가들은 언제나 대기업의 심기를 건드리는 법안에는 소극적이
며, 친기업 법안에는 발 벗고 앞장서기 일쑤다. 21대 국회에서 공
정거래 3법이 변질되고, 중대재해처벌법이 50인 이상 사업장 3
년 유예로 마무리된 것이 대표적이다.

　법조인 역시 마찬가지다. 검사나 판사들은 퇴임 후 대기업
의 법률 자문 역할을 하거나 대형 로펌으로 이직할 것을 고려하
여 기업 범죄에 면죄부를 남발한다. 2014년까지 대법원 판사를
지낸 차한성 변호사가 2018년 이재용의 상고심 변호를 맡은 것

99　　　　　　　　　　　　　　　　　　　성공의 증거, 혹은 불행의 원인?

이 전형적 사례이다.[68]

　기업이 정치권력과 언론을 자신의 편으로 끌어들이기 위해 로비를 벌이던 시대는 끝났다. 이제는 기업이 권력과 언론을 틀어쥐고 필요한 일을 하청시키는 단계로 접어들었다. 예를 들어 삼성전자는 '대관對官 업무' 담당 팀이 정부, 국회, 검찰, 법원, 언론 등 주요 국가 기관과 사회 조직에 안테나를 설치했으며, 미래전략실에 법무팀을 두어 50~60명의 변호사를 배치했다. 이들은 삼성의 이익과 관련된 중요 정보를 취합하고, 이 가운데 핵심 정보를 추려서 미래전략실에 보고했다. 삼성은 이렇게 취합한 정보로 자신에게 불리한 법안이나 정책은 무력화시키고 유리한 정책을 입안한다.[69]

　기업 사회 혹은 사회의 기업화는 단순한 법인 기업의 영향력 확대와 다르다. 대주주의 재산권 행사는 거의 일방적으로 보호하면서 사실상 '채권자'인 대주주는 법인의 잘못에 아무런 책임도 지지 않는다.[70] 국민의 세금으로 급료를 받는 일부 공무원들까지 기업의 영향 확대에 동원되고, 대형 로펌은 기업의 조세 포탈이나 범법을 방어하는 역할을 하며, 상업 언론은 기업의 활동을 일방적으로 찬양하고 범법을 감춘다. 즉 언론인, 정치가, 법조인 등은 대기업에 '간접' 고용된 존재가 되어버린다.

　미국과 유럽은 과거의 복지 국가에서 크게 후퇴하여 '재상업화', 기업가형 국가의 길로 나아갔다.[71] 그러나 사실 미국은 1980년 이전에도 이미 기업 국가, 기업 사회의 특징을 갖고 있었다. 1920년대 말 허버트 후버 대통령 시절의 후버리즘Hooverism이 대표적인데, 이때 미국은 시장주의에 근거해서 국가의 개입을 회피하고 감세와 기업 육성을 통해 좋은 일자리를 만들 수 있다는 일방적인 친자본 정책을 펼쳤다.[72] 경제학자이자 사회학자인 소스타인 베블런은 20세기 초에 미국이 기업 사회로 변하는 상황을 가장 날카롭게 분석한 사람이다. 그는 자기가 몸담은 대학이 사기업처럼 운영되고 있음을 알아차렸고, 주로 기부자로 구성된 이사회가 대학을 영리 조직화하고 대학 구성원을 기업의 원리로 통제하기 시작했다는 점에 주목했다. 그는 영리 기업business enterprise에 관한 책을 집필하기도 했다.[73] 그 책에서 베블런은 이윤을 목적으로 투자하는 기업은 근대 문명을 지배하는 조직이며, 문명화된 인류의 지속적인 이해interests가 바로 기업가 개개인의 운명 아래에 놓인다고 강조했다. 기업의 방법과 원칙을 그대로 근대 문명과 동일시할 수 있으며, 그것은 재산권 보장·이윤을 위한 체계적 투자·시장 개척·소비자 만족·혁신 등으로 집약된다.

19세기 말부터 20세기 초까지 미국은 법인체가 제1시민의 지위를 획득하는 이른바 '진보의 시대'였다. 찰스 더버는 이를 '1차 법인체 자본주의 시기'로 정의했다.[74] '진보의 시대'에 기업이 법률적 개인legal person의 지위를 획득하면서 개인처럼 재산권이라는 무기로 "사회를 지탱하고, 정부를 통제하고, 학교, 언론, 교회 그리고 여론과 국민 대중의 세계를 통제하면서 현존하는 모든 제도와 기관을 침탈"할 수 있게 되었다. 죽느냐 사느냐의 적자생존 원칙, "빈부 간의 불균형은 자연적인 존재가 가진 질서의 일부이다"라는 사회적 다윈주의 원리가 노동자의 요구를 진압했다. 또한 국민 주권의 형식은 법인체가 정치를 통제하는 이른바 코포크라시로 변질되었다.

미국 정치가들, 특히 전직 대통령들은 군산 복합 기업의 외부 직원처럼 세계 여러 나라의 국방장관을 만나 무기 로비스트 역할을 한다. 골드만삭스의 최고 경영자였던 로버트 루빈과 헨리 존슨은 각각 클린턴과 부시 정부에서 재무장관을 맡았다. 입법부와 행정부의 최고위 공직자들은 기업과 정부를 회전문 통과하듯이 돌면서 친기업적 방식으로 공무를 수행한다. 이들의 행동을 가리켜 '고용된 민주주의'라고 부른다.[75]

물론 소비자 만족을 지상 목표로 하는 시장의 무제한적 작동을 '자연의 원리'라고까지 강조한 법인체 자본주의 혹은 코포크라시가 안착하기까지는 저항이 따랐다. 그럼에도 이것은 현실 사회주의가 붕괴한 뒤 전개된 지구화 국면에서 전 세계 거의 모든 나라에 자리 잡았다. "시장은 정부보다 똑똑하다", "기업은 소비자를 만족시키기 위해 존재한다", "정부는 비효율적이고 기업은 가장 유연하고 효율적이다." 기업과 시장에 대한 찬사가 담론 세계를 지배하는 오늘은 바로 초기 법인체 자본주의의 재림이다. 기업은 또 한 번 문명의 선도자이자 아이콘이 되었고, 기업가는 현대판 군주로 등극했다.

신자유주의 질서에서는 경제가 정치를 대신해 주권과 권력을 행사한다.[76] 고용 불안, 해고의 두려움 자체가 그 대표적인 현상이다. 부패와 불법의 대명사였던 재벌대기업은 국가 경쟁력의 대표 선수로 옷을 갈아입었다. 대기업에 대한 선망은 갈수록 커져서 2000년대를 지나며 초등학생까지도 '능력 없으면 해고가 당연하고, 일 잘하는 사람은 돈 더 주는 것이 당연하다'는 능력주의 원리를 내면화했다. 동시에 노조에 대해서는 극도로 부정적인 인식을 갖게 되었다.

물론 정치권력이 유권자의 통제를 받듯이 기업은 시장과 소비자의 통제를 받는다. 기업이 보이지 않는 힘hidden power을 정치 사회에 행사하고 있음에도 불구하고 여전히 시장, 즉 소비자의 선택에 운명을 맡기는 불안한 존재인 것도 사실이다. 이 점에서 소비자는 기업권력을 제약하는 주체이자, 동시에 기업권력에 지배당하는 이중적 존재이다.

냉전과 매카시즘이 미국에서 군대와 기업을 밀착시켰듯이, 길고 길었던 군사 독재는 한국을 기업 국가·기업 사회로 몰아넣으며 사실상 군대식 관료 체제와 사회의 병영화를 깊숙이 침투시켰다.[77] 군사 정권 시기 학교와 공장을 비롯한 모든 사회 조직은 거대한 군대와 같았다. 그 당시 대통령은 물론 각 분야 여러 조직의 우두머리는 하나같이 군인 출신이었으며, 특히 정부 조직에서 이들의 역할은 군대 지휘관과 똑같았다. 하급자에게 군대식으로 명령을 내리고, 자신의 지시를 곧바로 이행하지 않을 경우 군대식으로 처벌했다. 정부 등 모든 조직은 언제나 지시와 명령에 따라 움직였으며, 참여와 토론은 제한되었다. 조직의 목표와 과제는 위로부터 일방적으로 할당되었고, 의심하거나 반론을 제기하면 '공산당'으로 취급당했다. 병영 사회에서 모든 성인 남성은 전역 이후에도 예비군과 민방위로 편성되어 군인 신분을 연장했다. 고등학생들은 교련 수업을 받았고 학교의 선후배도 군대식 상명하복 관계로 짜였다. 1990년대 이후 성장한 사람에게는 이 이야기가 조지 오웰의 소설처럼 들리겠지만, 그 시절을 학생·청년으로 보낸 사람들은 병영 국가가 심어놓은 복종과 공

성공의 증거, 혹은 불행의 원인?

포의 감각을 지금도 갖고 있다.

기업의 시스템은 군대 못지않게, 아니 어쩌면 그 이상으로 위계적이고 명령적이다. 총수나 상급자의 명령이 수직으로 최말단 직원에게까지 관철되는 일종의 독재·전제 체제이다. 많은 경우에 이견을 제시하는 하급자는 설 자리가 없고 공론과 소통, 참여의 공간, 즉 민주주의는 삭제된다. 기업의 운영이 명령 경제와 닮았다고 해서 사적인 사회주의private socialism라고도 부른다.[78] 셸던 월린은 기업권력의 정치적 도래를 '전도된 전체주의'라고 불렀고, 일종의 파시즘이라고 표현했다.[79] 지배 체제로서 기업에 길들여진 인간에게 민주주의는 사실상 교과서에서만 볼 수 있고 선거철에만 퍼지는 구호에 불과하다. 노동조합 조직화, 산별 교섭, 노동자의 경영 참여, 노동 이사제 같은 노조의 활동으로 법인 기업의 전제 경영과 맞서지 못하는 일본과 한국에서 이런 상황이 전형적으로 나타난다.

1980년대 이후 미국과 일본 사회의 우경화, 또한 한국에서 이명박 정부가 등장한 상황은 모두 경제권력이 주권적 힘을 장악한 결과이다. 한국도 기업의 지배 구조가 사회정치적 지배와 하나의 고리로 연결되어 있다.[80] '고용된 민주주의'가 정치권력과 사회권력을 모두 장악하는 상황은 민주주의의 사망 선고, 혹은 부드러운 파시즘의 도래를 의미할 수도 있다.[81]

작은 정부,
약한 시민사회

낮은 조세 부담률과 억압적 취약 국가

한국은 오랫동안 군사 정권과 개발 독재를 거치며 사회의 모든 곳을 관장하고 통제하는 매우 '강한 국가'가 형성되었다는 시각이 일반적이다. 일제 시기 이래의 매우 강력한 경찰력, 공안 기구, 그리고 막강한 관료와 대통령의 힘을 생각하면 그런 점이 있다. 특히 후발 국가의 경험을 기초로 한 '과대 성장 국가론 overdeveloped state'도 학자들 사이에서 국가가 시민사회를 압도한다는 생각이 퍼지는 데 일조했을 것이다.[82] 그러나 경제나 사회에서 발생한 각종 문제나 갈등을 해결할 수 있는 국가의 역량, 국가의 실제 정책 집행력의 측면에서 보면 한국은 오히려 '약한 국가'에 가깝다. 현대 국가의 힘을 결정적으로 좌우하는 조세 능력과 재정 규모를 보면 한국은 '작은 국가'로 볼 수 있다.[83] 국가의 억압적 힘과 하부 구조적 힘을 대비한 마이클 만의 틀[84]을 적용하면 군사·경찰력을 동원해서 저항을 진압하는 점에서 한국은 강한 국가인 것처럼 보여도, 국민의 안전과 복지를 책임지는 하부 구조는 매우 취약하다.

성공의 증거, 혹은 불행의 원인?

자본주의 세계 체제, 국제 정치적 힘의 관계에서 주변부에 속한 국가들은 자국 내 저항 세력을 진압하는 데는 매우 폭력적이고 강하지만 국가 밖 질서에서는 약소국이며, 국내 여러 세력들의 동의와 복종을 이끌어내는 능력은 매우 약하다. 2차 세계대전 이후 독립한 제3세계 진영은 대체로 오랫동안 비민주적인 독재 체제가 지속되어 실제로는 자국민의 안전과 생활을 보호하지 못하는 '약한 국가'가 많다.[85]

GDP 대비 국가의 재정 규모,[86] 조세 부담률과 국민 부담률[87]을 기준으로 보면 한국은 작은 정부다. 한국은 '저조세' 국가인 미국과 영국처럼 복지를 거의 시장에 맡기는 앵글로색슨형 자유 경쟁 자본주의 국가와 비슷하다.[88] 김미경은 한국을 전형적인 감세 국가, 즉 공적 지출은 많지만 조세 수준은 낮은 국가로 분류한다.[89] 우선 국가의 재정 규모도 '작은 정부', '작은 국가'에 속한다. 〈표8〉에서 경제 총량인 GDP 대비 한국의 일반 정부General Government(중앙 정부, 지방 정부는 물론 건강보험 지출액 같은 비영리 공공 기관 지출까지 포함한 개념) 지출 규모는 2020년 기준 33.9퍼센트로 OECD 평균(40.8퍼센트)보다 약 7퍼센트포인트 낮고, 회원국 가운데 아일랜드 다음으로 낮았다.[90] 한국은 칠레, 콜롬비아, 리투아니아 등 후발국, 그리고 선진국 중에서는 미국과 유사한 전형적인 '작은 정부'를 가진 나라다.[91]

한국의 국가 재정 규모가 작은 까닭은 조세 부담률이 낮기 때문이다. 한국의 조세 부담률은 2020년 기준 20.1퍼센트로 OECD 평균(25퍼센트)을 크게 밑돌고, 국민연금과 건강보험, 산재보험 등 사회 보장성 기금을 합한 국민 부담률도 28퍼센트로

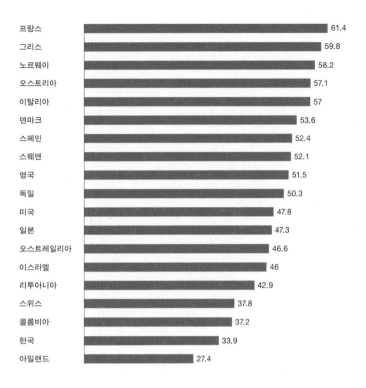

국가	비율
프랑스	61.4
그리스	59.8
노르웨이	58.2
오스트리아	57.1
이탈리아	57
덴마크	53.6
스페인	52.4
스웨덴	52.1
영국	51.5
독일	50.3
미국	47.8
일본	47.3
오스트레일리아	46.6
이스라엘	46
리투아니아	42.9
스위스	37.8
콜롬비아	37.2
한국	33.9
아일랜드	27.4

〈표8. 2020년 OECD 주요 국가의 GDP 대비 정부 지출 비율〉
출처: OECD Data, 단위: 퍼센트

성공의 증거, 혹은 불행의 원인?

OECD 평균(33.5퍼센트)에 미치지 못한다. 2000년대 이후 조세 부담률이 늘기는 했으나 앞선 국가와의 격차는 여전하다.[92] 대체로 동아시아 후발 자본주의 국가는 조세 부담이 낮으며, 선진 자본주의 국가 중에서는 미국과 스위스 등도 비슷하다.[93] 국민 부담률이나 조세 부담률이 높은 국가는 사회 보장 제도가 비교적 완비된 국가라고 봐도 좋을 것이다.

전 세계 여러 나라의 국민 부담률과 재정 지출의 유형을 분류한 박형준의 조사를 보면 한국은 가장 전형적인 저부담 저지출 국가에 속한다.

조세를 누구에게 얼마나 거둘 것인지는 국가의 성격과 관련된 문제이자 정치사회학적 의제이다.[94] 즉 조세 정치는 국가의

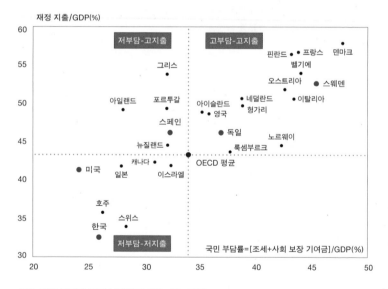

〈표9. 주요 국가의 국민 부담률과 재정 지출 유형〉

출처: 박형준, 「한국 사회경제 체제의 역사적 경로 변경을 위한 좌표 설정」,
2014.12.25., 김근태 3주기 학술 세미나 발표문.

능력과 성격, 그리고 계급 간의 갈등과 타협의 산물이다. 불평등과 빈곤을 극복하기 위한 재분배 정책을 펴는 동시에 경제 성장을 촉진하기 위해 기업의 이윤 확보를 지원하는[95] 사회 민주주의 복지 국가는 높은 수준의 직접세와 더불어 소비세의 비중도 매우 높다. 반면 남유럽 국가나 한국 같은 후발 국가는 과세 수준이 낮고 사회 보험료 지출 비중이 크다.

흔히 복지 국가는 직접세의 방식으로 기업가에게 세금을 많이 부과하는 것으로 알려져 있으나 실제로는 간접세의 비중이 높고, 노동 과세를 기반으로 사회적 지출을 늘린다는 특징을 갖고 있다. 반면 자유주의 미국, 미국의 모델에 따라 자본주의 발전의 길을 걸은 일본과 한국 등은 모두 저부담, 저지출 국가 유형에 속한다. 윤홍식도 한국의 조세 체계를 저부담 저지출 유형으로 분류한다.[96] OECD 국가들과 비교해서 소득세의 비중이 매우 낮고 사회 보험료로 거두는 수입도 적다. 법인세와 재산세는 OECD 평균과 비슷하다.

현대 자본주의 국가에서 공공 정책 수요를 충족하는 방식을 단순하게 분류하면 조세를 늘리고 재분배 정책을 펴서 복지를 유지하는 나라와 조세 부담률은 낮지만 미국처럼 기부 등의 방법으로 사회적 필요를 충족시키는 나라, 그리고 아예 조세 징수와 사회 서비스 시스템이 제대로 작동하지 않고 시장·가족 의존도가 매우 높은 나라로 구분할 수 있다. 북유럽 복지 자본주의가 전자라면 미국과 영국의 앵글로색슨형 자본주의는 두 번째 유형이며, 남미와 남아시아의 후발 자본주의 국가는 세 번째 유형에 속할 것이다. 한국은 둘째와 셋째의 그 어느 중간에 있다고 볼 수 있다.

국가의 재정 능력은 세금 징수나 조세 부담률과 결합된 추출extraction 능력이다. 즉 구성원 보호라는 명분으로 세금을 징수하려면 일차적으로는 국가의 법적 억압적 장치가 완비되어야 하고 피지배자의 동의가 필요하다. 이 부분은 국가에 대한 국민의 신뢰가 있어야 가능하다.[97] 사람들이 세율 인상에 저항하는 이유는 자신이 부담한 세금이 자신에게 돌아온다는 확신이 없기 때문이다. 조세 징수는 국가의 물리력만 강하다고 실현되는 것이 아니라 일정한 경제적 부의 축적과 더불어 일종의 헤게모니 능력, 찰스 틸리가 말했듯이 세금을 낼 중상층 이상의 국민들을 보호할 수 있는 국가의 능력과 신뢰, 그리고 설득력에 좌우된다. 권위주의하에서 억압적 국가 기관이 권력 행사의 전면에 나서는 것은 권력의 정당성과 국가의 헤게모니가 매우 취약하기 때문이다. 국가권력이 대기업 등 거대 이익집단에 휘둘려도 헤게모니와 정당성을 상실한다. 심각한 부패 등으로 조세의 도덕적 정당성을 상실한 경우에도 국가는 공권력을 집행할 수 없다. 이런 나라는 재정적으로는 작은 국가가 되기 쉽다.

필자는 분단·반공 체제하의 한국을 그 대내적인 주권 행사의 측면에서 '반쪽 국가'라 불렀다.[98] 한국은 밖으로 군사적·정치적 주권을 제대로 행사하지 못하고 안으로는 국민의 생명과 재산을 제대로 보호할 수 없었다. 정치학자 최정운과 이택선은 이런 한국을 '취약 국가'로 정의한다. 예를 들어 8·15 직후 미군정 시기의 경우 정부는 예산을 미국의 원조에 의존했기 때문에 이 시기에 한국이 만든 모든 제도는 예산 절감에 초점을 맞추고 있다. 1950년대 이승만 정권 역시 재정을 미국에 의존했기 때문에 장기 경제 정책은 세울 수 없었다.

분단된 반공주의 국가에서 항일 투사나 애국자들은 권력에서 배제되거나 학살되거나 권력에 참여하지 않았다. 이로 인해 국가권력의 도덕성이 취약했다. 게다가 이승만 정부 당시의 국가는 군대 등 폭력 수단 역시 매우 취약했다. 이승만의 군대와 경찰은 북한의 침략에 맞설 수 없었고, 미군정의 지원을 받지 않고서는 4·3 봉기나 여순 반란 세력 등 국내의 좌익을 제압할 수도 없었다.[99] 이승만 정권을 '경찰 국가'라고 부르는 것과 별개로, 당시의 한국은 국민의 생명과 인권을 보호하지 못하는 '취약 국가'이자 미국의 경제적·군사적 지원이 없이는 지탱할 수 없는 나라였다. 재정 주권과 군사 주권이 없던 이 시기의 한국은 제국주의가 현지 대리인을 통해 지배하는 식민지 상태와 별로 다르지 않다.

조선 말부터 이러한 현상이 만성적으로 이어졌다는 지적도 있다. 한국의 근대 국가는 일제 식민지 이전의 대한제국 시기, 일제 식민지 시기, 그리고 해방과 정부 수립 후 지금까지로 구분할 수 있다. 일본학자 기무라 칸은 어느 시기이든 한국의 곳간은 언제나 비어 있었고, 따라서 국가가 국가로서 제대로 역할을 했던 적이 거의 없다고 말한다. 그 가장 큰 이유는 국가의 재정 능력이 극히 취약했기 때문이라고 강조한다.[100] 조선 말에는 지방관, 토호, 이서吏胥들이 중간 착취자가 되어 백성의 고혈을 짰다. 이들이 징수한 세금을 중앙으로 제대로 넘기지 않으면서 왕실 재정이 텅 비었다. 국가를 운영할 돈을 마련하기 위해 고종이 각료 자

성공의 증거, 혹은 불행의 원인?

리를 돈을 받고 팔 정도였다. 경찰력과 군대는 외세의 침입으로 부터 백성의 생명과 재산을 보호하기에는 턱없이 약했다. 국가 는 백성들의 보호 기관이기는커녕 언제나 가혹한 착취 기관이었 다.[101]

　한편 한국의 공권력은 일반 국민들, 특히 노동자나 약자에 게는 매우 억압적이지만 특수 이익집단인 기업가와 의사, 법조 인 집단에는 쉽게 굴복했다. 이들이 공권력의 집행을 결사적으 로 저지하면 정책을 제대로 집행하지 못한다. 즉 한국은 국가 능 력state capacity 차원에서 강한 국가가 아니다.[102] 그것은 국가, 즉 정치권·사법부·검찰·경찰 등 중요 기관에 대한 국민적 신뢰가 매우 낮은 것과 무관하지 않다. 강한 국가는 억압적 국가를 뜻하 지 않는다. 그것은 긴급한 과제를 실행할 역량을 가진 국가이다.

　유럽의 절대 왕성이 제국주의의 길로 나가기 직전과 비슷한 시기 중국과 조선의 국가 능력이 현저하게 차이 나는 까닭이 여 기에서 기인한다. 유럽에서는 지방의 봉건 영주, 귀족들의 군사 적 힘이 점차 중앙의 왕에게 집중되었고, 당연히 국가의 재정 능 력도 크게 확대되었다. 마찬가지로 경제 발전과 민주화는 한국이 정상 국가 반열에 오른 기반이다. 그러나 대기업 조세 특혜와 자 영업자의 소득 탈루 등을 제대로 통제하지 못하는 한[103] 한국은 선진 자본주의 대열에 올라서지 못할 것이다.

조세 정치

국가의 재정은 주로 어디에 지출되고 있나? 재정 지출 내역을 통해 우리는 국가의 성격과 지배 세력의 정치적·계급적 특성을 이해할 수 있다. 한국은 멕시코, 튀르키예, 슬로바키아 등 후발국가나 동구권 국가와 함께 최근 20년 사이에 국가 예산 중 복지비 지출이 가파르게 증가한 나라에 속한다. 그런데도 아직 한 해 예산 중 복지비 지출은 12퍼센트에 머문다.[104] OECD 평균인 20퍼센트에 견주면 무려 8퍼센트포인트 낮다.[105]

그런데 의외로 정부의 경제 활동 지출액은 상당히 크다. GDP의 약 14퍼센트 이상을 지출하는데, 이는 일본(9.5퍼센트)이나 미국(8.9퍼센트)보다 높은 수치이다. GDP 대비 정부 지출 규모가 무려 60퍼센트가 넘는 프랑스 정부의 경제 활동 지출 비중(10.3퍼센트)보다도 월등히 높다.[106] 산업 부문 예산, 즉 경제 성장을 위해 다른 나라보다 훨씬 돈을 많이 쓰고 있다는 사실을 알 수 있다. 이는 국가가 여전히 기업을 통해 성장을 추동하는 데 역점을 두고 있다는 것을 말해주고, 여전히 성장주의 담론과 정책이 한국을 지배한다는 사실을 뒷받침한다.

북유럽 국가와 노사정 타협 체제에 기초한 조정된 시장 경제 국가들은 대체로 조세 부담률과 사회 지출 비중이 높다. 이런 국가는 국민 행복도도 매우 높은 편이다. 미국, 영국 등 앵글로색슨형 자본주의 국가는 상대적으로 조세 부담률이 낮고, 국가가 국민 복지에 지출할 수 있는 재원이 부족하다. 따라서 앵글로색슨형 국가에서는 교육, 주거, 의료 등을 시장에서 소비자가 직접 구매하게 하거나 자선이나 사회적 기부로 해결한다.

'작은 국가'에서 국민은 기본 재화를 시장에서 구입해야 하며, '작은 정부'는 곧 교육, 복지, 주택 영역이 고도로 시장화되어 있는 국가의 정부이다. 남북한의 군사적 대결과 사실상 준전쟁 상태에 있는 한국은 '사회복지'가 아니라 아직 '공식적인 안전 보장'이 국가의 일차 목표이고, 그래서 복지는 거의 가족의 전담 영역으로 남아 있다.[107] 특히 교육, 주거 등의 사회 서비스를 시장과 가족이 지탱해왔기 때문에 경제력이 있는 계층과 그렇지 못한 계층 간에 복지와 삶의 질 격차가 매우 심각하다.

자본의 이동과 투자가 활발해지고 국가의 규제 완화가 전면적으로 실시된 1980년대 이후 과거의 복지 국가들도 복지비 확대에 어려움을 겪었다. 그러나 한국은 1980년대 후반에 이르러 경제 규모가 확대되고 선진국의 문턱에 진입하기 시작하면서, 거꾸로 증세를 통해 국가 재정을 본격적으로 확대할 수 있는 단계에 들어섰다.

한국의 저조세, 작은 정부, 낮은 사회복지 지출 구조는 사실 정부 수립과 개발 독재 시기 내내 만성화된 현상이다. 낮은 임금을 유지하기 위해 다양한 소득 공제 제도를 활용해 세금을 내지 않는 비과세자의 비중이 증가했고, 고소득 자영업자를 중심으로 탈세가 만연하며, 특히 고소득자와 고액 자산가에게 주는 세금 감면 혜택이 컸다.[108] 김대중·노무현 두 민주정부에서 사회복지 지출을 크게 늘렸지만 작은 국가·저조세 시스템을 획기적으로 바꾸지는 못했다. 특히 외환위기 이후 작은 정부, 탈규제, 민영화론이 득세하였고 이명박 정부에서는 증세가 기업의 투자 의욕을 꺾는다는 논리에 따라 급기야 종부세가 폐지되고 법인세도 축소했다.

박근혜 정부에 이어 문재인 정부도 '증세 없는 복지'를 추구했다. 민주당은 세출 구조의 효율화와 감세 철회를 통해 문제 해결을 시도했다.[109] 그것은 사실상 복지를 확충하지 않겠다는 것을 달리 표현한 말이다. 부자들을 건드리는 정치적인 부담을 지지 않고 국가를 운영하겠다는 것이기도 하다. 동시에 심각해진 경제적 불평등을 그대로 두겠다는 말도 된다. 경제적으로는 노동 비용을 최소로 유지하여 수출과 가격 경쟁력을 지키는, 즉 재정 투입을 통한 케인스주의적인 총수요 관리 정책보다는 기업의 수출 활동을 촉진하는 감세에 의한 공급 개입 기조를 그대로 유지했다.

노무현 정부는 예산회계법과 기금관리기본법을 폐지하고 새로 국가재정법을 제정해, 개별 부처를 넘어 국정 분야별로 예산을 편성하는 '분야별 예산' 체계를 도입했다. 그러나 재정 운용을 획기적으로 바꿀 수 있는 틀을 마련하고서도 실제 국정에서는 '전략적 편성'을 구현하지 못했다.[110] 퇴임 후 노무현 대통령은 "복지비 그냥 올해까지 30퍼센트, 내년까지 40퍼센트, 내후년까지 50퍼센트 올려. 그렇게 무식하게 했어야 되는데 바보같이 해서…"[111]라고 자책했다.

문재인 대통령의 대통령 후보 시절 싱크탱크인 '정책공간 국민성장'은 소득세의 과도한 비과세·저율 과세 규정 개혁과 주식 양도 차액 과세 강화, 금융 소득 종합 과세, 종합 부동산세와 재산세 통합 등의 내용이 담긴 조세 개혁안을 제출했다. 그러나 집권 후 문재인 정부의 국정 5개년 계획에서 조세 개혁에 대한 구체적인 내용이 사라졌다. 2018년 4월 문재인 정부는 자문 기구로 재정 개혁 특위를 설치했다. 분배와 성장이 선순환하는 '포용

성공의 증거, 혹은 불행의 원인?

적 재정 정책'을 내걸고 조세와 재정을 포괄적으로 개혁하며 재정 분야의 개혁 과제를 발굴하는 것이 목표였다. 그러나 재정 개혁 특위는 2019년 2월 26일 보고서를 내고 활동을 종료했다. 전문가와 국민 목소리를 수렴해 100년 갈 개혁의 뼈대를 세우겠다던 거창한 선언과 달리, 10개월 만에 가시적 성과도 없이 문을 닫았다.[112]

조세 체계의 변동은 산업 및 고용 구조의 변동과 연동되기 때문에 정치 세력의 힘만으로는 추진할 수 없다. 서구의 복지 국가는 대체로 1950년대 이후 조세 체계의 변동을 기반으로 했다.[113] 정권의 정치적 기반이 매우 강하거나 신뢰성이 높아야 임금 노동자를 대상으로 소득세 인상 정책을 펼 수 있다. 그런데 그것은 기존의 수출 주도 경제의 변화도 불가피하기 때문에 매우 어렵고, 그동안의 성장주의 정책 기조에 대한 전면적인 재검토가 필요한 일이다.

앞에서 강조한 높은 자살률, 낮은 국민 행복도 등 사회 지표에서 한국이 OECD 바닥권에 머무는 이유도 국가의 취약한 재정 규모 및 낮은 사회 지출과 깊은 관련이 있다. OECD 국가들 가운데 자살률이 높은 한국, 라트비아, 슬로베니아, 일본, 에스토니아 등은 모두 조세 부담률과 정부 지출 비율이 매우 낮다.[114]

시민사회: 공적 기부보다 가족 투자

영국에 본부를 둔 자선원조재단Charities Aid Foundation에서 발표한 세계 기부 지수에 따르면 2018년 한국은 조사 대상 140개국 중 60위로, 2010년 이후 대체로 60위에서 75위 사이를 오르내린다. 국민의 기부 혹은 자선 빈도나 정도는 국가의 경제력과는 거의 상관이 없지만, 대체로 영미형 자본주의 국가들이 상위에 올라 있다.[115] 반면 2018년 우리나라의 기부금은 13조 9000억 원으로 GDP의 1퍼센트에 못 미쳤다.[116] 한국은 기부 참여율도 국민 세 명 중 한 명에 불과해 OECD 국가 중 거의 꼴찌였다. 앞에서 보았듯이 한국은 조세를 기반으로 국가의 재정 지출에서 '작은 국가'였는데, 그 기준을 '기부'로 바꾸면 시민사회의 사회 서비스 기여도 매우 적은 '약한 시민사회'다. 우리나라에서는 한해 기부금의 60퍼센트가 12월과 1월에 집중되는데, 이는 제도적이고 정기적인 방법이 아니라 연말연시 TV 프로그램에서 어려운 사람의 처지를 보고 즉흥적으로 기부하는 경우가 많다는 것을 말해준다.[117]

기부 혹은 자원봉사는 국민 행복도와 관련 있다. 예를 들어 세계에서 행복도가 가장 높은 핀란드는 조세 부담율도 높지만 기부나 자원봉사 활동도 매우 활발하다. 전 인구의 반 이상이 자선 단체에 기부를 하고, 전 인구의 3분의 1은 어떤 형태로든 자원봉사를 한다. 뿐만 아니라 개인이 기부한 금액이 기업이 기부한 금액을 훨씬 상회한다.[118] 핀란드와 한국을 비교하면 한국인의 낮은 행복도, 높은 물질주의 성향과 기부 및 자원봉사에 인색한 행동은 강한 연관성이 있어 보인다.[119]

니콜라 귀요는 자선 사업이 부상한 이유로 현대는 금융 자본의 헤게모니가 관철되는 국면이라는 점을 강조하면서 조지 소로스의 기부나 교육 투자를 비판적으로 분석했다.[120] 그렇다고

성공의 증거, 혹은 불행의 원인?

하더라도 부자들이 기부하지 않는 것보다는 기부하는 편이 사회적 형평성과 신뢰도를 높이는 데는 백 배 낫다.

한국의 재벌기업 대주주 일가와 고소득 전문직 자영업자들은 기부를 통한 사회적 기여도 적은 편이다. 자신들이 도덕적 치명상을 입었을 때 방어하거나 책임을 회피하기 위해 기부하는 경우가 대부분이고, 그렇게 만든 재단은 대개 운영 과정이 투명하지 않다. 물론 재벌이 기부에 인색한 나름의 이유가 있다. 부패한 정치 세력과 관료들이 준조세 형태로 돈을 받아가는 관행이 정착되면서 기업도 자신의 부를 사회에 환원해야 한다는 생각보다는 빈번한 준조세 납부로 자신의 재산을 빼앗기고 있다는 생각을 갖게 되었다. 물론 최근에는 많은 기업에 사회공헌팀이 생겼고, 기업의 자선이나 기부가 CSR(기업의 사회적 책임Corporate Social Responsibility) 준수, ESG(환경Environment.사회Social.지배 구조Governance) 지향, 윤리 경영으로 찬양되기는 하지만 순수한 자비나 연대를 위해 기부하는 경우는 드물다.

빌 게이츠나 워런 버핏 같은 기부자 모델의 부재도 한국인의 기부 수준이 낮은 이유 중의 하나이다. 강철희 연세대 사회복지학과 교수는 "수백억 원의 자산을 가진 부자들에게 '왜 기부를 안 하느냐'라고 물어보면 하나같이 '재벌도 안 하는데 왜 내가 해야 되느냐'란 답이 돌아온다"라고 말했다. 카네기, 록펠러, 빌 게이츠, 워런 버핏 등 엄청난 부자들이 생전에 대규모 기부와 유증을 통해 사회적 롤모델이 된 미국과 달리 한국에서는 이와 유사한 사례를 찾기 어렵다.[121] 작은 부자들은 자신이 기부하지 않는 이유로 큰 부자들의 소극적인 기부 행태를 들며 변명한다.[122]

재벌기업은 물론이고 신문사를 비롯한 언론, 사립 학교, 대형 교회 등 사실상 공공적 성격을 가진 기관을 소수가 독점 운영하고 자녀에게 상속하는 행태는 한국 사회의 매우 퇴행적인 가족주의 문화를 보여준다. 노무현 정부 당시 종부세 도입, 이명박 정부 이후 상속세 문제가 논란이 될 때 불로 소득으로 부동산 부자가 된 사람들과 그 대변자나 다름없는 주류 보수 언론은 변화를 격렬하게 반대했다. 이것은 기부와 자선으로 낮은 조세의 한계를 극복하는 선진 자본주의 국가에서는 볼 수 없는 행태이다. 즉 한국에서는 '리무진 리버럴', 즉 고학력에 부유층이면서도 진보적 성향을 가진 사람을 찾기가 매우 어렵다.

한편 한국에서 기부는 사회 서비스 혹은 시민사회의 자립을 돕는 기능을 거의 하지 못하고 있다. 기부 중에는 경조사비 지출이 가장 많고 종교 기관 기부가 그다음이며, 친척과 친구들에 대한 사적인 지원이 이어진다. 한국인은 친인척, 연고 집단과의 관계 유지, 그리고 가족과 개인의 복리를 중요하게 생각할 뿐 공적 관심은 매우 약하다. 그래서 국가의 입법이나 행정 활동을 감시해야 할 시민사회 운동의 자생력이 매우 취약하고 문화, 언론, 학술 분야도 과도하게 국가에 의존한다. 시민운동가들도 40~50대가 되면 시민운동을 떠나 정치권이나 지자체로 자리를 옮긴다. 그 결과 사회운동의 역량이 축적되지 않는다.

1970~80년대에 한국의 민주화운동은 독일 등 여러 나라 교회의 지원에 크게 의존하였다. 한국이 OECD에 가입한 뒤로는 당연히 그러한 지원이 중단되었다. 이제 한국이 다른 아시아 국가와 제3세계 국가를 지원해야 하는 상황인데 수십, 수백억 원의

성공의 증거, 혹은 불행의 원인?

비자금을 조성한다는 한국의 대형 교회와 교단은 복지 같은 '개인 구원' 사업에는 부분적으로 관심을 가져도 사회운동 지원은 기피했다. 그 결과 기독교의 사회적 공헌 사업은 미미하다.[123]

한국의 언론인과 문화예술인들은 거의 삼성 등 대기업의 지원에 의존하며, 일부 지자체의 지원을 제외하면 예술 활동의 후원자를 찾을 수 없어서 재능과 열정을 포기하는 경우가 많다. 학술 연구도 한국연구재단 등 정부의 지원에만 의존하기 때문에 시민사회에 제대로 된 싱크탱크가 없고, 대학에도 사회적 지원을 받는 연구소를 찾기 어렵다. 공익 사안을 주로 조세를 통해 해결한다고 알려진 독일에는 수백 개의 공익 재단이 있고, 이들이 독일의 미래를 위해 정치가·학자·사회 활동가를 양성하고 국제 교류를 이끌고 있다.[124] 기업별 노조 체제를 벗어나지 못하는 한국의 노동운동도 연구소 하나 제대로 갖지 못해서 정책 역량을 거의 발전시키지 못했으며, 거대 양당의 경우도 마찬가지다. 국민의힘이나 민주당 산하의 정책 연구소는 국가의 전략을 내놓은 적은 거의 없고, 주로 선거 대책에만 치중한다.

한국인들이 기부에 인색한 또 하나의 이유는 대상 기관의 투명성과 신뢰성이 떨어지기 때문이다. 한국보건사회연구원의 2016년 조사에서 응답자의 61.7퍼센트가 "기부금 용처를 모른다"라고 답했다. 기부 단체 선택 시 고려 사항은 "기부금의 투명한 운영"이 54.2퍼센트를 차지했다. 기부를 하지 않는 이유 역시 "기부금 사용처가 투명하지 않아서"라는 응답이 60.7퍼센트에 달했다.[125] 이후 정의기억연대가 후원자들의 기부금을 투명하지 않게 사용했다는 의혹이 보도되면서 시민 단체에 대한 기부가 더욱 위축되었다.

각종 법제가 기부 혹은 공적 재단의 설립을 매우 어렵게 한다. 한국의 기부 관련법은 기본적으로 기부자의 진의를 의심하고 가능하면 기부를 통제하는 쪽에 초점을 두고 있다. 그동안 재벌이나 부자들이 재단을 만들거나 여러 가지 방식으로 자신의 부를 편법 상속한 관행이 있고, 정당이나 사회 단체가 대중의 선량한 의지를 속인 사례가 많았기 때문에 정부도 기부를 장려하기보다는 감시하거나 통제하는 쪽에 무게를 두었을 것이다. 민주화 이전에는 아예 기부금품 모금을 금지하다가 2004년에 와서야 모금에 대한 사전 허가제를 등록제로 전환했다. 시민사회의 자율적 모금 활동에 대한 억압적 통제가 행정적 규제로 변했다는 점에서 전향적이지만 여전히 사회 서비스형 시민 단체는 지정 기부금 단체로 인정받기가 어렵다.[126]

작은 정부와 약한 시민사회로 이루어진 한국식 부조 체제의 특징을 가족주의 혹은 가족 투자 체제라 부를 수 있다. 한국인의 대다수는 농지 개혁과 한국전쟁을 겪은 후 가족 노동에 기초한 소농으로 재편되었다. 그리고 영세 가족 농업의 전통이 이후 가족 복지의 구조화로 이어진다. 분단과 전쟁 직후 국가 재정을 미국에 크게 의존한 한국 정부는 농민의 빈곤을 책임질 수 없었고, 1960년대에 수립된 각종 사회 보험 제도는 공무원과 군인에게 먼저 혜택을 주는 방식으로 구축되었다. 즉 한국의 사회 보험은 출발부터 잔여적residual 성격을 가졌다. 자유 시장이라는 가치에 토대를 두고 효율성을 크게 저해하지 않는 범위 안에서 보충성의 원리에 따라 가족과 시장에서 탈락한 사람들을 일시적·한

정적·보완적으로 보호하는 방식이다.[127]

고도로 도시화된 현대 한국에서는 확대된 가족과 친족 관계가 여전히 강하게 작동하고 있다. 한국의 노동자들이 산업화 과정에서 그토록 심한 억압과 소외를 겪으면서도 현실을 감내하고, 노동력을 상실한 뒤 노동 시장에서 쫓겨나도 시장과 국가에 정면으로 항의하거나 권리를 요구하지 않은 까닭은 가족주의라는 기반이 있었기 때문이다.[128] 이처럼 취약한 조세와 기부는 가족주의 및 낮은 사회적 신뢰와 강하게 이어진다. 한국전쟁 후 정부나 정치권, 그리고 사회 일반에 대한 신뢰 상실이 가족주의를 강화했고, 이렇게 강화된 가족주의는 개발 독재 체제의 저조세, 친기업 정책, 복지의 가족 전가 전략과 맞물려 제도적 가족주의를 구조화했다.[129] 한국에서 제도적 가족주의가 작동하는 것은 이언 고프가 말한 것처럼 신자유주의 이후 시장·가족 지원 체제가 강화됨으로써 상품화가 진척되었기 때문이지만, 식민지와 전쟁, 군사 정부를 거치는 과정에서 가족 단위의 각자도생의 논리가 일상과 정신을 지배하여 일종의 '전상품화' 상태가 유지된 결과이기도 하다.[130]

조세, 기부, 사회적 안전망의 대체물인 한국의 가족주의는 주로 대기업 중심으로 정착된 기업 복지와 맞물려 있다. 한국의 기업 복지는 같은 동아시아 국가인 일본과 타이완의 기업 복지와 유사하다. 기업의 지출액 중에 복지 비용은 한국이 이들 나라보다 오히려 더 높다. 이것은 노동자의 회사 의존도를 높이는 효과가 있었다. 즉 개발 독재 시절 한국 노동자는 현물로 받는 임금 외에는 기댈 곳이 없었다. 퇴직금 제도 역시 노동자가 계속 요구해서 정착시킨 제도이기는 하나 결과적으로 노동자들이 회사에 더욱 의존하도록 만들었다. 퇴직금이 연금을 대신하여 노후 생활의 안전판으로 작용하기 때문에 공기업이나 비교적 큰 회사에서 오랜 기간 근무한 화이트칼라들은 특혜를 받지만, 그렇지 않은 대부분의 사람은 노후가 대단히 불안할 수밖에 없다. 기업이라는 '소小공동체'는 차가운 시장에서 노동자가 보호받을 수 있는 공간이었다.[131]

3장

사회 정책과

사회적 삶의 재생산:

시장·가족주의

노동 정책과
노동하는 삶

문재인 정부의 노동 정책: 비정규직의 정규직화

개별 회사가 해결할 수 없는 큰 도전이 오고 있다. 도로공사 톨게이트 노조의 수납원들이 (농성 등 투쟁을) 하지만, 톨게이트 수납원이 없어지는 직업이라는 것은 눈에 보이지 않느냐.

탄력 근로제 확대에 대해 노조가 비판을 하자 문재인 정부의 고위 관계자가 한 말이다. 그는 자동화로 산업 환경이 바뀌는데 탄력 근로제 연장만 막무가내로 비판하는 노조를 향해 불만을 터트렸다.[1] 국가의 노동 정책이 자동화라는 불가항력적 흐름에 맞설 수 없다는 현실론을 잘 보여주는 장면으로, 경제에 대한 국가 개입의 한계를 실토한 셈이다.

문재인 정부는 100대 국정 과제의 하나로 '노동 존중 사회'를 공언했다. 노동 기본권 신장과 취약 근로자의 권리 보장을 위한 노사정 사회적 대화를 통해 노사 관계 법을 개선하고 근로자 권리 구제를 강화한다는 목표를 내세웠다.[2] 소득 주도 성장은 노동자의 소득 향상을 강조한 정책이다. 과거 이명박·박근혜 정부가 국가 경쟁력 담론과 규제 완화 등 친기업 정책에 노동 정책을 종속시켜온 기조를 변화시키려는 의도였다.

문재인 대통령은 취임 후 제1호 업무 지시(2017.5.10.)로 '일자리위원회'를 설치했고, 이틀 후 비정규직 비율이 87퍼센트인 인천국제공항공사를 방문하여 "비정규직 제로 시대를 열겠다"라고 선언했다. 정규직 전환 대상에 간접 고용 노동자까지 포함한 것도 이전 정부와는 다른 점이었다. 사기업의 비정규직 문제는 어떻게 할 수 없어도 공기업의 비정규직은 사용자인 정부의 의지에 따라 정규직으로 바꿀 수 있다고 보았기 때문이다.

비정규직 문제에 대한 노무현 정부 이래의 정책 기조는 '유연 안전성flexicurity'의 논리를 바탕으로 했다. 그런데 문재인 정부의 정책안은 그동안 노조 측이 요구한 사안을 거의 수용한 급진적인 것이었다.[3] 특히 사용 사유 제한 등을 통한 비정규직 축소와 정규직과 비정규직의 노동 조건 격차 감소, 특수 고용 노동자의 기본권 보장, 국제노동기구ILO 핵심 조항 비준 등이 그랬다.[4] 문재인 정부는 정규직 전환 가이드라인을 만들고 중앙 행정 기관을 시작으로 민간 위탁 기관까지 비정규직의 정규직 전환을 진행할 계획을 세웠다. 그 결과 2020년 6월까지 애초의 계획보다 1만 명 이상 많은 18만 5267명의 근로 형태가 정규직으로 바뀌었다.[5] 공공 부문에서는 적지 않은 인원을 정규직으로 전환해 고용이 다소 안정됐다. 그러나 기간제 노동자들은 주로 무기 계약직이나 공무직으로 전환되었고, 민간 부문은 임시·일용직 등 비정규직이 늘면서 간접 고용 노동자의 고용 불안과 중간 착취는 개선되지 않았다. 결과적으로 '무늬만 정규직화'라는 한계를 드러내며 공공 부문과 민간 부문의 노동 조건 격차가 더 커졌다.[6] 결국 문재인 정부 출범 초기에는 비정규직 규모 축소와 보호를 추진하려는 의지가 강했다고 볼 수 있지만, 상시 업무의 직접 고용이나 동일 가치 노동 동일 임금과 근로자 개념 확대 등 비정규직 권리 제고를 위한 구조 개혁과 입법 작업은 시도조차 되지 않았다. 첫해 최저 임금을 큰 폭으로 인상했으나, 최저 임금 1만 원 공약은 대통령이 "임기 내 지킬 수 없게 되어서 미안하다"라고 포기 의사를 밝혔다. 전교조 합법화도 법원의 판결을 기다리는 등 크게 지연되었다. 결국 문재인 정부는 노동 정책조차 유턴했다는 비판을 받았다.[7] 2018년 말 고용노동부는 어려운 경제·고용 환경을 고려해 단속과 처벌보다는 '자율 시정' 중심의 근로 감독을 방침으로 정하는 등 노골적인 친기업 노선을 걸었다.

공기업 비정규직의 정규직화는 '자회사'를 통한 고용으로 마무리되었다. 문재인 정부는 정규직 노동자들의 반발을 이유로 들며 애초의 방침에서 후퇴하였다. 2021년에는 국민건강보험공단 콜센터 노동자들이 직접 고용을 요구하면서 파업을 시작했다. 그러자 공단의 김용익 이사장은 파업 중단과 정규직과 비정규직의 대화를 요구하면서 단식 농성에 돌입했다. 이때 김용익 이사장은 노노 갈등을 비판하며 정규직의 양보를 요구했다. 동시에 그는 단식을 통해 정규직화는 자회사 설립 방식으로 하되 '직접 고용하지 말라'는 정부 방침에 항의했다.[8] 이것은 노동 내부의 분열에 대한 공기업 사용자의 '이중적 항의' 성격이 짙다. 인천공항, 서울교통공사, 도로공사, 전교조 등에서도 시험을 거

사회 정책과 사회적 삶의 재생산: 시장·가족주의

쳐 합격한 정규직 노동자들이 공정을 이유로 들며 비정규직의 정규직화를 반대했다. 이들이 내세우는 '공정' 담론은 노동자들의 분열을 잘 보여준다. 현대자동차 노조는 전기차 도입으로 인한 산업 변화에 위기 의식을 느끼며 '기술 변화 및 기후 위기 대응과 정의로운 산업 전환을 위한 공동 결정법' 입법 청원을 시도했지만 18만 금속노조 조합원의 동의를 얻지 못했다.[9]

경쟁적인 시험에 통과한 소수 정규직의 목소리가 '공정'이라는 담론으로 터져 나왔고, 지루하게 이어지는 논쟁에 지쳐 아예 회사를 떠난 비정규직 노동자도 많다.[10] 비정규직이 자신의 고용 안전판 역할을 한다고 생각하는 정규직 노동자나 공무원 준비생들은 시험이라는 적절한 절차 없이 이들을 정규직화하는 것은 공정하지 않다고 비판했다. 이런 반발을 충분히 예상하고 대비하지 못한 문재인 정부의 성급함과 준비 부족이 공기업 정규직화 정책을 좌초시킨 가장 큰 요인이다. 공기업 정규직화에는 정부의 재정 지출이 반드시 수반된다. 공기업 비정규직의 정규직화를 위한 예산이 확보되지 않은 상태에서 문재인 대통령의 '비정규직 제로' 선언은 취지는 좋았으나 여러 가지 한계를 안고 있었다.

'동일 가치 노동, 동일 임금'이라는 노동법의 대원칙이 제대로 실행되기 어려운 이유는 재벌대기업을 정점으로 하는 수직적 경제 구조의 탓도 있지만, 기업이나 사회 차원에서 어느 정도 합의할 수 있는 직무 평가 시스템이 없기 때문이기도 하다. 다양한 노동 중에서 무엇과 무엇이 동일한 가치를 갖고 있는지를 정할 기준이 없다.

21대 국회의 집권 민주당도 노동 입법에 힘썼다. 그리고 2020년 12월에 노동법 개정안이 국회 본회의를 통과했다. 해고자와 실업자에게 기업별 노조의 조합원 자격을 유지할 수 있도록 한 것은 긍정적이었다. ILO가 노동권의 기본 원칙으로 정한 핵심 조항 여덟 개 중에서 일곱 개가 비준되었으니 역시 큰 성과라 할 수 있다. 그러나 단체협약의 유효 기간을 2년에서 3년으로 연장한 것이 교섭 창구 단일화 제도와 맞물리면서 단체교섭권 등 노동3권에 제약이 가해졌다.

한편 태안화력발전소에서 일하던 노동자의 사망 사건에 대한 여론과 매년 2000여 명이 사망하는 산재 사고를 막자는 시민사회의 요구에 밀려 중대재해처벌법이 통과된 것은 매우 의미 있는 일이다. 그러나 여야 협상 과정에서 5인 이하 사업장은 법 적용이 3년 유예되었다. 또한 50인 이상 사업장의 경우 노동자가 한 명이라도 사망하거나 두 명 이상 중상을 입는 사고가 날 경우 기업의 대표나 원청회사의 경영 책임자를 '1년 이상 징역'으로 처벌하는 조항이 통과되었지만, 대부분의 산재가 50인 이하의 하청 회사에서 주로 발생하기 때문에 이 법이 통과된 이후에도 위험은 그대로 지속되었다.

문재인 정부의 노동 정책, 특히 정권 초기에 가장 역점을 두었던 비정규직의 정규직화는 노무현 정부 당시에 만든 비정규직 관련법의 틀 위에서 진행되었다. 이 법은 비정규직 계약 기간을 2년으로 제한하고 기간제 노동자 중심의 정규직화를 추진하며 차별 금지, 파견을 비롯한 광범한 간접 고용 및 특수 고용 노동자의 노동자성 인정 등을 통하여 차별을 인정하되 '남용'은 막아서

사회 정책과 사회적 삶의 재생산: 시장·가족주의

노동자의 권익을 보장하려 했다. 그럼에도 비정규직의 규모가 줄지 않고 오히려 늘었으며, 차별이 축소되지도 않았다.

2017년 8월 657만 명이던 비정규직 노동자의 수가 2021년에는 150만 명가량 더 늘었다. 이에 따라 전체 임금 근로자 중 비정규직 근로자가 차지하는 비율이 2017년 32.9퍼센트에서 2021년 38.4퍼센트로 증가했다.[11] 정규직과 비정규직의 임금 격차는 지속적으로 확대되어 2020년 비정규직 임금은 정규직의 절반 수준에 불과하며 산재보험 이외의 4대 보험이나 퇴직금 등 복리후생의 혜택을 받는 노동자의 비율도 대체로 정규직의 절반 수준에 미치지 못한다. 예를 들어 정규직 중 고용보험 수혜자는 84퍼센트이나 비정규직은 43퍼센트만 혜택을 받는다.[12] 결국 문재인 정부는 비정규직 축소와 차별 철폐라는 정책 목표를 제대로 이행하지 못했다.

민주정부의 노동 정책: 비정규직 문제를 중심으로

외환위기는 한국 경제의 구조 개혁을 강제했고 정부의 노동 정책에도 영향을 미쳤다. 당시 IMF는 한국에 성장 둔화와 긴축 정책, 금융 산업 구조조정, 상품 및 자본 시장의 완전한 개방, 기업의 인수합병 허용, 재벌기업의 경영 투명성 제고, 노동 시장 유연화 등을 요구했다. 이것은 겉으로는 무분별한 차입 경영으로 국가 부도 위기를 초래한 재벌기업과 '총수'들을 겨냥한 것처럼 보였지만, 결과적으로는 재벌의 하청기업에 고용된 노동자에게 가장 극심한 고통을 주었다. 생존을 위한 기업 구조조정, 즉 몸집

줄이기는 무차별적 노동자 해고를 의미했다. IMF 지원의 대가로 개방화와 자유화의 기치 아래 대량 실업을 피할 수 없게 된 상황은 이제 막 임기를 시작한 김대중 정권을 옥죄었다. 결국 김대중은 "정리해고의 요건을 엄격하게 한다"는 선거 공약을 지킬 수 없었다.

외환위기 이후 금융 자본이 기업의 지배 구조와 노사 관계를 본격적으로 지배했다. 개발 독재 시기 이후 지속된 대기업 지원 위주의 '산업 정책·수출 지원·노동 비용 절감' 같은 정책 관행과 더불어 주주 자본주의와 재벌과 금융의 결합 구조는 김대중·노무현·문재인 정부의 노동 정책을 구조적으로 제약했다. IMF 체제라는 비상 상황에서 경제 회복이라는 절체절명의 과제를 받은 김대중 정부는 개방 경제 질서와 국제 평가 기관 및 금융 자본의 요구를 수용하는 쪽으로 노동 개혁을 실시하면서, 사회 보험 등을 통해 노동자를 보호하는 기조를 유지했다. 김대중 정부는 사회 안전망 확충 등 복지 정책 확대를 통해 해고자들에 대한 최소한의 보호 조치를 취하고, 노무현 정부는 비정규직 사용에서의 남용을 막으려 했다.

김대중은 대통령으로 취임하기 전에 한국노총과 민주노총의 위원장 및 간부들을 만나 정리해고의 필요성을 역설하면서 노사정 협의체 구성을 제의했다. 그는 외환위기를 극복하고 외국 자본을 도입해 기업의 경쟁력을 강화하기 위해서는 정리해고가 불가피하다고 역설하면서, 노사정 3자 협의체를 만들어 정리해고에 대한 사회적 합의를 이루자고 주문했다.

외국 자본과 우리 자본에 차별을 둘 필요 없다. 노동자들이 외국 자본에 친밀감을 표시해야 한다. 외국 자본이 들어오면 경쟁력, 국제 시장의 노하우를 함께 갖고 들어오거나 최소한 배울 수 있는 것을 갖고 온다. 외국의 경우 우리처럼 평생 고용 분위기가 아니다. 그러나 사회 보험이 잘 되어 있다. 우리도 사회 보험을 빨리 확충해야 한다. 고용보험에 대한 정부의 기여금을 확충하겠다. 고용보험 등으로 실업 수당을 지급하고 기금을 만들어 직업 훈련, 취업 알선을 하는 데 최대한 조치를 취하겠다.[13]

김대중 대통령은 외국 자본의 긍정적 효과를 인정하되, 국내의 사회 보호를 위해 고용 유연화의 피해를 최소화하려 했다. 국가 부도에 대응하는 방안이자 IMF와 국제 금융 자본의 전방위 압박을 수용한 결과이지만, 그동안 한국의 경제 정책을 주도해온 경제 부처 고위 관리나 시장주의적 주류 경제학자들의 입김이 반영된 조치이기도 하다.[14] 김대중 대통령은 노사정위원회를 설치하고 이곳에서 합의한 정리해고 관련법을 국회에서 통과시켰다. 이때 1996년 말에 '날치기 통과'시킨 정리해고법 중에서 "1999년 3월까지 시행을 유보한다"라는 조항을 "즉시 실시"로 바꾸었다. 또한 기업의 경영 악화를 방지하기 위한 사업의 양도, 인수, 합병을 '긴급한 경영상의 필요'가 있는 행위로 규정하여 기업의 인수합병 시 정리해고를 할 수 있는 길을 터주었다.

김대중 대통령은 재임 초기 3년 동안 "파업을 엄단하겠다"라는 발언을 무려 157회나 했다.[15] 민주노총은 김대중 정부의 노동 정책이 "노동 시장 유연화를 통해 노동의 통제와 노동 강도 강화를 초래하여 결과적으로 노조 무력화를 통한 노동운동 기반 붕괴를 노리고 있다"라고 비판했다. 또한 노사정위원회를 가리켜 "구조조정의 후유증을 완화하기 위한 청소부"라고 비판[16]하고 여기에서 탈퇴했다. 당시 노동부는 전국 46개 지방 노동관서의 노사협력과장, 근로감독과장이 참석한 회의를 열고 노사 안정을 위한 10대 대책을 마련하면서, 그 과제로 쟁의를 근절하고 구조조정 과정에서 노사 질서를 확립하며 나아가 무분규 협력을 연달아 선언하여 노사 문화의 기반을 다시 구축하겠다고 밝혔다. 일부 기업은 3년간 무쟁의 선언을 요구하면서 노조가 동의하지 않으면 고소고발과 징계를 철회할 수 없다고 엄포를 놓았다. 또한 노사 화합 선언 없이는 노조와 합의한 단체교섭의 세부 사항을 이행할 수 없다고 말했다.[17]

한편 노무현 정부는 '사회 통합적 노사 관계'를 내세우며 공무원노조를 합법화하되 단체교섭권만 부분적으로 인정하고, 필수 공익 사업장의 범위를 축소하고 직권 중재 요건을 강화하는 등 노동쟁의에 대한 제한 완화를 시도했다. 또 노사정위원회의 위상을 강화하고 지역·업종·산업별로 노사정위원회를 설치하겠다는 공약도 제시했다. 그러나 집권 후에는 철도 파업에 공권력을 투입했고, 이어서 정부는 불법 쟁의에 대한 손해 배상을 청구했다. 대통령이 직접 대기업 노동조합을 공공연히 비난하자 노조와 정부의 관계는 악화되었고 민주노총은 노사정위원회에 계속 불참했다. 노무현 정부는 노동 시장 '유연 안정성'의 제고를 위해 정리해고 요건을 완화하고 기업 인수합병 시 고용 승계 및 기존 단체협상의 근로 조건 승계 의무를 백지화했으며, 성과급 임금 체계 도입도 추진했다. 공공 부문 구조조정 과정에서도 노조를 배제하는 태도를 견지했다. 노무현 정부의 노동 시장 정책을 보면 유연화를 추구하는 신자유주의적 요소가 한층 강하게 나타난다. 고용 차별 해소와 비정규직 남용을 방지해 근로 계층 간 격차를 완화시키겠다고 했는데, 이 과정에서 결국 중간 착취를 가져온 파견법을 확대 적용했다.

민주노총과 국회에 진출한 민주노동당의 요구에 정부와 열린우리당이 수동적으로 반응하고 기업가 단체는 강력하게 반대하는 가장 전형적인 복합 이해충돌 상황이 조성되었다. 노무현 대통령의 "비정규직의 눈물을 닦아주겠다"라는 말에 노동계는 기대를 품고 기간제법과 파견법을 개정하고 정규직과 비정규직의 격차 완화를 위해 법안을 발의했다. 그러나 세 건의 비정규직 보호법(기간제 및 단시간 근로자 보호 등에 관한 법률, 파견근로자 보호 등에 관한 법률, 노동위원회법)은 논란과 갈등 끝에 결국 민주노동당의 안을 일부만 수용한 정부안이 통과되었다. 기간제 노동자 문제는 사용 사유의 제한을 없애고 기간은 2년으로 했으며 2년이 지나면 무기계약직으로 간주하자는 것이 골자였다. 파견제의 경우 파견을 허용하는 업종을 적시하는 것으로 마무리되었다.[18] 비정규직에 대한 열등한 처우는 기업이 정규직 고용에 드는 비용을 절약하는 방편이었다. 노동 시장의 이중화를 정부가 법과 행정으로 바로잡지 못했기 때문에 노무현 정부의 비정규직 보호법은 그 이름과 달리 비정규직의 양산을 막지 못했다. 2006년 이후 비정규직 규모는 거의 그대로 유지되었고, 정규직으로 전환한 비율도 높지 않았다.[19]

비정규직보호법이 생겼지만 차별 시정 신청은 많지 않았다. 노동자들은 신청에 소극적이었는데 회사의 보복, 즉 근로 관계의 단절을 두려워했기 때문이다.[20] 사용 기간을 2년으로 제한한 조치도 정규직화를 압박하려는 취지였으나 대부분의 기업은 2년이 되기 전에 이들을 모두 해고했다.[21] 차별 시정 효과도 제한적이었다.[22] 회사에서 노동자가 차별적 처우 개선을 요구하면 오히려 임금이 하락할 수도 있었다. 노동계에서는 애초부터 이 법이 사회 양극화 해결과 거리가 멀고, 노동권 문제로만 협소하게 접근했기 때문에 비정규직 사용 사유 제한은 비정규직을 증가시킬 수밖에 없다고 비판했다.[23]

사실 외환위기를 초래한 김영삼 정부의 '신노사 관계 개혁'은 세계화, 정보화의 시대에 부응하는 노사 관계의 모든 영역, 특히 노동자들의 지식 정보 개발과 학습을 지원하자는 의식과 관행의 변화까지 그 범위를 확대한 것이다. 직장은 노동자가 끊임없이 지식과 정보를 개발하고 학습하는 평생 학습장이 되어야 하고, 노조는 생산성과 지식을 늘려 고임금과 고복지를 추구하자는 것이다. 노사 관계는 단체교섭형에서 인력개발형으로 변해야 하고, 노사의 쟁점도 분배의 문제에서 생산과 경쟁력 강화로 바뀌어야 한다는 내용도 있었다. 이 구상은 일부 개혁적인 내용을 포함하고 있지만, 대체로는 신자유주의 질서에 부응하는 것이었기 때문에 기업 지배 구조 개편을 통한 사회적 형평성 확보와 정의 실현이라는 최소한의 문제의식도 결여되어 있었다.[24] 김영삼 정부의 파견법과 정리해고법 날치기 통과 시도는 반발에 부딪쳤고 결국 좌초되었다. 그러나 역설적으로 김영삼 정부가

사회 정책과 사회적 삶의 재생산: 시장·가족주의

구상한 노동 개혁의 일부는 외환위기 이후 김대중 정부에 의해 실현되었다.

당시의 한국은 개발주의와 억압적 노동 정책에서 막 벗어나려는 시점이었다. 따라서 기업은 가파른 임금 인상의 압박을 받기는 했으나, 노동 조직화 때문에 회사의 존립을 위협받지는 않았다. 물론 노조 조직과 단체교섭 제도화는 이전까지 사업장에서 전권을 행사해온 사용자에게는 완전히 새로운 환경이었다. 한국은 1960년대 중반부터 약 20여 년간 안보와 경제 성장을 지상의 목표로 설정하고, 자본주의 체제 유지와 기업 지원을 정책의 최우선으로 삼았다. 그 속에서 노동자는 자유권적 기본권조차 억제되었으며 노동운동은 사실상 좌익으로 간주되었다. 물론 급속한 경제 성장의 낙수 효과로 노동자의 생활이 향상된 점을 부인할 수 없으나, 대체로 노동자는 산업의 전사이자 수출 증진과 국가 경제 발전의 도구라는 지위에서 벗어나지 못했다.

1948년 정부 수립 이후, 특히 1960년대 산업화 이후 1987년 민주화에 이르기까지 노동 정책은 곧 경제 정책의 일부였으며, 정부는 경제 성장을 위해 임금 상승을 억제하고 노동자의 조직화를 차단했다. 한국의 노동법은 미국의 와그너법을 모델로 했다.[25] 여기에는 미국이나 일본식 기업별 노조주의company unionism도 중요한 부분을 차지한다. 즉 자주적인 노조나 조직된 노동자의 독자적 행동 반경이 제한된 조건에서 노조는 유럽 선진 자본주의 국가에서처럼 적극적 이익 대표 활동과 정치 활동을 전개하기보다는 민주주의의 쇼윈도 역할에 머물렀다. 1953년 노동 입법에서 출발하여 1987년 민주화 이후에도 일관되게 유지된 노동법과 노동 체제의 정신은 노사 관계를 개별 사용자와 피고용자 개인의 관계, 국가와 노동자 개인의 관계로 제한하는 것이다. 이러한 법과 정신은 집단적 노사 관계는 제약하되 개별 노동자의 최소한의 삶과 지위는 일정하게 보장하는 방식으로 유지되었다. 노동 문제가 사회 문제나 정치 문제로 확대되거나, 노동자가 하나의 사회 세력이나 계급 및 정당으로 발전하는 것은 억제하면서 그들의 불만이 폭발하여 사회·정치적 파급력을 갖지 않도록 방지하는 예방적 노동 통제라 할 수 있다.[26]

1990년대 이후 국내외의 환경이 바뀌며 한국의 자본주의 앞에는 조립 가공형 제조업 위주의 구조를 질적으로 변화시키는 '높은 길'과 기업의 생존과 고용을 유지하는 '낮은 길'이 있었다. 이때 한국은 기존의 축적 체제를 건드리지 않는 비교적 손쉬운 길을 택했다. 즉 임금 인상 요구나 저항을 누르는 한편[27] 노동자의 요구를 회사 안에 가둔 채 기업의 부담은 공장 자동화, 모듈화, 해외 이전, 외주하청 방식으로 대처했다. '높은 길'은 수출 주도 재벌대기업의 지배 구조를 개선하여 고부가가치형 기업으로 변신을 유도하고, 저숙련 노동자들을 숙련 노동자로 육성하는 방향이었다. 숙련 노동자 육성을 위해서는 국가의 자율성, 정치적 리더십, 사회적 타협의 문화가 필요한데, 노태우 대통령은 노동쟁의에 대해 공안 탄압 일변도로 대응했다.[28] 기업은 생산 시스템의 자동화, 모듈화를 서둘러 추진함과 동시에 단가 착취에 안주하거나 외주화를 통한 비용 절감에 치중하여 노동력의 급격한 탈숙련화를 초래했다.[29]

1990년대 이후 제조업 비중이 감소하고, 서비스 경제 비중

사회 정책과 사회적 삶의 재생산: 시장·가족주의

이 확대되며 제조업에서 고졸 숙련직의 수요는 크게 줄어들었다. 한국 제조업의 부가가치는 1980년대에 10퍼센트 이상이었으나 2010년 이후에는 5퍼센트 정도로 급격히 낮아졌다.[30]

1990년대 중반 이후 신자유주의와 금융 자본의 논리, 기업의 '재산권'과 '경영권'의 논리가 노동자의 집단적 저항을 제약했다. 노조의 존립과 노동3권은 쟁의에 대한 민사상의 손해 배상 청구와 업무 방해 고소 고발 등 사법적 통제에 직면했다. 과거처럼 국가권력이 직접 개입하지 않고 사용자 측이 노동자를 공격한 것이다. 데이비드 하비는 "신자유주의는 위기에 처한 자본의 소유 특권과 계급력 강화"라고[31] 말했지만, 한국에서 시장주의는 해고의 공포로 다가왔다.

주주들의 기업 성과 압박, 기업 간의 인수합병, 구조조정 등의 노동 유연화 요구와 각종 노동 보호 조치의 완화 혹은 철폐는 신자유주의와 금융 자본 시대의 일반화된 노동 정책이다. 이 기조는 대체로 노조를 자유 시장의 계약 관계를 경직시키는 걸림돌로 파악하고, 노조의 약화(또는 해체)를 겨냥하는 노동법 개정(개악)을 추진한다. 그것은 시장 논리의 활성화라는 명분으로 포장되나 실제로는 케인스주의적 노사 타협 질서에서 운신에 제약을 받았던 기업의 경영권을 다시 노동자의 권리 위에 두는 것을 의미한다.[32] 그래서 한국에서 노조는 처음으로 회사 내의 공식 조직으로 인정받고 단체협약을 체결한 바로 그 순간부터 무력화되기 시작했다.

대기업 노조의 설립과 단체교섭 제도화의 결과 사용자는 비용의 외부화를 꾀하게 되었고, 이는 하청 중소기업 노동자의 고용 조건을 더 불안하게 만들었다. 기술 혁신 등을 통해 획기적으로 이윤이 늘어나지 않는 한 회사는 정규직 보호 비용이 크면 클수록 비정규직 고용을 늘리고 이들을 정규직으로 전환하는 것을 더욱 기피하게 된다. 금융 자본에 의한 기업 지배 구조의 변화는 기업을 단기 실적에 더 집착하게 만들어서 결국 기업별 노사 관계를 강화하는 결과를 가져온다.[33] 즉 노동 시장의 유연화와 비정규직의 증대는 이러한 복합적인 조건의 결과였다.[34]

개발주의 시대와는 다른 관점에서 노조는 여전히 기업 경영과 경제 성장을 방해하고 노동 시장을 경직시키는 걸림돌로 간주되었다. 이명박·박근혜 정부는 일부 기업의 노골적인 노조 탄압과 용역 폭력을 거의 방관했다. 하청기업의 노조 탄압과 폭력도 모기업의 지휘하에 진행되었지만 검찰과 법원과 노동부는 묵인했다.[35] 한국의 노동조합법은 단순 파업에 대해서도 자유형을 부과할 수 있는 조항이 많다. 2011년 전원 합의체 판결에서 단순 파업에 대해서도 업무방해죄 적용을 제안한 적이 있을 만큼 합법 파업은 거의 외줄타기와 같이 어려운 일이다. 노동자들은 파업을 감행하려면 언제나 형사 처벌을 각오해야 한다. 특히 한국을 대표하는 기업인 삼성은 노조를 막기 위해 납치, 미행, 매수, 유령 노조 설립, 북한의 '5호 담당제' 같은 감시 활동 등 온갖 불법을 저질렀지만 노동부, 검찰과 경찰, 법원은 삼성의 정문 안으로 들어가지 못했다.[36]

2016~17년 촛불시위 정국에서 노동 전문가를 대상으로 한 설문 조사에서 노동3권 실종은 "자본과 기업 편향적인 노동 행정"에서 기인하며, 보수 정치 세력과 노동부, 보수 언론 모두 노

동자에 대해 극도로 악의적인 태도를 갖고 있기 때문이라는 결과가 나왔다.[37] 대한민국 헌법 33조에 근로자는 "자주적인 단결권, 단체교섭권 및 단체행동권을 가진다"라고 되어 있지만 실제로 그것은 매우 제한적으로만 보장된다. 단결권은 노동조합에 가입할 수 있는 권리인데, 조합원의 범위가 기업 내로 국한되어 있다(헌법 33조 1항). 물론 산별 노조를 인정하는 판결도 있지만 사실상 산업 단위의 교섭은 허용되지 않는다. 노조 운영과 관련해서 수많은 형벌 조항과 과태료 조항이 있다. 그래서 "노조법은 노동법이 아니라 치안경찰법"이라는 지적도 있다. 김선수 변호사는 특히 필수 공익 사업장 유지 업무 제도와 복수 노조 간 교섭 창구 단일화 제도를 단체교섭권과 단체행동권 약화의 주요 원인으로 꼽았다.

　　노조가 있는 사업장의 경우 단체교섭권은 보장되지만 단체협약의 대상 및 내용이 매우 제한적이다. 이익 사안은 교섭 대상이 되지만 권력관계의 변화를 가져오는 권리 사안은 대상이 아닌 경우가 많다. 즉 이익 개선의 전제 조건으로 권리 보장을 부정하는 논리가 횡행한다.[38] 예를 들어 기업의 인사와 경영은 권리 사안이기 때문에 단체교섭의 범위에 포함되지 않는다. 그런데 경영의 결정이야말로 노동자에게 가장 심대한 충격을 준다. 사실 정리해고만큼이나 노동자의 생존을 위협하는 사안은 없다. 그런데도 단체교섭에서 '이익'의 개념은 오직 노사의 경제적 이익, 즉 임금과 노동 조건으로 좁게 해석된다.

　　자본주의 경제 질서에서 해고는 시장이 인간에게 가하는 가장 가혹한 처벌인데, 정리해고 관련법에 의해 사용자가 경영상의 이유로 해고할 수 있는 권한이 확대되면 노동자의 생존권과 인권이 축소된다. 사용자가 해고보다 가벼운 징계를 하는 것이 타당한데도 해고 조치를 취하는 것은 징계권 남용으로 간주될 수 있다. 그런데 법원은 남용인지 아닌지를 판단하는 '해고의 정당성'을 노동법과 판례를 기준으로 판단한다. 최근 대법원에서는 해고 무효에 대한 원심의 판결을 "건전한 사회 통념이나 상규에서 용인되는 기준"으로 볼 때 징계권 남용이 아니라는 이유로 파기 환송하는 사례가 증가하고 있으며 사용자의 징계권을 보다 넓게 인정하는 경향이 두드러진다.[39]

사용자 단체들은 부당 노동 행위 사용자에 대한 형사 처벌 자체를 반대하지만, 사실 한국에서는 사용자에 대한 불처벌이 거의 관행화되어 있다. 2014년 기준 임금 체불로 벌금형을 선고받은 사업주 가운데 벌금액이 체불액의 30퍼센트 이하인 경우가 62.3퍼센트나 된 반면, 벌금이 체불액의 절반을 넘긴 사례는 6.4퍼센트에 불과했다. 이랜드는 오랫동안 노사 분규를 겪으며 84억 원의 임금을 체불했지만 그에 대한 벌금은 2000만 원에 불과했다.[40] 사용자의 부당 노동 행위, 임금 체불, 그리고 노조 파괴를 사실상 용인하는 것이라 봐도 과언이 아니다.

문재인 정부에서도 사정은 변하지 않았다. 2020년 초 한국 비정규직 노동자 1243명에게 근로기준법이 잘 지켜지고 있는지 질문했는데 41.7퍼센트는 '잘 지켜지지 않고 있다'라고, 13.5퍼센트는 '전혀 지켜지지 않고 있다'라고 답했다. 또한 77퍼센트는 문재인 정부의 노동 정책에 대해 비판적이었다.[41]

노동하는 삶: 노동자의 지위와 삶

2021년 OECD 조사 결과를 보면 한국 노동자의 노동 시간은 일 년 평균 1915시간으로 멕시코, 칠레 등에 이어 5위에 올라 있다.[42] '탄력 근로제 6개월 확대'에 이어 '선택 근로를 3개월까지 확대'한 부분은 문재인 정부의 공약인 노동 시간 단축의 취지를 약화시켰다. OECD 국가 중 노동 시간이 가장 길다는 오명을 벗기 위해 주 52시간 상한제를 도입한 것도 매우 의미 있는 조치이다. 그러나 이 또한 공공 기관과 300인 이상 사업체를 시작으로 2021년부터 전면 탄력 근로제 단위 기간 확대, 계도 시간 연장, 특별 연장 근로 인가 등의 조치가 더해지며 애초의 취지가 크게 퇴색했다. 장시간 노동에 관한 한 한국은 개발 독재 시기와 별로 달라진 것이 없다.

2021년 OECD 조사 결과를 보면 한국의 임시직 근로자 비중은 세계에서 두 번째로 높다. 과거 IMF는 「한국 경제의 지속·포용 성장」 보고서에서 정규직·비정규직 병립에 따른 노동 시장의 이중 구조가 해소되면 자중 손실Deadweight loss이 감소하고 노동 공급이 증가하여 향후 10년간 연평균 1.1퍼센트의 상승 효과가 나타날 것이라고 지적하기도 했다.[43] 비정규직 노동자의 비중 증가는 단지 사회적 문제일 뿐 아니라 경제 일반에도 질곡이 되고 있다.

외환위기 이후 20여 년이 지난 지금 한국 사회에서 '노동자'는 단일한 집단이나 계급으로 보기 어렵다. 정부와 법이 기간제와 파견제 노동자 사용을 예외가 아니라 일반적인 고용으로 허용하면서 노동자 내부의 차별이 심화되었다. 생산 체제의 유

144

연화와 외주 하청, 정리해고제와 근로자 파견제가 일상이 되었다.[44] 비정규직 노동자의 규모가 커지고 이들과 정규직 사이의 격차가 확대되면서, 사실상 고용과 근로 형태의 차이가 준신분적 차별로 굳어지는 현상은 외환위기 이후에 본격화되었다.

그동안 한국 자본주의의 성격, 기업과 노동의 환경도 급격히 변했다. 사회와 경제의 구조적 변화와 특히 노동의 디지털화는 일자리와 일하는 방식의 근본적인 변화를 가져왔다. 디지털화와 자동화로 노동자의 숙련이 해체되었다. 노동자도 그냥 노동자가 아니라 주식 투자 대열에 들어선 '노동자 자본가worker capitalists', '노동자 소비자'로서의 정체성이 더 커졌다. 또한 플랫폼 기업의 확산에 따라 안정적 고용 관계 밖의 프리랜서 혹은 프레카리아트층의 비중도 크게 확대되었다. 코로나19의 확산은 감염 위험에 더 많이 노출된 '필수 노동자'의 존재를 더욱 두드러지게 했다.[45]

2000년대 이후 한국의 노동 현실을 간접 고용의 시대라 부를 수 있다. 도급이나 위탁 계약을 맺고 타인의 사업에 노무를 제공하는 독립적 자영인과 실질적으로는 노동자이지만 형식상으로는 자영업자 지위를 갖는 특수 형태 근로자가 이제 200만 명을 상회하게 되었다.[46] 고용이 불확실하거나 불안정한 노동자가 늘어났고, 고용 관계가 다양해지면서 누가 사용자이고 책임의 주체인지도 애매해졌다. 플랫폼 자본주의도 자영업자와 노동자의 경계를 흐리게 했다.[47] 이처럼 애매한 자영업형 노동자의 규모가 2018년 기준 613만 명에 달한다.[48]

노동자 내부의 심각한 양극화는 1987년 이후 주로 대기업 사업장에서 노조 활동과 단체교섭이 활성화되고 정규직 노동자의 임금이 가파르게 올라간 결과이기도 하다. 1987년 이후 노동법이 개정되어 노동자의 단결권과 단체행동권이 어느 정도 보장되었으며, 사업장 단위나 각 지역 단위로 '민주 노조' 협의체가 조직되었다. 1998년에는 민주노총이 합법화되었고 노동운동 탄압에 주로 활용되던 제3자 개입금지법이 없어졌으며, 교원 노조도 합법화되었다. 정규직 조직노동자들은 회사 안에서는 일정한 시민권을 얻었으나, 그것은 회사 내 연공 임금과 사내 복지에 더 포섭되고 비정규직과의 연대를 포기한 대가였다. 이것이 사용자의 분할 통치, 비용 외부화 전략과 결합하며 결과적으로 노동자 차별과 양극화를 불러왔다.

새로운 형태의 노동자층은 대체로 노동법의 사각지대에 있다. 한국의 노동관계법은 지난 60년간 산업화 시대의 규칙 역할을 수행해왔지만, 노동자의 범위가 다양해진 오늘날에는 새로운 노동법의 필요성이 더욱 커지고 있다.[49] 디지털화, 자동화, 외주화, 모듈화는 상층의 소수를 제외한 대부분의 노동자를 불안한 고용 조건으로 몰고 갔고, 상당수의 자영업자들은 정규직 노동자들보다 더 낮은 수입과 장시간 노동을 감내해야 한다. 그럼에도 일자리가 없으면 내일의 생존이 위협에 처한다는 점에서 노동자의 처지는 변하지 않았다.

정이환은 한국 노동 시장의 특징을 높은 비정규직 비율과 과도하게 시장 지향적인 노사 관계 질서로 설명한다.[50] 그는 노동 시장의 측면에서 볼 때 한국의 사회경제 체제는 신자유주의와 개발주의가 혼재된 형태라고 본다. 한국은 미국과 비교해 고용과 임금의 안정성이 양극화되어 있으며, 일본과 비교하면 고용 안정성의 분절화가 더욱 두드러진다. 대기업과 중소기업의 임금 격차는 더욱 확대되었고, 비정규직에서 정규직이 되는 비율은 OECD 국가 중 최하위이다.[51] 정규직 전환율은 1년 후 11퍼센트, 3년 후 22센트에 불과한데, 남유럽 국가(1년 후 27퍼센트, 3년 후 46퍼센트)와 비교해도 크게 낮다. 즉 한국에서는 한번 비정규직이면 영원히 비정규직이라고 말해도 틀리지 않다. 중소기업 종사자의 대기업 이직 역시 적다. 중소기업에서 대기업으로 이동한 사람은 2004년에 3.5퍼센트였는데 2013년에는 2.7퍼센트로 더욱 줄어들었다.

노동자 사회 내부에서는 준신분적 질서가 작동한다. 상위에는 공기업과 공무원, 대기업 정규직이 있고, 그 아래에 2차 노동 시장인 직영 비정규직 또는 계약직(임시직), 그리고 가장 아래층에 하청 정규직과 하청 일용직이 있다. 2차 노동 시장 노동자들은 사실상 준신분적 차별을 당하는데, 동일 가치 노동 동일 임금이라는 근대 노동 사회의 기본 원칙이 적용되지 않는다. 헌법상의 노동인권도 거의 적용되지 않으며 "비정규직이 산재를 당하면 119도 안 온다"라는 말처럼 안전의 사각지대에 있다. 국민연금, 건강보험, 고용보험에도 비정규직 노동자의 차별이 엄존한다. 결국 노동의 노예화가 지속된다.

이 노동자 내부의 분단division은 임금 격차 확대, 저임금 노동자의 양산, 그리고 사회적 차원에서의 불평등 확대로 나타났다. 한국은 OECD 국가 중 저임금 노동자의 비율이 미국과 아일랜드에 이어 세 번째로 높으며, 소득 하위 10퍼센트와 상위 10퍼센

사회 정책과 사회적 삶의 재생산: 시장·가족주의

트의 소득 차이는 멕시코, 칠레, 미국에 이어 네 번째로 크다. 노동자 권리의 파괴는 노동 양극화와 다수 노동자의 고용 불안 및 소득 저하와 직결되었다. 노동자들의 삶의 질 저하도 심각하다. OECD 국가 중 한국 직장인은 직무에서 스트레스를 느끼는 비율은 가장 높고[52] 직무 만족도는 가장 낮은 것으로 나타났다. 직장인의 94.7퍼센트가 하루에 3~4회 이상 욱하는 순간이 있다고 응답했고, 스트레스로 인해 회사를 그만두고 싶은 사람은 91.4퍼센트에 이른다.[53]

장시간의 노동, 빈번한 산업재해, 노동자에 대한 인격 모독과 사회적 차별은 '과거형'이라고 생각하는 사람도 있을지 모르지만 지금도 수백만의 노동자가 그러한 처지에 있다. 1970년 전태일의 분신 이후 반세기가 지났지만 이들에게 한국은 여전히 전태일의 시대다. 기업의 시장력 강화는 피고용자들에게는 정치권력보다 훨씬 더 전제적인 힘으로 작용한다. 국가, 노동 행정, 검찰과 경찰의 수사, 사법 판결이 사용자에게 기우는 경향 또한 피고용자의 입지를 좁힌다.[54]

2003년 10월 17일 한진중공업 김주익 지회장이 자살하면서 쓴 유서에는 "노동자가 한 사람의 인간으로 살아가기 위해서는 목숨을 걸어야 하는 나라"라는 말이 적혀 있었다. 현대중공업 하청 노동자인 박일수는 분신하면서 "사내 하청 노동자도 인간이다. 인간답게 살고 싶다"라고 외칠 수밖에 없었다. 비정규직 노동자는 매번 '노비문서'[55] 같은 근로 계약서를 쓰면서 모멸감을 느끼지만 노조가 없어서 사용자의 불법이나 부당 노동 행위로부터 자신을 방어할 수 없는 현대판 '노예' 신세가 되었다.

노무현 정부가 들어선 2003년이 되자 1월 두산중공업 배달호, 9월 태광산업 박동준, 10월 한진중공업 김주익, 세원테크 이해남, 근로복지공단 이용석, 한진중공업 곽재규 등 노동자와 활동가의 투신과 분신이 잇따랐다. 박근혜 정부에서는 한진중공업 최강서가 정리해고와 손해 배상 가압류로 인해 목숨을 끊었으며, 이 소식을 접한 현대중공업 하청 노동자 이운남도 절규 끝에 자살했다. 노동자가 자결이라는 극단적 저항으로밖에 호소할 수 없는 상황이 지속되고 있다. 쌍용자동차에서는 정리해고와 경찰·특공대 진압의 트라우마로 지금까지 서른 명의 노동자와 그 가족이 자살했다.[56] 2022년 5월 12일에는 삼성전자 서비스 협력업체에서 해고당한 뒤 복직 투쟁을 하던 50대 노동자 정우형 씨가 숨졌다.

노동3권을 보장받지 못한 대량의 비정형·비표준화된 노동자층의 확대는 민주화 이후 노동 사회의 변화를 무력화했다. 독일식 공동 결정제나 노동자의 경영 참여는 좌파 이데올로기로 치부되어 거론조차 할 수 없었다. 결국 각종 특수 고용직, 비정규직 노동자들처럼 사용자가 누구인지 알 수 없는 노동자층이 대량으로 형성되어 노동자의 시민권은 더 위태로워졌다.

국제노동조합총연맹(이하 '국제노총')이 144개국을 대상으로 '국제노동 권리 지수'를 조사했는데 한국은 2020년까지 5년 연속으로 전체 6등급 중에서 노동법이 있는 나라 중 최하인 5등급을 받았다. 5등급은 '노동 기본권이 보장되지 않는 나라'를 뜻한다.[57] 국제노총은 2014년에도 한국을 5등급으로 평가하며 주요 이유로 삼성 등 대기업의 노조 파괴 전략을 꼽았다. 그해 보고서에 "거대 기업들의 권력이 한국 사회 곳곳에 뿌리내리고 있으며, 노조는 (기업)권력 남용의 표적이 돼왔다"라고 적고 2012년에 공개된 삼성의 노조 파괴 시나리오인 「S그룹 노사 전략」 문건을 소개했다.[58] 2018년에는 한국의 노동권 침해 사례로 한상균 전 민주노총 위원장 및 이영주 전 민주노총 사무총장의 투옥과 석방을 소개했다.

노조의 무풍지대였던 삼성이 최근에 역사상 처음으로 노조를 허용한 것은 큰 진전이라 할 수 있다. 그러나 이 사안은 이재용의 경영권 승계 문제와 얽혀 있으며, 실제로 삼성이 노조를 인정하는지는 의문이다. 삼성 등 대기업이 하청기업에 사실상의 무노조주의를 강요하는 관행은 여전하다. 파견·용역 계약엔 노동조합이 결성되거나 파업을 할 경우 계약을 해지한다는 조항이 들어 있다. 한편 특수 고용 노동자는 실제로는 노동자이면서도 형식상 개인 사업자로 취급되어 노동3권에서 배제된다. 간접 고용 노동자의 경우 단체교섭의 상대가 사용 업체이다. 그러나 사용 업체에는 실질적 사용자로서의 책임이 강제되지 않는다. 단체교섭을 거부하거나 노동조합 활동을 이유로 해고, 전직, 감봉 등의 불이익을 주는 것은 모두 부당 노동 행위이다. 그런데도 행정적 조치가 노동3권을 압도한다. 그리고 행정적 직무 유기를 검찰과 사법부가 단죄하지 않으면서 노동법은 사실상 무력화된다.

재벌대기업이 경제를 지배하는 한국에서 총수의 결정은 전제 군주의 그것보다도 더 엄하다. 2016년 우리나라 100대 기업 중 지속 가능 보고서를 작성한 기업은 58개에 불과하다. 그중 38개 기업은 최근 5년의 보고서를 홈페이지에 올리지 않고 있다.

국내 기업의 사회 공헌 지출액은 2조 9000억 원 정도인데 주로 취약 계층과 교육·문화 분야 지원에 사용하며, 기업의 법적·도덕적 책임을 경감하기 위해 지출하는 경우가 많았다.[59]

"노동은 상품이 아니다"라는 「필라델피아 선언」(1944)이 거의 80여 년 전에 나왔지만, 한국에서는 정부 수립 후 70년이 지나도록 노동을 '노동'이라 부르지 못하고 '근로'라고 부른다. 근로라는 용어는 노동자를 권리의 주체로 설정하지 않는다. ILO는 단체교섭의 실질적 보장과 생산 조직의 지속적 개선을 위한 노사 간의 협의, 그리고 사회경제 정책의 입안과 적용을 위한 노사의 협력을 의무로 강조한다. 그럼에도 한국은 그것을 제대로 준수하지 못하고 있다. 또한 한국은 경제적 위상과 사회적 권리의 격차가 심각하며, 노동법은 여전히 경제 성장을 위한 보조 수단이거나 종속 변수에 불과하다.[60]

장시간 노동, 비정규직화와 고용 불안은 모두 저출생과 깊은 연관성을 갖는다. 가부장주의라는 요소를 감안하더라도 이렇게 대다수 사기업 노동자들이 장시간 노동에 갇혀 있으면 사실상 가사 참여 및 출산과 육아를 감당하기 어렵다. 세종시의 출산율이 가장 높은 것도 정규직 비율이 매우 높은 공무원이 많이 거주하기 때문이다. 정부의 '제3차 저출산고령사회 기본계획'에서도 장시간 노동이 저출생의 원인이라고 인정했고, 보건사회연구원의 신윤정 연구원도 같은 내용을 지적했다.[61]

교육 정책과 교육 재생산: 시장·가족 의존 체제

문재인 정부의 교육 무정책

문재인 정부의 20대 국정 공약에는 '국가가 책임지는 보육과 교육'이 들어 있고, 하위 100대 과제에 '교육 공공성', '교육 희망 사다리 복원', '교실 혁명을 통한 공교육 혁신', '고등 교육의 질 제고', '평생 직업 교육 혁신' 등이 포함되었다. 그런데 시민단체 사교육걱정없는세상은 문재인 정부의 집권 4년차인 2021년 6월 4일에 교육 공약 이행률이 9.3퍼센트로 낙제점이라고 논평했다. 교육운동 단체인 교육을바꾸는사람들도 "교육 개혁에 대한 청사진 없이 현상 유지와 땜질식 개혁에 머물렀다"라고 비판했다. 두 단체는 아동수당(만 7세 미만까지 월 10만 원)을 시행한 점과 유치원·어린이집의 '누리과정'을 전액 국고로 지원하고 혁신학교 교장 공모제를 확대한 것 등은 긍정적으로 평가했다.[62] 그러나 교육의 공공성 강화나 격차 극복, 대학 개혁을 위해서는 거의 아무것도 한 것이 없는 정부라고 날카롭게 비판했다.

국정 역사 교과서 폐지, 일제 고사 폐지 등 이명박·박근혜 정부의 잘못을 바로잡는 조치를 취한 점은 긍정적이다. 그러나 자율형 사립고(자사고) 지정을 취소하고 고교 서열화를 완화하며 사학 혁신을 추진하여 과도한 입시 경쟁을 줄이겠다는 정책을 표방했으나, 2025년에 자사고와 외고, 국제고를 일반고로 전환하기로 한 것을 제외하면 현실화된 것은 없다. 오히려 유치원 개혁이나 대학 개혁을 위해 사학을 과도하게 적대시했다는 비판이 제기되었다.[63]

문재인 정부는 집권 초기에 교육의 공공성 강화 등을 위해서는 별다른 시도도 하지 않은 채 역대 정부가 그러했듯이 입시 정책에는 손을 댔다. 그리고 그 방향은 교육운동이 주창해온 사회적 형평성, 학교 정상화와 혁신, 학생 고통 완화라는 길을 완전히 역행했다. 정부는 공론장이라는 절차를 거치기는 했으나 '공정'이라는 명분에 밀려 대학수학능력시험(수능)의 비중을 높이는 쪽에 손을 들어주었다. "애초에 이렇게 민감하고 어려운 의제를 공론장으로 돌리는 것은 정치적 책임 회피다"라는 비판도 받았지만,[64] 국민 10명 중 6명 이상이 정시 비율 확대를 지지하고 있다는 여론 조사를 근거로 학생부종합전형(학종) 비중을 줄이고 수능을 확대 추진하겠다고 발표했다.[65]

교육부는 2019년 11월 서울대, 고려대, 연세대 등 서울권 16개 대학에 2022학년도까지 수능 위주 전형의 비중을 40퍼센트 이상으로 확대하라고 권고했다. 전교조와 좋은교사운동, 사교육 걱정없는세상 등 69개 교육 단체는 "수능 중심의 정시를 확대하면 주입식·문제 풀이식 수업을 하던 과거로 돌아가게 된다"면서 "정시는 다른 어떤 전형보다 사교육이나 부모의 사회·경제 지위의 영향을 많이 받는"다며 "정부는 대입 제도 개편이라는 목적에 매몰될 게 아니라 교육을 통해 특권이 대물림되는 현상을 해소할 진정한 교육 개혁에 나서야 한다"라고 주장했다.[66]

김대중·노무현 정부의 교육부는 학벌 타파 등 교육 개혁의 의지를 분명히 했으나 실행 과정에서 사학 등 거대 이익집단의 반발에 부딪혀 좌초했다. 그러나 문재인 정부의 교육부는 학벌주의 극복을 의제로 상정하지 않았다. 대학 개혁에 대해서는 교수 단체의 의견을 받아 '공영형 사립대' 방안을 공약에 넣기는 했으나 예산이 책정되지 않아서 거의 유명무실해졌다. 극심한 학력 경쟁과 그에 뒤따르는 고통, 학생들의 자살과 학교 폭력 같은 문제에 대해서는 대책이 없었다. 거론해도 해결할 수 없다고 생각했을 수도 있으나, 정책을 결정하는 주체로서 심각한 직무 유기가 아닐 수 없다. 코로나19 상황에서 원격 교육 도입이 시급했기 때문에 좋은 핑곗거리가 생긴 것일 수도 있다.

문재인 정부의 교육부는 '코로나 이후, 미래 교육 전환을 위한 10대 정책 과제'를 발표했다. 4차 산업혁명과 디지털 전환, 그리고 코로나19 대응을 위해 교육 과정을 혁신하고 디지털 전환에 대응하는 교육 기반을 마련하는 내용이다.[67] 디지털 기술, 인공지능, 스마트폰 등의 기술 발달이 상호 융합되면서 경제적·사회적·개인적 삶의 방식에 포괄적 변화를 가져올 4차 산업혁명이 시작되었다. 이에 정부는 성장을 위한 경쟁이라는 산업 사회의 패러다임을 넘어 공정과 포용에 기초한 협력으로 변화해야 한다고 강조했다. 코로나19 팬데믹이 비대면 교육 등의 긴급 대처를 요구한 것은 사실이나 그것을 제외하면 산업 분야의 4차 산업혁명 논리를 교육 분야로 연장한 것이었다. 문재인 정부 출범 직전에 교육부가 '2030 인재 강국을 위한 미래 교육 청사진'을 발표한 적이 있는데, 그때 쓴 '지능 정보 사회'라는 상황 규정을 '디지털 전환'으로 바꾼 것을 제외하면 미래 교육 10대 정책 과제에는 새로운 내용이 없다. 문재인 정부의 교육부가 강조하는 미래 교육 담론에는 현재 우리가 당면한 환경 위기, 지구적 불평등, 한반도 평화 등이 모두 빠져 있다.

왜 교육부는 과중한 사교육 부담처럼 공교육의 존립 자체를 위협하는 교육 현안이 아니라 '미래 교육'을 들고 나왔을까? 이것은 상당한 기시감이 든다. 1995년 김영삼 정부 말기의 5·31 교육 개혁의 세계화 담론, 1998년 김대중 정부의 신지식인 담론처럼 현재의 심각한 교육 현안에는 눈을 감고 경제 환경 변화에 따른 인재 양성의 시급성만 강조한다.

문재인 정부의 교육 정책은 노동 정책보다 훨씬 더 소극적이다. 입시를 곧 교육 정책의 모든 것으로 전제하고, 교육이나 학교의 개혁을 고용·산업·복지 등 다른 분야의 정책과 결합해서 보지 않았다는 점에서 이전 정부와 차이가 거의 없다. 오히려 정치적 유불리, 즉 정무적 판단을 내세워 교육적 판단 자체를 포기한 부분도 보인다.[68] 그 결과 수험생 학부모와 중상층이 극도로 예민하게 반응하는 수시와 정시의 비율만 건드렸다. 정원 1만 명 정도의 최상위권 대학에 누가 어떻게 들어가는지 결정하는 일에만 매달린 꼴이다. 나아가 입시를 어떻게 바꿀 것인가만 따졌을 뿐 왜 바꿔야 하는지에 관해서는 묻지 않았다.[69] 특성화 고등학교를 다니며 취업을 준비하는 20만 명의 고등학생을 위한 정책은 없었다.

사회 정책과 사회적 삶의 재생산: 시장·가족주의

5·31 교육 개혁 이후

오늘의 한국 교육은 1995년에 발표된 5·31 교육 개혁의 그늘 아래에 있다. 5·31 개혁안은 OECD 권고안을 원본에 가깝게 거의 그대로 받아들인 것이다.[70] 이것이 박세일 등이 주축이 되어 마련한 '신교육 체제 수립을 위한 교육 개혁 방안'으로 이어졌다.[71]

이제 세계는 경제에 관한 한 국경이 없는 세상이 되었다. 세계화 전략은 역사적 대전환에 대응하여 설계된 국가 생존 전략이고 한 사회와 국가의 힘과 부, 그리고 개인 삶의 수준은 지적 자산의 축적에 의해 결정된다. 이러한 국민의 지적 능력을 개발하는 것이 바로 교육이다.

— '신교육 체제 수립을 위한 교육 개혁 방안' 중에서

군부 정권 내내 지속된 획일적 국가주의 교육을 넘어서자는 이야기이다. OECD가 권고한 '신자유주의 글로벌 교육 거버넌스'는 "학교를 평가한다는 발상이나 대학 설립을 자유롭게 허용, 평가와 재정 지원을 연계, 학생이 학교를 선택"[72]하는 것이 핵심이다. 그리고 이것이 5·31 개혁안에 '자율'과 '다양성'이라는 용어로 집약되었다. '자율'과 '다양성'의 실상은 교육을 국가 경쟁력의 관점에서 바라보고 경제적 효율성을 지향하는 것으로, 특히 탈규제와 자율, 공급자 간 경쟁과 수요자의 선택, 평가를 통한 재정 차등 배분을 목표한다는 점에서 신자유주의 정책과 다르지 않다.[73]

물론 5·31 개혁안은 인간 교육 강화, 다양한 능력과 개성 존중, 모두에게 혜택이 돌아가는 교육, 자율과 책임을 동반한 교육 같은 '교육 민주화'를 지향하는 내용을 포함한다.[74] 열린 교육, 학교운영위원회 실시 등 학교 민주화 조치를 일부 포함하고 있지만 기본적으로는 수요자 중심주의, 경쟁과 선택 등으로 표현되는 자유주의, 시장주의 기조 위에 서 있었다.[75] 학생과 학부모를 '소비자'로 보고 그들의 요구에 부응하는 교육 정책을 만들었으며, 그것을 위한 교원 및 학업 성취도 평가, 지구화된 경제 질서에서 '경쟁력을 갖춘 인재 양성'을 기치로 내걸었다. 교육을 경제를 위한 장기적 투자, 인적 자원 개발이라는 관점에서 접근했다는 점에서 박정희 정권 이래의 개발주의 기조 위에 있다. 이 교육 개혁안에는 신자유주의의 가치와 민주화의 흐름이 아말감처럼 녹아서 섞여 있다.[76] 즉 5·31 개혁안은 획일적이고 경직된 교육 체제를 개혁하는 긍정적 지향도 있었지만 경쟁을 심화시킬 수도 있는 양날의 칼이었다.[77]

1997년 김대중 정부는 외환위기 탈출을 가장 절박한 과제로 삼았다. 그러면서 "우리가 살 길은 외자 유치와 수출 증대"라는 개발 독재 시대의 성장주의 담론에 다시 의존했다. 김대중 정부는 교육부총리제를 도입하고 교육부를 교육인적자원부로 개칭하여 부총리에게 인적 자원 개발을 총괄하는 역할을 맡겼다. 또한 김영삼 정부 말기에 수립한 「교육 발전 5개년 계획(시안)」을 그대로 수용하고, '새 학교 문화 창조'라는 기치를 내걸었다. 그리고 지식 정보화와 지식 기반 사회 구축을 정권의 새 목표로 제시했다. 지식 기반 경제론이 국가 경쟁력이라는 목표와 결합

사회 정책과 사회적 삶의 재생산: 시장·가족주의

하면서 과거의 개발주의 이념이 되살아났다. 김대중 정부의 '지식 기반 사회'는 개념적으로 영국 노동당의 '제3의 길' 논리, 즉 지식을 생산력의 가장 중요한 요소로 보는 이론을 수용한 것이다.[78] 또한 사교육비 경감, 대학 자율화 확대, 교육 환경과 여건 개선은 의료보험 통합, 국민연금 개선 같은 복지 정책과 마찬가지로 김영삼 정부의 기조를 이어받았다.

학교운영위원회 설치, 의무 교육의 확대, 유아 교육의 공교육화, 장애인·아동·저소득층의 복지 확대 같은 부분에서 김대중 정부는 개혁성을 보여주기도 했다. 그러나 기본적으로 5·31 개혁안을 이어받아 교육의 수요자 중심론을 견지했고 학교 다양화를 명목으로 자사고와 특목고는 물론 중학교에도 영재 학급을 설립하는 등 학력 차등화를 본격화했다. 이로써 학교 평가, 학력 평가, 교원 평가, 교육청 평가, 대학 평가, 국가 수준의 학력 진단 평가 등 온갖 평가가 일상화되었다. 인적 자원 개발 기본 계획에 따라 단위 학교의 등급화와 학교 종합 평가 제도가 도입되었고, 선택형 교육 과정 시행을 위해 학교마다 교육과정위원회가 설치되었다.[79] 교육부가 평가와 경쟁을 통한 국가 지원의 차등화를 추진한 것은 푸코가 말한 신자유주의적인 통치성neoliberal governmentality이 권위주의 시기 이래의 교육부 관료주의와 결합한 현상으로 이해할 수 있다.[80]

1990년대 이후 대학 정책은 학문 자본주의 논리의 지배를 받는다. 학문 자본주의는 1990년대 이후 세계화와 신자유주의 흐름의 교육 기조를 집약한 표현이다. 1980년대 후반 이후 세계화가 가속되면서 미국 및 영국 등 기존 선진국의 다국적 기업이

158

경쟁력을 상실했다. 이에 선진국들은 신기술을 개발하여 경쟁력을 유지하고자 대학의 과학 기술 연구 및 혁신 창출 능력에 관심을 가졌고, 그것이 학문 자본주의의 배경이 되었다. 미국과 영국의 거대 기업과 금융 자본은 경쟁력을 갖춘 상품을 생산할 수 있도록 국가에 응용·상업적 연구 지원을 늘리도록 요구했다.[81] 이 요구에 부응한 대학들이 바로 기업의 생산성과 연관된 연구 중심 대학이다. 한국의 상위권 대학도 자기 대학이 여러 국제 평가 기관이 만든 대학 서열, 경쟁 구조 속에서 어디에 위치해 있는지 신경을 곤두세웠다.[82]

김대중 정부는 교육운동 단체의 지속적인 요구를 수용하여 교육 재정을 확충하고 학교 민주화와 학벌 사회 해체를 내걸었지만, 경쟁과 효율 추구라는 시대적 대세를 되돌리지는 못했다. 특히 학벌사회 해체는 서울대학교 등 주요 대학의 강력한 반발에 부딪쳤다. 한완상 교육인적자원부 장관은 국무회의에서 "학벌을 없애야 한다"라고 제안을 했다가 경제부총리 등 다른 각료의 반발에 부딪쳤다. 진념 경제부총리는 지식 기반 사회에서 전문성을 갖춘 우수 인력을 양성하기 위해 우수 대학이 필요하다고 반박했고, 전윤철 기획예산처 장관도 교육 전반에 혼란을 야기할 수 있기 때문에 신중을 기해야 한다고 반박했다. 결국 한완상 장관은 자리에서 물러나고 말았다.

교육에서의 공공성 강화와 성장주의, 능력주의의 긴장은 노무현 정부에서도 지속되었다.[83] 노무현 정부는 참여와 자치를 통한 교육 공동체 구축과 공교육의 내실화와 교육 복지 확대를 내걸었다. 노무현 대통령은 애초에는 지식문화 강국의 실현이라는 비전을 두고 대학 교육을 비롯한 공교육의 경쟁력을 획기적으로 높여 모든 국민에게 양적·질적으로 균등한 기회를 보장하는 교육 정책을 추진하겠다고 밝혔다. 그러나 정부 출범 직후의 대통령 업무 보고서에는 '성장과 사회 통합을 위한 인적 자원 정책', '국가 경쟁력 제고를 위한 고등 교육 강화', '능력 중심 사회 구현을 위한 인적 자원 정책'이 슬며시 들어갔고, 결국 대학의 서열 구조를 타파하는 대신 고등 교육 경쟁력 강화에 초점을 맞추었다.

노무현 정부는 학벌 타파와 교육 기회 균등을 내세우기는 했으나 신자유주의 능력주의, 경쟁력 논리와 정권 초기에 나이스NEIS(교육행정정보시스템) 문제로 정부와 각을 세운 전교조, 그리고 시민사회와 학부모 단체의 교육 개혁 요구 중간에 어중간하게 서서 매우 방어적인 정책을 폈다. 대학 입시에서의 3불 정책(기여 입학제·대학별 본고사·고교 등급제 금지) 고수, 외고와 자사고의 확대 억제, 방과 후 학교 등을 통한 교육 복지 확대가 방어선이었다. 참여정부의 교육 정책은 5·31 개혁의 큰 틀을 유지하며 지식 정보화에 대비하는 인력 양성이라는 목표와 학력 사회 타파라는 두 가지 요구를 조정하는 수준에서 이루어졌다.[84] 특히 서울대 등 수도권 상위 대학의 정원 축소 거부와 입시 변별력 강화 요구에 굴복했다. 교육부총리로 임명된 김병준은 학벌 사회나 고등 교육 개혁, 특성화 고등학교 문제를 해결하기 위해서라도 인적 자원 정책이 필요하다고 주장했다. 그래서 김대중 정부에서 만든 교육인적자원부라는 명칭을 그대로 유지했다.[85]

교육 분야에서 노무현 정부가 시도한 가장 의미 있는 개혁은 사립학교법 개정이다. 그 핵심은 멀리는 고등 교육의 과도한 민간 의존을 극복하고 가까이는 학교를 사유 재산처럼 여기는 사학 재단의 전횡을 막고 궁극적으로 사학의 지배 구조를 개선하는 것이다. 교육의 시장화에 맞서는 공공성 강화에서 핵심 과제는 사립학교법 개정인데, 한국의 사학은 그 누구도 건드릴 수 없는 막강한 이익집단이다. 사학에 대한 관리 감독 권한을 가진 일부 교육부 관료가 비리 사학과 유착되어 있었다. 당시 대통령과 열린우리당이 의욕적으로 발의한 사학법은 야당과 사학, 언론, 종교 단체와 긴밀히 연결된 반대 세력의 강력한 반발에 부딪쳐 누더기가 된 채 통과되었고, 사학의 공공성 강화 작업은 거의 실패했다.[86]

　이명박 정부에서 교육인적자원부는 교육과학기술부로 명칭을 변경했고, 교육부 안에 인적자원정책본부가 생기기도 했다. 이때부터 산업 수요 맞춤형 인재 조성이 강조되었으며, 취업률이 대학 평가의 매우 중요한 기준으로 자리 잡았다.『중앙일보』등 언론이 여기에 가세했고, 평가 기준 중 취업률을 교수 연구 업적보다 더 중시했다.[87] 박근혜 정부에서 명칭은 교육부로 환원되고 이후 촛불정부를 자임하는 문재인 정부로 교체가 되었으나, 대학 정책의 근본적인 전환은 없었다. 모든 정부는 과거와 마찬가지로 교육 정책을 인적 자본 형성이라는 경제 정책의 하위 범주로 두었고, 노동·복지·돌봄과 연관해서 추진하지 않았을 뿐더러 초중등 교육에 심대한 영향을 주는 미래 지향적인 고등 교육 정책은 제시하지도 않았다. 민주화 이후 모든 정권은 여론을 의식해 교육 정책의 줄기를 입시로 제한한 채 대입 제도에만 손을 댔다.

특히 역대 민주정부에서 장기적이고 체계화된 고등 교육 정책은 사실상 없었다고 해도 과언이 아니다. 고등 교육은 국가의 미래, 거시적 개혁, 산업 개편과 맞물려 있는 사안이기 때문에 고등 교육 정책이 없었다는 말은 민주정부에는 한국의 미래, 특히 정치경제 질서를 어떻게 재편할 것인가에 대한 철학과 비전이 없었다는 말이기도 하다. 결국 이들은 학문 자본주의의 담론과 국제 기구의 권고를 여과없이 받아들였다.

대학의 서열 구조가 엄존하고, 수도권 대학이 상위권을 독차지하고 있으며, 고등 교육 재정이 여전히 OECD 평균에 미달한 상태이기 때문에 명확한 방향과 청사진이 반드시 필요하다. 대대적인 재정 지원이 뒷받침되지 않은 상태에서 경쟁력 강화나 평가 체제의 강화를 추진한다면 대학의 황폐화만 초래할 뿐이다.

국가 통제하의 시장 의존 · 가족 부담 교육 체제

학생들이 열심히 공부하는 것은 국가나 사회의 장래를 생각할 때 매우 바람직한 일이다. 개인적인 공부가 창의적인 이론 개발이나 기초 과학 분야의 개념 발전, 국제 사회와 국가에 기여하는 지식의 축적으로 연결될 수도 있을 것이다. 그런데 입시를 위한 공부가 가족주의, 공교육 예산에 버금가는 사교육비, 가족 구성원의 고통과 희생 위에 있다면 이야기가 달라진다.

국가 · 가족 · 시장의 결합 체제라는 틀로 한국 교육의 목표와 교육비 부담 주체를 관찰하면 교육 재생산의 특징을 살펴볼 수 있다. 즉 한국에서는 교육 목표 설정과 교육 과정 및 학교 통제에서의 국가의 독점적 권한, 입시 위주의 교육과 사교육 시장을 통한 교육 서비스 공급, 그리고 유치원과 고등 교육의 사적 부담이 서로 얽혀서 구조화되어 있다. 즉 교육은 국가가 관장하되 비용은 개인이 부담한다.

모든 국가는 지속 가능성, 특히 경제 발전을 위해 엘리트의 육성과 양질의 노동력 공급에 막대한 예산을 투여한다. 여기에서 공교육은 개인의 생존 기술 습득과 정치에 참여할 수 있는 기본 소양을 기르는 일로서 매우 중요하다. 그래서 19세기 이후 대다수 국가에서 초중등 의무 교육은 국가의 가장 중요한 역할이었다.

미국의 교육사회학자 데이비드 라바리는 교육 정책은 시민 양성을 위한 민주적 평등democratic equality을 향상하고 산업에 필요한 인력 공급과 사회적 효능social efficacy 달성이라는 공공재 제공을 목표로 하지만, 동시에 사회 이동social mobility 욕구의 충족도 추구한다고 말한다. 이어서 그는 20세기 말 이후 사적 재화로서의 교육 서비스가 공적 재화로서의 교육 목표를 압도했다고 강조한다. 즉 지금 미국과 세계에서는 사회 이동이라는 사적 목표가 더 중요해져서, 공적 목표인 사회적 평등은 뒤로 밀렸다는 뜻이다.[88] 한국에서는 민주화보다 훨씬 이전부터 사적 지위 이동이 교육의 공적 목표를 압도했다.

한국의 공식 교육 목표는 교육기본법 2조에 나온 것처럼 홍익인간과 민주시민 양성이다. 그러나 일반 국민이 생각하는 교육, 특히 학부모들에게 교육은 자녀의 계층 상승과 안정된 일자

사회 정책과 사회적 삶의 재생산: 시장·가족주의

리 확보라는 사적 동기의 실현 수단이다. 더 정확히 말하면 학부모의 관심은 자녀의 일류 대학 합격이고, 그것을 위해 학교보다 학원에 의존한다. 이러한 사적 욕망이 집약되어 병목을 형성한 곳이 대학 입시 시장이다. 입시는 언제나 교육의 공적 목표와 가치를 압도했다.

군사 정권 시절 학교는 국가에 순종하는 국민을 양성하고 산업화에 필요한 노동력을 길러내는 가장 중요한 기구였다. 또한 개인과 가족의 차원에서는 지위 획득과 상승의 통로였다. 교육 과정과 학교 운영에 대한 중앙 정부의 관료적 통제 및 주입식 교육은 일제 시기 이후 지금까지 한국 교육의 변함없는 두 가지 특징이다. 그러나 외환위기 이후에는 시장, 즉 점점 더 소비자 혹은 투자자라는 정체성을 가진 학부모의 강력한 요구가 교육 정책을 좌우했고, 그것은 학교의 학원화, 혹은 학원의 학교 압도로 나타났다. 이반 일리치는 1970년대에 "금세기 초기부터 교육자와 피교육자의 관계가 공급자와 소비자의 관계처럼 되는 경향이 있다"[89]고 지적했는데, 외환위기 이후 한국에서 그런 경향이 두드러졌다. 이전에도 교육은 지위재positional goods의 성격을 갖고 있었고[90] 좋은 교육은 곧 입시 성공을 보장하는 교육을 의미했다. 그러다 1990년대 중반 이후 대학 정원이 늘고 상위권 경쟁이 더욱 치열해지면서 여기에 '자식 투자'라는 의미까지 더해졌다.

교육 과정의 국가주의와 획일주의, 그리고 입시의 상대 평가와 무한 경쟁이 동시에 작동하는 현실에서 지역별·학생별로 '자율적이고', '다양한' 교육은 실제로는 대안 학교 등 오직 일부에서만 실시된다. 중앙 정부는 교과 과정을 아주 세세하게 통제하고 교과서에 실릴 내용과 평가 방법까지 관리한다. '학부모의 선택권 강화'는 소비자 주권론의 다른 표현으로서, 그 자체로 신자유주의 기조를 반영한다. 자립형 사립 고등학교도 명분은 교육 과정 편성과 교원 인사에 자율성을 주자는 취지이지만 대한민국 입시 제도 아래에서는 절대로 '자율적으로' 운영될 수 없었다. 학생의 자율이 아닌 '학교의 자율'은 입학 및 학사 운영 과정의 비리를 낳고, 학교가 반교육적 입시 학원으로 전락하는 경우도 많다.

사교육의 입시 효율성이 공교육을 압도하면 경제력을 가진 사람은 당연히 그쪽으로 투자를 늘린다. 공교육이 사적 목표에 압도당하면 정부가 아무리 공교육에 재원을 투하해도 학부모의 욕구를 충족시킬 수 없다. 결국 사교육비 증가는 불가피하다. 김대중·노무현 정부를 거치면서 사교육비가 두 배 이상 증가했는

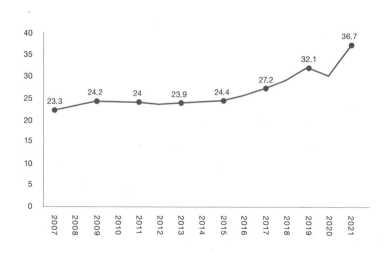

〈표10. 학생 1인당 월 평균 사교육비 추이〉
자료: 통계청, 국가통계포털, 단위: 만 원

사회 정책과 사회적 삶의 재생산: 시장·가족주의

데, 이는 민주정부가 공교육 정상화라는 목표 달성에 실패했음을 말해준다. 실제로 자사고는 노무현 정부 시기에 더 많이 신설되었고[91] '교육 공공성'을 중요한 정책 기치로 내걸었던 문재인 정부에서는 사교육비가 매우 가파르게 증가했다.[92]

소비 사회나 투자 사회는 점차 교육 문화마저 지배하게 된다. 소비는 개인의 선택이라는 주장은 경제력을 가진 사람들의 논리이다. 그런데 경제력이 없는 중하층까지 중상층이나 상류층을 좇게 된다. 교육 분야에서 소비자, 투자자가 된 부모들의 행동은 입시, 특히 학원에 잘 적용된다. 국가는 누구에게나 교육의 기회가 공정하게 열려 있으며 교육을 통해 지위 획득이 가능하다고 공공연히 강조한다. 또한 학교에 가는 것을 당연한 의무라고 말한다. 하지만 경제적·문화적 이유로 대학에 진학할 수 없거나 학교 교육에 흥미를 느끼지 못하는 학생들은 이 사회의 이방인이 된다.

사학은 한국 교육의 주요 공급자로, 특히 유치원과 대학에서 사학의 비중이 더 크다.

대한민국 헌법 제31조

① 모든 국민은 능력에 따라 균등하게 교육을 받을 권리를 가진다.

② 모든 국민은 그 보호하는 자녀에게 적어도 초등 교육과 법률이 정하는 교육을 받게 할 의무를 진다.

③ 의무 교육은 무상으로 한다.

④ 교육의 자주성·전문성·정치적 중립성 및 대학의 자율성은 법률이 정하는 바에 의하여 보장된다.

⑤ 국가는 평생 교육을 진흥하여야 한다.

⑥ 학교 교육 및 평생 교육을 포함한 교육 제도와 그 운영, 교육 재정 및 교원의 지위에 관한 기본적인 사항은 법률로 정한다.

대한민국 헌법 31조는 교육에 대한 권리와 의무를 위와 같이 규정한다. 교육받을 권리와 기회의 균등을 보장하기 위해서는 의무 교육을 고등학교까지 확대하고 학생이 경제적인 이유로 대학 진학을 포기하는 일을 최대한 막아야 한다. 그것은 국가 예산으로 모든 학생들에게 균질적인 교육 기회를 보장해야 한다는 뜻이다. 그러나 현실은 정반대이다.

과도한 사교육비 부담과 사립 학교 위주의 한국 고등 교육 제도는 교육이 시장·가족의 일임을 잘 보여준다. 한국의 고등 교육비 지출에서 국가의 부담은 15퍼센트에 미치지 못한다. 나아가 공교육에도 민간의 재원이 흘러 들어가고 있는 실정이다. 2018년 한국의 공교육비 지출 가운데 GDP 대비 정부 재원은 OECD 평균(4.3퍼센트)과 비슷한 4.4퍼센트였지만, 민간의 재원은 OECD 평균(0.7퍼센트)보다 두 배 많은 1.4퍼센트였다.[93]

이와 같은 사적 부담 체제는 저개발 국가 혹은 영미식 시장 자본주의 국가와 매우 유사하다. 미국, 일본, 호주, 칠레에서는 다른 복지 일반처럼 교육비도 대부분 사적 지출로 충당하고 주로 사립 학교가 교육을 담당한다. 사립 위주의 고등 교육 체제의 가장 전형적인 나라인 미국과 비교해보더라도 한국은 사립대 비중이 지나치게 크다(2016년 기준 한국 77.6퍼센트, 미국 66.3퍼센트). 사립대 재학생 수를 보면 한국이 전체의 76.9퍼센트인 데 반해

167

미국은 17.3퍼센트에 불과하다.[94] 한국의 고등 교육은 거의 사립 대학에 의존하고 있다.

타이완의 경우 교육법에 "장학금을 설치하여 학업이 우수하거나 진학할 능력이 없는 학생을 보조한다"라는 적극적인 지원 규정을 둔다. 또한 헌법 164조에 "교육, 과학, 문화 경비는 중앙은 총 예산의 15퍼센트, 성은 총 예산의 25퍼센트, 시와 현은 총 예산의 35퍼센트보다 적어서는 아니 된다"라고 아예 최소 규모를 정해놓았다.[95] 한국과 대조적이다.

사학 법인은 공식적으로는 공익 기관의 성격을 갖지만 실제로는 사적 이해집단이다. 교육의 사학 의존은 과거 개발주의 시대에 국가가 경제 운영을 직접 관장했지만 경제 활동 주체는 공기업이 아닌 사기업, 재벌대기업이었던 것과 유사한 현상이다. 중등 교원의 봉급은 국고에서 부담(교육법 제70조)한다. 그러나 2019년 사립 대학은 세입의 53.7퍼센트를 학생 납입금에 의존한 반면 국고 지원은 15.5퍼센트에 불과했다.[96] 명목상 중고등학교의 설립, 교육 목표나 교육 과정, 학교 운영은 모두 국가가 관장하고 있으나 실제로 국가가 사학을 관리할 수단은 매우 제한적이다. 사기업이 공공성을 지향하지 않듯이 사학이 교육 공공성을 추구할 것이라고 기대하기 어렵다. 자체 투자 여력이 넉넉하지 않은 한국의 사학 중고등학교는 시설 투자가 필요한 직업 교육보다는 진학을 위주로 한 인문 교육에 치중할 수밖에 없다. 고등 교육의 경우에도 정원 규제 등을 통해 대학을 졸업한 노동자의 공급을 통제하려는 국가와 등록금 수입이 재정의 전부인 사학 간의 긴장이 지속됐다.[97]

한국이 경제적으로 발돋움하던 1980년대 중반 이후 교육 수요, 특히 대학 교육의 수요가 크게 팽창했다. 국가는 이러한 수요를 공적 재정으로 감당할 수 없었기 때문에 사학에 의존하게 되었다. 김영삼 정부 때 대학 설립이 인가주의에서 준칙주의로 바뀌면서 최소 요건만 갖추면 대학을 설립할 수 있게 되었다. 그 결과 유아 교육에서 대학 교육까지 사학의 비중이 크게 팽창했다. 유치원의 경우 1986년 사립이 641개에 공립은 39개에 불과했고 1991년에는 상황이 더 악화되어 사립 780개에 공립은 26개였다.[98] 1997년부터 2005년까지 대학 38개, 대학원 대학 34개 등 70여 개의 대학이 신설되고 학생 수도 폭증했다.[99] 2000년대 이후 국가는 공교육 지출을 늘려서 사교육 시장을 개혁해야 했으나 그렇게 하지 못했다. 그 결과 가정의 사교육비 부담이 더 커지고 교육 공공성은 후퇴했다.

해방 이후 70년 동안 계속된 사학 비리와 학교 운영의 비민주성, 교사의 학생 인권 침해는 거의 족벌 체제로 운영되는 사학의 비민주적인 지배 구조와 관련 있다. 국가는 사학 재단의 상당 부분을 차지하는 개신교·천주교·불교 등 종교 세력과 그들을 대변하는 보수 언론, 보수 정치 세력의 카르텔을 거의 건드리지 못한다. 노무현 정부의 사립학교법 개정 실패는 사회 정책의 실현 가능성과 한계를 모두 보여주는 교과서와 같다. 정부 수립 이후 거의 70년이 지난 지금까지 사학 재단의 비리와 전횡은 거의 유사한 방식으로 반복되고 있다.

과거에 사학은 황금알을 낳는 거위였다. 국민의 교육 수요가 팽창함에 따라 학교 설립자들은 수십억, 수백억 원의 돈을 챙

길 수 있었다. 그래서 한국은 "사학의 천국이자, 사학 비리의 천국"[100]이라는 말도 나왔다. 비리의 유형도 매우 다양하다. 재단의 공금 횡령, 교수 및 직원 부정 채용, 회계 부정, 입시 부정, 총장 선임 과정의 비리, 유령 교사 채용, 동창회가 없는데도 동창회비 징수, 가짜 급식 회사를 설립하여 폭리 취하기[101] 등 교육 기관에서 일어난 일이라고는 도저히 상상할 수 없을 정도이다. 설립자의 아들이나 친척이 이사장, 총장, 이사 자리를 차고앉아서 온갖 비리를 계속 저질렀다.[102] 2016년 더불어민주당 박경미 의원이 공개한 자료에 의하면 친인척을 채용한 사립학교 법인은 전체의 67.3퍼센트이고 20개 이상 대학이 3대 세습이었으며, 4대 세습도 두 곳이나 있었다.[103] 그 밖에도 재단이나 설립자 일가가 임명한 교장과 교직원의 부당한 간섭과 전횡, 권위주의적이고 반교육적인 행태 등이 제대로 드러나지 않은 경우도 많다.

사학 측은 정부의 지원이 적고 등록금 자율화가 허용되지 않기 때문에 재정이 어렵다고 항변한다.[104] 공교육 지출이 적은 상황에서 교육 수요가 폭증했기 때문에 사학과 정부는 서로의 약점을 물고 있다. 물론 앞서 살펴본 것처럼 한국의 기업이나 일반 시민이 사학에 거의 기부하지 않는 것도 중요한 이유다. 국민들은 사학 재단의 비리나 전횡을 너무 잘 알고 있기 때문에 기부할 의사가 없다. 즉 결국 시민사회에서의 신뢰 상실도 사학의 재정난을 가속한 하나의 요인이다.

한국에서 학생들은 명문대 입학, 특히 경영학이나 의학 같은 인기 학과 진학을 위한 실용적 공부를 주로 하고 대학 진학 역시 입신출세를 위한 것이라고 본다. 교육을 사적 재화, 즉 지위 상승의 수단으로 생각하는 학생들에게 반값 등록금 방식으로 국가의 교육 재원을 나누어 주는 것이 고등 교육에 어떤 도움이 되는지 의문이다. 이러한 방식은 국가의 재정을 대학에 진학할 학생들에게만 집중 투자하고, 대학에 진학하지 않는 학생들의 기술 획득이나 노동 기회 확대에는 재정을 사용하지 않는다는 뜻이다.

국가가 교육의 내용과 과정을 규제하는 독점권을 갖지만 공급과 부담은 시장과 가족에 의존하는 상황, 학교를 지배하는 경쟁주의와 시험능력주의 논리는 신자유주의가 본격화되기 훨씬 이전부터 나타났다. 정부 수립 당시에도, 아니 일제 강점기부터 학교는 치열한 경쟁 속에서 성적이 우수한 학생을 선호했다. 즉 수월성과 성취주의가 기본 논리였다. 교육의 기조나 정책이 성적이 우수한 학생들의 진학 위주로 유지되어왔으며, 성적에 따른 차별이 학교와 교실을 지배했다. 한국에서 수월성·차등화·우수 학생 격려는 모두 상급 학교 진학을 위해 수치화된 점수에 초점을 두고 있다.

생존의 최전선: 학생과 학부모의 고통

교육 선진국으로 알려진 덴마크, 스웨덴, 핀란드는 교육의 목표를 '내일의 시민을 만드는 일'에 두고 학생의 창조성과 비판적 사고, 사회적 소통을 중시한다. 이들 나라에서는 잘하는 학생은 그냥 두어도 잘하므로, 못하는 학생을 끌어올리는 것이 공교육의 목표가 되어야 한다고 본다.[105] 그런데 한국에서는 민주화 이후에도 민간에서든 국가 차원에서든 공교육의 철학과 방향을 둘러싼 논쟁이 본격적으로 전개된 적이 없다. 오직 경쟁력과 출세의 논리가 학교와 교육을 지배했다.

2016년 OECD 국가의 어린이와 청소년 행복 지수를 보면 한국은 22위에 불과했다.[106] 그러나 2017년에는 다소 상승해서 16위를 기록했고, 핀란드는 13위였다. 그런데 한국의 '가계 교육비' 비중은 핀란드의 15배에 달한다.[107] 핀란드는 학생들의 흥미를 유지하고 협동을 중시하는 교육을 지향한다. 반면에 한국의 학교는 평가가 교육을 지배한다. 사실 한국의 학교는 평가를 위해 가르친다고 해도 과언이 아니다. 이런 질적인 차이를 생각해보면 시간이 지나도 한국은 핀란드처럼 되기 어려울 것이다. 핀란드와 한국의 교육 현실은 한 세기 이상의 정치경제와 사회문화의 차이로 만들어진 결과다.[108]

교육의 헌법이라 할 수 있는 「교육 과정 총론」은 창의, 성찰, 자율 등의 품성을 갖춘 다양한 인재상을 제시하지만 한국의 학교와 입시 제도가 진짜로 바라는 인재는 일류 대학에 입학하거나 체육 분야의 국가대표가 되거나 과학 분야에서 노벨상을 타는 사람이다. 2015년 교육 과정에서 밝힌 인재상인 창의 융합형 인재는 상위 1퍼센트 학생의 목표일 수는 있으나 모든 학생에게 적용되기는 어렵다. 오직 입시라는 전쟁에서 경쟁자를 누르고 승리한 인간, 2등 이하의 모든 사람을 탈락시킨 1등만 칭송받는다. 이 전투에서 학생들은 자율적이고 주체적인 인간이 될 수 없다. 군인을 전쟁의 도구로 취급하듯이 학생은 입시 전쟁의 도구로 취급된다. 타인의 고통과 시체 더미 위에 나의 승리가 있다.

한국 교육에서 평가, 특히 다수의 합리적 탈락을 정당화하는 상대 평가가 학생들의 정신세계를 지배한다. 입시 성공이 첫째 목표인 한국의 중고등학교는 반복적인 상대 평가로 학생들에게 경쟁적, 적자생존적 심성을 각인한다.[109] 그리고 학교 간 평가는 학교 내 교장의 권위와 비민주적 운영을 강화한다. 학교장에게 교사 평가권이 주어진 상태는 학교 내 불신만 가중시킨다. 학교는 경영 조직이 아니므로 교사의 성과급이 곧 교육의 질 향상과 연결되는지도 의문이다. 그러나 학교 간 및 학교 안 내신 평가 등에 의해 경쟁이 더욱 강화된 2000년 이후 학생, 교사, 교감과 교장 등 모든 행위자의 정신과 행동을 평가가 지배하게 되었다. 교육의 성취는 진학 성적, 명문대(특히 서울대) 입학생 수로 집약되었다. 5·31 개혁 이후 다양화와 자율화의 이면에 학업 성취도 평가, 학교 및 교원 평가가 자리 잡게 된 과정은 교육에 대한 시장주의와 경영 관리적 접근이 확대되는 것과 관련 있다.[110]

1990년대 중반 이전에는 일부 교사의 헌신적인 학교 개혁 노력이나 교사들 간의 연대가 어느 정도 살아 있었다. 그것이 교원 노조운동을 가능케 한 동력이다. 그런데 2000년대 이후 교사들은 평가 체제 앞에서 완전히 파편화되었다. 임용 고시를 통해 들어온 젊은 교사들은 능력주의적 태도를 더 강하게 갖고 있으며, 교사들 간의 연대에도 소극적이다. 전반적으로 교사 사회는 점차 무력감, 불신, 거부감 등에 휩싸이고 있다.[111] 성과주의는 개발주의 시대에 이어 찾아온 신자유주의 시대의 새로운 권력이다. 학교는 민주화된 것이 아니라 무한 경쟁의 전쟁터가 되었다.

입시가 규율하는 한국의 중고등학교에서는 교사들 간의 토론, 특히 학교 교육을 어떻게 향상시킬 것인가를 둘러싼 토론이 거의 실종되었다. 교사 사회 내부에서 자신들의 일상과 관련된 교육 문제를 제기하는 사람이 없고[112] 만약 있다 해도 오히려 이상한 사람 취급을 받는다. 교육 과정이 너무 엄격하기 때문에 교사들이 자신의 방식대로 가르칠 여지가 적다. 학생들의 자치와 자율이 설 공간도 여전히 협소하다. 교사는 정치적 시민권이 없고 '교육의 중립성'이 엄존하여 정치사회적 사안을 교실로 가져오기를 매우 부담스러워한다. 일부 대안 학교나 혁신 학교 등을 제외하면 학교 안에서는 사회적 의제를 둘러싼 토론이 불가능하다.

과거나 현재나 한국의 학교에서는 학습 의욕이 없거나 학습이 부진한 학생을 투명 인간처럼 취급한다. 이들에게 입시 위주 교육은 사실상 폭력이다. 게다가 '소비자'인 학부모에게는 학원이 더 중요하니 학교, 즉 공교육은 경제적 자본을 가진 학생은 물론 그렇지 않은 학생에게도 의미 없는 공간이 되어버렸다. 매년 학업을 중단하는 학생이 6만 명을 상회하는 것도 이런 이유 때문이다.[113]

고등학생의 49퍼센트는 평소에 학교를 그만두고 싶다고 생각한 적이 있다고 대답한다. 이 비율은 입시의 압박이 심해질수록 점점 강해진다.[114] 학생들은 "삶에 대해 긍정적인 태도를 갖는가"라는 질문에 60.4퍼센트가 "아니다" 혹은 "전혀 아니다"라고 대답했다. 고민이 있을 때 교사에게 상담한다는 학생은 2.8퍼센트에 불과했다. 학교 교육이나 교사에 대한 불신이 얼마나 큰지 드러나는 대목이다. 교사는 입시 교육의 매개자이자 담당자이지만, 학생들은 사교육 시장에서 더 큰 도움을 받기 때문에 교사에게 학업을 상담할 이유가 없다고 생각한다.

부모와 학교는 "너의 미래를 위해 공부를 시킨다"라고 말하지만, 그것은 결국 부모와 학교의 사적 욕망일 뿐이다. 학생들은 이러한 상황을 참고 견디다 일부는 결국 폭발하고 만다. 자살이나 학교 폭력이 그것이다. 지금 이 순간에도 입시 전사를 양성하는 중고등학교에는 공격성, 폭력과 욕설이 만연하다.

교육이 공공재가 아니라 자리를 얻기 위한 지위재라면 교육 정책 당국이나 교사들은 공식 목표와 실제 목표 사이에서 혼란에 빠질 수밖에 없다. 그 틈바구니에서 학생의 고통은 가중되고, 더 이상 견딜 수 없는 학생은 탈학교 청소년이 되거나 정신적으로 병든다. 지금 우리 사회에 공교육의 이상과 목표는 설 자리가 없고, 오직 투쟁하는 개인들이 명문대 합격을 목표로 경쟁하고 있다. 그 결과 시험능력을 오직 자신과 가족만의 권리로 생각하는 소유적 개인possessive individual이 등장했다.[115] 고액의 교육 서비스를 시장에서 구매할 능력이 없는 가족은 교육 전쟁에서 탈락할 수밖에 없다.

핀란드와 한국은 매년 국제 학업 성취도 평가에서 최상위에 있다. 그런데 한국 학생은 핀란드 학생보다 세 배 이상 오래 공부한다. 바로 여기에 함정이 있다. 한국 학생들은 사교육에 절대적으로 의존한 상태로 생존을 위해 공부한다. 교육 지출에서 핀란드는 2.5퍼센트만 사적 부문에 의존하지만, 한국은 66퍼센트를 민간, 즉 가족이 부담한다.[116] 교육의 외형적 성공 아래에는 가족들의 엄청난 고통이 흐르고 있다.

과중한 사교육비가 저출생의 가장 중요한 요인이라는 것은 이미 오래전부터 지적되었다. 2010년 당시 여론 조사 기관 리얼미터가 전국 19세 이상 남녀 1000명에게 저출생 원인을 질문한 결과 전체의 65.7퍼센트가 사교육비와 양육비를 꼽았다. 한국보건사회연구원의 김승권 선임 연구위원도 저출산의 가장 큰 원인으로 자녀 양육비와 교육비를 지목하고, 사교육비 부담을 줄이지 않고는 이 문제를 해결하기 어렵다고 지적했다.[117] 중국이 저출생 문제의 심각성을 느끼고 사교육과의 전쟁을 선포한 것도 바로 이런 이유 때문이다.

주택 정책과
주거 생활

문재인 정부의 주택 정책: 주거 복지보다 집값 안정

문재인 대통령과 주요 정책 결정자들은 "집값 하나는 확실히 잡겠다"라고 여러 차례 자신 있게 말했다. 빚을 내서 집을 사라던 이전 정부와는 정책의 결을 완전히 달리할 생각이었다. '촛불'의 의미를 생각하면 문재인 정부는 박정희 정부 이후 반세기 이상 지속된 '부동산 공화국'을 개혁할 시대적 과제를 안고 있었다.[118] 그것은 토지와 주택 투자를 통한 지대 추구, 즉 주로 집값 인상으로 인한 불로 소득과 불평등 확대를 막고 부동산 투자·투기·재테크 풍조를 교정하려는 취지였다. 그러나 결과는 반대였다.

청년, 신혼 부부와 사회 취약층에 대한 주거 지원을 확대하고 매년 공공 임대 주택을 17만 호씩 공급한다는 내용의 '주거 사다리 5대 정책'은 국민에게 큰 기대를 안겼다. 임대인에게 세제 혜택을 주고 임차인에게는 4년간 전월세 주택에서 거주할 수 있도록 한 정책으로 임차인 보호를 시도했다.[119] 2017년 8월 2일 집권 초기의 문재인 정부는 '실소유자 보호와 주택 시장 안정화 방안'을 발표했다(8·2 대책). 이것은 다주택자의 추가 보유나 매수를 억제하고 안정적 임차 거주를 유도하며, 개인이 무리하게 빚을 내서 집을 사지 않도록 하자는 의도를 갖고 있었다.[120] 그런데 다른 한편으로 박근혜 정부의 정책을 이어받아 주택 임대 사업자 등록을 하면 중과세를 하지 않겠다고 해서 결국 임대 사업자들에게 특혜를 주었다. 그러자 다주택자들이 집을 파는 대신 증여하면서 집값이 폭등하기 시작했다.

8·2 대책에서도 '안정화'라는 표현을 사용한 것처럼 문재인 정부는 부동산 가격에 대해 현상 유지 태도를 갖고 있었다. 임대 주택 확대 등을 통한 주거 복지 실현은 택지 확보 과정에서 주민들의 반발에 부딪쳤다. 2017년 12월 서민 주거 안정과 주거 복지 확대를 위해 공공 임대·분양 주택을 100만 호 공급하겠다는 '주거 복지 로드맵'을 발표했지만, 28만 호의 임대 주택 중 임대료가 비싼 행복주택이 67퍼센트를 차지했다. 보유세를 강화하라는 사회적 요구가 빗발치자, 2018년 4월 재정개혁특별위원회를 설치해서 보유세 개편 문제를 다루었다. 3개월 가까이 논의를 거친 끝에 특위가 내놓은 것은 약 1.1조 원에 불과한 '찔끔 증세'였다. 불과 사흘 뒤에 기재부는 그것조차도 완화해서 세수 효과가 약 7400억 원에 지나지 않는 방안으로 개편안을 마무리했다.[121]

이후 임대 생활자 보호를 위해 임대차 3법이 통과되었지만, 공공 임대 공급이 부족했기 때문에 4년 동안 임대해 살고 나면 다시 전세를 구해야 하는 문제가 남았다. 한국에서는 민간 임대의 비중이 86퍼센트나 되는데, 재정적 이유 때문에 공공 임대를 단기간에 확대하는 것이 매우 어렵다는 구조적 한계가 있었다. 결국 공공과 민간의 극심한 불균형이 사람들을 전세난으로 내몰았다. 주택 재개발 시 공공 임대 비율을 더 높여야 하지만, 이 경우 건설사의 로비를 막아야 하는 문제가 있다.[122] 결국 문재인 정부 내내 무려 28번에 걸쳐 부동산 정책을 발표했지만 아파트 값은 사상 최대로 폭등했다. 이제 청년층을 비롯한 40~50대 무주택자들은 자신의 임금 소득으로 서울과 수도권에 아파트를 장만하는 일이 거의 불가능해졌다.

주택을 건설 경기 부양의 수단으로 삼지 않고 사회 구성원, 특히 주거 빈곤층의 기본권 보장 혹은 사회권 확립의 측면에서 접근할 것인지 아니면 수요와 공급의 시장 논리를 따라 가격 안정에 치중하면서 건설 자본과 다주택자의 이해를 건드리지 않을 것인지 정책 노선을 정하는 문제는 민주화 이후 언제나 큰 쟁점이 없다. 문재인 정부는 그 중간에서 우왕좌왕했다. 건설 자본의 이해를 노골적으로 반영한 공급 위주의 정책을 펴지는 않았으나, 주거 복지보다는 정권의 안정을 위해 집값 폭등을 막자는 시장 의존적 현상 유지 정책을 갖고 있었다. 문재인 정부는 1주택자의 '지대 추구'는 용인하고 고가 주택 및 다주택자의 지대 추구는 근절하겠다고 했다.[123] 그러나 한국에서는 1주택자도 사실상 투자자이자 잠재적 투기 세력이 될 수 있다.

문재인 정부는 주거 복지 재원을 조달하기 위한 재산세와 보유세 인상 의지가 약했으며, 주택 과세 표준의 부정확성이라는 제도의 한계 때문에 조세 인상의 형평성에서도 허점을 보였다. 주택 금융 규제가 실수요자의 대출을 억제했고, 임대 주택 확대는 택지 부족과 주민 반대라는 변수에 가로막혔다. 약간의 세제 혜택으로는 임대인들이 임대료 인상을 자제할 가능성을 기대

사회 정책과 사회적 삶의 재생산: 시장·가족주의

하기 어렵다.[124]

문재인 정부는 결국 집값 상승을 초래할 건설 경기 활성화 정책을 내놓았다. 박근혜 정부 시기인 2015년에 더불어민주당은 분양가 상한제를 폐지했으며, 2019년에도 민간 택지 분양가 상한제 실시를 연기했다. 2020년 총선을 앞두고 이해찬 대표는 여당 의원들과 건설협회를 찾아가 적극 지원을 약속했다. 50조 원 규모의 도시 재생 뉴딜 사업과 박원순 서울시장의 여의도·용산 개발이 계속 발표되고, 제3기 신도시 건설, 생활형 간접 자본 사업 예비 타당성 조사 면제 등이 잇따르며 건설 경기 활성화에 손을 들어주었다.[125] 그래서 문재인 정부는 역대 정부 중 가장 친토건·친재벌이라는 혹평을 받았다.[126]

실제 문재인 대통령 취임 무렵의 서울 아파트의 평균값은 6억 원 정도였으나 2022년 5월에는 12억으로 치솟았다.[127] 5년 동안 전국 공동 주택(아파트·연립·다세대)의 공시 가격은 70퍼센트 가까이 상승한 것으로 드러났다. 특히 고가 아파트가 밀집해 있는 서울은 공시 가격이 100퍼센트 정도 오르며 지방과 격차가 더욱 벌어졌다. 공시 가격은 보유세의 과세 기준인데 정부가 추진한 공시 가격 현실화까지 맞물리면서 주택 보유자의 세금 부담이 그만큼 증가했다.[128]

2021년 대선 국면에서 주택의 금융화, 즉 금융이 도시 개발과 주택 산업을 관장해온 외환위기 이후의 현실이 드러났다. 성남시 대장동 민관 공동 도시 개발 과정에서 발생한 수천억 원의 수익이 온 국민을 놀라게 했다. 이 사업은 2010년 이명박 정부가 민간 개발로 진행하려다가 이재명이 시장이 된 이후 민관 공

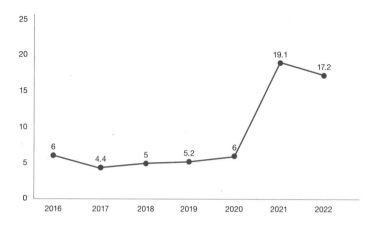

〈표11. 공동 주택 공시 가격 상승률〉

출처: 국토교통부, 단위: 퍼센트

동 개발로 바뀌었다. 그러나 성남시와 성남도시개발공사는 사업을 독자적으로 추진할 자금이 없었다. 성남시는 금융 자본인 하나은행 컨소시엄과 공동 출자해 만든 성남의뜰을 통해 사업을 시행했는데, 그 과정에서 자산 관리 회사인 화천대유를 설립했다. 투자자인 금융 자본의 입장에서 보면 애초에 위험 부담이 매우 큰 사업이었으나 부동산 폭등으로 약 1조 원의 수익이 발생해서 성남시가 5503억 원을 환수하고 민간 사업자(화천대유와 금전신탁을 한 천화동인 1~7호 배당권자)들이 4040억 원을 가져갔다. 이일이 밝혀지며 권순일, 박영수, 곽상도, 원유철 등 법조인과 정치인, 기업인, 언론인이 섞여 있는 부동산 개발 카르텔이 드러났다. 21세기 금융 자본이 주도하는 자본주의에서 한국을 짓누르는 주거 문제의 모든 것이 이 사건에 집약되어 있다.

사회 정책과 사회적 삶의 재생산: 시장·가족주의

주택 정책: 주거 공간의 상품화, 시장화

미국의 경제학자 헨리 조지는 토지 사유권이 미국을 병들게 했다고 보았다. 토지는 신이 인류에게 준 자원인데, 특정 이익집단이나 개인이 사유화하면서 사회가 병들기 시작했다고 설명한다.[129] 한국의 도시 개발 정책은 국가가 한편으로는 토지 사유권을 보장하면서도 다른 쪽에서는 강제 수용 등의 방식으로 사유권을 침해하고 금융 자본, 건설사, 투자자에게 그 혜택을 나눠주는 방식이었다. 토지 사유권은 조선 시대 이래로 인정되었고, 일제의 토지 조사 사업을 거쳐서 '배타적인 권리'로 정착했다.[130] 토지의 사적 소유를 인정하더라도 일정한 지역의 토지를 점유해서 거주하거나 생존을 도모한 사람들, 즉 세입자의 권리를 완전히 배제할 수는 없다. 그러나 토지 소유권을 절대화하면 세입자들의 주거권에 대한 보장은 거의 인정되지 않는다. 이들에게 약간의 보상금이 주어진다고 해도 그들은 살던 곳에서 떠날 수밖에 없다.

근대 문명과 산업화·도시화는 반드시 노동자와 빈민의 주거 문제를 초래한다. 그래서 생산의 총비용에는 그 과정에서 지불해야 할 노동자, 주민, 그리고 사회의 기여 부분과 그들의 재생산 비용, 이후 폐기 비용이 포함되어 있다. 정치는 이 가운데서 이윤, 임금, 이자 등을 누가 나누어 갖고 비용을 어떻게 분담할지 조정하는 과정이다. 한국에서 급속한 산업화로 인해 발생한 도시 빈민과 판자촌 등 불량 주택지는 급속한 산업화의 필연적 부산물이었다. 개발과 성장의 수혜자들이 주거 문제 해결 비용의 일부를 분담해야 했다. 그런데 정치권이 이해관계를 조정하는 과정이 정의롭지 않을 경우 이들은 분담을 인정하지 않는다. 토지 투자로 막대한 소득을 얻는 사람들이나 생산활동에서 최대 이익을 누린 사람들이 세금, 배제된 사람들의 복지비, 주거 문제 해결 및 환경 처리 비용을 제대로 지불하지 않으려 하면 생존과 주거의 재생산이 불가능해진 사람들은 저항으로 몰릴 수밖에 없다.

　도시 계획과 주거 및 주택 문제는 전체 사회경제 체제와 연동되어 있다. 산업화와 도시화는 노동자와 중산층의 주거 수요를 늘린다. 국가가 이들에게 안정적인 주거 공간을 마련해주는 것은 노동자 재생산 비용을 줄여서 산업화를 지속적으로 추진하기 위해서이다. 노동자에게 주거 문제는 임금이나 노동 조건만큼, 혹은 그보다 더 중요하다. 안정된 주거 공간의 확보는 기본권에 속한다. 주택은 생존의 근거이고 복지의 가장 중요한 영역이며, 가족과 개인의 역사이자 기억의 터전이기 때문이다. 여기서 도시의 주택을 국가와 시장 중 누가 어떤 방식으로 공급해주는지, 또한 노동자나 중산층이 어떤 재원으로 집을 마련하는지는 사회적 재생산을 형성하는 데 가장 중요한 부분이다. 통상 국가는 산업화를 뒷받침하기 위해 노동자와 화이트칼라 중산층의 주택 공급을 적극적으로 추진한다.

　토지 혹은 주택은 시장에서 사고파는 상품인가, 아니면 공공재인가? 우리 헌법에는 토지의 공공성과 상품성이 모두 포함되어 있다.[131] 그런데 1989년 노태우 정부 시기에 토지 가격이 급등하고 투기가 확산하면서 이 문제에 대한 근본 대책이 요구되었고, 그 결과 택지 소유 상한제, 토지 초과 이득세, 개발 부담금을 세부로 하는 토지 공개념 제도가 제안되었다. 물론 이 개념이 제안되기 전에도 공익을 위해 토지 소유권을 제한하는 각종 법률이 있었지만, 당시의 경제 민주화(금융 실명제, 재벌의 경제력 집중 완화)와 맞물리며 요구가 더욱 거세졌다. 토지 공개념은 토지 사적 소유의 혁명적 전환을 시도했다기보다는 새로운 토지 정책을 도입하려는 것이었다. 즉 공공에 의한 토지 소유와 이용을 확대하는 것은 아니며, 기존의 법적 소유권 관념은 존중하되 정부가 관여할 수 있는 범위를 확대하려 했다.[132] 그러나 결국 위헌 판결을 받았다. 이로써 주거 정책의 공공성을 강화하려는 시도에 제동이 걸렸다.

토지 공개념 위헌 판결 이후 자유화의 기조 위에서 토지의 사적 소유를 절대화하는 논리와 행동이 오히려 강화되었다.[133] 그로부터 30여 년이 지난 지금까지 부동산 불로 소득과 양극화는 점점 더 심각해졌고, 수도권의 자가 소유 비율은 50퍼센트 전후로 거의 그대로다. '아파트 공화국', '토건 국가', '지대 추구 사회'로 요약되는 병리 현상은 시간이 갈수록 더 심화되었다. 이 모든 과정을 몸으로 겪은 도시 중산층에게 '부동산 불패', '강남 불패'의 신화가 거의 신앙처럼 확고하게 자리 잡았다.[134]

한국에서는 '민주화' 이후에도 유럽 복지 국가에서 시행된 주거 복지 정책, 예를 들면 대규모 공공 주택 공급 정책이 나타나지 않았다.[135] 오히려 그 반대였다. 국가는 주거의 탈상품화를 통해 계층 격차를 완화하기보다는 상품화와 시장화를 통해 오히려 그것을 더욱 심화하는 역할을 했다. 임대 주택 정책은 후순위로 밀려 빈민의 주거권은 무시되고 사실상 분양 주택 공급을 통한 중산층 자산 형성에 방점을 두었기 때문이다. 국가는 토지 개발의 독점권을 갖지만 실제 토지 개발의 주체는 건설 기업이다. 모든 주택은 구매력 있는 소비자, 즉 중산층에게 완성되기도 전에 판매되었다.

김대중 정부는 외환위기 극복, 즉 경기 활성화를 위해 각종 건설 규제를 완화하여 주택 공급량을 늘렸다. 이것이 주거의 시장화를 더욱 촉진했다. 토지 거래 허가 구역 해제, 분양권 전매 제한 해지, 분양가 자율화, 소형 주택 의무 공급 폐지,[136] 1가구 1청약 통장 제도 폐지, 양도세 등 세제 완화 등이 당시에 실행된 규제이다. 즉 외환위기라는 비상사태로 침체된 경제를 살리는 문제가 서민 주거 복지 확대보다 중요했다. 개발 독재 시절과는 다른 방식으로 경제 제일주의, 즉 기업을 살리는 일이 사회 정책을 압도했다. 김대중 정부의 국민 임대 주택 정책은 그 의의에도 불구하고 과거 영구 임대 주택 정책에 비해 재정 지원 비중이 매우 낮았으며 입주 대상을 상대적으로 여유 있는 계층으로 한정했다. 따라서 김대중 정부의 주거 정책의 기조는 대체로 '시장 강화, 제한적인 주거 복지'였다고 볼 수 있다.[137]

이러한 정책은 주로 서울 강남에 거주하는 정치권과 경제 부처 관료들의 사적 이해관계와 맞물려 있는데, 이헌재 경제부총리의 사례가 이를 잘 보여준다. 그의 부동산 거래 이력을 보면 '공직'에서 얻은 정보로 막대한 시세 차액을 거두었고, 심지어 '부동산 투기를 잡겠다'던 노무현 정부 때도 막대한 이익을 얻었다. 1990년대 초 시민 단체가 '토지 공개념'을 요구했을 때 "그 주장은 사회주의다"라고 공격했던 박준규 국회의장도 당시 전국 30곳 이상에 땅을 가진 부동산 재벌이었다.

사회 정책과 사회적 삶의 재생산: 시장·가족주의

2001년에서 2003년 사이, 아파트 값이 천정부지로 솟아올라 집 없는 서민의 불안과 좌절이 극에 달했을 때 시민 단체는 보유세 강화, 1가구 2주택 양도세 중과세, 분양 원가 공개 등을 주장하면서 투기 근절을 요구했다. 그러나 노무현 정부는 경제 살리기, 조세 저항, 건설 경기 활성화 등을 명분으로 들며 보유세 인상률을 최소화했다. 또한 1가구 3주택 양도세 중과는 시행을 연기했고 "분양가 원가 공개는 절대 안 된다"라는 입장을 밝혔다.

노무현 대통령은 2003년 11월 "강남이 불패라고 하는데, 그 문제에 관한 한 대통령도 불패로 간다"라고 말했다. 실제 참여정부의 부동산 정책은 많은 개혁을 포함하고 있었다. 부동산 실거래가 신고제를 도입하여 시장의 투명성을 획기적으로 높이고 보유세 강화의 장기 로드맵을 만들어 법제화했다. 또한 개발 이익 환수 제도를 정비하고 지역 균형 발전을 도모하기 위해 행복도시와 혁신도시 건설을 추진했으며 공공 임대 주택 공급을 대폭 확대해서 주거 복지의 수준을 높이고자 했다. 그러나 노무현 정부는 보유세를 둘러싼 갈등을 관리하는 데 실패했다. 주택 자산을 중심으로 뭉친 이해 집단의 저항이 무척 강력했다. 보유세를 단기 가격 안정 수단으로 활용하고 급진적인 과표나 세율 확대를 계획하여 소유자의 반발을 샀다. 그리고 주택 가격 폭등에 대처하지 못했다.

노무현 대통령은 분양 원가 공개 요구가 제기되자 "장사하는 것인데 열 배 남는 장사도 있고 열 배 밑지는 장사도 있다. 벌고 못 벌고는 균형을 맞추는 것이지 시장을 인정한다면 원가 공개는 인정할 수 없다"라고 답변했다.[138] 그것은 2003년 토지 공개념 지지 발언, 즉 "토지는 국민 생활과 기업 경영의 필수적인 요소인 데 반해 확대 재생산이 불가능하다. 일반 상품과 달리 취급해야 한다"라고 했던 말과 충돌한다. 그러나 문희상 열린우리당 의원과 이해찬 총리 등은 노무현 대통령의 발언을 적극 지지하면서 "고전적 자유 경제로 돌아가자는 것이 대통령의 생각"이라고 설명했다. 또한 "부동산 가격은 급격한 변화를 주지 않는 것이 좋겠다"고 말하며 아파트 가격에 낀 거품을 뺄 생각이 없다는 점을 분명히 했다. 유시민, 임종석 의원도 분양 원가 공개에 반대했다. 이에 경실련은 "참여정부는 분양 원가 공개 공약을 파기함으로써 아파트 값 폭등을 일으켜 온 국민을 부동산 투기장으로 내몰았다"라고 비판했다.

노무현 정부는 다주택 소유 가구를 투기 세력으로 보고 한국의 주거 현실을 이들과 여타 주거 계층 간의 대립으로 파악했다. 그 과정에서 투기적 다주택 소유자와 무주택 가구 사이에 위치하는 많은 도시 자가 소유자의 주거 현실을 깊이 고려하지 않았다. 소유자들은 주택이 주는 자산 이익과 복지를 기대하고 있기 때문에 여기에는 투자라는 측면과 생존이라는 측면이 공존한다.[139] 하지만 이러한 구조적 현실은 정권의 시야 밖에 있었다.[140] 노무현 정부는 수십 차례의 정책을 발표하면서 집값을 잡으려 했고, 결국 공급론에 밀려 판교 개발까지 추진했으나 사상 최대의 부동산 폭등이라는 성적표를 받게 되었다.

이명박 정부가 출범하면서 재개발 사업의 목적이 주거 환경 개선에서 주택 공급 확대와 경제 활성화로 다시 옮겨갔다. 새 정부는 재개발 사업의 신속한 추진을 강조하며 사업을 밀어붙였다. 뉴타운 조성은 노골적으로 건설 자본의 이익만 보장했다. 그러면서 서울 중산층의 투기 심리를 부추기고 생존권과 정당한 보상을 요구하는 일반 주거 빈곤층과 사회 취약층, 세입자를 '국정 발목 잡기'와 '떼 법', 심지어 '도심 테러'라고 비난했다. 용산 4구역 저층 지역을 고급 주상 복합 단지로 개발하는 사업에 저항하는 세입자들이 '망루'에 올라가자 이를 진압하는 과정에서 30명의 사상자가 발생했다.

박근혜 정부는 주택 경기를 의도적으로 부양하기 위해 '빚내서 집 사라'라는 기조하에 거의 모든 규제를 풀어버렸다. 각종 감세와 대출 증가, 공공 주택 축소가 그것이었다. 주택 소유자들에게는 추가 구매를 유도하는 특혜를 주었다. 이전에는 재개발 주택의 17퍼센트를 거주민에게 우선 공급해야 했는데 박근혜 정부는 의무 임대 비율을 정하는 권한을 지자체에 넘겼다. 그 결과 인천에는 임대 분양이 단 한 집도 없는 재개발 단지가 생겼다. 국가가 주거 취약층을 보호한다는 전제 자체가 사라져버린 것이다.[141] 이 정책은 문재인 정부로 거의 그대로 이어졌다.

민주화 이후 역대 정부는 투기 억제와 주택 가격 안정을 내걸었으나 부동산 시장이 들썩이면 서둘러 후속 조치를 내면서 허둥거렸다. 특히 세 번의 민주정부는 건설 대기업의 토지 투자와 이윤 보장을 존중하면서 아파트 가격 폭등만 잡는 대증 요법에 치중했다.[142] 노무현 정부는 분양 원가 공개 요구는 받아들이지 않은 채 경제 활성화를 명분으로 사실상 건설 대기업의 요구를 우선 반영하여 부동산 수요와 공급 조절을 반복했다. '부동산 불패' 신화를 교정하기 위해서는 자산 축적 수단으로서 주거의 위상을 손보고 수십 년간 이어진 법과 제도의 관행을 개혁해야한다. '지대 추구'를 근절하기 위해 보유세를 인상하지 못한다면 최소한 정책의 일관성이라도 지켜야 하지만, 집값이 거침없이 상승하자 그조차 하지 못했다.

정권별 땅값 상승의 추이를 보면 노무현 정부 때 약 3123조 원이 상승해서 역대 정부 중 가장 많이 올랐다. 이 시기의 연평균 상승액도 625조 원으로 전체 평균(연 131조 원)의 약 다섯 배나 된다. 경실련의 추계에 따르면 2004년 한 해 동안 1153조 원의 토지 관련 불로 소득이 발생했는데, 이는 같은 시기에 노동자들에게 지급된 임금 총액 342조 원의 무려 3.6배에 달한다.[143] 김대중 정부 때는 땅값이 해마다 243조 원씩, 총 1214조 원 올랐다.[144] 경실련은 문재인 정부의 첫해인 2017년의 부동산 불로 소득이 500조 원에 달했다고 추정했다. 토지 소유자 중 상위 10퍼센트가 전체의 64.7퍼센트를 가진 상황이기에 불로 소득의 대부분은 이들에게 돌아갔을 것이다. 경실련은 문재인 정부 초기 3년간 거의 2670조 원의 불로 소득이 발생했다고 집계했으며,[145] 한국은행은 같은 시기에 토지자산 총액이 1000조 원 정도 상승했다고 보고했다.[146] 이 천문학적인 자산은 주거 빈곤층에서 다주택자들에게 강제 이전되었다고 봐도 좋을 것이다.

전 세계적인 저금리가 구조적 원인이었다고 하나, 문재인 정부를 거치면서 GDP 대비 토지 자산의 비율이 압도적으로(역대 최대인 5배) 증가했다.[147] 한국의 GDP 대비 토지 자산 비율은 OECD 주요 16개국 중 1위이다.[148] 땅값, 즉 부동산 가격이 오르면 연간 임대료 수입의 수십 배에 달하는 자본 이득capital gain이

사회 정책과 사회적 삶의 재생산: 시장·가족주의

발생한다. 자본주의 사회에서 산업 투자보다 임대료 수입이 높다면 신판 지주 제도가 소작인을 착취하는 구조가 된다. 특히 김대중·노무현·문재인 정부의 주거 정책 실패와 만회할 수 없는 자산 불평등의 확대는 '민주' 세력에게 소박한 기대를 가졌던 중산층과 하층에 커다란 배신감과 분노를 안겼다.

주택 상품화의 역사와 메커니즘

2018년 기준 한국은 전체 경제에서 건설 투자 비중이 OECD 국가 중에서 최상위에 속한다.[149] 과거에는 일본이 국가 경제를 토건에 의존하는 '토건 국가'로 불렸는데 한국도 그 길을 따라갔다. 국가는 언제나 건설을 경기 부양의 가장 중요한 수단으로 삼으려 했으며, 소위 '건설 5적(건설업계 및 이들과 유착된 정치인, 관료, 언론인, 학자들을 지칭한다)'의 이해관계에 따라 대규모 건설 사업을 추진했다. 정부 부처와 대형 건설업자의 유착 속에서 건설사에게 개발 이익을 안겨주고, 언론·정치권·학자가 여기에 공생하며 개발이 진행된다. 이들 '건설 5적'들이 이익을 나누는 구조가 수십 년간 고착되었다.[150]

무엇보다도 낮은 부동산 실효세율이 투기를 조장했다. 조세재정연구원은 2018년 기준 우리나라 보유세 실효세율은 0.16퍼센트라고 밝혔다. 같은 방식의 조사에서 미국은 0.99퍼센트, 영국은 0.77퍼센트, 캐나다는 0.87퍼센트였다.[151] 종합 소득 상위 10퍼센트(평균 1억 7396만 원)의 실효세율은 22.8퍼센트인 데 반해 소득액이 비슷한 부동산 양도 소득 상위 20퍼센트(평균 1억 7729

만 원)의 실효세율은 14.4퍼센트로 나타났다.[152]

주택 공급의 시장 의존은 1960년대 말 이후 본격화되었다. 산업화, 도시화로 서울의 청계천 등지에 대규모 빈민 주거지가 형성되자 정부는 이를 정비하고 빈민의 대체 거처를 마련해야 했다. 그런데 박정희·전두환 정권은 도시 재개발 이익의 공정하고 합리적인 분배를 시도하기보다는 강제 철거와 분산 소개를 실시했다. 장기적인 도시 정책 대신 임시방편을, 그리고 정부의 재정 부담은 최소화하고 건설사의 수익은 최대화하는 방식을 택했다. 박정희 정권의 관련 부처나 관료 집단은 사기업을 개발에 참여시켜 수익을 보장해주고 도시 정비에 따르는 부담까지 같이 떠넘기는 도시 정책을 '경영 행정'이라 불렀다.[153] 1980년대의 공영 개발, 1990년대 이후 대형 건설사를 앞세운 합동 재개발이 모두 경영 행정론에서 시작됐다.

경영 행정이란 국가가 기업가처럼 경영 주체가 되거나 건설사와 한편이 되어 경제와 사회 정책을 입안하고 집행하는 것이다. 이 경우 막대한 이익을 분배하는 과정에서 정경유착, 즉 부패가 거의 필연적이다. 국가는 부족한 재원을 기업가들의 지원에 의존하고, 기업가는 국가 사업에 참가해서 이익을 얻는다. 김영삼 정부 이후 대학 교육의 수요를 충당한다는 취지로 사립 대학과 유치원 설립을 마구 허용한 것도 같은 맥락에서 이해할 수 있다. 국가가 장기적 전망이나 공공성에 기초하지 않고 당장의 집값 문제를 해결하기 위해 사적 자본을 동원한 결과다. 주거 정책의 경우 노동자층의 주거 복지는 후순위로 돌리되, 오직 그들의 분노가 폭발할 때만 사후에 대처한다.

박정희·전두환 정권 시기 도시 재개발 정책의 기조는 다음과 같다.

§ 도시의 빈민 주거지를 없앤다. 도시 미관을 명분으로 세입자 등 거주자들을 강제로 더 먼 곳으로 이주시킨다.

§ 국가는 택지 개발 지구를 지정하고, 주거 환경 개선을 명목으로 재건축 사업을 승인한다. 거주자와 토지 소유주에게 아파트 입주권을 보상하지만, 그들 중 다수는 생활이 어려워 다른 곳으로 밀려난다.

§ 무허가 정착지의 주민, 판자촌 철거민들은 약간의 보상금과 분양권으로는 아파트에서 거주하기 어렵다. 근처에서 일터를 찾아 당장의 생활비를 마련해야 하는데 외곽에는 일터가 없기 때문에 분양권을 전매할 수밖에 없다. 이렇게 팔린 분양권은 투기꾼에게 막대한 이익을 안겨준다.

§ 빈민, 세입자, 그리고 영세민은 주거권을 박탈당하고 그 대신 건설사, 관료, 분양권을 구입한 중산층 혹은 투기꾼이 개발의 최대 수혜자가 된다.

과거 정부나 지자체는 개발 이익을 극대화하기 위해 '경영' 논리에 따라 사업성 위주로 지구를 선정했다. 토지 가격이 저렴한 국공유지 비율이 높은 곳에 수익성이 큰 대규모 아파트 단지를 허가하고, 건설업자의 이익을 보호하기 위해서 건폐율과 용적률을 건축법의 상한선까지 높여서 고밀도 고층 아파트를 짓게 했다.[154] 즉 1980년대까지 노동자나 중산층의 주거 복지라는 공익은 포기하는 대신 재정 수입을 확보하고 건설 자본에게 혜택을 주었다.

합동 재개발 정책은 국가 주도의 시장화 과정이라 할 수 있는데,[155] 정부는 빈곤층의 주거 문제 해결을 명분으로 건설사의 이익을 보장하는 데 치중했다. 그리하여 후분양 방식을 도입해 국민이 저축한 돈을 미리 납부하게 하고, 건설사는 정부로부터 토지를 불하받아서 자기 자본을 거의 한 푼도 들이지 않고 공사를 시작할 수 있었다. 재개발조합은 국가 기관으로부터 권한을 위임받아 사업을 추진한다. 물론 이 경우에도 최소한의 공익성은 고려했는데 정비 계획의 수립 및 효과를 검토하고, 관리·처분 계획의 효과와 토지 수용권 부여를 확인하는 절차를 거쳤다.[156] 집 소유자들로 구성된 조합과 건설업체가 최소한의 규제 하에 자력으로 사업을 추진하는 과정에서는 공공성보다 개발 이익이 우선될 수밖에 없다.[157] 이 모든 과정은 국가, 즉 정부의 인허가가 필요했기 때문에, 주택 사업은 언제나 부정부패의 온상이었다.

도시 정비 사업과 재개발 사업에는 토지 및 건물 소유자, 임차인, 시행 및 시공사 그리고 행정 등 서로 다른 목적을 가진 이해관계자들이 얽혀 있다. 이들의 이해관계가 충돌할 때 갈등이 발생한다. 재개발 사업은 토지 및 건물 소유자가 조합을 구성하여 건설업체를 선정하고, 조합이 토지를 제공하면 건설업체는 자금과 시공을 담당하는 방식이다. 조합과 건설업체가 개발 이익을 전제로 사업을 개시하면 정부는 각종 규제를 완화하여 별도의 재정 지원 없이도 사업이 추진될 수 있도록 지원했다.[158] 이

사회 정책과 사회적 삶의 재생산: 시장·가족주의

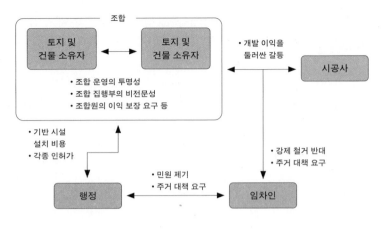

〈표12. 재개발 사업의 갈등 구조〉
출처: 홍인욱

구도가 지금까지 그대로 이어진다.

　　정부는 지금까지 무주택자 우선 공급을 원칙으로 아파트의 공급가를 규제하고 분양권 추첨을 통해 자금 동원력을 가진 중산층에 나누어 주었다. 분양권을 얻기만 하면 당장 몇 년 치 소득에 해당하는 시세 차익을 얻게 되니, 사실상 주거 정책이 부동산 투기를 조장했다. 주택 및 토지의 소유자와 세입자 간의 이해 대립 과정에서 정부는 후자를 배제하고 전자의 편에 섰다. 이러한 방식의 도시 개발과 주택 정책은 한쪽에는 천문학적인 불로 소득을 안겨주었고 반대쪽에는 만성적 주거 빈곤을 남겼다. 서울 시민의 주택 자가 보유율이 20여 년간 제자리걸음인 이유이다. 물론 국가는 국유지의 매각 과정에서 막대한 이익을 얻었다.[159]

　　건설사와 주택 구매자 이익 위주의 주거 정책을 취약한 국가 재정 탓으로 볼 수도 있다.[160] 국가는 1980년대 이후 폭발한 주거 수요 문제를 해결하기 위해 사기업을 끌어들여 도시 중하층에게 주택을 공급하려 했다. 그러나 건설 자본은 자기 이익 극대화를 위해 모든 편법을 동원하고 기존의 법까지 바꿔서 작은 평수의 아파트가 아니라 중대형 아파트를 공급했다. 박정희 정권 이후 거의 모든 정권에서 도시 개발과 주택 공급은 경제 성장과 체제 안정의 수단이었다.[161]

한편 한국의 건설사나 재벌대기업은 국가의 강제력과 법에 근거해서 토지 지배를 확대했다. 산업 입지 정책과 비업무용 토지에 대한 특혜가 근본 줄기이다.[162] 원래 국가는 공업 용지에 필요한 땅을 수용할 권리를 갖고 있다. 그런데 수용 과정에서 원 소유자에게는 시가에 못 미치는 가격을 보상하고 건설회사에게는 조성 원가로 분양하여 개발 이익을 보장했다. 업무용 토지와 비업무용 토지를 구분해서 업무용은 규제하지 않고 오히려 조세상의 특례를 부여했다. 건설기업은 비업무용 토지를 그대로 보유하면서 각종 세제 혜택을 누렸다. 건설기업은 건축 제한지를 대거 소유하고 있다가 제한 조치가 해제되면 건물을 지어 이윤과 지가 상승 이익을 동시에 누린다. 뿐만 아니라 은행과 증권 등의 금융기업도 장기적 투자로 토지를 매입한다.[163]

1980년대 이후 국가의 토지·주택 정책은 국가가 주도하는 공영 개발 방식에서 시장 원리에 따라 토지의 수요와 공급을 조절하는 '시장 지향형 공영 개발' 방식으로 변했다.[164] 1990년대 이후 정부는 강제 수용권을 남발하여 중대형 평수로 구성된 대규모의 신도시를 조성했다. 일종의 토지 수용을 통한 이익 창출 과정인데, 여기에 중산층이 투자자로 동원되었다.[165] 주택 담보 대출이 확대되면서 중산층 가구가 금융 자본의 지배에 편입되었

사회 정책과 사회적 삶의 재생산: 시장·가족주의

다. 성남시 대장동 개발의 경우처럼 향후 위험이 예상되는 거대한 개발에 프로젝트 금융^{Project Financing}이 개입하고, 사업 과정에서 발생하는 법적·행정적 문제를 처리하기 위해 로펌, 고위 법관, 관료 등이 결합하는 거대한 먹이사슬이 형성되었다. 이제 주택은 금융의 회로에 통합되었고 개발 이익은 극도로 불평등하게 배분되기 시작했다.[166]

앞서 말한 경영 행정과 시장 지향형 공영 개발은 모두 사업성을 앞세운 정책이며 국가가 강제력을 발동하여 건설사의 이익을 보장하는 정책이었다. 후발국인 한국 정부가 공공개발을 할 수 있는 충분한 재원을 갖지 못한 것이 근원적 이유라 할 수 있지만, 구조적으로는 정부가 공공성을 내세우면서도 실제로는 건설업자의 이익을 보장하는 쪽으로 크게 기울어졌기 때문에 생긴 일이다. 군사 정부의 경영 행정은 이후 신자유주의적 경영주의로 연결된다. 한국토지주택공사, 서울토지주택공사 등 주택 관련 공기업은 임대 아파트 공급보다 민간 건설사와 합작해서 수익을 창출하는 데 더 힘쓰는 분양 아파트 공급 기관이 되었다.

한국의 도시 재개발 사업과 주택 공급 사업은 그 기본적인 취지나 목적에서는 공적 사업이었으나 민간, 즉 주택조합과 사기업이 주도하여 사적 이익을 극대화하는 방식으로 추진되었다.[167] 그리고 국가는 그들이 투기로 거둔 이득을 세금으로 제대로 환수하지 않았다.[168] '상품화'된 주택의 구매는 개인이나 가족이 책임져야 하는 영역이었으며, 정치 세력과 언론, 학자들은 건설 사기업의 로비를 받아 상품 홍보에 힘을 쏟았다. 그 안에서 노동자와 영세 자영업자, 청년들은 안정된 주거 공간을 확보할 수 없었다.

교육과 마찬가지로 주거 체제 역시 국가의 강력한 규제(각
종 인허가나 토지 수용에서 공권력 행사)와 사기업(시장)에 의존하
는 공급, 주거비의 사적 부담을 특징으로 한다. 주거에서 시장·
가족 체제는 국가의 규제와 공존하나, 국가는 주로 친기업적 방
식으로 개입하기 때문에 주로 경제적 중상층의 이해에만 부응하
고 하층의 수요는 부차적으로 다룬다.

안정된 주거 공간의 부재, 극히 미미한 임대 주택 비율은 사
교육비 지출, 장시간의 노동과 더불어 저출생의 가장 주요한 원
인이다. 제3차 저출산고령사회 기본계획에서는 처음으로 행복
주택 등 공공 임대를 지속적으로 공급하여 청년·신혼부부의 주
거 지원을 강화한다는 목표를 제시하기도 했다. 일본의 경우 일
찍부터 주거를 저출생 정책에 포함시키고 공공 임대 주택의 확
대만이 출생률을 높일 수 있다고 발표했지만,[169] 한국에서는 주
거와 저출생을 연관짓는 획기적인 정책 전환은 없었다.

주거 불평등과 주거 재생산

주택은 생존을 위한 기본재이자 필수재이며 주거권은 사회
구성원의 권리이다. 동시에 생존 유지를 위한 기초 자산이자 위
험 대비를 위한 복지의 기반이기도 하다. 더 나아가 주택은 대출
을 통한 투자의 밑받침이기도 하다. 이는 계층이나 계급에 따라
주택이 갖는 성격과 의미는 다르다는 뜻이기도 하다. 그래서 토
지나 주택이 과도하게 시장화·상품화된 나라에서는 부동산의

사회 정책과 사회적 삶의 재생산: 시장·가족주의

소유 여부가 자산 불평등, 아니 불평등 일반을 가져오는 가장 중요한 기준이다.

국토교통부와 통계청이 2019년 말에 발표한 토지 소유 통계를 보면 상위 10퍼센트 세대가 가액 기준 전체의 68.7퍼센트를, 상위 20퍼센트는 83.4퍼센트를, 상위 30퍼센트는 91.5퍼센트를 소유하고 있다. 반면에 하위 40퍼센트는 소유한 토지가 전혀 없으며 하위 50퍼센트로 범위를 확대해도 전체의 0.9퍼센트만 갖고 있다. 요컨대 국민의 절반이 99.1퍼센트를 갖고, 나머지 절반은 0.9퍼센트를 소유하고 있는 것이다.[170]

경실련이 21대 국회의원 당선자의 부동산 재산을 분석한 결과 300명 중 250명(83퍼센트)이 유주택자이고 이 가운데 88명(29퍼센트)은 주택을 두 채 이상 소유한 다주택자였다.[171] 자료를 공개한 21대 국회의원 175명의 평균 재산은 18억 1400만 원이었다.[172] 행정부 고위 공무원 759명 중 절반이 넘는 51퍼센트가 본인과 가족 명의의 토지를 신고했다. 중앙 정부뿐 아니다. 경기도의 시장과 군수 셋 중 한 명은 10억 원 이상 부동산을 보유하고, 다른 지역의 단체장과 지방 의원들이 서울·경기·세종시에 부동산을 소유한 경우도 부지기수다.[173] 주거 불안 때문에 최근 3년간 청년들까지 '영끌' 대출로 집을 구매했지만, 여전히 주택을 갖지 못한 국민이 40퍼센트 정도이다. 서울의 경우 전세나 월세로 사는 사람의 비율이 56.7퍼센트에 달한다.[174]

비소유자에게 주거권을 보장하는 제도가 바로 공공 임대 주택이다. 주거권 운동가들의 노력으로 영구 임대 주택이 제도화되었고(1989), 김대중 정부는 영구 임대 주택 20만 호 건설을 내걸었다. 그러나 그것은 공염불에 그쳤다. 최근 10년 사이에 한국의 공공 임대 주택 비율은 8퍼센트까지 증가했지만 여전히 OECD의 평균인 10퍼센트에는 미치지 못한다. 네덜란드는 임대 주택이 41.2퍼센트이고 그중에 공공이 32퍼센트라고 한다. 한국의 임대 주택 비율이 스웨덴(20퍼센트)이나 독일(20퍼센트) 수준까지 증가하는 것도 어려운 일이지만, 더 큰 문제는 한국의 주거 양상이 유럽 사회와 전혀 다른 방향으로 진화했다는 점에 있다. 즉 역대 정권은 모든 이의 자가 주택 소유, 즉 소유자 사회^{owner-ship society}를 목표로 설정했다.[175] 그럼에도 불구하고 수십 년이 지나도 주거 빈곤 문제가 거의 해결되지 않으면서 역대 정부가 설파한 주거 사다리론은 도달할 수 없는 목표임이 드러났다.

지난 40여 년 동안 '중산층의 내 집 마련', 즉 주택 소유를 목표로 설정한 한국의 주택 정책은 주거 문제를 경제 활성화와 건설 자본의 이해에 종속시키고 다수의 세입자와 주거 빈곤층을 계속 만들어냈다. 2018년 조사에 의하면 전국적으로 약 15만 가구가 사실상 거주 공간으로 보기 어려운 고시원에 살고 있다. 정확한 수는 알 수 없으나 비닐하우스나 여관, 여인숙 거주자도 상당수 있다. 영화 〈기생충〉에서 보여준 것처럼 창문이 어디에 달려 있는가는 주거 공간에서 계급을 가늠하는 기준이다. 한국의 장기 공공 임대 주택은 약 100만 호에 불과해서 이들의 요구를 충족시켜 줄 수 없다. 2022년 여름에는 폭우로 서울 관악구의 반지하 주택에 거주하던 일가족 3인이 사망하는 사고가 발생했다. 그런데 이 고시원과 쪽방의 건물주는 주로 강남 부촌의 재력가들이고 그들은 건물 투자로 막대한 수입을 얻는다.[176]

도시 개발 정책의 최대 수혜자는 다주택 투자자들이지만, 실제로 더 큰 수혜자는 정부의 특혜로 막대한 이윤을 챙긴 건설사였다. 그리고 재벌의 토지 소유, 지가 상승으로 인한 이익 독점은 미래 세대와 다수의 도시 중하층의 주거권과 생존권을 심각하게 위협한다. 토지 및 주택의 가격 상승으로 인한 불로 소득은 생산 활동의 결과가 아니고 무주택자, 토지 비소유자들의 생존 기반인 주거권을 강제로 박탈한다. 또한 부동산 불로 소득은 노동의 가치를 형편없이 무시하고 평범한 이들이 감내해야 하는 고통을 점점 키운다.

1971년 광주 대단지 사건은 비록 투기성 전매 입주자들의 이기심과 불만이 발화의 중요한 기반으로 작용하기는 했지만, 구조적으로 본다면 국가의 강제 철거와 이주, 생존권 박탈, 일방적 행정과 구조화된 부패에 주민들이 항거한 사건이다.[177] 재개발 지역의 세입자들은 비록 토지 소유권은 없지만 그 지역에 오랫동안 거주했고 인근에서 일하며 생존을 이어왔다. 하지만 이들은 아파트 입주권을 받지 못하거나 받더라도 그곳에서 살 수 없다. 2009년 용산 참사도 세입자들의 권리를 제대로 보장해주지 못한 데에서 초래됐다.[178] 그 배경에는 세입자를 배제하고 소유자의 재산권을 배타적 권리로 보는 시각, 즉 소유권 절대주의와 개발 이후 건설업체나 조합원이 얻을 수 있는 막대한 개발 이익 등이 복합적으로 깔려 있다. 그래서 세입자가 부당한 보상을 요구한다고 생각하는 이명박 대통령과 당시 집권층은 무리한 진압을 감행했다.

1987년 이전의 토지 강제 수용과 철거가 말 그대로 '아무런

대책도 없는 폭력적 강제 철거'였다면, 김대중 정부 이후의 철거
는 '형식적 대책과 제한적 강제 철거'의 성격을 갖고 있다. 그리
고 문재인 정부에서도 철거 현장에서 폭력이 난무하고 철거민이
사망하거나 자살하는 일이 이어졌다.[179] 2018년 5월 장위동에서
철거에 저항하던 조한정 씨는 이렇게 부르짖는다.

> 누구를 위해, 왜 쫓겨나야 하는지 도무지 이해할 수 없다. … 아버
> 지를 생각하면 눈물이 나요. 저로서는 이 집이 그냥 집이 아니죠.
> 제 평생이고 제 아버지이고….[180]

1970년대 이후 지금까지 한국의 재개발과 주택 정책은 같은
형태로 반복되었다. 수많은 강제 철거 피해자들은 과거에 어떤
사람이 어떻게 용역 폭력의 희생자가 되었는지 전혀 모르는 채
언제나 '처음' 이런 처참한 상황을 겪고, 완전히 파편화된 개인
이 되어 살아남았다.

재개발 철거 현장의 폭력은 앞에서 말한 주거 재생산의 모
순을 가장 적나라하게 드러낸다. 세입자나 무허가 거주자 중에
는 더 많은 보상금을 얻기 위해서 저항한 경우도 있겠지만 대부
분은 주거가 곧 생존이기에 버틸 수밖에 없었다. 외환위기 이후
10년 만에 다주택자의 규모가 전체 가구의 25.5퍼센트로 두 배
이상 늘었고, 이들이 재개발을 밀어붙이는 가장 강력한 '소유자
연대'를 형성했다.[181] 교육 정책과 마찬가지로 주거 정책도 도시
중산층을 철저히 개인화했고, 약자와 빈곤층 그리고 금융 대출
을 받지 못하는 '낙오자'를 배제하는 방식으로 재생산되었다.

한국의 사회적 재생산과
사회 시스템

노동·교육 시스템

비영리 공공 조사 네트워트 '공공의 창'에 따르면 한국인은 노동자라는 말보다 근로자라는 말을 선호하고, 시민의 절반은 한국이 노동을 존중하지 않는다고 생각한다.[182] 즉 노동은 피하고 싶은 단어이자 기호이고 상징이다. 한국 사회 일반의 노동 기피는 과도한 대학 진학과 교육열로 표출된다. 육체 노동에서 탈출하려는 시도가 입시에 과부하를 주고, 탈출에 성공하지 못한 사람에게 평생 낙인을 찍고 그들에 대한 사회적 차별과 비인간화를 정당화한다. 필자는 이것을 '시험능력주의'라고 불렀다.[183]

자녀 교육에 대한 사적 투자와 지출이 노동을 통해 얻은 임금과 삶의 안정과 행복, 그리고 주거·질병 치료·노후 보장 등 복지의 기능을 모두 대신한다. 그래서 사람들은 노동 현실을 개선하고 복지를 확충하라고 국가와 정치권에 요구하기보다는 사적 교육 투자에 더 집중한다. 그리고 이 관심은 다시 열악한 노동 조건에서 살아가는 사람들에 대한 무시와 무관심으로 나타난다. 즉 교육열은 노동법이나 노동 현실 개선에 대한 국민의 무관심과 동전의 양면이다. 한국은 지난 70년 동안 모든 학교, 모든 학생들에게 공부해서 "절대로 노동자가 되지 말라"고 가르쳤다. 노동자 차별 대우는 당연하고, 시험 잘 보고 입시에 성공한 사람은 노동하는 사람을 막 대해도 좋다는 논리가 만연했다.

자본주의 사회에서 자산 축적과 자녀 상속은 보통 사람의 일생에서 가장 기본적인 활동이다. 그러나 자산을 가진 상류층은 자본의 형태를 바꿔서, 즉 경제 자본을 직접 상속하거나 그것을 문화 자본으로 전환—자녀에게 학력 자격증을 부여—해서 지위를 세습하려 한다.[184] 중하층은 상층을 따라 자녀 교육을 통해 상층 혹은 중간층으로 발돋움하려 한다. 자녀 교육에 투자하는 것이 현재의 수입보다 더 가치가 있다고 생각한다면 그들은 노동을 통해 얻은 수입을 사교육 시장에 투자할 것이다. 물론 교육 투자는 경제적인 동기만으로 설명할 수 없다. 한국에서 학력과 학벌은 일종의 지위이기 때문에 사람들은 그 기표significant를 얻으려 한다. 학벌 획득은 가난과 노동의 굴레에서 벗어나 인간으로서 존재를 인정받으려는 지위 획득 투쟁이다.

임노동자로 살아가는 2000만 명의 한국인은 학교 교육, 시험과 입시 경험에서 갖게 된 패배감과 시험능력을 증명한 승리자에 대한 선망으로부터 자유로울 수 없다. 이들은 노동자나 기술자로서 자긍심을 갖기란 매우 어렵거나 불가능하다는 것을 알아차린 다음, 자녀 교육에 대한 투자를 통해 자신이 입은 상처를 만회하려 한다. 과거 10대의 청소년 노동자들은 향학의 열망을 불태우면서 노동의 고통을 감내했고, 15살의 전태일 역시 노동을 하면서도 고등공민학교(초등학교 또는 공민학교를 졸업하고 중학교에 진학하지 못한 사람에게 중학교 과정을 교육하는 학교)와 무허가 야학을 찾았다. 2015년 구의역에서 숨진 청년은 월급 140만 원 중 100만 원을 저축하면서 4년제 대학에 진학하려 했다.

과거나 현재나 대다수 고졸 청년 노동자들의 보수나 처우는 매우 열악하지만, 이들은 임금 노동자 생활을 자기 인생의 종착점으로 생각하기보다는 학자금을 마련하기 위한 일시적인 고통으로 여기는 경향이 있다. 혹은 결혼 자금을 모으거나 가족의 행복한 삶과 자식 교육을 준비하는 발판으로 생각한다. 한국에서 노동은 다른 목적을 위한 도구일 뿐, 그 자체로 중요성과 가치를 갖지 못한다.[185] 21세기 한국 청년들은 이처럼 좋은 일자리가 부족하고 지독한 경쟁에 시달리며 연애와 결혼을 포기해야 하는 한국을 '헬hell조선'이라고 불렀다. 헬조선과 함께 가장 많이 검색한 단어는 '탈출'이라고 한다. 한국을 탈출하려 하지만 아무리 '노오력해도 탈출은 불가능하다'는 사실을 깨달은 청년들의 절망과 분노는 그만큼 깊이 응어리져 있다.[186]

한국에서 학벌이나 공무원·교사·공사 등 각종 고시 합격이 세습적 지위를 보장하지는 않지만 준신분적 자격을 가지며 경제 자본 취득의 매우 중요한 발판이 된다.[187] 대학 교육이 일반화된 이후에는 4년제 대학이나 전문 대학을 졸업하고 대기업에 정규직으로 취업하더라도 불안이 계속된다. 사무직 노동자들은 관리자로 승진하기 위해 동료들과 치열하게 경쟁해야 하는데, 여기에는 실적이나 직무에 대한 합리적 평가보다 학연과 학벌이 더 중요하게 작용하는 경우가 많다. 한국 대기업은 정규직에게는 복지와 높은 임금을 제공하면서 기업에 충성을 다하라고 요구하지만 외주 하청업체에 속한 비정규직 노동자들은 그 혜택에서 배제한다. 노동 시장 진입과 이동 과정에서 실적이나 직무 능력보다 대학 졸업장이 더 중요하다면 사람들은 당장 일하는 곳의 환경을 개선하기보다는 교육 투자에 매진할 것이다.

한국 회사의 임금 체계는 연공급의 성격이 매우 강하고, 직능급이나 직무급으로 전환하려 해도 회사 내부에 직무 평가 체계가 거의 마련되어 있지 않다. 한국에서 애초에 대기업 정규직으로 노동 시장에 들어가지 못하면 이후 대기업이나 공기업의 정규직이 되는 것은 거의 불가능하다. 이러한 노동 시장의 강고한 이중화 상태는 학력(학벌) 취득 경쟁을 부채질한다.[188] 즉 노동 시장을 성 밖과 안으로 구분한다면 밖에서 안으로 이동할 기회가 제한되어 있다. 또한 안에 있는 사람들의 특권이 너무 큰 반면 바깥 사람들의 고통은 너무 심하다. 대학 4년간 엄청난 교육비를 지출하고도 졸업 이후 대학 졸업장이 필요하지 않은 9급 공무원이 되기 위해 노량진이나 신림동 고시촌에서 몇 년을 보내는 사람이 여전히 많은 현상이 한국 고등 교육의 실패를 웅변한다.

한국에서는 직업 집단의 수평적 유대나 특정 직무에서 도제 관계로 형성된 숙련 지식 체계가 제대로 수립되지 않았다. 명문대 졸업장이나 고시 합격증이 더 큰 지위와 보상을 주는 '시험능력주의 사회'이기 때문에 직업적 수련의 이력과 전문 기술을 학력 자격증보다 낮게 간주한다.[189] 사회적 노동 분업이 복잡해질수록 학생들이 공통 역량을 습득했는지를 확인하기보다 점수를 통해서 개인의 능력차를 변별하려는 욕구가 커진다.[190] 수능 점수로 줄 세우는 대학의 서열화는 노동 시장에 체계적인 숙련 획득의 기회나 직업 전문성이 결여된 현실과 동전의 양면을 이룬다. 한국과 미국은 노동 시장에서 학력 자격증을 중시하는 '일반 숙련 체계' 국가에 속하지만, 독일 같은 사회적 자본주의 국가에서는 비례대표제 및 합의제 민주주의와 더불어 '직업 특수적 숙련 체계'가 자리 잡는 경향이 있다.[191]

한국의 기업은 사원 채용 시, 그가 어떤 실적과 기술을 갖고 있는지 보기보다는 대체로 어느 대학을 나왔고 어떤 기업에서 일했는지를 본다. 최근에는 변화의 조짐이 있으나 여전히 한국 대다수 기업은 직무 능력이나 실적이 아니라 학력과 학벌을 중시한다. 이러한 문화는 역사적으로 형성된 것이기도 하지만 산업 구조와도 관련 있다. 한국은 제조업 부분이 고도 숙련과 기술 축적에 기초한 고부가가치형이 아니라 조립 가공 산업이었으며, 다수의 중간 숙련도의 노동자들이 소수의 탁월한 엔지니어에 의존하는 구조였다. 특히 1990년대 중반 이후 지구적 경쟁과 신자유주의적 구조조정, 그리고 공장 자동화가 더 진척되면서 대기업의 생산성과 이윤은 제조업 노동자들의 기술력보다는 소수 엔지니어의 능력과 외주 하청기업과의 권력관계에서 발생하는 이윤에 더 의존한다. 그 결과 숙련 노동자에 대한 정당한 대우와 숙련 축적 시스템이 제대로 발전하지 못했다.[192]

재벌기업의 계열 중소기업에 대한 수직적 지배는 고졸이나 전문대 졸업 노동자들의 숙련도에 매우 부정적인 영향을 미친다. 1990년대 탈산업화의 물결 속에서 한국 정부는 체계적인 미래 산업 정책을 세우지 않았고, 따라서 중소 부품 소재 산업의 숙련 계획도 수립하지 않았다. 그 후 탈산업화와 자동화, 기업별 숙련 체계가 심화되며 노동의 양극화와 이중 구조가 짙어졌다. 이 와 같은 상황은 실업고(전문계고, 특성화고) 혹은 고교 직업 교육 의 존립을 위협했다. 또한 조립 가공형 산업 구조가 고부가가치 형으로 전환되지 못하자 노동자의 숙련도 향상은 물론 추가 고 용이 이루어지지 않으면서 실업고나 전문 대학의 양성이라는 목 표도 현실에서 멀어졌다.

교육 정책은 노동 정책과 직접 연관되어 있고, 노동 정책은 또한 대체로 경제 정책의 틀 안에서 작동한다. 노동하는 삶은 교 육, 공공 복지 등과 직접 연결되어 있다. 노동 정책은 기업의 경 제적 조건, 정치적 민주주의 수준, 산업 구조, 사용자와 노동자들 의 의식, 이들이 회사 밖에서 처한 위치 등에 따라 달라질 것이 다. 한국의 노동 정책 과제 역시 현대 한국 자본주의의 발전 방향 및 노동자 재생산의 구조적 특징들에 좌우될 것이다. 산업화와 경제 성장, 기업의 경쟁력 보장에 필요한 노동자의 임금 인상 통 제, 노동력의 안정적 공급, 회사 내 노동자들의 순종은 자본주의 체제 유지의 매우 중요한 부분이고, 그것은 학교 교육에서의 지 위 상승 이데올로기와 긴밀히 맞물려 있다.

성장주의와 교육·주거·돌봄·복지 시스템의 결합

교육과 주거는 사회권 즉 사회적 삶을 위한 기본권이다. 동 시에 한국에서는 자산 형성, 지위 자격 획득, 그리고 사회 보험과 공적 연금을 대신할 위험 대비와 노후 복지의 가장 중요한 기반 이기도 하다.[193] 교육을 통한 지위 획득과 부동산 투자를 통한 자산 획득은 노동 소득과 공공 복지를 대체하는 효과를 갖는다. 자산 축적, 노후 안전판, 그리고 지위 정체성 부여라는 점에서 교육과 주거는 매우 '부정적 방식'으로 아주 긴밀하게 연결되어 있다.

한국의 노동·교육·주거·의료 영역은 시장성과 상품성의 논리가 지배한다. 교육과 주거가 탈락자를 완전히 배제하는 생존 투쟁의 영역이 된 것도 여기에서 기인한다.[194] 특히 한국의 도시 중산층에게 아파트는 자산 축적 방법 중 임금 소득 이상으로 중요하다. 아파트 값이 상승하면 근로 소득과는 비교되지 않는 자산을 획득할 수 있기 때문이다. 도시 중산층에게 자녀 교육을 통한 지위 상승과 아파트 구매를 통한 자산 형성은 노동과 복지보다 가족 재생산과 발전에 더 중요한 요소이다. 한국인이 주거와 교육 정책에서 '보편성'보다 '선별성'을 선호하는 이유도 여기에 있다.[195] 주거와 교육을 국가 혹은 공공이 제공하는 서비스가 아니라 가족이 시장에서 구매하는 상품으로 생각하기 때문이다. 도시 개발 정책과 주택 정책은 교육 정책과 마찬가지로 사실상 한국인, 특히 자산 형성과 지위 획득에 사활을 건 도시 중산층의 일상과 정신세계를 사로잡고 있다.

이처럼 노동자 계급을 포함한 중간층의 다수가 주거·교육·의료의 시장화 및 상품화 질서를 당연시하거나 그것을 내면화하여 공공성 확대를 요구하지 않는다면, 국가는 사회복지·공교육·공공 주택과 의료 확대의 압박을 받지 않을 것이다. 대다수의 대학·유치원과 절반 정도의 중고등학교가 사학 재단의 소유이듯이 병원도 사회복지 재단의 형식을 갖지만 대부분 이윤 추구를 목표로 하는 사설 병원이다. 의료비의 상당 부분은 건강보험

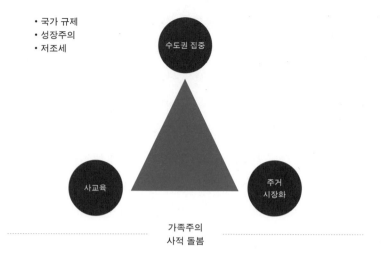

- 국가 규제
- 성장주의
- 저조세

수도권 집중

사교육

주거
시장화

가족주의
사적 돌봄

〈표13. 개인화된 계급 투쟁의 삼각형〉

에서 지출되지만 의료인 양성이나 의료 기관의 유지 및 관리는 거의 대부분 민간이 담당한다. 우리나라 의료 서비스의 90퍼센트 이상을 민간이 맡고 있다.[196] 국민 의료비 중 공공 지출(정부 부담) 비율은 58.2퍼센트로 OECD 평균인 74.4퍼센트에 크게 못 미친다. 반면 개인 지출 비율은 32.4퍼센트로 OECD 평균인 19.8 퍼센트에 비해 훨씬 높다.[197]

한국인에게 교육 문제는 주거 문제, 그리고 수도권 집중과 직접 연결되어 있다. 수도권 집중은 대학 서열화, 사교육 팽창, 수도권의 부동산 폭등을 가져오고 삶을 더욱 경쟁적으로 만든다. 그리고 이 모두가 지위 상승의 중요한 기표이며, 권력과 지위를 놓고 벌이는 세 차원의 '개인화된 계급 투쟁'이다.[198] 또한 이 세 문제는 사회적 재생산의 시장화라는 점에서 삼각형으로 연결

사회 정책과 사회적 삶의 재생산: 시장·가족주의

되어 있다. 성장주의 경제 정책, 교육·주거·노동 정책의 국가 독점, 저조세와 낮은 사회 지출에 둘러싸인 한국의 중산층과 중하층의 생존 전략이 집약된 이 셋은 어느 하나만 분리할 수 없다.

역대 정부의 주택 및 조세 정책이 서울 1주택 소유자는 물론 다주택자에게 맞추어 진행되었듯이 교육 정책도 SKY 대학 입학 가능 범위인 상위 1~2퍼센트의 학생과 학부모들의 관심에 부합하도록 운영되었다. 또한 노동 정책과 비정규직 정책은 재벌 대기업의 수출 단가 절감 요구에 부응하는 방향으로 진행되었다. 노무현 정부 이후의 건강보험 확대는 삼성 등 사보험 업계의 집요한 민영화 로비로 굴절되었다.[199]

기업에 안정적으로 고용된 사람은 사회 보험의 혜택을 받지만 실업자나 비정규직 노동자는 대체로 여기서 배제되어 있거나 보험의 보장률이 낮다. 이것은 가족 복지가 잔여적 복지와 결합한 형태라 볼 수 있다.[200] 가족 복지는 한국의 가족주의와도 연관되지만 공공 복지의 취약성을 가족에게 전가하는 국가와 자본의 전략이라는 측면도 있다. 특히 한국의 중상층이 사적 자산 형성을 기반으로 위험 대비와 노후 복지를 준비한 관행이 외환위기 이후 제도적 가족 복지로 자리 잡았다. 고소득 중산층은 교육 투자, 자녀 결혼, 재산 상속을 통해 가족주의를 실현하지만 비정규직 실업자 등 안정된 고용 관계에 끼지 못한 사람들은 가족에게 의탁할 수 없다. 즉 안정된 일자리를 갖지 못한 하층은 결혼 가능성이 낮고, 결혼 후에도 '정상가족'을 유지하기 어려운 경우가 많기 때문에 삶의 재생산 자체가 붕괴한다. 일본과 달리 한국은 남성 노인 자살률이 매우 높다.[201] 이는 시장·가족주의 복지 체제

에서 가족이 파괴되었을 때 정부가 노인 취업이나 복지 등의 대책을 마련하지 못한 결과다.[202]

과거에 중산층의 전업 주부는 정치사회 영역에서는 배제되었지만 가정 경제의 주인으로서 자녀 교육에서 주도적인 역할을 하고 핵가족 안에서 아내와 어머니라는 확고한 지위를 구축했다. 특히 남성 가장이 하루 중 대부분의 시간을 노동 현장에서 보낼 때 여성은 자식을 입시 전사로 훈육하는 조련사 역할을 담당했다. 자녀 교육의 역할 구조는 핵가족의 역할 분담 구조에서 강화되었다. 그것은 여성의 사회적 시민권이 제한된 상황에서 취한 현실 적응 행동이었다. 산업화 시대의 남녀 성역할 규정과 전통적인 가부장주의가 결합한 것이 1970~80년대의 핵가족과 아내의 돌봄 전담 모델이다.

산업화 이후 임금 노동자가 된 한국의 남성 가장은 자녀와 부모, 친인척까지 돌봐야 하는 과부하 상태에 놓였다. 이를 보완하기 위해 여성은 가정에 헌신적인 효녀이자 결혼을 준비하는 존재로 간주되었다.[203] 전통 사회에서 여성·어머니에게 요구된 가부장적 가족주의가 현대 산업 사회에서 다른 방식으로 지속된 것이다. 가부장주의적 가족주의는 수출 산업을 위해 매우 유순하고 복종적인 노동력을 생산하고 재생산하는 핵심 기제로 작용했다.[204] 1980년대 이후 도시 중산층의 '마이홈my home주의'는 서구식 개인주의나 핵가족주의에 기초하지 않는다. 그것은 유교적 씨족·가족주의라는 유산과 근대 시장 경제, 재산 소유권 관념과 결합한 사적 영역의 비정상적 비대화와 맞물려 있다. 한국의 가족은 외형적으로는 핵가족으로 급격히 변했지만 여성과 자녀의

사회 정책과 사회적 삶의 재생산: 시장·가족주의

독립성과 인격성은 보장되지 않았으며, 가부장제를 극복한 수평적 인간관계 역시 수립되지 않았다.[205] 조상, 친족과 연결되는 과거의 가족 관념은 오늘날 우리 '집'만의 이익, 즉 가족 이기주의 관념으로 이어졌다. 중국의 인류학자 페이샤오퉁이 지적한 중국의 소집단 중심주의와 유사하게 가족과 정치사회를 연결하는 공공성의 관념이 실종된 가족 이기주의의 양상이 나타났다.

여성의 노동 시장 진출이 본격화되면서 돌봄 문제가 본격적으로 등장했다. 가부장주의 가족 체제를 전제로 한 상태에서 여성은 노동 시장에서 남성과 같은 수준의 임금이나 승진 기회를 제공받지 못했다. 전업 주부를 이상적으로 설정한 1980년대까지의 '정상가족' 모델은 1990년대가 되자 더 이상 현실에 부응할 수 없었다. 돌봄과 보육을 오롯이 가족이 책임져야 하는 시장·가족 체제에서 좋은 보육 시설을 선택하려면 다른 가족과 경쟁해야 한다.[206]

노령화가 급격히 진행되었으나 노인 돌봄 역시 가족, 즉 자녀의 책임으로 남았다. 노인장기요양보험도 재가 급여를 원칙으로 하는데, 이는 일차적으로 가족 책임을 전제로 설계되었기 때문이다. 국민기초생활보호법의 부양 의무자 기준에는 수급권자의 직계 혈족, 직계 혈족의 배우자(며느리, 사위)가 포함되어 있다.[207] 이처럼 빈곤 가구의 부양 책임은 일차적으로는 가족, 즉 자녀에게 있다고 전제한다.

가족주의는 각종 연금 보험에도 적용된다. 예를 들어 국민연금은 혼인 지위에 따라 분류가 다르다. 전업 주부는 국민연금에 가입할 수는 있으나 가입의 유인력이 높지 않기 때문에 남성 부양자의 피부양자 지위로 국민연금에 접근하게 된다.[208] 유럽에서 영국 등 앵글로색슨 국가와 북유럽 국가들은 거의 대부분 18세가 되면 독립적인 수급자가 될 수 있다. 반면 우리나라의 국민기초생활보장은 미혼인 자녀가 30세가 넘어서야 독립 수급자로 전환한다.

　　외환위기로 더 이상 남성 가장의 외벌이 모델로는 가족을 지탱할 수 없다는 사실이 드러났다. 하지만 한국의 사회복지 제도는 변화를 따라가지 못했다. 윤홍식은 1990년대 이후 각종 복지 정책 중에서도 특히 아동 보육 분야의 정책과 예산이 획기적으로 늘지 않고 여성의 경제 활동 참가도 증가하지 않은 점을 근거로 복지 제도 개혁이 가부장적 가족주의, 즉 '아비투스'로서의 가족주의를 약화시키지 않았다고 본다.[209] 또한 그는 가족에 대한 사회적 지출이 지속적으로 증가하더라도 가족의 돌봄 책임은 당분간 줄어들지 않을 것이라 설명한다. 그 이유는 한국의 가족주의는 단지 복지 국가가 발달하지 않은 상태, 즉 전근대의 유산이 아니라고 보기 때문이다. 그는 아비투스로서의 시장주의와 가족주의가 훨씬 더 강고하고 장기 지속적이기 때문에, 한국에 유럽식 탈가족주의적 공공 복지가 정착되기는 어렵다고 진단한다.[210]

　　스웨덴은 누구나 어린 시절부터 평등한 환경에서 자랄 수 있도록 종합적이고 체계적인 가족 정책을 수립했다. 그러나 한국에는 사회 정책과 결합된 가족 정책이라는 개념조차 부재한다.[211] 과거 보육은 주로 가정·친족·여성의 영역에 있었으나 이제 공적 과제가 되었다. 그러나 2000년대 이후에도 한국 어린이

집의 80퍼센트 이상이 사립이고, 부모가 자녀를 안심하고 맡길 수 있는 저렴한 국공립 유치원은 얼마 늘지 않았다.

　국가는 사회 보험을 통해 안정적 고용 관계에 있는 사람들에게는 일정한 지원을 하고 있으나 실업자나 비정규직 노동자들은 여기서 배제되어 있다. 〈표14〉에서 보듯이 비정규직의 사회 보험 보장률은 매우 낮다.[212] 그렇다고 해서 이들이 민간 보험에 가입할 여력이 있는 것도 아니다.[213] 결국 이들은 위험 대비의 사각지대에 있다고 볼 수 있다.

　김대중 정부 이후 한국은 경제 활동의 압도적 부분을 차지하는 사기업에서의 노동 양극화, 비정규직 차별과 임금 불평등 확대는 막을 수 없으니 최소한의 사회 안전망을 통해 그것을 보충하는 방향으로 발전했다. 이는 복지 국가로 전환하지 못하는 조건에서 취한 현실적 자구책이었다.[214]

　여유진 등 연구자들은 복지 국가는 단순히 '복지 제도들의 이러저러한 조합'을 넘어서는 '시장·국가·가족(사회)'의 구조화 방식이며, 민주주의와 자본주의의 권력 균형에 대한 타협의 결과로 구축된 '사회적 건축물'이라고 전제한다. 그 안에서 복지 제도는 복지에 대한 의식과 태도를 변화시키고, 그 태도는 다시 복지 제도를 포함한 사회 제도의 변형을 가져오는 상호 구성적 관계성에 기초한다.[215] 이들은 산업 조직, 노동 시장, 교육과 숙련 체제, 가족 제도와 가족주의, 복지 제도와 구조, 국가의 재정 구조, 그리고 복지 태도를 역사적·총체적으로 고찰하여 한국형 복지의 '꼴과 상'을 그렸다. 또한 현재 한국 복지 국가의 실태와 문제점을 역사적 '경로 의존성'의 관점에서 통찰하고, 탈경로 의

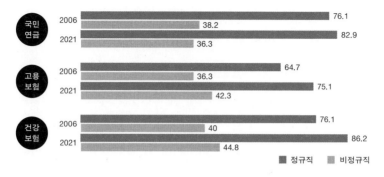

〈표14. 정규직·비정규직의 사회 보험 가입률 비교〉
출처: 통계청, 국가통계포털, 단위: 퍼센트

존적 대안을 모색했다. 그 결과 한국이 생산주의·조립 가공형 공업화·가족주의·낮은 조세 부담 등의 특징을 갖게 되었다고 강조했다.

　한국은 외환위기 직후 매우 빠르게 사회복지의 틀을 재구성했다.[216] 그러나 이미 그 이전부터 복지·교육·주택·의료를 가족·시장 영역에 의존하는 비중이 매우 커진 상태였다. 사회 정책학자들은 주로 탈상품화와 탈가족화 같은 지표로 복지 국가의 정도와 양상을 측정하지만,[217] 한국은 산업화가 성숙 단계에 돌입하기 이전에 교육·주거·의료 등을 시장이 공급하는 사기업 공급 체제와 가족 부담 체제가 강력하게 자리 잡고 있었다. 실제 계량적 지표로 실업급여·연금·공교육을 측정해도 한국의 탈상품화와 탈가족화 수준은 매우 낮다.[218] 결국 사회적 시민권의 진전은 매우 느린 가운데 노동 시장에서 '성안'에 진입한 상위 20퍼센트 내외는 기업·가족 복지에 의존할 수 있지만 '성 밖'의 사람들은 일부를 제외하고는 가족에게 의탁할 수밖에 없었다.[219] 의

사회 정책과 사회적 삶의 재생산: 시장·가족주의

탁할 가족도 없는 사람들은 한계선으로 내몰렸다.

1970년대 이후 한국의 중산층은 재산 축적, 주택·교육비 마련을 주로 저축에 의존했으며, 각종 위험에 대비하기 위해 사보험에 가입했다. 국가의 조세 체계와 저축 장려 조치는 가족주의의 실천을 유도하는 제도적 장치였다. 개발주의 국가는 산업화 초기의 자본 부족을 가계 저축을 통한 자본 동원 전략으로 메웠다. 국가가 소비를 억제하고 저축을 장려하여 마련한 자본으로 공적 복지를 대신했다. 1970년대 이후에는 금융 소득 종합 과세를 유보하고 근로 소득 면세와 재형저축 제도를 활용했다. 당시 소득세 감면과 재산 형성 촉진은 한국의 재분배 정책을 규정하는 중요한 요인으로 공공 복지 대신에 자산 축적을 통한 가족 복지를 선호하는 배경이 되었다. 자산 보장 생활 체계와 부동산 의존은 모두 재산 증식을 통한 자립과 가족 단위의 경제적 재생산을 유도한 정책의 귀결이다.[220] 가족 단위의 자산 형성 전략은 자녀 교육을 위한 저축과 노후를 대비하는 복지의 대체물이기도 했다. 그리고 가족적 결속은 산업 사회의 모순을 끌어안는 스펀지였다.[221] 산업화 과정에서 심각한 저임금과 열악한 노동 조건, 억압적 노동 통제를 감내할 수 있었던 까닭은 가족주의라는 스펀지가 있었기 때문이다.

성장주의, 취약한 공공 복지, 남성 외벌이를 전제로 한 연공 임금 체계와 가족 복지 체제는 긴밀히 맞물려 있다. 이런 조건에서 대중의 생존·지위 상승 전략이자 위험 대비 전략인 '자기 보호적 가족주의'는 민주화 이후, 특히 외환위기 이후 노동 시장, 돌봄, 부양, 복지 차원에서 '제도적 가족주의'를 입법화하고 정책

화하는 기반이 되었다. 그렇게 구축된 각종 제도적 가족주의정
책은 또다시 문화와 의식 혹은 아비투스로서 '가족주의'를 강화
하는 상호 작용을 했다. 한국의 국민연금 제도·돌봄 제도·기초
생활보호 제도·노인요양사 제도 등은 모두 보호적 가족주의가
제도적 가족주의로 변한 사례이다.[222]

　　교육과 주거의 사적 부담 체제는 동아시아 국가인 일본·한
국·타이완에서 공통적으로 나타나는 현상이다. 김미경이 주장하
듯이 이 세 나라는 소득세와 사회 보험료가 낮고 상대적으로 소
비세의 비중이 큰데, 이러한 구조는 모두 과거 개발주의 단계에
서 형성되었다. 양재진은 한국에서 저임금과 장시간 노동이 유지
되고 사회 보험 제도의 도입은 지연된 까닭은 국가가 수출 경쟁
력 강화에 초점을 두었기 때문이고, 이런 조건에서는 복지의 기
반이 될 수 있는 소득세 인상을 선택하기 어려웠다고 본다. 그러
나 타이완이나 일본과 비교해도 한국의 국가, 사회 차원의 지원
은 매우 미약하다.

　　한국과 동아시아의 경제 기적은 반민주적인 경성 국가strong
state, 즉 개발을 위해 강력한 집행력과 동원력을 가진 국가와 그
것에 필연적으로 결부되는 정부와 기업의 유착에 의해 가능했
다.[223] 그러나 한국의 개발주의 국가는 결코 계급 중립적인 국가
가 아니다. 국가는 수출 산업의 주역인 사기업과 거의 한 몸으로
움직였기 때문에 재벌의 반사회적 행태를 시정할 수 없었다.[224]
1987년 7~9월의 노동자 대투쟁에 맞서 기업은 사내 복지를 확충
하려는 움직임을 보이며 노사 대화를 시작했다. 그러나 노사 분
규가 발생하면 곧바로 공안 기구와 검찰이 노동자 진압에 나섰

다. 이 과정에서 국가는 사회 세력을 강력히 억압했고 소득 균형과 경제력 집중 완화도 제대로 추진하지 못했다.[225] 물론 그 원인으로 동아시아의 전통적·역사적 조건과 교육열, 식민지 지배 체제의 인프라 등도 고려해야 할 것이다. 이러한 전략은 극히 짧은 시간 내에 경제적 성공을 거두었지만 동시에 큰 한계를 내장하고 있었다. 즉 국가 개입의 관성 때문에 민주화 이후 연성 국가soft state로의 전환, 즉 사회 정책을 아래로부터 이끌어낼 힘을 만들어내지 못했다.

여성의 경제 활동 참가율 상승과 권리 의식 제고, 노동 유연화와 비정규직화, 고용 다양화 시대의 사회 변화와 부합하지 않는 가부장주의, 시장·가족 복지, 장시간 노동이 오늘날 마주한 출생 감소의 주요한 원인들이다.[226] 대체로 출생률이 급격히 떨어진 동아시아 국가는 가족주의 전통이 강하다. 유럽에서 여성의 경제 활동 참가율이 매우 낮고 가족 중심의 돌봄 체제가 유지되는 이탈리아도 합계 출산율이 매우 낮은데, 그에 대한 정책이 없다는 점에서 한국과 매우 유사하다.[227] 앞서 본 것처럼 주택·교육·복지·노동 영역의 모든 정책과 재생산 구조가 혼인 기피 및 저출생과 깊이 연관되어 있으나 역대 정부는 이러한 구조나 시스템 자체를 건드리기보다는 당장의 출산 장려에만 급급했다. 세계 최저의 출생률은 사회 정책이 실종된 결과이다.

4장

사회 정책,

사회적 재생산의

정치사회학

민주정부의 성격과
사회 정책[1]

신자유주의 세계화 앞에서 '민주화'

갈림길에 선 문민정부와 국민의 정부

한국에서 민주당 대통령이 집권할 때마다 내세운 가장 일반적인 구호는 '상식, 반부패, 특권 철폐, 법치'였다. 이는 군사 독재 이후에도 지속된 검찰과 사법부, 언론 등 특권 집단의 권력 행사를 제한하고 공안 기구가 정치에 개입해온 극우 반공주의 국가를 '정상국가'로 만들자는 구호였다.[2] 그러나 이들이 가장 역점을 둔 정책은 겉으로 한 말과는 달리 보수 정권과 다름없는 경제 발전과 안보, 국가 경쟁력과 국민 소득 향상이었다. 노무현 대통령이 '구시대의 막내'라고 자신의 위치를 설정한 이유도, 그가 시대적 과제를 그렇게 받아들였기 때문이다. 대선 때마다 들리는 구호나 정책 기조는 대체로 법치와 시장 질서의 공정을 목표로 삼고 있었다. 그러나 분단 국가인 한국에서 안보와 남북·한미 관계는 국내 정치의 정상화를 위한 기본 전제라 볼 수 있기 때문에, 대통령이 된 후에는 국내 사회와 경제의 개혁보다는 남북 화

사회 정책, 사회적 재생산의 정치사회학

해와 인권, 지역주의 극복을 위해 힘겨운 투쟁을 했다.

한국에서는 과거 야당이던 민주당 의원이나 대통령 등의 정치 세력을 '진보'라 부르고, 특히 극우 세력이나 언론은 이들을 늘 '좌익'이라고 부른다. 미국에서도 극우 세력은 자유주의 성향의 민주당 대통령인 클린턴이나 오바마를 좌익이라고 공격하는데, 한국의 정치 구도와 이념 스펙트럼이 미국과 유사한 것을 생각해보면 이해할 수 있다. 즉 사회민주당 등 진보 정당이 없는 미국과 한국에서는 리버럴도 좌익으로 분류된다. 극우의 입장에서 보면 자본의 활동을 규제하려 하거나 조세 인상과 재정 확대를 추구하는 케인스주의적 국가 개입주의를 표방하여 시장주의를 위협하는 모든 정치 세력은 좌익인 셈이다.

물론 진보라는 것은 상대적인 개념이므로 리버럴도 그렇게 부를 수 있다. 한미 관계나 남북 관계에서 민주당 대통령들은 친미 반북주의를 비판하고 대북 화해를 통한 분단 극복과 통일을 지향했다. 냉전 반공주의 세력의 눈에 이것은 분명히 진보, 심지어 급진일 수 있다. 그러나 이러한 반일 및 분단 극복 민족주의야말로 국가를 정상화하려 한다는 점에서 사실 자유주의 혹은 보수주의에 더 가깝다.

김대중 정부는 1987년 민주화 이후 처음으로 수립된 '민주' 정부였고, 그래서 김대중 대통령의 집권은 한국 민주화운동의 가장 중요한 성과였다고 볼 수 있다. 그런데 김대중이나 노무현 같은 정치가의 집권을 두려워한 냉전 보수 세력은 검찰과 사법부, 언론을 동원해서 이들을 지독하게 괴롭혔다. 결국 노무현 대통령은 퇴임 후 죽음을 맞았다.

1997년 10월 8일 극우 매체『한국논단』은 '대통령 후보 사상 검증 토론회'를 개최하여 김대중의 용공 의혹을 집중적으로 제기했다.[3] 그리고『조선일보』는 김대중 후보가 최장집 고려대 교수를 정책기획위원장으로 임명하자 그의 사상 검증에 거의 신문 전면을 할애하여 정치적 자유주의자에 가까운 그를 그 자리에서 물러나게 했다. 이후에도『조선일보』는 과거 사회운동 진영과 관련 있는 인사가 발탁될 때마다 사상 검증을 계속했다. 그들은 언제나 1950년대식의 '좌익' 담론을 입에 달고 있다. 그러나 김대중·노무현·문재인 대통령과 그들이 기용한 인사는 외교·안보 정책에서는 '진보'였을지 몰라도 사회·경제 이슈에서는 리버럴 혹은 보수에 가까웠다.

김대중 대통령은 주류 보수인 김종필의 자유민주연합(자민련)과 손잡고 겨우 집권에 성공했고, 외환위기 상황에서 국가 운영을 시작했다. 대통령 후보 시절 IMF 재협상론까지 제기했던 김대중은 대선에서 승리하자마자 클린턴 대통령을 필두로 하는 미국 재무부와 IMF의 강한 압박을 받았다. IMF와 미국 신용 평가 기관은 한국을 영미식 주주 자본주의로 개편하려 했다. 한국은 아직 '자유주의'에도 도달하지 못했는데 '신자유주의'로 가라는 압박을 받았다.[4] 그것은 내적 자유화의 요청을 '미국발 지구적 신자유주의 질서의 강제 속에서 진행한 것'이라고 봐도 좋다.[5] 즉 재벌의 시장 독점을 해결하는 지배 구조 민주화 방안과 법의 지배와 시장 원리를 투명하게 작동시킬 방안이 마련되지 않은 상태에서 IMF 신탁 통치에서 탈출하기 위해 자본 시장 개방과 기업 구조조정이 요청되었다. 그리고 김대중 정부는 외환

225

위기 원인과는 별로 관계도 없는 과도한 경제 자유화, 기업과 노동자의 희생을 강요하는 조치들을 거의 그대로 수용했다. 그것은 나오미 클라인이 말한 '쇼크 독트린Shock Doctrine'이었다.[6]

IMF와 국제 금융 자본이 한국 등 아시아에 요구한 시장주의 개혁의 내용이나 김영삼 정부 말기의 5·31 교육 개혁, 김대중 정부가 시행한 자유화 정책은 개발 독재 시절의 부정적 유산을 청산한다는 점에서 나름대로 진보적인 점도 있었다. 김대중 대통령 자신과 참여연대 등 시민 단체도 외환위기라는 국가 부도의 국면, 지구화라는 경제 환경 속에서 한국을 '열린 시장'으로 이끌 수 있다고 생각했다.[7] 김대중 정부는 서둘러 노동 시장 유연화, 무역과 투자의 자유화, 외환·금융 시장의 자유화, 공기업 민영화 등의 조치를 시행했다.[8] 물론 그 이후 금융 산업은 정부의 투자 자금의 분배와 행정적 간섭에서 어느 정도 자율성을 획득했고, 한국은행도 재경부로부터 어느 정도 독립했다. 해외 직접 투자도 활성화되었다. 재벌기업은 자산 대비 부채 비율, 자회사 간 상호 지급 보증, 불투명한 회계 등을 개혁했다.

그러나 2차 세계대전 후 더글러스 맥아더가 일본을 점령한 다음 A급 전범은 거의 남겨두고 미국의 동아시아 전략이라는 목표에 부합하는 '민주화' 조치를 폈듯이, IMF와 국제 금융 자본은 외국 자본의 진출에 도움이 되는 정도의 경제 투명성 보장은 요구했으나 가장 반시장적인 재벌 체제 혹은 대기업의 가족 지배 구조 개혁에는 관심이 없었다. 그래서 김대중 정부와 경제 관료 세력이 주체적인 입장에서 포괄적인 기획으로 신자유주의 개혁을 추진했다고 보기는 어렵다.[9]

외환위기 국면을 맞아 박정희·전두환 정부 이래의 성장주의, 개발주의가 초래한 각종 사회경제적 모순을 주로 가족과 개인이 감당해온 사회적 재생산 구조의 문제가 전면적으로 드러났다. 실업자와 신빈곤층이 급격하게 증가했고 학생들은 학업을 포기했으며, 이혼과 자살이 속출했다. 상층 노동자들의 '평생 직장' 개념도 무너졌고, 대규모의 비정규직 노동자들과 불안정 취업자들은 퇴직금, 자녀 학비, 주거비 등을 시장에서 마련해야 했다. 김대중 정부는 기존의 시장·가족주의 사회 시스템을 전환하는 시대적 과제를 해결하기 위해 어떻게든 사회 안전망을 마련해야 했다.

결국 정부는 국가 부도 상황에서 하루빨리 탈출하기 위해 경제 제일주의라는 낡은 칼을 다시 꺼냈다.[10] 특히 IMF 구제금융에서 벗어나기 위해서는 당장 가시적 효과가 나오는 건설 경기 활성화가 필요하다고 생각한 나머지 부동산에 대한 각종 규제를 모두 풀어버렸다. 이것이 오늘날까지 이어지는 아파트 값 폭등의 가까운 기원이다. 김대중 정부는 국가 부도 위기에서 하루빨리 탈출하려고 극약 처방을 선택했다.

성장주의 사회경제 시스템 혹은 가족주의 복지 레짐의 전면적인 전환은 사실 김영삼 정부에서 기획하고 추진했어야 하는 일이다. 노태우·김영삼 정부 시기는 한국이 개발주의와 재벌, 관료주의의 유산을 극복하고 말 그대로 '신한국'을 건설할 극히 중요한 전환기였다. 중국의 등장, 탈냉전과 남북 화해가 무르익던 그때가 개발주의의 경로를 변경하여 고숙련에 기초한 산업 질서를 구축하고 복지 자본주의로 이행할 중대한 과도기였다. 정치

　　　사회 정책, 사회적 재생산의 정치사회학

적으로는 탈군부 민주화를, 경제적으로는 재벌 주도의 조립 가공형 산업화 극복과 기술 혁신 체제 수립이 중요했다. 더불어 민주화운동과 노동운동의 요구를 제도적으로 수용하여 기업과 정부 차원에서 새로운 사회적 합의 구조를 수립하는 문제, 조세 체제를 개편하고 증세를 통해 복지 국가의 초석을 놓는 문제, 저출생 인구 감소와 고령화 시대를 준비하는 문제, 정부 수립 이후 지속된 입시 위주의 교육 체제를 개편하는 문제 등이 산적했다.

김영삼 정부는 문민 통치, 반부패, 그리고 경제 활성화를 개혁의 주요 목표로 삼았다.[11] 김영삼 정부는 3당 합당 이후 영남 패권주의의 권력 지형 위에서 하나회 해체, 금융 실명제 등 일련의 개혁을 실시하기는 했지만 대체로 개발 독재 시절의 성장주의, 수출 위주의 경제 구조, 재벌 몰아주기 산업 전략, 그리고 냉전·군부 독재 시절의 지배 질서를 거의 그대로 둔 채로 자유화의 길로 나갔다. 노태우 정부에서 추진했던 금융 실명제는 기업가 단체의 반격으로 계속 유보되다가 김영삼 정권 들어서 전격 실시되었다. 1993년 8월 '금융 실명 거래 및 비밀 보장에 관한 긴급 재정경제 명령'을 발표하고 1995년 7월 부동산 실명제를 실시한 것은 분명히 경제 민주화에 기여했다.

이후 세계화와 글로벌 스탠더드를 내걸고 OECD에 가입하여 선진국 대열에 들어섰다고 자랑했지만, 사실 후발국에서 중진국으로 도약하려는 조립 가공형 수출 산업 국가인 한국이 어떻게 체질을 개선해야 하는지, 무엇을 준비해야 하는지 명확한 방향과 인식을 갖지 않았다. 지구화된 경제 질서하에서 개방은 거역할 수 없는 과제였다고도 볼 수 있으나 한국은 국제 금융 자본의 사냥감이 될 위험을 안고 있었다. 결국 OECD 가입 후 '탈 공업화'의 함정에 빠졌고 금융화의 도전에 제대로 대응하지 못한 것은 물론, 재벌 개혁과 규제에 실패하면서 국가 부도와 경제 '개방'을 당했다. 이 과정에서 정부는 외국 자본의 무차별적인 요구에 제대로 대처하지 못했다.[12] 특히 한국의 재벌대기업은 조립 가공형 체질을 전환하는 중요한 도전을 맞아 당장의 비용 절감을 위해 자동화, 해외 진출, 외주 하청화의 길로 나아갔다. 정부와 사용자 측의 거센 저항과 싸우면서 이제 막 기업 내 시민권을 획득한 대기업 노조는 사업장 내 임금과 근로 조건 인상에 치중할 뿐 산업 재편 과정에서 닥칠 노동자 일반의 처지에는 관심을 기울이지 않았다.

결국 한국 경제에 필요한 경제 민주주의, 자유주의적 개혁의 시도는 미국과 IMF가 거의 폭력적으로 강제한 신자유주의적 압력에 흡수되고 굴절되었다. 그래서 한국은 지금까지도 시장주의 원칙이 작동하지 않는 특권·독점 영역과 시장주의가 적나라하게 작동하는 영역으로 완전히 이분화되어 있다. 금융 기관 설립, 주택 건설을 위한 토지 수용과 개발, 학교 교육 내용과 행정 등 시장 원리가 적용되어야 할 영역은 국가의 통제가 유지되고 민간의 개입이 차단되었다. 반대로 국가 혹은 시장이 개입해야 할 주거, 교육, 노동의 재생산 영역은 더욱 적나라한 시장 원칙이 지배한다.

국민의 정부, 참여정부의 사회 정책 노선

김대중 정부 시기 한국은 서유럽형 복지 국가로 갈 것인지 미국형 자유주의 국가로 갈 것인지의 기로에 서 있었다.[13] 영미식 시장 자본주의와 유럽식 조정된 시장 경제가 사회주의 붕괴 이후 후발 자본주의 국가들에게 주어졌다. 그러나 성장주의, 생산주의 복지, 시장·가족 의존 사회 체제를 뒤집기 위해서는 상당한 비용이 드는 상황에서 정부가 강력한 증세를 추진할 역량이 없는 한 영미형 자본주의로 갈 수 밖에 없었다.[14] 증세, 국가의 조세 역량이 없는 한 복지 국가로의 전환이 사실상 불가능하기 때문이다.

김대중 정부의 경제 제일주의는 사회 정책이 경제 정책의 시녀 노릇을 해온 50년 동안의 성장주의·개발주의를 반복한 것이다. 이 성장주의는 지위 유지와 계층 상승의 수단으로서 교육과 부동산을 통한 자산 축적, 가부장적인 가족주의, 돌봄의 가족 책임 구조와 맞물려 있으며, 기업별 노조주의 및 기업 복지 체제와도 맞물려 있었다. 한국 정부는 그 이전 한 세대 동안 걸어온 발전 경로와 대면하지 않을 수 없었다.

김대중·노무현·문재인 대통령은 인권과 통일 문제에 대해서는 대체로 전문가 수준 혹은 그 이상의 식견을 갖고 있었으나 경제 정책에 대해서는 대체로 문외한이었고, 사회적 사안에 대해서는 특별히 관심을 갖지 않았거나 그럴 여유가 없었다. 그리고 이들은 박정희와 동시대인이거나 그 시대의 성장주의와 개발주의를 어느 정도 체화한 세대이다. 세 대통령은 극우 반공주의 정치 지형과 '기울어진 운동장'의 현실을 잘 알고 있었기 때문에, 대체로 계급적 이해가 충돌하는 사회·경제 정책에 대해서는 매우 조심스러운 태도를 보이며 '현실 정치가'로서 경제 제일주의와 시장주의, 능력주의 흐름을 수용했다. 이런 점에서 사회·경제 정책에 대한 이들의 노선은 기존의 주류 보수 세력과 별 차이가 없었다.

김대중 정부는 민주주의와 시장 경제를 결합하겠다는 기치 하에 노사정위원회 같은 유럽식 3자 협약을 실험하고 노동조합의 정치 활동을 허용하는 중대한 조치를 실시했다. 이 과정에서 사회 보험을 완성하는 등 공공 복지의 틀을 갖추었다. 이것은 매우 제한적이나마 사회 민주주의 개혁의 첫걸음을 내디딘 단계로 역대 정부 중에서 가장 의미 있는 성과이다. 김대중 정부는 국민 기초생활보장법과 부패방지법을 입법하는 큰 걸음도 내디뎠다. 노무현·문재인 정부 역시 복지 확충, 임대 주택 확대, 대학 공공성 강화 등을 내걸기는 했다. 그러나 그들의 진보 개혁적 자유주의 공약이나 정책은 대체로 집권 1년이 지난 후에는 거의 굴절되거나 실종되었다.

사실 사회·경제 정책을 보면 김영삼 정부의 노선과 '진보' 혹은 '좌익'이라는 공격에 시달린 김대중·노무현 정부의 노선이 확연히 다른 기조와 철학을 가졌다고 보기는 어렵다. 김대중·노무현 정부는 외환위기와 IMF 신탁 통치, 그리고 김영삼 정부 이래 지구적 신자유주의 경제 질서에 전면 노출된 조건에서 국가를 떠맡았다. 이런 상황에서 추진한 기업 구조조정, 탈규제, 그리고 노동 시장 유연화 등 신자유주의 사회·경제 정책은 그들이 표방했던 '민주주의'의 기반을 심각하게 파괴했다. 그 결과 민주당 대통령의 집권이라는 성과는 IMF 관리 체제와 국가 비상 사태에 대처하는 과정에서 위축되고 빛이 바랬다.

김대중 정부는 국제 금융 자본이 요구하는 자본 시장 개방과 시장주의 확대가 초래할 피해를 시정 보완하려는 의지가 확고했다.[15] 그러나 그의 민주화와 '자유화'의 기치가 결국 '신자유주의'적 내용을 갖게 된 것은 반드시 국제 금융 자본, 특히 IMF나 미국 재무부의 압력 때문만은 아니다. 당시 경제 관료와 대통령 자신의 소신도 감안해야 한다. 김대중은 "IMF 이후 우리의 선택은 시장 경제 외에는 다른 길이 없었다"라고 회고했다.[16] 1997년 선거 직후에는 IMF와 외국 자본의 힘으로 재벌을 개혁하고 경제의 투명성을 확보하며 경제 체질을 개선하는 기회로 삼으려는 생각도 갖고 있었다.[17] 김대중 정부의 신지식인론, 인적 자본에 대한 강조, 공공 부문에서 능력주의를 표방하는 인사 정책도 이러한 기조와 부합한다.

노무현 대통령은 지방 분권과 자치, 지역주의 타파에 소신을 가졌지만 사회·경제 개혁에는 구체적인 방침이 없었다. 또한 시장권력, 즉 재벌이 정치권력보다 우위에 서는 상황에 우려를 표시하긴 했지만,[18] 대통령의 힘으로는 그것을 교정하기 힘들다고 생각했다. 사회 투자 국가론[19]이나 한미 FTA 추진의 논리, '한국 비전 2030' 같은 제안도 '경쟁력 있는 국민'을 만들자는 자유주의와 경쟁주의 기조 위에 서 있었다.[20]

이렇게 볼 때 김대중·노무현 정부의 이념적 기조는 과거 냉전적 자유론, 즉 반공주의와는 거리를 두고 대체로 개혁 자유주의 지향을 견지했다고 볼 수 있다. 전자의 경우 '자유'를 자본주의와 재벌 체제를 옹호하는 논리로 동원하지만, 후자는 주로 시장 원리의 전면화와 기업 활동의 자유로 해석한다.

두 민주당 대통령은 하층 혹은 중간층 출신에 명문대 학벌을 갖지 못했다. 그리하여 불평등과 노동자 및 사회적 약자의 고통에 더욱 공감했다. 김대중은 젊은 시절 노동운동 관련 논문을 쓴 적 있고,[21] 노무현은 문재인과 노동 변론을 하고 국회 노동위원회에서 맹활약한 경력도 있기 때문에 노동 문제에 대해서는 이해도가 높았다. 노무현은 "비정규직 노동자의 눈물을 닦아주겠다"라고 천명하면서 당선되었으나, 집권 후 곧바로 철도 파업과 전교조의 교육행정정보시스템 반대 투쟁을 탄압하면서 이들과 결별했다. 이후 조직노동 세력의 반발에도 불구하고 비정규직 보호 입법과 노사 관계 선진화 방안을 관철했다. 한편 문재인은 노동 존중 사회를 내걸고 공기업 비정규직의 정규직화에 의지를 보였다. 최저 임금 인상도 추진했다. 그러나 집권 후 오래지 않아 정규직과 자영업자의 반발에 부딪쳤으며, 최저 임금 인상과 노동 시간 단축 등의 개혁 사안을 포기하고 조직노동과는 거리를 두었다.

아무리 대통령이 하층민의 삶을 이해한다 하더라도 사회 문제의 독자적 성격에 대한 이해, 특히 산업·노동·교육·복지 문제의 중층 복합적 구조에 대한 인식이 깊지 않거나, 사회적 의제를 경제 발전과 기업 경쟁력의 논리에 종속시키면, 정부 정책에 대한 조직노동 세력의 반발에 곧바로 거부감을 갖기 쉽다.

김대중 대통령의 연설문 수백 편 중 복지와 교육을 주제로 한 것은 한두 편에 불과하고, 노동을 주제로 한 것은 아예 없다.[22] 노무현 대통령도 자서전에 부동산 문제를 제외하고서는 사회 정책 사안에 대해 일절 언급하지 않았을 정도로 관심이 적었다.[23]

문재인 대통령은 앞선 두 대통령보다 더 '경제'를 강조했다. 세 사람 모두 교육 정책에 분명한 철학과 방향, 의견이 없었다. 그 결과 김영삼의 5·31 개혁안을 거의 그대로 이어받았다. 한편 이들은 한국에서 주택 문제, 특히 수도권 아파트 값은 중산층 자산 형성이나 서민 주거 마련, 사회적 불평등 해소에서 매우 중대한 사안이고 잘못하면 정권을 무너뜨릴 수도 있다는 것은 잘 알고 있었다. 그럼에도 적절한 시기에 효과적인 정책을 투입하지 못해 실패를 반복했다.

김대중·노무현 정부는 결코 재벌기업·사학·학원·건설업자의 이익을 옹호하지는 않았다. 정권 초기에는 중산층인 자영업자나 화이트칼라, 그리고 하층 노동자가 자본의 힘에 휘둘리지 않도록 사회 정책을 펴려는 의지도 갖고 있었다. 그러나 실제로 노동자나 사회적 약자의 사회적 권리는 기업의 생산성 향상과 경영권을 침해하지 않는 한에서만 확대되었고, 공교육을 획기적으로 개선하여 국민의 사교육비 부담을 줄이려 하지도 않았다. 중하층의 주거 복지에 대한 의지도 확고하지 않았다.[24] 그 점은 인사에서 가장 잘 드러났는데, 이들은 친기업 경제 관료를 많이 기용한 반면 사회 개혁 의지를 가진 참모는 거의 기용하지 않았다.

세 민주정부는 적어도 대기업과 중소기업의 갑을 관계를 시정하고 비정규직을 보호하려는 정치적 의지를 갖고 있었다. 김대중·노무현 정부가 반부패, 투명성, 공정, 특권 철폐 등 개혁적 자유주의 노선을 견지한 까닭은 이제 집권 세력의 일부로 들어온 민주화운동 세력과 반부패 재벌 개혁의 기치를 내건 시민사회, 중산층·진보적 지식인의 요구를 수용했기 때문이다. 그러나 도시 중산층은 민주화와 자유화는 지지했으나, 노동 세력의 파업이나 집단 행동에 대해서는 부정적이었다. 중산층이 이런 생각을 갖는 데 대다수의 언론이 크게 일조했다. 김대중 대통령 자신은 IMF의 요구를 부당한 내정 간섭이라고 생각했을 수도 있지만, 그보다는 한국의 시민사회가 주창해왔던 재벌 개혁과 정경 유착 및 관료들의 권한 행사 제한을 경제 개방과 기업 지배 구조 개선 같은 자유화 조치로 어느 정도 해결할 수 있다고 생각했다.[25]

세 번의 민주당 대통령과 민주당 집권기에는 기업가 단체와 보수 언론이 줄기차게 요구하는 친기업 정책이 그대로 시행되지는 않았다. 이들은 일자리 문제 해결을 위해 기업의 투자 촉진과 경쟁력 강화는 적극 인정했으나, 제한된 재정 능력 안에서 사회적 형평성을 세우고 약자를 보호하여 균형을 잡는다는 생각을 갖고 있었다. 그러나 대통령이 공약에서나 당선 후 각종 발언으로 경제 제일주의와 기업 경쟁력을 내건 마당에 재벌을 개혁 대상으로 거론하거나 복지나 분배 정책을 적극적으로 추진할 수는 없었다.

김대중·노무현 대통령은 재벌대기업의 힘이 막강하고 조직노동의 힘이 매우 취약하여 소득세 인상이나 기업 대상의 각종 조세 감면을 폐지하는 정책을 펴기 힘들었다. 또한 시민들이 시장·가족주의 복지 의식을 갖고 있다는 것도 잘 알았다. 그러한 한계 내에서 노동과 시민사회의 '사회력'을 강화하는 정책을 펴기보다는 '시장력'의 과도한 확대를 우려하는 정도에 그쳤다. 결국 주거 정책에서 개발주의적 건설 경기 활성화라는 유혹을 물리치지 못했으며, 교육 정책에서는 자녀 교육에 물불을 가리지

사회 정책, 사회적 재생산의 정치사회학

않는 중산층의 여론과 압력에 밀렸다. 결국 김대중·노무현 두 정부는 세계 체제하 반+주변부의 국가들이 그러했듯이 국내 노동 통제를 통해 지구적 금융 자본의 지배를 매개·관리하는 역할에 머물고 말았다는 비판을 면하기 어렵다.[26]

노무현 정부의 뒤를 이은 이명박·박근혜 정부의 경제 부처는 과거식 개발주의로 돌아가 탈규제 민영화와 노동 시장 유연화 정책을 더욱 강하게 추진했다. 이명박 정부는 경제 위기 조기 극복, 규제 개혁, 국가 경쟁력 향상을 '국정 핵심 어젠다'로 삼았고,[27] 대운하(4대강 사업)를 대통령의 의지가 담긴 중요한 전략 사업으로 설정했다. 이명박·박근혜 정부의 등장으로 안보와 경제가 다른 모든 사회 의제를 압도했다. 이명박 정부는 비정규직 법의 개악을 시도하고 금산 분리를 완화했으며, 사회적 약자의 복지를 축소했다.

한국의 성장주의와 국가주의는 이명박의 747 공약에서 가장 잘 드러났다. 종부세 완화 등 다양한 감세 조치, 재벌기업의 출자 총액 폐지, 사회복지 예산 삭감, 대규모 건설회사 특혜로 채워진 4대강 사업 등 그 내용은 일관되게 친자본적이었다. 민주화 이후 그 어떤 정부도 이명박 정부처럼 노골적으로 부자들을 위한 정책을 추진하지는 않았다.[28]

촛불정부를 자임한 문재인 정부가 정권 초기에 동원할 수 있었던 막강한 정치 자본이나 여론의 높은 지지는 중도 보수 세력과의 타협을 통해 겨우 집권한 앞의 두 민주당 정부와 완전히 달랐다. 만연한 불평등·불공정·시민 주권 박탈에 분노한 시민들은 단순한 정권 교체를 원한 것이 아니라 제도 개혁을 포함하여

정부	성격
김영삼 정부	과도기(자유화 대 민주화 각축)
김대중·노무현 정부	신자유주의·개혁 자유주의·개발주의(제한적 사민주의)
이명박·박근혜 정부	개발 독재형 신자유주의(냉전 보수주의)
문재인 정부	신자유주의 기조의 개혁 자유주의

〈표15. 각 정부의 정책 이념과 노선〉

과감한 사회경제적 개혁 조치를 취해도 좋다는 신호와 지지를 보냈다.[29] 문재인 정부는 '국민이 주인', '더불어 잘사는 경제', '내 삶을 책임지는 국가'라는 구호를 내걸며 이명박·박근혜 정부의 노골적 친기업 정책에서 벗어나려 했다. 최저 임금 인상, 노동 시간 단축, 소득 주도 성장을 통해 불평등 극복을 향한 의지를 보였으나, 그럼에도 개혁의 방향은 대체로 중도에 그치고 강도도 약했다.

문재인 정부에서 '공정'은 절차적 공정 혹은 합리적 경쟁과 거의 같은 의미로 사용되었는데, 그것은 김대중 정부 이후의 능력주의 담론을 그대로 수용한 것이다. 문재인 대통령의 연설문 모음 『완전히 새로운 시작』에는 과연 촛불 이후 한국이라는 선박의 출항지가 어디이며 한국 사회를 어떻게 정의할 것인지, 그리고 도착해야 할 항구는 어디인지가 나오지 않는다. 노무현 대통령이 가졌던 '구시대의 막내' 정도의 인식도 찾기 어렵다.

사회 정책, 사회적 재생산의 정치사회학

대통령제와 양당 독점 구조의 제약

단임 대통령제의 한계

나는 대통령으로 민생의 어려움을 풀어주지 못했다. 국민에게 너무나 미안하다. 그러나 한 가지 말하고 싶은 것이 있다. 양극화는 한국에서만 나타나는 현상은 아니다.[30]

노무현 대통령은 가난한 사람의 문제를 해결할 수 없었던 것에 대해 미안하게 생각하면서도 그것이 한국만의 문제가 아니라 외환위기 이후의 세계 환경에서 기인한 것이며, 대통령으로서 할 수 있는 역할이 매우 제한적이었다고 변명했다. 김대중·노무현 정부는 그렇게 평가할 수도 있다. 그런데 문재인 정부가 개혁적 사회 정책에 손을 놓은 것은 국내외 환경 탓으로도 돌리기 어렵다. 의회 권력이 뒷받침해주지 않으면 한국에서 대통령이 할 수 있는 일은 제한적이라고 변명할 수 있다. 그러나 2020년 총선에서 민주당이 180석을 얻은 이후에는 이마저 통하지 않는다.

대통령은 헌법 제66조에 근거해 국가원수이자 대표자로서 행정부의 수반이고, 동시에 군 통수권자이자 외교 책임자, 입법 결재권자로서 절대적 권한을 행사할 수 있다. 대통령은 모든 행정 부처의 장관을 임명할 수 있고, 각 부를 통해서 입법 제안을 할 수도 있다. 물론 국회가 통과시킨 법안에 거부권도 행사할 수 있다. 또한 대통령은 행정부의 수장으로서 예산의 편성권도 갖는다. 그래서 대통령이 국가 운영에 어떤 철학과 비전을 갖고 있느지, 정책의 우선순위를 어디에 두는지가 온 국가와 사회의 진로를 좌우한다. 대통령은 국가 그 자체, 아니 '선출된 왕'으로서의 표상과 행동을 통해 신화를 만들어내기 때문이다.[31]

사회 개혁안을 입안하고 실행하기 위해서는 대통령이 확고한 소신과 의지를 갖고 자신의 철학과 생각을 집행할 사람을 장관으로 임명해야 한다. 장관들은 각 부처의 공무원들을 한 방향으로 리드하고 설득해야 한다. 물론 모든 정치적 책임은 대통령과 정당 등 선출된 권력이 지게 되어 있다. 그런데 각 분야의 전문가인 관료들이 정책을 제대로 실행하지 않는 것은 선출된 권력의 정치적 의지와 리더십이 약하거나 없기 때문이다. "관료들에게 권한과 책임을 충분히 주되, 용인될 수 있는 범위를 벗어난 정책의 실패나 비위로 공익을 과도히 침해하는 정치적 행태를 보이는 관료에 대해서는 그 책임을 철저히 물어야 한다."[32]

정당의 사회적 기반이 취약한 대통령제하의 한국에서 대통령은 주요 정책을 자신을 후보로 추대한 여당과 조율해야 한다. 하지만 실제로는 선거 준비를 위한 공약이나 정책 마련, 그리고 당선 후의 정책을 집권 정당과 논의하기보다는 대선을 위해 꾸린 캠프에 의존하고 당선 후에는 청와대가 주도한다. 공약 제출 과정에 정책의 총괄 단위인 당의 입장이 반영되긴 하지만, 이후 캠프 출신이거나 신뢰할 만한 주변 사람을 비서나 장관으로 임명해서 정권을 운영한다.[33] 이 캠프는 싱크탱크가 아니며 국내외 실정에 대한 분석과 과거 정책에 대한 평가, 미래에 대한 비전을 축적한 집단도 아니다. 따라서 대통령에게 확고한 소신과 철학이 없으면 여당이나 야당을 설득할 수 없고, 관료들에게 포획되어 공약이나 정책을 실현하지 못한다.

지금 세계 여러 나라 중에서 대통령제를 택한 나라는 극소수인데, 그나마 한국처럼 한 번의 선거로 선출하는 승자 독식의 선거법이 적용되고 선출된 이후에는 내치와 외교를 모두 관장하도록 권한을 위임하는 나라, 즉 일방적인 위임 민주주의delegate democracy가 실시되는 나라는 거의 없다.[34] 선거가 끝나고 권한을 위임한 이후에는 국민의 정치 참여가 사실상 단절되고 오직 대통령 개인에게 모든 사안을 다루는 책임이 부여된다. 그러니 정책 논의 대신에 그에 대한 지지와 비토가 정국을 온통 집어삼킨다.[35]

물론 대통령제의 장점도 있다. 강한 정치적 주도권 행사가 그것이다. 국민으로부터 전권을 위임받은 대통령은 의회의 저항을 제압하고 검찰을 통제하면서 권력을 행사할 수 있기 때문에[36] 강력한 의지가 있다면 효과적으로 정책을 실현할 수 있다. 박정희 대통령이 경제 개발을 밀어붙인 것이 그 예이다. 한국의 경우 민주화 이후 대통령의 권한은 일부 약화되었다. 우선 예산 수립권을 경제 부처가 갖고 있으나 대통령은 경제 관료를 거의 통제하지 못하고, 언론은 통제 밖이며, 사법부는 대법원장과 대법원 판사에 대한 인사권을 행사하는 정도다. 더구나 민주화 이후의 정치적 대립 구도는 지역주의에 근거했기 때문에 선거 정치에서 사회 정책은 여전히 후순위이다.

이런 5년 단임제 대통령제하에서 오랜 준비와 충분한 사회적 논쟁을 거쳐 정책이 입안되기는 어렵다. 집권당의 정책 역량이 축적되어 있지 않고 정당 내에 싱크탱크가 없기 때문에 정교

한 정책안을 생산할 수 있는 단위가 없다.[37] 국책 연구소도 그런 기능을 하지 못한다. 설사 여야 합의로 정책을 입안하고 반대 여론을 제압해서 국회에서 법안을 통과시키더라도 이후 국무회의에서 시행령을 만들고 관련 부처의 의견을 반영하는 과정을 거치면서 애초의 내용은 변질되거나 굴절된다. 또한 입법 사안이 아닌 각종 행정 조치는 정권이 교체되면 거의 원점으로 되돌아가기 일쑤다. 개혁은 대통령의 높은 지지율과 인기에 의존할 수밖에 없기 때문에 실제로 마음먹은 정책을 펼 수 있는 시간은 집권 초반 1~2년에 국한된다. 임기 중반이 지나면 개혁의 동력, 즉 관료들을 통제하는 힘이 현저히 저하된다.

그래서 대통령제하에서는 집권당이 다수 의석을 갖고, 대통령은 자신이 구상한 정책을 반드시 실현하려는 확고한 방침과 의지를 갖고 있을 때만 개혁 입법을 현실화시킬 수 있다. 그런데 김대중 정부 이후 지금까지 집권당이 의회 다수 의석을 가진 경우는 2004년 탄핵 직후 노무현 정부 시기와 문재인 정부의 2020년 총선 직후뿐이다.[38] 한국과 같은 대통령제하에서는 야당과 청와대가 대립하는 이중 권력 상태가 거의 불가피하고 정치적 양극화와 적대적 분열은 항상적이다.[39] 그런데 위에서 말한 예외적인 기간, 즉 집권 여당이 총선에서 다수 의석을 차지하여 개혁을 밀어붙일 수 있었던 시기는 모두 대통령 임기 중후반부였다는 한계가 있다.

정치 세력에게는 선거 승리가 지상 목표이며, 다음 정권 창출이 최대 목표다. 그래서 선거 과정에서 내건 공약을 이행하여 일정한 성과를 만들어야 하는 5년 단임제 대통령은 설사 소신과 철학, 개혁 의지가 있어도 국내외의 환경이 불리하게 작용하여 정책 추진 동력이 떨어지면 애초의 공약을 포기할 수밖에 없다. 이 점에서 민주화 이후 지금까지 역대 대통령은 거의 다 실패했다. 감옥에 가거나 불의의 죽음을 맞지 않으면 다행이라고 말해야 할 것이다. 5년 단임제 대통령제하에서 오랫동안 검토하고 논의해서 정교한 사회 개혁안을 만들고 그것이 입안·입법되어 제도화되는 것이 가능할까? 어렵사리 그런 안을 마련하더라도 다음 정권에서 뒤집어지지 않는다는 보장이 있는가? 이해찬 전 총리가 말했듯이 아마 세 번 연속으로 집권하지 않는 한 거의 불가능할 것이다. 그런데 연속 세 번 집권하는 게 가능할까?

양당 독점 구조의 한계

사회 개혁안이나 정책이 의제로 제기되어 여론의 힘을 받아서 입법화되고 집행되는 과정에는 매우 복합적인 정치 정책적 역학, 법적 조건, 그리고 사회적 힘이 작용한다. 대통령이 국가와 국민의 이익을 대표하는 권한을 갖고 있으며 중앙 행정부처의 힘이 막강한 한국에서 개혁을 이루기 위해서는 대통령의 강력한 의지가 가장 중요한 변수이고, 집권 정당의 국회 의석이 뒷받침되어야 한다. 또한 선출된 권력이 관련 정부 부처 특히 예산처를 설득하거나 그들의 비토를 극복할 수 있어야 하고, 검찰과 사법부가 입법과 행정을 무력화하지 않아야 한다.

민주화 이후 한국에서 개혁 정책이 정치적 의제로 제출되거나 공론장의 쟁점이 되지 않는 이유는 1987년부터 2002년까지는 대통령의 개인적 의지나 선택이 중요 변수였기 때문이다. 또한 거대 양당은 엘리트 정당, 선거 정당, 국민 정당의 성격을 갖고 있어서 사회경제적 의제가 당의 중심적 활동 목표로 설정되지 않을뿐더러, 지역주의 정당의 성격도 강하게 갖고 있었다.[40] 단순 다수제 선거와 지역주의 정치 구도가 고착되어 유럽의 사회민주당 정도의 진보성을 가진 정치가나 정치 집단이 의회에 진출할 수 없었다는 점도 들 수 있다. 박상훈이 지적한 것처럼 지역주의 정치는 원인이 아니라 한국의 분단 반공 체제 등 거시 역사·정치적 조건이 '만들어낸' 결과지만,[41] 한국처럼 정당이 지역적 기반을 갖게 될 경우 정당의 정체성 수립에서 사회·경제 정책은 더욱 뒤로 밀려난다.

대체로 양당제보다는 다당제, 즉 다양한 이념 스펙트럼의 정당이 존재하는 나라에서 합의제와 권력 분점, 그리고 연합 정치coalition politics에 의해 복지 국가가 형성되었다. 아이버슨과 소스키스는 연합 정치의 특성상 다수제는 중도우파 정부를, 비례제는 중도좌파 정부를 만들어내는 경향이 있으며, 따라서 비례제에서 재분배적 정책이 나타날 가능성이 높다는 점을 강조했다.[42] 또 문우진은 정치 정보가 적은 저소득층 유권자들은 고소득층 유권자들에 비해 비정책적 요소에 의해 투표를 하는 경향이 크기 때문에 인물 투표를 촉진시키는 선거 제도는 우파 정부의 집권으로 이어지고 결국 소득 불평등을 심화시킨다고 주장했다.

지역 정당 구도가 유지되고 진보적인 제3당이 의회 교섭 단체로 성장하지 못하는 이유로 분단과 냉전, 그리고 립셋과 로칸이 말하는 정치적 균열 구조 등이 매우 복합적으로 얽혀 있다.[43] 근대 초기에 교회와 국가의 투쟁, 그리고 자본주의 혁명 이전의

사회 정책, 사회적 재생산의 정치사회학

농업 혁명 양상, 도시와 농촌, 자본과 노동의 분열이 중첩적으로 진행되면서 각각의 균열 구조를 만들어냈다.[44] 분단과 한국전쟁 이후 한국에서 사회주의 정당은 제도 정치의 장에 진입할 수 없었고, 1987년 민주화는 이념과 정책에 기초한 정치로 연결되기보다는 영호남의 지역 균열을 초래했다. 그래서 민주화 이후에도 여전히 조세, 복지, 불평등, 경제 민주화 등을 둘러싼 정책 이슈가 선거나 정치적 담론의 장에 부상하지 않았다.[45]

양당 독점 체제가 복지 정책의 입법화에 미치는 부정적 영향은 영국과 미국의 사례에서 잘 드러난다. 거대 양당이 보수 경쟁으로 치달아 정치의 장을 독점하면 제도 정치는 중하층의 계급적 요구를 거의 대변하지 못하고, 그 결과 사회경제적 불평등이 더 심해진다. 선진 자본주의 국가 중에서 미국과 영국이 가장 불평등한 나라이자 복지 후진국이 된 까닭도 양당 독점 체제와 깊은 관련이 있다. 김수진은 한국 정치를 분석하면서 선거를 통한 정당 정치가 사회의 다수자의 의사를 배반하거나 계급적 요구와 괴리되어 있는 것은 민주주의 이행기의 과도적 특징이라고 보았지만,[46] 정확히 말해 한국에서 그것은 과도적인 것이 아니라 구조적인 것이며 여러 조건들이 맞물린 결과이고, 신자유주의 시대에 거의 일반적인 현상이다.

물론 기존의 선거법이나 정당법도 거대 보수 양당의 독점체제를 유지하는 버팀목이다. 김대중 정부 들어서 노조의 정치활동 제한 조항은 삭제했지만 정당법에 따르면 정당은 수도에 중앙당을 비롯하여 5개 시도에 지부를 두어야 하며, 시도마다 1000명 이상의 당원을 보유해야 한다. 군소 정당은 이런 조건을 충족하기 어렵다. 또한 총선에서 1석도 얻지 못하거나 유효표의 2퍼센트를 얻지 못하면 당이 해산된다. 2012년 19대 총선이 끝나고 진보신당과 녹색당이 해산된 것도 정당법의 이 조항 때문이다.[47]

대통령제에서 여당이 다수당이라고 하더라도 개혁 법안의 입안과 통과 및 시행령까지 제대로 완결하는 것은 매우 어렵다. 특히 한국의 선거법, 정당법 등이 지역구 출신들로 주로 구성된 거대 양당의 독점 구조를 지탱하기 때문에 '못해도 2등'을 한다고 생각하는 의원들은 사회 정책 중심의 의정 활동을 할 유인이 별로 없다. 민주노동당이 활동하기 시작한 2004년에서 2006년 사이에는 민주당도 민주노동당의 압박을 받아 그전에 비해 사회 정책에 관심을 가졌지만, 여전히 경제적 강자들의 비토를 의식했다.

민주화 이후 정당의 사회적 대표성 강화를 요구하는 시민사회의 목소리가 정당 지지를 반영하는 선거법 개정으로 집약되었고, 그것이 2004년 개정 선거법에 반영되었다. 총선에서 유권자들은 1인 2표를 행사하되, 그중 하나는 단순 다수제로 지역 대표를 뽑게 했고, 다른 한 표는 전국을 단일 선거구로 하여 정당명부 투표를 산술적 합산 방식으로 각 정당에 할당하는 혼합형 다수대표제가 도입되었다. 새 선거 제도에 의해 표의 비례성은 개선되고, 그 결과 민주노동당은 13퍼센트 지지를 얻어, 국회에서 지역구 2석을 포함하여 총 10석을 얻을 수 있었다.

1987년 헌법의 산물인 지역에서 1등만 당선되는 소선거구 단순 다수제는 정치의 지역화 혹은 선거구 중심의 정치를 강화하는 경향이 있다.[48] 이 선거 제도하에서 유권자는 집권 가능성

사회 정책, 사회적 재생산의 정치사회학

이 큰 기성 거대 정당 후보에게 투표한다. 그 결과 진보 정당이 의회에 진출하기 힘들고, 결국 노동자, 여성, 약자들의 의사가 대표되지 않는다. 비례성이 약한 소선거구 단순 다수제에서 유권자는 정권에 대한 지지 혹은 비토로 표심을 정하거나, 복지나 조세, 노동 같은 정책보다는 인물을 보고 투표한다. 이에 반해 비례제 선거는 정당의 정책 경쟁을 유도한다.[49] 물론 사회 민주주의 정당이 선거 정치에서 우경화되는 것과 같은 이유로 진보·민주와 보수 양당 구도에서도 진보·민주 계열의 당은 중도파나 부자들에게 어필하기 위해 계속 보수화될 수 있다.[50] 미국과 한국의 민주당이 그런 경우에 속할 것이다.

한국의 단순 다수제 소선거구제 선거는 대통령제와 결합해 정권에 대한 지지와 심판을 선거의 가장 중요한 쟁점으로 삼는 '정책 없는 정당 체제'를 확대 재생산한다. 민주화 이후 지역 맹주로 자리 잡은 여야의 정치 지도자들은 단순 다수제의 대표적 수혜자로서 선거에서 지역주의를 최대한 동원했고, 양당은 득표율보다 더 많은 의석을 확보할 수 있었다. 이 상황에서 거대 양당은 정책 경쟁에 나설 유인이 별로 없다. 유권자들은 두 거대 정당과 지역 후보자들의 사회경제 정책상의 차이를 거의 확인할 수 없기 때문에 정치적 관심을 갖기 어렵고 당장의 이해와 결합된 지역 개발 의제에 끌린다.[51] 정작 서민들에게 가장 중요한 복지 담론은 제도 정치의 의제로 떠오르지 못한다.[52]

현재 국회의 300석 중에서 비례대표 의석은 47석에 불과하다. 2004년의 개정 선거법도 단순 다수제의 한계를 완화하는 효과는 거의 없었다. 그래서 중앙선거관리위원회까지도 정당명부

246

식 비례대표제 도입이야말로 정치적 대표성을 높이는 길이라고 권고했다. 노무현 전 대통령도 "국회의원 선거구제를 바꾸는 것이 권력을 한 번 잡는 것보다 훨씬 큰 정치 발전을 가져온다고 믿는다"라고 말한 바 있다. 그러나 그의 정신을 계승하겠다는 민주당은 2020년 총선 직전의 선거법 개정 과정에서 연동형 비례대표 의석을 30석으로 제한했다. 결국 기존의 단순 다수제·지역구 중심의 제도를 거의 그대로 유지한 것이다. 그래서 과거나 현재나 두 거대 정당은 주로 유명 인사와 명문대를 졸업하고 고시에 합격한 엘리트들을 국회의원 후보로 공천한다. 소선거구제와 다수제 민주주의의 가장 큰 맹점은 후보자의 지명도가 당락에 절대적인 영향을 미친다는 점이다. 이것은 곧바로 금권 정치와 연결된다.

무엇보다도 정치적 리더십이나 정당 정치의 사회적 기반이 약한 한국에서 정치적 자영업자의 성격이 강한 국회의원들은 재선이나 삼선, 즉 자신의 정치 생명 유지를 가장 중요한 목표로 한다. 이들이 가장 신경을 쓰는 일은 지역구 관리이다. 그들의 당선 가능성은 지역 건설업자 등 유력자들의 후원에 달려 있다. 국회의원 소환권이 없고, 정당이 지역 사회에 뿌리박지 못한 상태에서 일단 당선되면 어떠한 행태를 보이더라도 유권자는 의원을 심판할 방법이 없다. 선거 외에는 정치 참여의 기회를 갖지 못한 일반 시민들은 결국 이들을 퇴출시키거나, 다른 대안 정당이 없기 때문에 울며 겨자 먹기식으로 다시 그 당과 후보를 지지하거나, 그렇지 않으면 극도의 정치 불신과 무관심에 빠지게 된다.

양당 독점주의와 지역주의가 맞물리면 더욱 최악의 상황이

사회 정책, 사회적 재생산의 정치사회학

만들어진다. 지역주의는 사라진 것이 아니라 영호남과 수도권의 영호남 출신들에게 거의 그대로 남아 있다. 국회의원뿐 아니라 영남과 호남의 시군 단위 입법과 행정까지 사실상 일당 독재가 30여 년 동안 지속되었다. 따라서 수도권은 어느 정도 민주화되었지만 영호남은 아직도 군사 정권 시대와 거의 같은 권력 독점 상태로 정당, 관료, 토호 세력이 결합한 지역 지배 구조가 유지된다.

한국보건사회연구원과 서울대 사회복지연구소의 「2019년 한국 복지 패널 기초 분석 보고서」를 보면, 한국의 정치 상황에 대해 '불만족'이 75퍼센트(다소 불만족 40.97퍼센트, 매우 불만족 33.91퍼센트)에 달했다. '만족한다'는 답변은 6.1퍼센트(다소 만족 5.53퍼센트, 매우 만족 0.57퍼센트)에 불과했다.[53] 정치적 불만족은 정당의 대표성이 약한 데서 기인한다. 세계경제포럼이 작성한 2018년 한국 정치가들의 신뢰 수준은 세계에서 90위다.[54] 이 것은 애초부터 부도덕하거나 부패한 사람이 정치권에 진출했기 때문이 아니라 한국의 제도권 정치가 구조적으로 국민 다수자의 요구나 이익과 괴리되어 있기 때문이다. 국민이 체감하는 주요 정책의 생산과 집행이 사실상 국회 밖의 관료, 거대 이익집단의 힘에 의해 이루어진다는 말이기도 하다.

일본경제단체연합회 등 강력한 이익집단이 자민당의 장기 집권을 뒷받침하면서 제도 정치를 지배하는 일본의 '이익 유도 정치'도 한국과 매우 유사하다. 일본의 의원들은 국가나 사회의 공공 사안을 처리하는 공적 역할을 하기보다는 특정 파벌과 후원회의 로비를 받아 그들의 민원을 해결하는 이익의 대변자 역할을 한다.[55] 미국의 민주·공화 양당 체제 역시 금권 정치와 맞물려 있다. 일반 대중은 정치가들을 후원할 경제적 여유가 없다. 이들이 선거나 정당 정치를 통해 자신을 대변할 정치 세력을 찾지 못하면 세월이 지나도 기득권 구조가 바뀌지 않고, 혁신적인 정책이 실현되지 못한다.

국민이 직접 선출한 의원들이 정책의 생산, 입법과 제도화의 주체가 되지 못한다면 대의제 민주주의는 위기에 처한다. 토마 피케티가 프랑스를 비롯한 전 세계 각 나라의 계급 정치, 정당의 정치적 대표성의 위기에 대해 매우 자세하게 분석했듯이[56] 그것은 구조화된 불평등에 대한 정당이나 정치 세력의 대처 불능에서 기인했다. 각 나라에서 정당의 사회적 대표성은 낮아졌고,[57] 정치권에 대한 불신과 불만은 유례없이 높아졌다. 아마도 양당 독점 체제가 유지되는 미국과 한국이 가장 전형적일 것이다.

정치 엘리트의 성격과 정당의 기반

김대중·노무현·문재인 대통령이 임명한 노동·교육·복지 관련 사회부 장관의 면면을 보면 사회 정책에서 진보 개혁 조치가 왜 시도조차 되지 않거나 실패하는지를 짐작할 수 있다. 민주 정부의 각료는 주로 정치권과 학계에서 충원된다. 이들의 힘은 대통령의 신임과 전문성, 그리고 리더십에서 나온다. 대통령 선거 당시의 선거 캠프가 장관 후보의 풀이다. 그런데 학자 출신들은 세부 사안에 대한 전문성이 떨어지고 조직 장악력이 없다. 정치권 출신은 정치적 힘을 발휘할 수는 있지만 전문성이 떨어진다. 그래서 정당 정치 기반이나 정당 싱크탱크가 없는 한국에서

사회 정책, 사회적 재생산의 정치사회학

장관이 자기 소신대로 정책을 편 경우가 거의 없다. 나아가 청문회 제도가 도입된 이후에는 능력이 있어도 장관직을 기피하는 사람이 많아졌다.

역대 노동부 장관의 면면을 보면 김대중 정부의 이기호·이상룡·최선정·김호진·유용태·방용석, 노무현 정부의 권기홍·이상수·김대환, 문재인 정부의 이성기·김영주·이재갑·안경덕으로 이어졌다. 이 가운데 노동운동 경력이 있거나 친노동의 입장을 가진 사람은 김대중 정부의 방용석, 노무현 정부의 이상수, 문재인 정부의 김영주뿐인데 이들이 장관으로서 어떤 업적을 남겼는지 기억나지 않는다. 교육부 장관은 더 심각하다. 김대중 정부에서 한완상·김덕중·문용린·송자·이상주, 노무현 정부에서 이기준·김진표·김병준이 이 자리를 거쳐갔다. 문재인 정부는 정치인 유은혜가 거의 임기 내내 자리를 지켰다. 이들 가운데 자신의 소신을 관철하기 위해 관료들을 설득하거나 의미 있는 개혁을 성취한 사람은 거의 없다. 설령 장관이 시도해도 청와대가 '정무적 판단'으로 장관의 소신을 막는 일이 빈번했다.[58]

민주정부의 사회 정책 입안과 추진 과정을 살펴보기 위해서는 민주당 정치 엘리트의 이념 성향과 출신 배경을 파악할 필요가 있다. 민주당, 열린우리당, 민주통합당, 더불어민주당으로 연결되는 야당의 정치 이념이나 의원들의 성향은 민주당 대통령들과 마찬가지로 대북·대외 정책에서는 한나라당에서 국민의힘으로 이어지는 보수 정치 세력과 가장 뚜렷한 차이를 드러냈고, 경제냐 복지냐의 선택 혹은 비정규직 문제에 대한 정책에서도 상당한 차이를 드러냈다.[59] 즉 민주당 의원들 상당수는 국민의힘

의원들에 비해 안보 및 대북 관계는 물론이고 사회·경제 정책에서도 분명히 진보 개혁적 입장을 갖고 있다.[60]

열린우리당은 강령에서 '자유 민주주의와 시장 경제'를 내세웠고 2005년 중도적 입장으로 더 선회하여 '사회 통합적 시장 경제'를 표방했다. 더불어민주당은 공정한 시장 경제 질서하에서 성장과 분배가 조화롭게 실현되는 혁신적 포용 국가를 지향한다고 밝혔다. 노동의 가치가 존중되는 사회를 건설한다고 밝히고 있으며, 교육의 공공성도 강조한다. 그러나 지금까지 민주당의 실제 정책적 입장은 진보 정당이 없는 영국·미국·일본의 경우와 비교하면 보수 대 자유의 구도에서 '자유'에 가까운 편이며 영국의 노동당이나 미국의 민주당보다는 더 보수적이다. 조세와 재정의 측면에서 특히 그렇다. 2022년 대선 당시 이재명 후보는 기본 소득을 주장하며 재원으로 토지 보유세와 탄소세를 신설하는 구상을 밝혔다가 증세 반발이 예상되자 토지 이익 배당금제와 탄소 배당금으로 수정했다. 이재명 후보는 "심상정 정의당 후보는 증세가 정의라는 좌파적 시각을 가졌다"라고 말하기도 했다.[61]

국회의원의 이러한 이념 성향은 이들의 계층적·사회적 배경을 통해서도 확인된다. 19~21대 국회의원의 직업 분포를 보면 인구의 0.06퍼센트 정도를 차지하는 판사와 검사, 변호사 출신이 국회 의석의 15퍼센트 내외를 차지한다. 양당의 법률가 비중에서 보수 정당인 국민의힘과 민주당은 차이가 없다. 한국에서는 제도 정치를 엘리트가 독점하는 현상이 매우 심각하다. 19대 이후 지역구와 비례대표를 모두 포함한 국회의원의 전직 분포를 보면 농

사회 정책, 사회적 재생산의 정치사회학

민이나 노동자 출신은 극히 적고 법조인과 공무원의 비중이 상당히 크다. 이들은 대체로 명문 대학 졸업과 사법·행정고시 합격이라는 지식 자본과 지위 자본을 갖고 있다. 생산직 노동자나 교사, 농민 출신은 전혀 없다. 한편 서울대·연세대·고려대 등 소위 SKY 출신의 비율도 비슷하게 거의 40퍼센트를 차지한다.

민주화 이후 한국의 국회 구성원은 여야를 막론하고 경제적 중상층에 속하는 부자들이었다. 2020년 현재 국민의 가구당 평균 자산은 4억 2000만 원 정도이고 부채를 뺀 순자산은 3억 5000만 원이다. 그런데 21대 국회의원의 평균 자산은 21억으로 국민 평균의 다섯 배에 달한다.[62] 대부분의 국회의원이 자산 상위 20퍼센트에 속한다. 그런 이들이 하위 80퍼센트의 국민이 겪는 고통을 공감하거나 그들의 이익을 대변하기는 어렵다.

특히 노무현·문재인 정부 시기의 집권 민주당을 보면 학생운동과 사회운동의 경력자가 많지만 기존의 보수 정당 구성원과 계급적으로는 차별성이 없다. 민주당이 정치적 민주주의와 인권을 옹호하고 서민을 대변한다고 주장하지만, 사회경제 정책에서는 시장주의 기조를 유지하고 재벌 개혁이나 증세에 소극적이며 구조적 불평등을 개선할 의지를 보이지 않는 것도 그들의 계층적·계급적 출신을 통해 어느 정도 설명할 수 있다. 열린우리당의 홍재형·강봉균·김진표 등 경제 관료 출신 의원은 사실상 사회경제 정책에서 보수 정당과 보조를 맞추어 재벌대기업과 부자들의 편에 섰다.

이것의 근원은 1987년 민주화가 권력 엘리트의 계급·계층적 구성 변화를 가져오지 않은 데서 기인한다. 한국의 민주화는

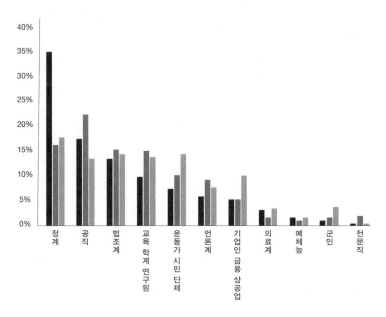

〈표16. 19·20·21대 국회의원 직업 분포〉(19대: ■, 20대: ■, 21대: ■)
출처: 19·20대-SBS, 21대-KBS[63]

엘리트의 교체, 즉 군부 정권하 군부 대 학생의 대립 구도에서 군부가 탈락하고 그 자리를 기성 민간 보수 엘리트가 차지하는 데 그쳤다. 야당 진영은 제도 정치권 인사들이 군부 독재하에서 탄압을 받았던 김대중·김영삼이라는 정치 지도자들 아래로 다시 집결했고, 민주화운동 세력 일부가 제도권 야당으로 들어갔을 따름이다. 그리고 두 세력은 중산층·명문대 출신이라는 공통점을 갖고 있다. 1990년대까지는 노조의 정치 활동 금지, 그리고 시민사회 단체의 정치 활동 및 정치 자금 제공 금지 등 법적·정치적 장애물 때문에 진보 정당의 성장이 어려웠다. 그러나 이러한 장벽이 거의 제거된 2000년 이후에도 상황은 달라지지 않았다.

사회 정책, 사회적 재생산의 정치사회학

개발 독재 이래로 비선출 권력인 관료나 사법부와 검찰, 언론이 민주화를 가로막는 가장 큰 장벽이었는데, 이제 그들이 민주화의 최대 수혜자가 되어 정치권력을 손에 넣었다.

한국의 정당은 계급 정당이라기보다는 포괄적 대중 정당의 성격을 갖고 있다. 특히 한국의 집권 보수 여당은 사실상 국가 정당state party의 성격을 갖고 있어서 관료·사법·검찰·보수 언론 출신들로 구성되어 있거나 대기업 집단 및 국가 기관의 집단 이익을 대변한다. 그에 맞선 야당은 익명의 중산층을 대변할 뿐 노동자·농민·영세 자영업자 등의 이익은 반영하지 못한다. 지금까지 '민주' 대통령이 그렇듯이 야당 역시 기존의 안보·성장·개발주의 프레임을 수용한 상태에서 선거에 임하고 입법 활동을 해왔기 때문에 노동·교육·복지 영역의 개혁 이슈를 제기하지 않는다. 그리고 영호남을 비롯한 모든 지역 사회에서도 지자체장 등 지역 엘리트는 행정고시 경력을 가진 관료 출신이 거의 장악하고 있다. 영남의 국민의힘과 호남의 민주당은 이 점에서 사실상 같은 성격을 갖는다.

과연 지역 사회에서 야당인 민주당의 당원은 누구이며, 어떤 계층과 계급으로 구성되어 있나? 이에 대한 체계적인 연구가 거의 없다. 정상호가 분석한 충청북도 충주시의 당원 구성 1차 자료를 보면 지구당과 지역 사회의 연계는 선거 시기에만 집중되며[64] 당원은 상인과 농민, 즉 프티부르주아층으로 구성되었다. 그리고 민주당은 지역의 직능 및 사회 단체와 연계가 거의 없었다. 즉 한국의 지배 집단을 대변하는 국민의힘은 70년 동안 전국과 지방의 유력자들과 네트워크를 갖고 있으나 중도 개혁을 표방한 민주당이나 진보 정당의 지역 기반은 극히 취약하고, 오직 선거 때만 주민에게 지지를 호소한다는 뜻이다. 그나마 수도권의 도시화된 지역에서 민주당은 주로 호남향우회라는 조직을 기반으로 선거에 대비한다.

현재의 지배 구조를 나름대로 개혁하려는 자유·진보 정치 세력은 대체로 여론에 의해서 득표할 따름이며, 지역에서의 정치 기반이 극히 취약하다. 이는 한국전쟁과 분단, 박정희 정권 이후 중앙 집권 강화와 모든 시민사회 조직의 관변화 효과가 민주화 이후에도 지속되고 있기 때문이다.

관료 정치: 비선출 권력

관료에게 대통령은 5년짜리, 국회의원은 4년짜리, 외부에서 임명된 장관은 1년짜리 임시직이지만 공무원은 종신 정규직이다. '임시직'이 '종신 정규직' 공무원을 지속적이고 일관되게 통제할 수는 없다. … 우리 사회에는 재벌·보수 관료·보수 언론의 삼각 권력 카르텔이 구축되었고, 그 외곽에서는 이를 이념적으로 지지·지탱하는 보수 지식인·교수 등이 열성적으로 활동하고 있다.[65]

금융감독위원회 부위원장을 역임한 이동걸의 경험에서 나온 질타이다. 정치적 민주화로 의회와 정당 정치의 역할이 과거에 비해 강화되었지만, 동시에 비선출 권력인 관료, 기업, 언론, 사법의 힘이 더 확대되었다. 그리고 민주화 이후에도 정책의 '생

산 구조', 즉 정책 의제의 제기와 선택, 결정, 집행, 평가와 수정
으로 이어지는 일련의 과정에서 과거 권위주의 체제의 관료 정
치 모델이 얼마나 바뀌었는지는 의심스럽다.[66]

1997년 대선 직전 기업의 불법·편법 대출로 인한 외환위기
의 도래를 감지하고도 당시 경제 관료들은 선배 모피아(기획재정
부 출신의 금융계 인사들)의 로비로 이를 유야무야 넘겼다.[67] 이들
은 미국 통상 관료들이 불법적으로 입회한 IMF와의 협의 과정에
서 거의 목소리를 내지 못했고, '워싱턴 합의Washington Consensus'
에 입각한 IMF와 미국의 '잘못된 판단과 긴축 재정' 협박에 침묵
으로 일관했다.[68] 그들의 침묵은 곧 한국 경제에 양털 벗기듯이
접근한 외국 자본에 동조한 것을 의미한다.

당시 한국의 경제 관료와 보수 언론, 그리고 대다수 경제학
자들은 알짜 기업을 거저 넘기라는 IMF와 미국의 요구에 동조하
고, 한술 더 떠 자본 시장 개방과 자유 무역론으로 김대중 정부의
선택을 압박했다. 즉 국가 경제와 국민 다수를 위해 일해야 할 국
가 기관의 최고 엘리트들이 미국 혹은 다국적 기업이 유포한 경
제 개방과 시장 논리의 대변자가 되어, 사실 '유동성 위기'에 불
과했다는 평가도 받는 외환위기 상황에서 한국을 해외 자본의
사냥터로 만들었다. '검은 머리의 외국인'으로 불리는 한국의 모
피아, 전현직 경제 관료들은 외환은행을 비롯해 국민의 세금으
로 만든 금융기업이 론스타 등 외국의 투기 자본에 헐값으로 넘
어가는 과정을 대리했고, 개인적으로 막대한 부를 챙겼다는 의
혹도 있다.[69]

과거 야당·재야·학생운동 출신들은 2004년의 열린우리당

이나 2020년의 더불어민주당처럼 국회의 다수 의석을 차지해도 비선출 권력 전문가 집단인 관료를 제압하거나 특정 정책 사안에서 이들을 설득하지 못했다. 가장 큰 이유는 예산 수립권을 정부, 특히 기재부가 갖고 있기 때문이다. 국회는 정부에서 구체적인 세목까지 정한 예산안을 심의하고 결정하는데, 전반적인 정책 기조를 검토하기보다는 항목의 조정 정도만 한다. 국회는 예산 편성 과정에 개입할 수 있는 권한이 거의 없을뿐더러 예산의 심의 기간도 매우 짧아서, 기재부가 편성한 예산안의 기본 틀을 거의 바꿀 수 없다.[70]

초선 의원은 예산 편성이나 집행에 대한 감시는 물론 입법 활동에서도 해당 업무를 최소 20여 년 이상 수행한 고위 관료의 상대가 되지 못한다. 흔히 입법은 국회의원이 주도하는 것으로 알려져 있지만 실제로는 국회 밖 로펌의 입법 초안이나 국회의 전문위원 등 입법 전문가들의 의견이 국회의원을 압도한다.[71] 국회의원의 전문성이 취약하면 정부 부처의 업무를 제대로 감시하거나 견제할 수 없다. 그래서 국정감사 시기를 제외하면 관료들이 정책을 입안하고 집행하는 과정에 걸림돌이 거의 없다고 해도 과언이 아니다.

김대중 정부 중앙인사위원장을 지낸 김광웅은 이런 현실을 비판하며 민주주의의 적은 공산주의가 아니라 관료주의라고 일갈했다.[72] 그는 "관료 집단은 이익집단화돼 있다. 이리저리 얽혀 있기에 규제를 못 없애는 것이다. 복지부동, 부처 이기주의, 자리 장사 등 관료주의 폐해는 이미 위험 수위를 넘어섰다"라고 막스 베버가 100년 전에 한 이야기를 정확하게 반복했다. 노동경제학

사회 정책, 사회적 재생산의 정치사회학

자 조우현도 "김영삼·김대중·노무현 대통령은 문민정부, 국민의 정부, 참여정부라는 그럴듯한 이름을 사용했으나 실상은 공무원의, 공무원에 의한, 공무원을 위한 정부 운영을 해왔다고 해도 과언이 아니다. 박정희식 정부 운영 방식의 창조적 파괴는 아직도 요원하다"[73]라고 말했다. 촛불정부라는 문재인 정부 5년을 거친 우리는 또다시 이렇게 말하지 않을까?

공무원, 특히 고위 관료들과 검찰과 사법부는 어떤 정권이 들어서도 승승장구하기만 했고, 검찰 관료는 문재인 정부의 실정에 편승해 아예 집권에 성공했다.

그렇다면 고위 관료들은 누구를 대변할까? 공식적으로 이들은 국민을 대변하지만 실제로는 오직 자신만을 대변한다. 고위 관료 및 검찰, 사법부의 고위직은 경제력에서도 선출된 의원을 압도할 정도로 한국의 최상류층에 속한다. 노무현 정부 당시 재경부 3급 이상 관료의 60퍼센트는 강남에 거주했고 용산구 이촌동이나 성남시 분당구처럼 아파트 가격이 비싼 지역을 포함하면 비율이 88.2퍼센트로 늘어난다.[74] 박근혜 정부에서도 경제 부처(기재부, 금감원 등) 고위 관료 70명 중 45명이 강남 3구에 거주하는 것으로 나타났다.[75] 2012년 법조계 인사들 재산 내역을 보면 재산 순위 30위가 50억 원에 해당하며 수백억 원을 가진 자산가도 있다.[76] 이들은 명목상의 직업은 공무원이지만 실제로는 자산가이다. 그런 이들이 국민의 삶을 좌우하고 심판한다.

노무현 정부 당시의 경제부총리 이헌재는 부동산 위장 전입으로 65억 원의 수입을 올린 이력이 있다.[77] 문재인 정부 당시 경기도 과천에 땅을 보유한 문제로 '이해 충돌' 논란에 휩싸였던 박

선호 국토교통부 제1차관은 서울시 강서구의 준공업 지역에도 부인과 가족 명의의 땅(공장용 부지)을 소유하고 있었다. 또한 그는 2020년 5월 주택 공급을 위해 준공업 지역의 규제를 풀고 공공 융자를 지원해 주상 복합이나 오피스텔을 짓게 하겠다는 '수도권 주택 공급 기반 강화 대책'을 발표한 장본인이다.[78] 최근에는 LH공사와 국토부 직원 다수가 3기 신도시 지역에 투기를 한 것으로 드러났다. 이것은 빙산의 극히 일부일 뿐이다.

노무현 대통령의 필생의 과제는 정경 유착 극복이었다. 그런데 이명박·박근혜 정부에서 더 노골적으로 나타난 것처럼 박정희식 개발주의와 신자유주의적 기업 국가 현상이 구체적 정책 시행으로 나타날 때는 '정책 포획', 즉 새로운 양상의 정경 유착이 발생한다. 즉 정책 포획은 과거의 정경 유착이나 관경官經 유착, 구조화된 부패를 달리 표현한 것이다.[79] 1990년대 이후 신자유주의적인 규제 완화와 민영화 등을 추진하는 과정에서 재벌기업의 사적인 이익을 국민의 이익으로 포장하고, '국가 경쟁력'이라는 담론을 들고 나와 친재벌 경제 관료들이 모든 정책 영역에 영향력을 행사하면서 자신의 사적 이익을 챙겼다. 개발 독재 시기와 달리 신자유주의 시대에는 일종의 '뇌물 없는 부패'가 본격화된다. 게임의 규칙이나 법률, 제도 등이 특정한 기득권 집단의 이익을 위해 만들어지는 곳에서는 이런 부패가 합법의 이름으로 이루어지고 또 정당화된다.[80]

2019년 한 언론사의 조사에 의하면 전국 4년제 대학과 전문대학 총장 가운데 11명이 전직 교육부 관료였다. 이들 중 8명은 2011년 대학 구조 개혁 평가(현재의 대학 기본 역량 진단) 실시 이

사회 정책, 사회적 재생산의 정치사회학

후 부실 대학으로 진단받았거나 현재 부실 대학으로 분류된 대학의 총장을 맡고 있는 것으로 확인됐다. 또한 부실 대학으로 분류된 전국 4년제 대학 40곳 중 15곳에 교육부·교육청 출신이 자리 잡은 것으로 집계됐다. 이들은 사학 비리를 숙주로 하여 자리를 얻었고, 부실 대학은 생존을 위해 교육부 고위 관료를 영입했다. 2000년대 이후 대학 경쟁력 강화, 자율화, 구조조정 등의 신자유주의 교육 정책은 교육 관료의 힘을 오히려 강화하는 계기로 작용했다.[81]

실제로 이명박 정부의 이른바 4대강 사업, 경전철이나 고속도로 등 민자 인프라 사업과 사립 유치원 비리 등 정책 포획으로 의심할 만한 사례들을 살펴보면 직접 뇌물이 오간 증거를 찾기는 쉽지 않다. 관료들이 현직에서 계획하고 실행한 각종 사업은 퇴직 이후 정부 산하 기관 취업을 대비한 행동으로 설명할 수 있다. '전관 예우'라는 윤리적인 단어로 포장되어 있지만 실제로는 고도로 구조화된 부패이다. 금융위원회 관료들의 금피아 현상,[82] 교육부 관료들과 사립 학교의 유착을 말해주는 교피아 현상도 그중 일부이다.

세 번의 민주정부도 경제사회 정책에서 거의 경제 관료에게 포획되었다고 볼 여지가 많다. 대통령의 취약한 경제 전문성, 국가 운영에 대한 근시안, 그리고 집권 정당의 취약한 정책 생산 능력, 5년 단임 대통령제의 한계 등이 맞물려 정책 포획이 만성화되었다. 경제 성장과 재정 건전성, 시장주의, 그리고 기업의 경쟁력 강화에 목표를 두는 기재부의 경제 관료들이 예산 수립권까지 갖고 있어서 대통령이나 집권 민주당 세력이 아무리 사회 정책 예산 확충의 의지를 표방한들 보수 정당 및 경제적 강자들과 합작한 이들의 재정 보수주의나 성장주의 요구를 꺾지 못한다.

민주화 이후 자율과 자유의 이름으로 언론과 검찰, 그리고 기업가 집단의 영향력이 크게 확대되었다. 특히 거버넌스 담론과 모델이 여러 시민사회 집단에게 제도와 정책을 결정하는 과정에 참여할 기회를 확대해준 것도 사실이다. 거버넌스는 공허한 기표라는 비판도 받지만,[83] 대체로 신자유주의 질서가 확대된 이후 시장력의 행정적·정치적 개입을 달리 표현한 것이기도 하다. 즉 대기업 경영진의 투자 결정과 고용 능력, 혹은 앞에서 말한 사보타주 능력이 정책 결정의 최대 변수가 되었다. 이들은 기업 이윤, 즉 효율성과 경쟁력, 소비자 선택권이라는 이름으로 교육·주택·의료 영역에서 공공성 강화를 강력하게 반대했으며, 민간 기업이 이 부문을 담당해야 한다고 주장했다.

민주화 이후 한국에서 여러 번 정권 교체가 이루어졌고 민주당과 국민의힘은 번갈아가며 총선에서 심판을 받았지만 경제 관료들은 언제나 승승장구했다. 윤석열 정부가 기용한 한덕수, 노무현 정부가 기용한 이헌재 등은 김앤장 법률사무소와 정부를 회전문 드나들듯 오가면서[84] 거의 모든 정부에서 정책 결정에 막강한 힘을 휘둘렀다. 이명박·박근혜 정부는 '김앤장 공화국'이라 부를 수 있을 정도였으며 특히 박근혜의 청와대는 '김앤장 출장소'나 다름없었다.[85] 그리고 문재인 정부에도 김앤장 출신이 기용되었다.

공직과 김앤장을 오간 경제 관료들이 만든 정책의 결과가 지금 한국의 경제 시스템이고, 이 구조에서 사회 레짐과 사회 정책은 경제 시스템의 일부 혹은 하위 체계다. 그래서 노동·교육·주택 영역의 사회 레짐의 특성을 하나의 틀로 설명할 수 있다. 그것은 경제 관료들이 사적인 이해와 관심으로 주도한 성장주의이자 경제 지상주의이다.

정책 입안·실행 과정의
정치사회학

'진보' 정당

사회경제적 개혁안이 입법되지 않거나 정책으로 실행되지 않는 이유는 중하층의 노동·주거·교육 기본권의 확장을 정치 활동의 축으로 삼는 정치 세력, 즉 노동자나 영세 자영업자 등 생산 계층을 대표하는 진보 정당과 정치 엘리트가 없기 때문이다. 혹은 사회경제 개혁이나 불평등 극복을 자신의 직업 정치 활동의 가장 중요한 임무로 여기는 정치가가 제도 정치권에 들어가서 제 역할을 하지 못하기 때문이다. 이 경우 국민이 기댈 곳은 대통령의 의지밖에 없는데, 참모들과 여당 지도부의 식견이 대통령에 미치지 못하거나 정권 초기에 확실한 개혁 청사진을 보여주면서 강력한 의지를 표현하지 않을 경우 국정 운영의 동력이 떨어져서 관료들은 거의 움직이지 않는다.

더불어민주당(민주당, 열린우리당)의 노동·교육·복지·재정·조세 정책이나 불평등과 빈곤을 극복하는 개혁 정책을 보면 나름대로 시장화의 폐해를 교정 보완하려 했고, 공공성을 강화하려는 의지도 있었다. 조세 정책에서 소득세와 재산세, 법인세 인상을 내용으로 하는 세제 개편, 노동 부문에서 비정규직의 정규직화, 교육에서 파행의 진원지인 사립학교법의 개정, 주택에서 임대 주택 확대 및 보유세 강화 등이 그런 예에 속한다. 그러나 일관된 청사진이 미흡했기 때문에 약간의 개혁을 제안했다가도 보수 진영이 강력하게 반발하면 곧바로 포기하거나 타협했다.

서유럽이나 북유럽에서 증세, 재분배와 복지 정책을 추진한 주체는 사회 민주주의 정당이고, 그들이 여러 번 집권하면서 복지 국가로 전환할 수 있었다. 미국이나 동아시아 국가에서 재분배나 복지의 후진성이 나타나는 까닭은 바로 이런 정당이 없거나 매우 약하고, 그러한 정당을 뒷받침할 수 있는 사회적 기반이 없었기 때문이다.[86] 1980년대 말 이후 한국 사회운동가들이 지속적으로 진보 정당 건설운동을 해온 것도 제도 내의 개혁을 위해 그것이 반드시 필요하다고 보았기 때문이다. 민주노동당은 1987년 7~9월 대투쟁과 노동운동의 산물이라 볼 수 있다. 그래서 기존 거대 양당과 달리 대중 정당의 성격을 가졌고, 강령이나 정책으로 노동 계급의 대표성을 공식화하지는 않았으나 이념적 지향은 사회 민주주의에 가장 가까웠다.[87] 민주노동당은 부유세 신설, 이라크 파병 반대 등을 표방했다. 비정규직 보호, 대형 마트 규제 등에서는 매우 적극적인 역할을 했다. 그러나 10석의 민주노동당은 민주당의 전폭적인 협조를 얻지 않고서는 그 어떤 법안도 통과시킬 수 없었다.

민주노동당 이후 지금까지 진보 정당들의 당원 수를 모두 합해도 10만 명 내외로 기존 보수 양당의 5퍼센트 정도에 불과하여 사회적으로는 극히 미미한 영향력만을 갖는다.[88] 민주노동당의 당원 중 가장 많은 수는 블루칼라였는데, 2004년 9월 당시 민주노동당의 당원 5만여 명 중 거의 반인 2만 4000명이 민주노총 조합원이었다.[89] 그러나 직전인 5월 총선에서 민주노동당에 투표한 사람들 중에는 화이트칼라가 23퍼센트로 가장 많았다.[90] 또한 노동운동의 메카로 불리는 울산에서 민주노동당이 비례대표 투표로 얻은 득표는 총투표자의 21.9퍼센트로서 전국에서 가장 높았다. 이 수치는 울산 지역의 노동조합원 수와 거의 일치했다.[91] 2006년 민주노동당 진보정치연구소가 경기도 성남시 중원구의 유권자를 대상으로 실시한 조사에 의하면 연령대에 따라 조금씩 다르나 대체로 민주노동당과 친밀감을 갖는 응답자는 생산직 정규직(46퍼센트), 실업자(28퍼센트), 학생(28퍼센트) 순서였다. 즉 민주노동당은 주로 블루칼라 노동자를 대변하는 정당의 성격을 분명히 갖고 있었다. 그러나 언제나 그렇듯이 실제 선거에서는 세대·학력 변수가 계층·계급 변수보다 결과를 더 크게 좌우한다.[92]

2004년 17대 총선에서 국회의원이 된 10명의 민주노동당 의원은 대체로 학생운동을 거쳐 노동·농민운동을 한 경력이 있었다. 그러나 애초부터 노동자 출신인 사람은 단병호 단 한 명에 불과하다. 민주노동당 의원의 다수가 애초에 노동자 혹은 조직노조 출신이 아니라는 점은 1958~79년에 일본 사회당의 중의원 가운데 43퍼센트, 참의원의 66퍼센트가 노동자 혹은 조직노조 출신인 것과 극히 대조적이다.[93] 민노당은 좌파적 강령이나 구호에도 불구하고 의원들의 노동자 대표성은 다소 약했고, 지지자 중

사회 정책, 사회적 재생산의 정치사회학

고학력 고소득층의 비율이 높았으며 저소득층·자영업자·주부의 지지율은 매우 낮았다.

민주노동당 안에서 민족해방파^{NL}와 민중민주파^{PD}의 뿌리 깊은 대립 등이 원인이 되어 2008년 일부가 탈당해 노회찬과 심상정을 중심으로 진보신당을 결성했다. 한편 2012년 19대 국회의원선거와 18대 대통령선거를 앞두고 2011년 12월 6일 기존 민주노동당계 일부와 국민참여당, 새진보통합연대가 통합하여 통합진보당을 결성했다. 2012년 19대 총선에서 통합진보당은 지역구 7석을 포함해서 13석을 얻었다. 그러나 내부의 정파 간 대립은 계속되었고, 이후 이석기 의원이 내란 음모 사건에 연루되었다. 2014년 12월 19일 헌법재판소는 통합진보당 위헌 정당 해산 심판 선고에서 8 대 1의 의견으로 해산과 소속 국회의원 다섯 명의 의원직 상실을 결정했다.

통합진보당이 해산되고 과거 민주노동당 내의 민중민주 계열이 여러 경로를 거쳐 지금의 정의당으로 재결집했다. 통합진보당 이후 여러 진보 정당은 사회주의 가치를 언급하지 않고 노동계급의 대표성도 강조하지 않았으며, 정의당에 와서 그런 경향이 더욱 두드러졌다. 정의당은 "자유롭고 평등하며 더불어 사는 세상"을 지향한다고 밝혔다. 이것은 한국 노동자층의 변화와 양극화, 탈산업화 현상을 반영하는 측면이 있다. 실제 비정규직 노동자층은 과거의 민주노동당이나 오늘의 정의당에 가입하거나 지지하지 않는 경향이 있다.[94]

한국 정치의 성격이 그러하듯이 진보 정당 지지자도 저소득층이나 노동자층보다는 이념적으로 진보적인 유권자들로 구성되어 있었고, 그래서 계급적 이슈보다는 분단 같은 이슈가 더 중요하게 작용했다.[95] 진보 정당들의 선거 지지층도 세대, 학력 변수가 더 강하게 작용하는 경향이 있는데, 19대 총선에서는 20대 지지율이 12.7퍼센트로 다른 연령대에 비해 크게 높았고,[96] 현재는 이들이 30~40대가 되어 주요 지지층을 형성한다. 또한 정의당의 경우 당원의 당비 납부율은 63퍼센트로 거대 양당과 비교할 수 없을 정도로 높다.[97] 당원의 충성도 등에서 본다면 민주노동당에서 정의당으로 연결되는 진보 정당이 사실 '정상적인' 정당의 모습에 가깝지만, 1990년대 이후 자본주의 변화, 노동자층의 양극화와 파편화, 탈근대 정치 문화, 그리고 정치적 대표성의 약화 분위기 속에서 정당의 사회적 대표성은 더욱 약해졌다.

19대 총선에서 독일식 정당명부 비례대표제를 도입했을 경우 통합진보당이 얻은 13석이 33석으로 늘어난다는 시뮬레이션 결과도 있는데[98] 이는 한국 선거법하에서 소수 정당이 얼마나 불리한 위치에 있는지 잘 보여준다. 2020년 총선을 앞두고 집권 민주당은 야당의 반대와 국회 의석 확대에 대한 국민의 거부감에 편승하여 극히 제한적인 비례 의석 확대를 포함한 개정안을 통과시켰고, 양당이 별도의 위성 정당을 결성하면서 비례대표 의석 확대라는 오랜 숙원은 불발로 끝나고 말았다. 결국 정책 개발에 전념하거나 소수자의 이익을 대변할 의지를 갖는 비례대표 의원들이 국회에 진입하는 길은 또다시 차단되었다.[99]

그럼에도 2004년 민주노동당의 의회 진출은 여러 사회경제 정책의 변화를 압박했다. 제도 정치권 내에서 더 왼쪽이 생기면 중도 자유주의 노선을 걷던 민주당도 노동자들의 표를 의식하여

267

그들의 요구를 수용하거나 더 진보적인 노선을 시도할 것이기 때문이다. 부유세 도입 등의 정책은 구호에 그쳤으나, 비정규직 보호와 대형 마트 규제 등의 입법에는 민주노동당의 압력이 크게 작용했다.

제도 정치 밖 정치 주체: 시민사회·노동 정치의 힘과 한계

거대 이익집단

2018년 2월 삼성그룹 이재용 부회장은 항소심 결과 집행유예로 석방되었고, 그로부터 다섯 달 만에 첫 번째 공식 행사에서 문 대통령을 만났다. 이후 두 사람은 반년 동안 네 번이나 더 만났다. 이낙연 국무총리도 삼성전자를 방문했다. 이재용 부회장은 아직 대법원의 판결이 남은 상태였지만 대통령의 행동은 사실상 그에게 면죄부를 준 셈이다.

노무현 정부 출범 직전인 2003년 2월 대통령직 인수위원회에는 삼성경제연구소가 작성한 「국정 과제와 국가 운영에 관한 어젠다」가 제출되었다. 보고서는 '남북·한미 관계는 진보적으로, 사회경제 정책은 보수적으로' 추진해야 한다는 기조를 갖고 있었다. 2004년 9월 이광재·서갑원·백원우 등 열린우리당 의원이 주축인 국회 의정연구센터는 삼성경제연구소와 공동으로 토론회를 개최하기도 했다.[100] 삼성경제연구소는 김대중 정부 시기에도 이런 보고서를 제출해 '강소국론'을 전개한 적 있다.

2003년 광복절 축사에서 노무현 대통령이 제기한 국민 소득 2만 달러론도 삼성이 제출한 담론에 기초한 것이다. 김대중·노무현 정부에서 삼성경제연구소는 주로 국가의 정책 의제를 조정하여 국가 운영을 친시장 기조로 전환하려는 목표를 가지고 있었다.

자본주의적 민주주의 국가의 정당과 정치가들, 특히 유럽식 조합주의corporatism보다 미국식 다원주의 정치가 지배하는 나라에서 사회 정책은 강력한 이해집단에 휘둘리고 정당은 이들을 노골적으로 대변한다. 이해집단의 예로 국회의원 후보자 개인이나 특정 정치 세력을 당선시킬 수 있는 보수 언론, 대형 교회를 포함한 제도권 종교 집단, 그리고 사학 등이 있다. 거대 이익집단 위에는 전경련 등 기업가 집단과 대기업을 고객으로 하는 대형 로펌, 대학 교수 등 지식인 집단이 있다. 미국 월스트리트의 유대인 금융 자본가들처럼 자본주의 국가에서 경제력을 가진 세력이 정치 영역에서도 가장 막강한 힘을 갖는 현상은 거의 모든 나라에서 나타난다. 정도의 차이는 있지만 금권 정치가 횡행하고 정당은 소수 기득권의 이해에만 호응하면서 인민 주권의 원칙을 사실상 무의미하게 만든다.[101]

사회 정책 중에서 주거는 개발주의와 연관되어 있기 때문에 계급 편향성이 가장 두드러지는 영역이다. 김종인은 "한국의 주택 정책은 정부가 아니라 건설업자들이 정했다"라고 일갈한 적이 있다. 일본처럼 건설족의, 건설족에 의한, 건설족을 위한 정책이었다는 것이다.[102] 문재인 정부를 포함하여 노무현·김대중 정부의 주택 정책도 '서민 주거'를 내걸기는 했으나 결국 대체로 건설 자본과 다주택자의 이익을 보장하는 방식으로 집행되었

사회 정책, 사회적 재생산의 정치사회학

기 때문에 경제 관료를 포함한 '건설 5적'의 벽을 넘지 못했다. 김대중 정부는 부동산 관련 각종 규제 완화와 사실상의 분양가 자율화로 양질의 아파트를 공급한다는 건설업계의 요구를 수용했다. 토건 세력 등 이익집단의 로비로 정부의 정책이 굴절된 것이다.[103] 분양권 전매 허용도 건설 경기 활성화와 건설 자본의 이익에 부합했다. 여기에 더해 무주택 가구에 주택을 공급하기 위해 시작한 1가구 1청약 제도를 폐지하여 다주택자들의 부동산 투기를 조장했다.

노무현 정부가 야심차게 도입한 종합 부동산세의 빈 구멍, 판교 신도시 개발 등 부동산 공급 확대, 골프장 규제 완화, 기업 도시 건설 등도 투기꾼과 건설업자의 요구가 반영된 것이다. 특히 기업 도시 건설은 아예 지방에 기업하기 좋은 도시를 만들어서 기업이 투자할 땅을 늘리자는 요청이 반영되었다. 기업가 단체는 기업 도시에서는 특목고 등의 학교 설립을 자율화하고 노조활동을 금지하자는 제안까지 했다. 노무현 정부의 열린우리당이나 문재인 정부의 민주당은 시민 단체의 압박을 받아 종부세 강화의 기조를 갖고 있었으나 동시에 부자들의 조세 저항을 두려워했다. 그래서 부과 대상을 축소하여 애초의 법의 취지를 무력화하는 방향으로 타협했다.[104] 이 모든 정책은 건설 자본과 집 부자들, 그들을 대변한 보수 언론이 '세금 폭탄론' 등의 담론으로 압박한 결과였다.

사학 비리가 해방 후 오늘까지 70여 년 동안 거의 같은 방식으로 지속된 이유는 사학법 개혁, 특히 지배 구조 민주화를 저지하는 사학 자체와 언론, 각종 종교 교단, 경찰과 검찰, 법원, 정치권, 그리고 정부의 핵심 기관에 포진하고 있는 사학 동문들이 한데 엮여 있기 때문이다. 그래서 한국에서 사학은 그 어떤 정치 세력도 함부로 건드릴 수 없는 막강한 이익집단이다. 2004년 사학법 개정 시도도 이들의 총동원 공세와 그들을 대변한 한나라당의 저항으로 무너졌다. 2019년 국공립 유치원 설립을 위한 공론이 형성되어 유치원 3법이 겨우 통과되기는 했지만, 이때도 사립유치원 원장들의 로비와 강력한 반대가 있었다.[105] 노무현 정부는 사학과 건설기업의 이익을 대체로 대변하는 한나라당과 보수언론, 그리고 서울대를 비롯한 최상층 엘리트 집단의 교육 경쟁력 강화의 논리를 넘어서지 못했다.

문재인 대통령의 공약에는 일자리 확보와 성평등, 보육과 교육 지원 같은 계급 중립적 정책은 있었으나 증세, 노동·교육·주택 정책의 개혁, 특히 재벌기업과 사학 같은 특정 이해집단 및 계층·계급과 연관된 사안은 아예 포함되지 않았다. 그와 같은 정책은 집권 후에도 거론되지 않았다. 역대 민주정부는 노동·교육 개혁, 소득 불평등과 높은 자살률, 저출생 등의 현상에 대해서는 늘 회피나 타성적 대처로 일관했다. 자살을 개인의 병리 문제로 봤던 2004년의 자살 예방 대책 5개년 계획이 대표적이다.

전경련 등 기업가 집단과 건설 자본, 사교육 업체의 이해관계가 국가의 정책 결정에 비대칭적으로 영향을 미쳐, 결국 영국의 정치사회학자 밥 제숍이 말한 것처럼 국가의 친기업 편향성(선택성)이 깊어졌다. 기업이 지불하는 광고비에 의존하는 주요 신문과 모든 경제지는 기업의 충실한 대변자 역할을 했다. 이들은 노무현 정부의 종부세 신설 등 증세와 관련된 의제에 가장 강

사회 정책, 사회적 재생산의 정치사회학

력히 반발했고, 결국 김대중 정부 이후 재산세·법인세·종부세를 인상하여 복지 국가로 전환하려는 시도를 좌절시켰다.

시민 단체

선거 혹은 정치는 사회적 관계나 역학의 결과이자 사회의 종속변수다. 사회 혹은 시민사회는 계급·인종·성·지역 등의 정체성이 복합적으로 얽혀 있는 영역이고, 이러한 사회적 균열선을 따라 분리되어 있는 경우가 많다. 그러나 그것이 국가나 시장 등의 힘에 압도될 경우 무정형 상태로 존재하기도 한다. 앞에서 강조한 것처럼 정치가 제 기능을 못하면 여러 사회 집단이나 개인의 불만은 정당으로 향하지 않고 개인이나 집단 차원의 항의, 대규모의 시위, 극한의 자해적 저항으로 나타난다. 그래서 시민 사회의 밀도density, 즉 얼마나 많은 사람이 노조·공익적 시민 단체·직업 집단·정당 등에 가입해서 활동하는지가 중요하다.[106] 이 밀도는 시민이 정치적 분위기나 정부와 언론의 선전 선동에 휘둘리지 않고 스스로 자신의 처지와 이익을 판단할 수 있는 소통과 학습의 공간을 만든다. 그리고 각 개인이 이 안에서 민주적 주체가 될 수 있다.

자본주의 산업 사회에서 대다수 구성원은 직업을 갖고 직장을 매개로 한 사회 단체에 가장 쉽게 접근하게 된다. 그중에서 가장 핵심적인 조직은 노조이고, 소수의 상층 전문직에게는 직업 집단이 가장 중요한 단위가 된다. 그러나 노조나 전문가 집단은 이익집단의 이익을 지키는 집단 이기주의의 선봉장이 되기도 한다. 노조나 각종 전문가 집단이 사적 이익에 충실할 경우, 언론이나 지식인의 목소리, 그리고 이들의 여론 동원력이 훨씬 비대해지는 경우가 많다. 그 결과 민주화 이후 복지·교육·주택 분야에서 개혁 의제를 제기하거나 입법을 로비하는 활동은 노조보다 주로 공익적 시민 단체나 개별 지식인이 주도했다.

한국의 시민운동 혹은 시민 단체는 의제 제기와 입법 청원 및 로비 등을 통해 제도 정치 바깥에서 중요한 행위자 역할을 한다. 1990년대 이후 등장한 진보적 시민 단체는 과거의 관변 단체와는 다른 방식으로 김대중 정부 이후 사회 정책 결정 과정에 일정하게 개입했다. 이들은 개발주의 및 신자유주의 정책의 입법을 저지하는 데 주로 치중했다. 김대중·노무현·문재인 정부가 이들의 개혁안이나 의제를 일부 수용하고 시민 단체 출신을 기용하기도 하면서 이들의 역할이 매우 커졌다.

사회 정책 영역을 보면 김대중 정부 이후 국민기초생활보장법과 부패방지법 입법화에서 큰 역할을 한 참여연대, 공교육 강화를 주장한 참교육학부모회,[107] 비정규직 보호운동을 지속한 비정규직센터, 의료 공공성 강화를 주창한 여러 보건의료 단체, 그리고 지속적으로 정부의 주거 정책을 비판하며 분양가 상한제 등을 요구한 경실련이 대표적이다. 김대중·노무현 정부에서 시민 단체는 보유세 강화, 1가구 2주택 양도세 중과세, 분양가 원가 공개 등을 지속적으로 제안했다.[108]

시민 단체의 영향력은 시민들이 이러한 조직에 어느 정도 참여하는가, 그리고 정치와 시민 활동에 대한 대중 교육이 얼마나 체계화되어 있는가에 달려 있다.[109] 민주화 이후 한국 정치와 사회에서 시민의 직접 참여는 그다지 활발하지 않았고 대신 민

사회 정책, 사회적 재생산의 정치사회학

주화운동 경력을 가진 많은 활동가와 지식인들이 시민 단체의 조직화와 정책 제안을 주도했다. 공익적 시민 단체에 회비를 내거나 활동하는 사람의 비중은 앞에서 살펴보았듯이 전체 인구의 5퍼센트에 미치지 못한다. 대표적인 시민 단체인 참여연대의 경우 회원 구성은 40~50대가 주축을 이루며[110] 화이트칼라 전문직이 많다.

시민 단체의 영향력은 대중성보다는 전문성과 공익성에서 나온다. 즉 양심적 전문가들이 어느 정도의 공익성에 기초해서 사회적 발언권을 행사하는가가 중요하다. 단체의 전문성은 주로 교수, 변호사 등 엘리트층의 목소리를 통해 표출되는데 그들의 영향력은 과거의 지식인, 학생운동과 마찬가지로 고학력 엘리트의 사회적 영향력에 힘입은 것으로 볼 수 있다.

그렇다고 해서 이들이 기존의 거대 이익집단에 맞먹을 정도로 영향력을 행사했다고는 볼 수 없다. 2013년 『중앙일보』의 조직 영향력 순위 조사에 의하면 10위 내에 기업은 1위인 삼성을 비롯한 현대차(2), SK(5), LG(9) 등 네 개가 올라갔고, 나머지 여섯은 검찰(3), 헌법재판소(4), 경찰(6), 국세청(7), 청와대(8), 금감원(10)이었다. 반면 민주노총은 20위, 한국노총은 18위에 불과했고 참여연대는 21위였다. 즉 대기업과 국가 기관이 한국을 실질적으로 움직이는 세력이고 시민 단체의 영향력은 훨씬 작다.[111]

시민 단체 구성원의 의식이나 전문가들을 통해서 제기되는 정책 노선은 대체로 개혁 자유주의에서 중도좌파 경향을 갖고 있는데, 한국 사회의 이데올로기 지형에서는 분명히 진보적이다. 그리고 이들 단체는 대체로 중산층 지식인과 화이트칼라에 기반을 두고 있기 때문에 민주당과 친화력을 가지며, 그래서 보수 언론은 민주당 집권 시기마다 이들의 친정부적 성향을 강하게 비판한다. 그러나 가족·시장 의존적 보통 시민들과 비교하면 시민 단체에 가입해서 활동하는 사람들은 매우 강한 공익 지향성을 갖고 있다.

물론 2000년대 이후 등장한 모든 시민 단체가 진보적 성격을 가진 것은 아니다. 2000년대 이후 한국에서도 행동하는 보수 세력과 보수적 시민 단체가 더욱 활성화되었다. 특히 신자유주의 경쟁주의에서 소외된 일베 등의 청년층과 태극기 부대로 상징되는 반공 보수의 행동주의가 SNS 등을 통해 건강한 여론의 형성을 더욱 왜곡시키는 역할을 했다.[112] 이는 독일 바이마르공화국 당시 시민사회가 사민당 등 기존 정당이 자신의 요구를 수렴하지 못하자 나치당의 성장에 동원된 사례와 유사하다.[113]

지역 사회

지역 사회는 한국 정치를 아래로부터 이해할 수 있는 미시 현장이다. 대체로 도시 지역의 주민은 세대, 계층과 출신 지역에 의해 자신의 정치적 의견을 형성한다. 기존에는 선거에서 '세대'가 정치적 의사 표출을 결정하는 가장 중요한 요인이었으나 최근의 2030세대의 경우 젠더가 중요한 변수가 되고, 60대 이상은 출신 지역과 학력이 중요하게 작용한다.

기성 보수 세력을 대변하는 국민의힘의 사회적·지역적 기반은 대체로 경제적 상층과 최하층, 영남 지역 출신, 그리고 연령으로는 50대 이상이다. 미국에서 트럼프를 당선시킨 백인 하층

사회 정책, 사회적 재생산의 정치사회학

노동자처럼 한국의 하층 블루칼라나 실업자 계층도 이명박·박근혜 대통령을 지지했고 총선에서는 대체로 보수 정당을 지지하는 경향이 있다. 또한 이 당을 지지하는 다른 한 축은 법조인 등 권력층과 재벌이나 유산 계급이다. 과거 군이나 경찰 공무원으로 일했던 사람도 대체로 국민의힘 지지층이다. 이들은 자신의 경제적 이해를 의식하기 때문에 정치에 관심이 크고 선거에도 적극적으로 참여한다.[114]

대체로 경제적 중간층은 양당 사이에서 유동한다. 전문직과 신중간층, 즉 화이트칼라층은 민주당 후보를 지지하는 경향이 있다.[115] 그러나 대부분의 경제적 중하층은 정치적 효능감이 약하고, 기성 정당이 자신을 대변하지 않는다고 생각하기 때문에 정치에 관심을 갖지 않는다. 그 밖에 지역 사회의 고학력자, 그리고 호남 지역 출신이 민주당을 지지한다.[116]

정의당의 진보정치연구소가 경기도 성남시 중원구와 경기도 부천시, 대구광역시, 울산광역시의 시민사회 상황을 조사한 내용을 보면 어떤 시민 단체에도 가입하지 않은 사람이 65퍼센트 정도이고, 단체와 노조에 가입한 사람은 10퍼센트 내외에 불과하다.[117] 중복 가입이 있을 수 있으나, 정당 가입을 포함해도 비중은 매우 낮고, 단순한 회원 정도가 아니라 주기적인 회의 참가 등 활동에 가담하는 사람의 비율은 이보다 훨씬 낮을 것이다.

교육 정책에서는 최상위권 대학 진학이 가시권에 있는 경제적 중상층이, 부동산 정책에서는 세입자보다 자가 주택 소유자들이 훨씬 더 적극적으로 행동하고 여론을 동원하는 능력을 갖고 있다.[118] 결국 일상적으로 이해관계를 첨예하게 인지하는 중상층 이상이 여론과 정치에 비대칭적으로 영향을 미치고 양대 정당은 이들의 요구에 호응하기 때문에, 중하층 이하의 노동자들이 겪고 있는 노동·교육·주거·복지 문제는 지역 사회에서 의제로 등장하지 못한다. 특히 도시에서 이들 자가 주택을 소유한 중산층의 아파트 가격 집착은 여론을 압도한다. 청년 임대 주택을 빈민 주택으로 몰아붙이면서 건설에 반대하는 도시의 중산층, 대학생 기숙사가 들어서면 임대료가 낮아진다며 기숙사 신설을 반대하는 대학가의 건물주, 장애인 학교 등 특수 시설이 생기면 아파트 값 떨어진다고 반대하는 주민 등이 이른바 '행동하는' 이기적 보수층이다.

한국의 마을과 지역 사회는 오랫동안 행정의 말단 조직으로 기능해온 통반장 조직에서 기원한다. 또한 바르게살기운동협의회, 새마을운동중앙협의회, 한국자유총연맹 등 대표적인 관변단체와 경찰 자문회의 등이 선거 때는 보수 정당에 동원되고 평시에는 지자체의 정책에 중요한 영향력을 행사했다. 지금도 영남과 호남의 농어촌 지역에서는 여전히 관변 단체가 주민 동원의 풀뿌리 조직으로 활동하고 있다. 그러나 영향력이 과거에 비해서는 크게 축소되었고, 새마을운동중앙협의회는 자원봉사 조직의 성격을 갖게 되었다. 이제 이들 조직이 지역 사회에서 국가주의나 개발주의를 확산시키거나 보수 정당을 집권시키기 위해 맹목적으로 기능하지는 않는다.[119] 그러나 각종 주민 자치운동, 마을 만들기 조직이나 협동조합, 사회적 기업 등이 진보적 풀뿌리 조직으로 기능하고 있다고 보기도 어렵다.

지역 사회는 한국의 모든 사회경제적 의제가 총체적으로 존

277

재하는 곳이지만, 이곳에서도 자영업자나 건설업자들의 이해가 과대 대표된다. 시민의 자발적인 조직이 거의 없는 한국의 모든 지역 사회에서 개발이 인권과 복지를 압도한다. 당연히 기업 유치, 지하철 개통, 도로 건설 등이 중요한 현안이다.[120] 지역 개발 의제는 지역의 건설업자를 비롯한 토지 소유자들이 제기한다. 핵 폐기장 같은 환경 의제가 여론을 형성하는 경우도 있지만 과거의 영월 동강, 부안, 밀양 등 아주 일부에 불과하다. 그래서 일상적인 지역 복지, 지역 노동, 지역 교육 문제를 둘러싼 지역운동이 형성되거나 이런 사안을 매개로 주민들이 참여하는 경우는 거의 없다. 이것은 지자체의 권한이 제한적이고 지역의 독자성과 자율성이 없기 때문이기도 하지만, 60대 이상 노인들이 주로 거주하는 농촌 지역을 제외한 한국의 모든 도시 지역은 공동체적 관계가 형성되기 어렵고, 시민들이 거주 지역과 형태를 결정할 때 아파트의 재산 가치를 우선 고려하기 때문이다.

서울의 관악구, 마포구, 광진구에서는 과거 학생운동이나 사회운동에 참여했던 사람들이 각종 주민 자치 조직, 시민 교육 단체, 협동조합 등을 결성해서 지역 풀뿌리 기반 확충을 위해 노력했다. 그러나 자생적 기반이 약하기 때문에 정부나 지자체의 지원에 의지하는 경우가 많고, 그런 사업 방식으로는 지역에 뿌리내리기 어렵다. 그 지역의 주거와 환경까지도 중앙 정부나 건설 자본, 상층 자영업자들의 영향을 받는 구조에서는 지역 차원에서 독자적으로 주민 동원을 통해서 사회력을 구축하기가 거의 불가능하다.

한국의 직장 및 지역 사회에서 시민사회의 '밀도'는 매우 낮고, 따라서 선거를 제외하면 시민들이 복지와 교육 개혁 의제에 참여할 가능성이 크지 않다. 그러나 최근에는 지역 사회 활동가들이 마을 만들기 사업에 적극 참여하여 사회 주택이나 마을 교육 공동체를 만들고 민중의 집 운영과 지역 일자리 창출 문제 등에도 적극 나서고 있다.

노동조합과 노동 정치

노동자 정당이 제도화되기 이전인 19세기 서유럽에서 노조는 주로 사회적 약자의 권익 향상을 위한 정치 투쟁을 담당했다. 1890년 독일 자유노조의 지도자 칼 레기엔은 "노동조합 정치란 곧 사회 정책이다"라고 말했다. 그는 노조의 활동은 사회민주당 등 계급 정당에 종속되는 것이 아니라 독자적인 영역에서 국가의 사회 정책과 관련된 공동 영역에 개입해야 한다고 주장했다.[121] 당시 사회 정책의 주요 내용은 사회 보장의 확대와 통합 관리, 보험 가입자의 자치 행정 등이었다. 그러나 20세기 이후 자본주의 국가에서는 대체로 진보 정당과 노조의 결합에 의해 사회 정책이 의제화되고 제도화되었다.

서유럽과 북유럽에서 발전한 사회 민주주의 정당은 강력한 노조·의회주의·복지 국가에 기초를 둔다. 1장에서 언급한 권력 자원론은 복지 국가의 형성과 발전에서 가장 중요한 것은 노조의 조직률과 조직 구조, 노동운동의 집중성이라고 본다.[122] 권력 자원론, 그리고 립셋의 계급 균열의 형성 조건 등을 다시 보면 일정한 노조 조직률과 정치적 노동운동을 갖춘 상태에서 정치의 진입 장벽이 낮을 때 사회의 다양한 요구가 정당 정치로 모인

사회 정책, 사회적 재생산의 정치사회학

다. 노조 조직률이 높더라도 그것이 사회적 연대의 중심이 되기 위해서는 시민사회의 각종 조직과 단체, 여론 형성과 의사 결정 과정에 영향력을 미칠 수 있어야 한다. 또한 노조는 민족·지역·성·인종에 의한 기존의 균열을 자본·노동의 균열 구조로 변화시키거나 자본·노동의 균열 구조와 여타의 사회적 균열을 정치화할 능력이 있어야 한다.[123]

1990년대 이후 서유럽과 북유럽 복지 국가에서도 전통적 정치적 주체, 노동조합은 크게 위축되었다. 자본의 세계화, 산업 구조의 변화와 노동자 계급의 파편화, 그리고 신자유주의 질서가 강화된 이후 노동자의 계급적 연대는 크게 약화되었고, 노조의 약화는 노동자 정당의 지지율 하락으로 이어졌다. 서유럽에서 사회적 타협 체제와 복지 국가의 기초가 완전히 허물어지지는 않았지만 신자유주의 이후 정치경제 질서는 노조와 정당의 권력 자원을 크게 침식했다. 급격한 자동화와 기술의 변화는 노동자들의 구조적 권력 자원을 제한했다. 또한 노동자의 파편화와 정체성 약화는 결사적 권력 자원을, 신자유주의 이데올로기는 사회적 권력 자원을 약화시켰다.

일반적으로 노동의 조직적 구성이 포괄적이고 단체협약의 적용 범위가 넓어질수록 시장에서 여러 지위에 분포한 노동자들 모두가 혜택을 볼 수 있는 공공 복지를 요구하는 압력이 커지고, 이에 따라 사회 지출이 증가한다. 반면 노동운동이 파편화되거나 노조가 기업 단위로 구성될 경우 조합원들은 사회복지보다는 기업 내 복지와 임금 인상, 고용 안정을 선호하는 경향이 있어서 공공 복지의 발달은 상대적으로 지체될 가능성이 크다.

1987년 7~9월 노동자 대투쟁 이후 본격화된 한국의 노동운동은 매우 전투적이지만, 기본적으로 경제주의를 지향했다.[124] 군부 독재 청산 과정에서 정치적으로 개입하며 태동한 브라질이나 남아프리카공화국의 노동운동과 달리 한국 노동자들은 오직 회사 내의 조합을 통해 자신들의 권익 향상에만 관심을 두었다.[125] 이미 1987년 당시부터 산별 노조 건설 필요성이 제기되었으나 경총 등 기업가 단체는 노동부에 기업별 노조 체제를 견지해달라고 강력하게 요청했다.[126] 일본이 그렇듯이 기업주의 노조는 기업의 번영과 자신의 고용 안정 및 임금에만 관심을 갖기 쉽다. 그 결과 일본은 사회당이 몰락했다.[127] 한국에서도 이들의 경제적 전투성에 내재한 지배 질서에 대한 순응, 즉 기업별 노조주의 운동 방침이 산별 노조의 영향력 확대를 제한했다.

한국에서 임금 노동자들의 임금과 처우는 그들의 숙련도나 직무 능력보다는 어떤 기업에 입사하는가, 특히 300인 이상의 대기업에 들어갈 수 있는가로 정해진다. 1990년대 중반 이후 기업 복지의 정착은 한국의 가족주의 문화와도 깊은 관련이 있지만, 무엇보다도 국가나 공공 기관이 국민에 대한 복지의 책무를 떠맡지 않고 시장의 논리에 내던진 정치경제 체제의 산물이라고 볼 수 있다. 즉 1987년 이후 노동 저항에 대한 사용자 측의 대응으로 등장한 일부 대기업의 기업 복지 강화는 노동자의 탈정치화, 체제 순응, 계급적 노동운동의 약화를 초래했다. 탈상품화의 성격을 갖는 공공 복지나 국가 복지는 극히 제한되었고, 시장의 논리나 국가 안보의 논리를 해치지 않는 기업 복지만 강화되었다.

1990년대 중반 이후 대기업에 노조가 결성되고 회사의 대항 권력체로서 위상을 갖게 되자, 사용자 측은 이들의 정규직 보장으로 초래된 비용을 외주 하청과 비정규직 채용을 통해 해결하려 했다. 그래서 외환위기 이후 노동자 내부의 양극화, 즉 정규직과 비정규직의 차별이 심해지고 임금 격차가 더욱 커졌다. 이런 조건에서 조직노조의 대표부인 민주노총이 민주노동당의 가장 중요한 사회적 기반이 된 것도 사실이나 대체로는 노동자 계급 일반의 연대나 노동자의 사회정치적 주체화보다는 조합원의 이익을 옹호하는 기업별 노조주의로 더욱 기울어졌다. 민주노총은 노동권과 최저 임금 인상 등을 제외하면 주요한 사회 정책 의제를 다루는 데 매우 소극적이었다.[128]

　기업별 노조하에서는 기업 구조조정, 민영화, 인수합병, 해외 매각 등 노동자의 생존에 직접 영향을 미치는 사안이 몰아쳐도 저항 외의 정치적 대응은 거의 할 수 없었다. 결국 정리해고 저지 등 고용 문제와 더불어 임금 인상과 기업 복지 확충에 진력해온 한국의 대기업 노조는 조합원의 이익을 보장받는 대신 비정규직의 고통과 희생을 묵인했다.[129] 이것은 과거 일본의 철도 등 공공 노조가 매우 투쟁적인 노선을 견지했음에도 불구하고 조합원들의 기업주의 경향이 그들을 무력화한 것과 유사하다.

　1987년 이후의 노동운동을 상징하는 민주노총은 개별 기업의 노동 탄압, 부당 노동 행위, 단체교섭 결렬로 인한 쟁의 등이 벌어질 때마다 상급 단체로서 정부의 탄압에 맞서서 방패 역할을 해주는 데 큰 역할을 했다. 물론 민주노총 산하 보건의료 노조 등 산별 노조들은 의료보험 통합 등에서 나름대로 정책적 대응을 해왔고 조직 확대에도 기여했다.[130] 한국 조직노동자들의 이

러한 태도는 애초에는 기업별 노조 체제가 강화된 결과로 볼 수
있다.

특히 외환위기 이후 노동 양극화는 노동자의 계급적 연대나
주체화를 크게 제약했다. 외환위기 이후 한국 노동자들은 재벌
대기업과 하청기업들 간의 수직적 관계에 따라 양극화되었다.

노동자의 권력 자원은 곧 노조 조직률에 기반을 둔다. 물론
조직률 그 자체가 곧바로 노동자의 사회정치적인 영향력을 보장
하지는 않지만, 조직률이 낮은 상황에서 사회 정책은 현실화되
기가 어렵다. 존스와 앤더슨은 노조 조직률과 사회 정책적 결과
의 대차 대조표를 작성하고 노조 조직률은 좌파 내각의 집권 기
간, 사회복지비 지출 비율, 탈상품화의 지수 등과 깊은 관계를 갖
는 것으로 분석했다.[131] 한편 립셋은 노조 조직률이 바로 여론의
지지와 밀접한 관계가 있다고 지적한 바 있는데,[132] 그것은 관용
적인 공공의 여론이 노동자 조직의 공간을 열어주기 때문일 것
이다. 신자유주의 경제 질서하에서 기업 경쟁력과 효율성을 강
조하는 정부나 기업가 단체들의 공세로 인해 노동자들의 노조
참여는 크게 약화되었다. 신자유주의 경제 정책을 가장 앞장서
서 실시한 미국에서 노조 조직률 하락이 가장 두드러진 것 역시
이와 관련되어 있다.[133]

한국의 노조 조직률은 1989년을 정점으로 계속 하락해 10퍼
센트 내외에 머무르다가, 문재인 정부 이후 약간 상승하여 14퍼
센트에 도달했다. 그러나 한국은 미국, 일본과 더불어 선진국 가
운데 노조 조직률과 단체협약 적용률이 모두 낮은 국가에 속한
다. 300인 이상의 사업장을 제외한 대부분의 회사에서 노동자는

사회 정책, 사회적 재생산의 정치사회학

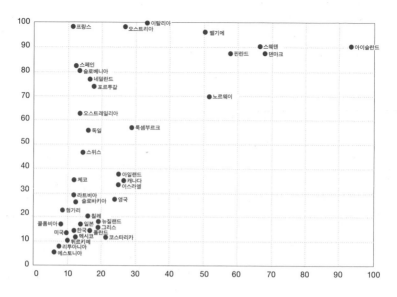

〈표17. OECD 국가의 노동조합 조직률(세로축)과 단체협약 적용률(가로축)〉
출처: OECD Data, 단위: 퍼센트

조직에 참여하는 것이 거의 불가능하기 때문이다. 이것은 세 나라에서 노동자가 정치사회적 주체가 되지 못하는 가장 중요한 이유다.

한국의 노조원들은 노동자 중에서도 상위 20퍼센트에 속하며, 노조에 가입할 수 없는 더 열악한 조건의 대다수 노동자들은 자신의 처지를 집단적으로 해결할 수단이 없다. 기업별 노조 체제하의 한국 노동운동은 대체로 복지나 사회적 의제를 자신의 과제로 인식하고 이를 위한 노력을 기울일 이유나 자원을 갖지 못한다.[134] 한국이 사회복지 후진국인 가장 중요한 사회적 이유도 여기에 있다. 이와 같은 한계로 인하여 복지·주거·교육 정책의 시장·가족주의는 계속 강화될 수밖에 없었다.

사회 정책의 입안과 실행 사례

한국에서는 국제 정치경제적 환경과 더불어 대통령의 시야와 식견, 그리고 정책 관철 의지가 사회 개혁안 입법의 가장 중요한 변수다. 정당이 대통령을 뒷받침하지 못하면 결국 대통령은 청와대의 핵심 참모나 별도의 위원회에 의존할 수밖에 없다.

대다수의 선진 자본주의 국가와 달리 한국에서는 정당이나 노동조합의 정책 제안 능력이 극히 미약하다. 1990년대 이후 주로 공익적 시민 단체, 혹은 시민 단체 출신의 정치인·행정가가 사회 정책 의제를 제출했다. 특히 정당보다는 대통령 직속의 각종 위원회, 그리고 청와대와 시민 단체 간의 직접 소통이 중요했다. 2004년 민주노동당이 의회에 진출한 이후에는 이들이 제기한 의제가 민주당에 접수되어 입안되기도 했다. 즉 주요 사회 정책 의제 제출자는 대통령과 지식인 집단을 포함한 시민 단체였고 노동 의제는 노동·시민 연대체가 주로 제출했다.

일례로 5·31 교육 개혁은 후보 시절에 '교육 대통령'이 되겠다고 선포했던 김영삼 대통령의 의지를 뒷받침한 대통령 직속 교육개혁위원회의 작품이다. 이 안은 결국 입법으로 연결되었고, 교육부가 주도하는 각종 행정 조치가 실시되었으며, 이후 가장 포괄적으로 모든 교육 사안에 영향을 미쳤다. 김대중·노무현·문재인 정부의 교육 정책은 신자유주의의 기조를 깔고 있는 5·31 교육 개혁의 그늘 아래에 있었다. 이 개혁안은 자율화, 민주화, 그리고 시장주의라는 시대의 조류 위에서 가능했던 것으로 집권당이 개혁 입법을 성사시킬 때 무엇이 필요한지를 잘 보여주는 좋은 사례다.

사회 정책, 사회적 재생산의 정치사회학

김재웅과 김용은 김영삼 정부 당시 교육개혁위원회의 인적 구성·의제 설정 과정·법률 제정 과정 등을 분석한 뒤 비교육계 인사들이 개혁안을 주도했다고 보았다. 김용은 그 내용이 정부의 역할을 축소하고 규제 완화를 통해 학교와 교사, 학부모와 학생의 권한을 확대하는 것이었다고 말한다.[135] 김영삼 정부가 민주주의와 반독재의 지향을 갖고 있기는 했지만, 이 안은 구세력과의 타협 속에서 신자유주의 지구화의 흐름에 준비 없이 편승하려 한 결과였다. 교육 정책에서 중앙 집권주의, 교육 과정의 국가 통제, 제조업 숙련 체계 형성과 교육 개혁의 연관성, 과도한 입시 교육과 사교육비 부담 등을 어떻게 넘어설 것인지에 대한 대안 없이 자율화와 경쟁을 곧 개혁으로 받아들였다.[136]

20세기 초 독일의 비스마르크가 위로부터 사회 보험을 제도화했듯이 박정희와 전두환 시기라면 대통령과 집권당의 의지와 결단에 따라 사회 정책을 제도화할 수 있었을지 모른다. 그러나 민주화 이후 민주 대통령과 집권당의 의지는 거대 이익집단, 여론, 언론과 관료들의 반대에 부딪쳐 대부분 좌초되었다. 시민 단체나 지식인 집단이 사회 개혁 의제를 제출해도 대기업 집단, 언론, 사법부가 거부했다. 그래서 김대중·노무현·문재인 정부는 과거와 같은 하향식 행정 집행보다는 각종 위원회를 통한 사회적 합의를 중시했다. 위원회에서 정책안이 입안되면 청와대, 그리고 여당과 협의를 거쳐 법안이 통과되고 제도화되었다. 지자체 차원에서도 시민 단체 출신을 대거 영입하거나 각종 위원회를 만들어서 정책을 결정했다. 특히 노동, 복지, 교육, 환경 등 사회 분야의 주요 정책안은 시민 단체에서 먼저 제안한 경우가 대부분이다.

대통령제의 한국에서 대통령의 의지는 사회 정책 의제 제출, 정책의 입안과 실행에서 가장 중요한 요소다. 김대중 대통령이 국민기초생활보호법의 입법화에 의지를 표명하여 4대 보험의 틀을 완성하고, 노사정위원회 등을 제도화한 예가 대표적이다.[137] 비록 당시 집권당인 새천년민주당은 의회의 소수당에 불과했지만 경제위기 상황, 시민 단체의 운동과 캠페인, 대통령의 소신과 의지가 강력하게 작동했다. 국민기초생활보호법의 경우는 대통령의 의지에 국회와 정부가 호응하여 주무 부서인 보건복지부나 예산처의 소극적인 태도를 극복할 수 있었다.[138]

그러나 김대중 정부 이후 시민사회 단체가 제기한 노동, 교육, 주택 관련 수많은 개혁 의제나 입법안이 국회 상임위의 문턱조차 넘지 못하고 의원실 서랍에만 남게 되었다. 사회 정책 입안 과정에서 보수주의, 개혁 자유주의, 그리고 제한적인 사회 민주주의 가치가 경합했다. 보수주의를 대변하는 시장화는 구 보수 세력과 신자유주의를 지지하는 정치 세력, 재벌대기업과 그들을 대변하는 국민의힘의 노선이다. 개혁 자유주의는 김대중·노무현·문재인 대통령과 민주당, 그리고 중산층과 시민 단체의 노선이며, 사회력 강화를 꾀하는 사회 민주주의 노선은 노조와 일부 시민 단체 및 학계가 견지했다.

시장력과 사회력의 충돌을 노동·교육·주택 각 영역으로 제한해서 살펴보면 우선 당사자의 요구나 전문가와 시민 단체의 의제 제기나 정책 제안, 이를 둘러싼 이론과 담론의 각축, 정부 부처와 정치권의 법안 입안, 법제와 정책안을 둘러싼 당사자, 시

287

민사회와 정치권의 충돌과 타협, 그리고 정책 시행의 순서로 진행된다. 여기서 이데올로기, 사상과 이론, 정부의 재정 여력, 정치집단의 의지와 전략적 선택, 사회운동의 동원력 등이 복합적으로 충돌한다.

　부동산을 비롯한 주택 정책의 경우를 살펴보자. 김대중·노무현·문재인 각 정부의 개혁 자유주의 기조는 임대 주택 확대 등 주거 공공성보다는 주택 가격 안정을 추구했다. 이들이 '철학 부재'라는 비판을 받은 것은 바로 주거 공공성에 대한 문제 의식이 약했기 때문이다.[139] 두 정부는 국가가 건설사의 투자에 의존하여 민간 차원의 공급을 추진해온 정책을 전면 재고하거나, 서민 주거권의 보장을 추진하지는 않았다. 이들은 집값의 급격한 상승이나 큰 하락 모두 중산층의 이탈을 초래할 것이라고 보았다. 그래서 민주정부의 주거 정책에는 사회권으로서 주거권의 개념이 매우 약하거나 부차적이다.

　노동·교육·주거 정책에서 양대 노동조합, 학부모 단체, 그리고 세입자들은 역대 대선에서 대체로 민주당 정부의 등장을 지지했으나, 이후 자신의 이해에 배치되는 사회 정책까지 지지하지는 않았다. 정규직 노조는 비정규직 보호 문제에 관심이 없고, 전교조는 교사 권익에는 민감했으나 교육 문제에 대해서는 정책의 주체로서 역할을 하지 않았다. 학부모 단체 역시 정책에 영향을 미칠 정도의 힘은 없었다. 경실련 등 일부 시민 단체가 주택 정책에 목소리를 높였으나 한국에는 독일과 같은 세입자 단체가 없기 때문에 시장주의 주거 정책을 비판하고 주거 공공성을 강력하게 주창할 세력이 없었다. 또한 주택을 시장에서 구매할 상품으로 여기는 일반 국민의 여론도 개혁을 지지하지 않았다.

집권 민주당과 대통령은 미약한 시민사회, 특히 정치적 영향력이 약한 노동자 세력에 의존하기보다는 결국 득표에 영향을 미치는 중산층의 이익과 관심에 편승하는 쪽으로 기울어졌다. 그래서 노동과 지역 시민사회의 지원 등을 통한 사회력 강화 전략이 체계적으로 실현되지 않았다. 이것의 최대 피해자는 앞에서 본 것처럼 비정규직 하층 노동자, 자살로 몰리는 청소년, 그리고 무주택자나 도시 개발에서 밀려난 세입자들이다. 이들을 대변할 정치 세력과 사회 세력은 없거나 아주 미약하다. 그래서 이들은 망루나 크레인에 올라가거나, 철창 속에 몸을 가두는 방식의 자해적 저항을 통해 자신의 처지를 국민과 정당, 언론, 법원에 호소한다. 또한 이들의 죽음과 자살 행렬은 정권 교체와 무관하게 계속된다.

노무현·문재인 대통령이 노동의 인간화에 대한 소신을 가진 것과는 무관하게 정권 초기에 집권당이 다수당이 아니었기 때문에 정책 관철에 어려움이 있었고, 자본·노동 양측에서 제기되는 반발을 막거나 그들을 설득할 수 있는 정치적 기반이 매우 취약했다. 그래서 조직노동 측과 곧 결별했고, 정권 중후반에는 대체로 보수 세력이나 기업가 단체의 이해로 기울어졌다.

〈표18〉은 여러 사회 정책안과 그것의 결과를 간단하게 도식화한 것이다. 특히 정책 목표에서는 실제 거론된 의제는 물론 보수와 진보 양 극단에서 주장해왔으나 의제로 상정되지 않은 것도 괄호 안에 포함하였다. 이 표는 한국의 정치사회적 스펙트럼

사회 정책, 사회적 재생산의 정치사회학

	노동	교육	주거
현상과 의제	노동 유연화· 비정규직 확대 차별과 양극화	입시 과열 사교육 교육 불평등	주택 가격 상승 건설 부패 주거 빈곤
이해관계자 혹은 관련 사회 집단	기업가 집단, 기업(경제 관료), 중소기업, 자영업자 노조, 비정규직 관련 시민 단체	사학 재단(교육 관료) 중산층 학부모 전교조, 학부모 모임	대형 건설사 (건교부 관료) 중간층 다주택 소유자 시민 단체
정책 목표: 시장 자유주의에서 사회 민주주의까지	(노동 전면유연화) 사회 양극화 극복 차별 금지, 노동 보호 공기업 비정규직의 정규직화 (임금 격차 축소) (노동자 경영 참가)	(교육 수월성, 경쟁력) 교육 자율성, 사학 공공성 입시 공정성 교육 공공성 강화 (대학과 유치원 무상) (학벌 타파)	(주택 완전 상품화) 주택 가격 안정 불로 소득 환수 임대 주택 확대 (주택 공급 정책 개편) (사회주택)
개혁 의제 제출자와 주요 추진자	노사정위, 민주당, 민주노동당, 양대 노총, 시민 단체	대통령, 민주당, 전교조, 교육 시민 단체	대통령, 시민 단체
입법 성과	기간제법, 파견법	개정 사립학교법(2004, 2020) 유치원 3법(2019)	종부세법, 임대차 3법
시행 결과	비정규직 확대· 차별 유지(일부 극복)	사교육비 확대 사학 지배 구조 유지 (부분 개선)	수도권 집값 폭등 주거 불평등 확대

〈표18. 주요 사회 정책의 입안, 제도화, 그리고 굴절〉[140]

의 한계를 보여주는 것이기도 하다.

　　노무현 정부의 비정규직법은 각 이해 당사자, 여야 정당, 그리고 시민 단체 등 모든 주체가 첨예하게 충돌한 사례였다. 파견 대상을 전 업종으로 확대하는 '파견법'과 계약직 노동자의 노동 조건과 차별 시정 절차를 내용으로 한 '기간제법'이 핵심이었다. 여기서 여당과 한국노총, 참여연대를 주축으로 노동 유연화와 비정규직 보호를 맞바꾸려는 중도 자유주의 노선과 그러한 비정규직법을 저지하려 한 민주노총과 민주노동당 일부가 충돌하였으나 끝내 정부와 민주당의 안이 통과되었다.[141] 결국 기업가 단체 측의 노동 유연화 요구와 노무현 정부의 제한된 비정규직 '보호' 안이 타협적으로 결합되었고, 앞에서도 언급했듯이 일부 노동자의 정규직 전환이라는 성과는 거두었으나 전체적으로 비정규직 확대가 계속되었다.[142]

교육 정책의 경우 김대중 정부에서는 전교조나 학부모 등 시민사회의 목소리가 그 이전 정부에 비해 커졌음에도 5·31 개혁을 그대로 집행했다. 안병영 교육부 장관의 언급처럼 "문민정부의 교육 방안은 20년간 한국 교육의 중심축이 되었다."[143] 즉 민주당 정부의 교육 정책 역시 보수의 교육 경쟁력 강화 요구와 진보의 학벌 파타, 공공성 강화의 요구 사이에서 '입시 공정성 강화'라는 자유주의 기조로 일관했다. 사립학교법 개정을 시도했으나 대체로 좌초했고, 유치원 3법을 통과시키기는 했으나 국공립 유치원 확대는 이후의 과제로 남겼다.

노무현 정부는 수도권 대학의 정원 감축 등을 시도했으나 서울대 등 여러 이해집단의 즉각적인 반발에 부딪쳐 철회했고, 초기부터 전교조와 각을 세웠기 때문에 시민사회의 지원도 기대할 수 없었다. 대통령과 민주당은 교육 정책에 관한 장기적 대안을 갖고 있지 않았다.[144] 그래서 노무현 정부에서 교원 평가, 교원 차등 성과급제, 국립대 법인화, 시도 교육청 평가, 국제중 설립, 조기 영어 교육, 특목고와 자사고 설립 완화, 개방형 자율학교 설립 등 시장력을 강화하는 조치가 그대로 시행되었다. "교육의 목표 중심이 모두 대학에 가 있는 상황", 즉 대학 입시에서 어

사회 정책, 사회적 재생산의 정치사회학

떻게 합리적 서열을 만들어 누구를 합격시키고 누구를 불합격시
킬 것인가에만 몰두하는 기조가 바뀌지 않았다.[145]

문재인 정부는 선거 공약에 대학 체제 개편, 즉 국립 대학 네
트워크와 공영형 사립 대학 활성화 등을 포함했으나 집권 후 더
강하게 추진하지는 않았다. 대통령의 관심과 의지가 부족했고,
예산과 국민의 동의도 부족했기 때문이라고 볼 수 있다.[146] 문재
인 대통령 취임 후 기획한 2018년 예산안에 공영형 사립대 관련
예산은 전혀 반영되지 않았는데, 기재부를 설득하지 못한 것이
가장 중요한 이유였을 것이다.[147]

노동·교육·주거 영역에서 대표적인 몇 가지 입법 사례를
보았을 때 대통령과 민주당은 개혁에 약간의 의지를 갖고 추진
하기는 했으나, 애초에 표방한 개혁 자유주의 목표를 거의 성취
하지 못했거나 오히려 상황을 더 악화하여, 결국 정권을 상실했
다. 비정규직법의 경우 이해 당사자인 비정규직 노동자가 조직
되지 않아서 민주노총이 그들을 대리했다. 교육 정책의 경우도
교수와 시민 단체 등이 주도하는 가운데 당사자인 학생이나 학
부모가 빠진 입법 공방이 진행되었으며, 주택 정책은 세입자 조
직 자체가 없었다. 개혁 법안을 추진할 당사자, 그들을 대변할 진
보 정당이 부재한 상황에서 개혁 자유주의 지향의 대통령과 민
주당이 사안을 주도했고, 결국은 타협안을 입법화하거나 그것조
차 변질되어 비정규직 양산, 사학 비리와 사교육비 부담 확대, 그
리고 서민의 주거 불안이 그대로 지속되었다.

5장

거시 역사 구조와

지식 정치

지구 정치경제 질서와
한국

냉전과 지구화: 동아시아 '권력 장' 속의 한국

동아시아 발전을 연구한 서구 학자들은 한국과 동아시아의 경제 '기적'에는 주목했지만 노동자들의 희생과 취약한 사회복지는 눈여겨보지 않았다. 냉전 시기 미국 주류 이론이나 담론이 냉전의 정치경제, 특히 냉전 체제하에 경제 개발을 추진하던 동아시아의 민주주의와 사회 일반의 희생에 주목하지 않았기 때문이다. 앞에서도 강조했듯이 오늘의 관점에서 국가의 경제적 성공만 이야기하고 불평등, 과도한 경쟁주의, 부족한 사회복지, 교육의 고통, 노동 억압, 저출생 등 사회적 취약성을 보지 않는 것은 현대 후발 자본주의의 어두운 부분에는 눈을 감는 것이다.

냉전을 전후 자본주의 사회경제 체제로 본다면, 우리는 동아시아 탈식민주의와 국가 형성, 미국의 일본 부흥 전략과 지역경제 통합regional integration 정책,[1] 한국전쟁, 근대화 경제 성장 전략과 베트남전쟁이 어떻게 한국과 동아시아에서 자본주의 질서의 조건과 틀을 만들었는지, 그리고 냉전 이후 미국의 지구적 영향력 확대가 어떻게 새로운 방식으로 동아시아를 묶었는지 물어

297

야 할 것이다. 여기에서 앨리스 암스덴이 말한 미국이 여타 발전
국가 진영과 맺은 관계의 단계 구분을 참조할 만하다. 제1차 제
국(1950~80년대)에서 제2차 제국(1990년대 이후)을 거치면서 개
발주의 국가가 과연 이 제국의 틀에서 벗어나 독자적 경제를 구
축할 수 있는가의 문제이기 때문이다.[2]

　　세계 체제와 국제 정치 질서 안에서 전개된 한국의 사회 정
책은 경제 성장과 반공주의의 하위 범주이며, 그 자체가 국제적
정치경제의 권력 장 속에 있다. 모든 국가는 지구 정치적 위치
와 지구 경제의 틀 속에 있기 때문에 어떤 나라의 정책도 국가 단
위의 고립된 형태로 존재하지는 않는다. 여기서 피에르 부르디
외의 장 개념을 도입하면 한 국가는 지구적 자본주의 세계 체제
라는 장과 국제 정치라는 권력 장에 이중적으로 존재한다.[3] 전
자는 국가의 경제 정책을 좌우하며, 후자는 안보 정책을 주관한
다. 사회 정책은 경제와 안보의 하위 범주이나 그 자체가 유엔과
OECD, WTO, ILO 같은 국제 기구의 규제와 담론의 영향을 받
는다. 미국 및 서유럽 국가와 그들이 주도하는 국제 기구의 정치
경제적 규율 및 지식, 그리고 이들의 영향과 담론이 국내 정책 의
제와 그 내용에 강한 영향을 준다.

　　냉전 체제하에서 미국이 소련을 외부의 적으로 삼은 것은
동시에 미국 내부의 적인 사회주의 및 노동운동과의 전쟁을 의
미하기도 했다. 매카시즘과 공격적 반공주의는 시장 만능주의,
사회 문제의 개인화, 계급 개념의 배제를 수반했다.[4] 그래서 냉
전적 동원 체제는 이중적인 방식으로 자본주의 경제사회 질서에
영향을 미쳤다. 냉전 반공주의 질서는 미국의 대부호와 군산 복

합체, 대학, 그리고 기독교를 비롯한 우익 보수 세력이 후발 국가를 조정할 수 있는 조건을 마련했다.

이 시기 미국과 유럽의 자본주의는 대공황 이후의 국가 개입적 시장 경제 질서를 기반으로 하되 내부의 사회주의와 노동 세력을 일부 포섭하거나 배제하는 과정을 거치면서 구조화되었다. 이것이 서유럽에서는 '시장에 맞서는 정치politics against market', 즉 케인스주의 복지 국가의 성립을 가져왔다. 이들은 소련과 내부의 공산주의 세력의 도전에 맞서는 조정된 시장 경제, 계급 타협 혹은 방어적 복지 국가와 사회 민주주의를 구축했기 때문에 서유럽 각국의 체제도 냉전의 산물로 볼 수 있다. 반면 냉전 반공주의의 참모부인 미국은 영구 군비 경제를 구조화했다.[5] 이를 바탕으로 제3세계 후발 자본주의 국가에서 극우 독재 정권이 민족주의나 사회주의 세력을 제거하는 일을 지원했다.[6] 그리고 중국 및 소련과 직접 맞닿은 냉전의 최전선에 위치한 동아시아 국가들, 특히 한국은 미국의 원조 및 군사 지원을 받아 시장 경제의 길을 걷도록 했다.[7]

1950년대 이후 미국은 제3세계 국가에 시장과 사기업이 주도하는 경제 발전을 채택하라고 요구했다.[8] 미국의 경제 원조는 그러한 정책 목표를 달성하는 가장 중요한 수단이었다. 전후 복구와 탈빈곤을 목표로 한 미국의 동아시아 원조는 사실상 소련과 국제 공산주의의 위협, 제3세계에 비등하던 민족주의와 사회주의에 맞서는 지구적 반공주의의 일환이었다. 그런데 경제 원조만으로 빈곤국에서 사회주의나 민족주의의 확대를 제압하기 쉽지 않다고 본 미국은 1950년대 말 이후 신냉전 전략을 수립했

거시 역사 구조와 지식 정치

다. 그것이 곧 근대화modernization와 발전development이다. 제3세계 근대화와 발전 전략의 교과서 역할을 한 월트 로스토의 『경제 성장의 단계The Stages of Economic Growth』의 부제가 반공산당 선언 Non-communist Manifesto이라는 점은 미국의 동아시아 전략이 크게는 지구적 반공 체제 강화라는 목표에 따라 진행되었다는 사실을 잘 보여준다.

　한국은 냉전 초기에 근대 국가를 수립했다. 기본적으로는 세금 징수와 국방, 즉 '약탈과 보호'라는 기본 기능을 하는 '국가' 였는데,[9] 국내에 조세 징수의 원천인 부가 미약했기 때문에 오직 미국의 원조에 의지할 수밖에 없었다. 그래서 일본을 포함하여 타이완과 한국, 싱가포르는 냉전 시기 내내, 그리고 지금까지도 어느 정도는 주권이 제한된 '결손 국가'[10]이자 '비정상 국가'의 특징을 갖는다. 일본은 샌프란시스코평화조약(1952)을 통해 군 사력을 포기하는 대신 식민지 지배 책임을 지지 않기로 한 '결손 국가'가 되었다. 다른 동아시아 국가는 탈식민 과정에서 식민주 의를 제대로 청산하지 못하고 미국의 경제 원조와 안보 우산 아 래 놓인 채 분단되거나 반半독립 국가가 되었다.

　냉전·분단·내전을 모두 겪은 한국에게 경제 원조란 마르크 스가 말한 자본의 원시적 축적primitive accumulation과 유사한 기반이 되었는데, 반공주의와 경제 원조는 이후의 자본 축적을 위한 정 치경제적 자본이었다. 정부 수립 초기에 한국의 가장 중요한 사 회와 경제 정책은 '농지 개혁'이었다. 이것은 기존 지주의 이익 에 반해서 추진한 근대화 개혁이다. 이승만 대통령의 의지와 조 봉암 농림부 장관의 소신으로 이 개혁을 시행할 수 있었으며, 두

300

사람의 추진력은 처참한 처지에 있었던 소작 농민의 요구를 반영한 것이었다. 그러나 농지 개혁을 강제한 더 중요한 외적인 요인은 북한의 사회주의 개혁과 한국전쟁, 그리고 미국의 압력이다.[11] 농민의 동의를 끌어내 신생 한국의 반공 체제를 안정화하기 위해서는 무엇보다도 지주 세력을 제거해야 했다. 이처럼 출발 당시부터 한국의 사회경제 질서는 분단과 전쟁에 크게 좌우되었다.[12] 한편 1948년 헌법의 전문과 내용에 포함된 사회 민주주의적 조항과 평등주의적인 경제 조항은 전쟁이 끝난 뒤 1954년 개헌을 통해 시장 지향의 내용으로 바뀐다.[13]

반공 체제와 한국전쟁은 지주 세력을 제거하는 데는 크게 기여했지만, "반귀족적 혁명적 독재로 이행하는 것을 강력하게 저지"[14]했다. 이후의 반공주의 정치 지형은 민주화의 공간을 열어주는 효과는 있었으나 민주화가 사회경제 개혁으로 진전되는 것은 차단했다. 미국발 동아시아 반공 체제는 정치 변화의 상위 마지노선을 설정한 셈이다. 미국과 일본, 한국의 상호 방위 조약과 미군 기지 설치는 두 나라의 정치경제적 주권을 일정하게 제약했다. 그리고 이것은 당연히 자본축적 체계와 경제 운영, 그리고 사회 정책을 일정한 방향으로 규정했다.

한국이 1960년대 이후에 이룩한 경제 발전은 외적으로는 공산주의 진영과 맞서고자 했던 미국의 동아시아 전략과 샌프란시스코 체제가 조성한 '권력 장' 안에서 가능했다고 볼 수 있다.[15] 동아시아 권력 장의 특징은 두 가지로 요약할 수 있다. 첫째는 미국이 자본주의 발전을 위해 전범국인 일본을 면죄하고 안보를 보장한 것이고, 둘째는 한국에 막대한 원조를 안겨주는 동시에

거시 역사 구조와 지식 정치

한일 국교 정상화를 압박한 것이다. 나아가 미국은 흔히 '초청에 의한 발전development by invitation'이라고 지칭하는 한국산 경공업 제품의 특혜적 수입까지 허용했다.[16] 한일 양국에서는 식민지 체제 이래의 극우 세력이 여전히 주도적 역할을 하며 미국과 긴밀히 연결되었다. 후발국의 최고 목표가 된 경제 성장과 근대화론은 미국이 주도하는 지구적 반공 체제의 틀 속에서 진행되었고, 그것은 구 제국인 일본과 신생 독립국인 한국이 미국이 주도하는 동아시아 자본주의 질서의 하위 파트너 역할을 하도록 했다.

　한국과 타이완의 발전 전략은 일본의 '전후 부흥'을 모델로 따랐다. 동아시아 후발국이 자본주의 발전에 필요한 자본을 동원하고 상품을 판매할 시장을 찾은 과정, 그리고 이를 위해 저임금의 노동력을 동원한 양상은 동아시아 반공주의 체제의 발전 경로를 무시하고는 설명할 수 없다. 그리고 베트남전쟁은 한국의 군사 정권이 경제 성장을 추진할 자원과 정치 자본을 동원하는 데 결정적으로 기여했다.

　동아시아의 수출 주도 개발주의 '결손 국가'는 언제나 '노동 배제'를 특징으로 한다. 동아시아 발전주의 국가의 시장 개입 혹은 국민 통합은 유럽 복지 국가의 그것과 다르다. 일본의 경우 공산당이나 사회당이 있기는 하지만 사실상 자민당 일당 지배와 고도 성장이 가져온 경제적 잉여로 국민 통합을 유지했다. 당연히 횡단적인 산업별 노동조합의 힘은 약하고 노동조합은 기업별로 종적으로 조직되었다. 그리고 노동자의 사회정치적 요구도 결국 기업의 성장 번영과 일체화되었다. 유럽과 달리 국가나 정치가 자본의 활동을 규제하는 역할을 하지 못하고 자본 축적을 촉진하는 사실상의 기업가 역할을 했다.[17] 기업별 노조, 기업 사회 현상은 일본의 정치사회가 만성적으로 보수화된 기반이다.[18] 국가는 수출과 경제 발전을 지원하는 것을 주요 활동으로 삼고 노동이나 사회운동은 억압했으며, 수출 주도 산업화를 위해 조세를 감축했기 때문에 재정 규모나 사회 지출의 측면에서 '작은 국가'로 남게 되었다.[19]

한편 한국과 타이완에서는 일본의 식민 지배가 끝난 뒤 지주 세력이 제거되자 거대한 자영농 사회가 조성되었고, 교육을 통한 개인의 사회 이동 신화가 준종교 역할을 했다. 국가는 경제 성장에 방해가 되는 노조나 진보 정치 세력 등을 효과적으로 제거했다. 싱가포르나 필리핀처럼 국가 경제를 소수의 지주 세력이나 가족 집단이 장악한 경우도 있고 남미 국가처럼 외국 자본과 결합한 국내의 대자본, 대지주가 경제를 장악한 경우도 있으나, 동아시아 국가는 그러한 봉건 세력이 효과적으로 제거되었기 때문에 사회 이동의 신화가 영향력을 발휘했다.

1980년대의 경제 개방, 중산층 형성으로 개발주의 독재국가는 민주화운동이라는 도전에 직면했다. 경찰과 공안 기구, 검찰과 사법부, 언론 같은 비선출 권력이 저지른 냉전 시대의 부패와 퇴행에 대해 민주화운동 세력이 국민적 공분 위에서 저항을 감행하여 결국 군사 정권이 붕괴되었다. 그런데 군부가 사라진 공백에 개발주의의 주역인 대기업이 부상하게 된다. 기업 권력이 비대해진 상황에 신자유주의 흐름이 겹치면서 국가의 시장 개입이 축소되었고, 이 틈에 대기업은 정치사회적 영향력을 확대한다. 군부 정권 붕괴 이후 시장 개방, 금융 자본주의, 지구적 경쟁의 격화는 국내 소비자나 노동자들에 대한 기업 권력의 확대를 더욱 더 가속한 외적인 환경이었다. '선진국 따라잡기'라는 성장론이 그전까지 노동의 저항을 통제하는 명분이었다면, 이제 시장화의 논리가 국가로 하여금 기업 활동을 일방적으로 뒷받침하는 명분이 되었다.

한국이 OECD에 가입한 이후 지구적 권력이 냉전에서 탈냉전·신자유주의 기조로 이동하면서 국내 사회경제 정책은 전보다 더 직접적으로 지구적 경제 체제에 종속되었다. OECD와 IMF 같은 국제 기구와 국제 금융 자본, 미국발 신자유주의 이데올로기에 경제 정책이 가장 직접적인 영향을 받지만 교육과 노동 정책도 그에 못지않았다. 사회복지 정책은 시작 단계였기 때문에 오히려 '보편'과 '선별'이라는 구도로 대립한 측면이 있었으나, 교육과 노동 영역에서는 자율과 경쟁의 이름으로 신자유주의 논리가 민주화를 압도했다. 노동 현장에서는 노조와 단체교섭이 제도화되는 등 민주주의의 진전도 있었으나, 정부와 기업이 주도하고 법원이 호응한 파업에 대한 민사상의 손해 배상 청구 등 노동 통제 장치가 도입되어 시장주의가 더 무서운 방식으로 작동했다.

그러나 민주화 이후에도 한국의 안보·외교·국제 정치 노선은 미국 헤게모니가 작동하는 동아시아 권력의 장에서 벗어나지 않았다. 1989년 이후 한국은 중국과 외교 관계를 맺었지만 미국은 북한과 수교하지 않았고, 북한은 결국 핵개발로 나아가서 한반도는 여전히 전쟁 상태에 있다. 한국은 경제적으로는 중국에 더욱 의존하게 되었으며, 중국 시장을 기반으로 내부의 노동 저항과 축적의 위기를 돌파할 수 있었다.

한국의 국내 정치는 정당 간 대결이 아닌 국가·공안 기구·검찰·관료 조직이 우위에 선 '기울어진 운동장'의 게임이었으며, 무엇보다도 5년 단임 대통령제하에서 대통령과 청와대가 정치의 최대 주역이었다.[20] 안보 국가이자 개발 국가였던 한국에서 여야 정당은 국가의 일부이거나 집권을 위한 도당徒黨의 성격이 강했다. 선거 정치가 부활한 민주화 이후에는 김대중·노무현·문재인을 통해 세 번의 진보·개혁 자유주의 후보가 집권에 성공했으나 개혁 의지를 뒷받침할 정당은 국회에서 다수 의석을 확보하지 못했다. 또한 어렵게 다수가 되더라도 선출 권력(청와대와 민주당)이 비선출 권력(검찰·언론·관료)에게 휘둘렸다.

민주화 이후에도 여전히 이념 스펙트럼의 반쪽만 허용된 한국에서는 진보는 고사하고 개혁 자유주의를 지향하는 후보도 대통령이 되기 어렵지만,[21] 문재인 정부처럼 촛불시위에 힘입어 권력을 장악해도 '검찰과 언론 개혁' 같은 자유주의 개혁조차 제대로 추진하지 못했다. 개혁은 반공 자유주의가 길러낸 보수 일변도의 언론 지형, 기본적으로 보수적 지향을 가진 관료, 그리고 검찰과 사법부의 노골적인 개혁 사보타주, 성장주의와 물질주의에 사로잡힌 한국인의 의식, 그 밖에도 의사·변호사·교수 같은 특수 전문직 이익집단의 저항에 의해 굴절되고 좌초했다. 대통령이나 개혁을 지향하는 민주당의 일부 의원은 사회 민주주의적인 지향을 갖고 있어도 극히 편향된 정치 지형을 의식하여 아예 의제를 제기하지 않는다.

오랜 반공주의와 독재 정권을 거친 시민들은 민주화 이후에도 선거 외에는 정치에 참여할 방법을 알지 못했고, 그마저도 혈

거시 역사 구조와 지식 정치

연이나 지연, 학연 등 연고주의가 선거를 지배했다.[22] 민주화 이후에도 정책을 중심으로 한 정치는 여전히 부차적이고, 사회경제적 의제를 둘러싼 진보·보수의 정치, 혹은 계급 정치는 미성숙 상태이다. 선거 정치에서 지역주의는 여전히 가장 중요한 변수이다. 그렇지만 동아시아나 세계 후발국 중에서도 가장 강력했던 민주화운동, 노동운동의 동력으로 일정한 수준의 복지와 사회 안전망의 제도화를 이끌어낸 점은 의의가 있다.

비동시적인 것의 동시적 공존

1987년 이후 민주화와 자유화, 시민사회의 확대는 경제적 강자의 영향력과 시장주의 원칙이 법치라는 이름으로 관철될 여지를 확대했다. 비록 한국의 국제정치적 위상이 과거보다 크게 올라갔고 경제적으로도 선진국의 문턱에 진입했으나, 여전히 남북한이 군사적으로 대결하고 미국의 군사적·정치적 영향력은 확고하다. 외환위기 이후 한국은 거의 모든 영역에서 앵글로색슨형 자본주의에 훨씬 가까워졌다.[23] 동시에 후발국의 특징도 여전해서 정부나 사회에 대한 신뢰가 매우 적으며, 정당의 사회적 대표성도 약하다.

한국과 동아시아 '결손 국가'에서는 시민사회와 각종 사회 조직이 독자적 정체성을 갖지 못했고, 노조나 각종 시민 단체의 형성 역시 매우 지체되어 있었다. 그래서 민주화 이후의 정치적 공간을 민주화운동 세력이 차지하지 못하고 군사 정권이 길러낸 보수적 시민사회, 즉 기업가와 보수 언론이 더 큰 영향력을 행사하게 되었다. 민주화로 선거 정치와 정당 정치가 복원되었지만, 대중의 일상적 정치 참여는 여전히 차단되었다. 게다가 국가 수립 당시에 도입된 선거 제도, 특히 선거와 민주주의가 거의 동일시된 이데올로기하에서 선거 물신주의는 유권자의 사회적 응집성을 파괴하고 사회적 균열을 뒤틀었다.

민주화 이후 지난 35년간 외환위기는 한국이 경험한 가장 중요한 변곡점이었다. 그런데 이 시간대에서 한국의 발전 단계는 동시대적 세계 변화와 엇갈렸다. 이 시기를 아래와 같이 정리할 수 있다.

§ 한국 사회 자체로만 보면 군부 정권의 몰락 이후 노동운동과 시민사회가 활성화되어 정치적 민주주의가 질적으로 심화하는 단계에 들어섰다.

§ 한국은 민주화와 근대의 완성 국면에 들어섰으나 외적으로는 지구적 차원에서 사회주의의 붕괴와 탈냉전의 전개, 그리고 서구가 탈근대post-modern 혹은 후기 근대로 이행하면서 민족과 계급 같은 전통적인 정치적 정체성이 약화되거나 실종되는 상황을 맞았다.

§ 압축 성장을 거친 후발국 한국은 빠른 경제 성장 이후에 내부의 노동 비용 상승 등의 압박으로 조숙한 탈산업화, 탈제조업화의 국면으로 치닫게 되었다.

§ 한국은 지구화된 경제 질서, 신자유주의 질서와 금융 자본 질서에 편입되고, 중국의 개혁 개방을 기회로 거대한 시장이 창출되면서 중국 경제에 대한 의존도가 크게 높아졌다.

정치적 민주화의 동력, 그리고 외환위기를 초래한 관료와 정치권 등 내부 시스템의 문제 등을 제외하면 대체로 한국의 발전 경로는 '동시대'의 세계적 변화에 직접 노출되면서 외부에서 강요된 것이다. 1990년대 이후에는 모든 나라가 탈냉전 지구적 신자유주의 질서에 깊이 편입되었다. 이런 조건에서 '비동시적 역사 국면'이 한국에 거의 '동시에' 닥치면서[24] 대내외적 전환의 계기를 맞았다.

이를 다시 정리하면 다음과 같다. 우선 한국은 일제 강점기 이후 '외부로부터 근대화를 강요당한' 나라에 속한다. 식민지가 특히 그렇고, 분단이나 한국전쟁도 내부의 의지와 무관한 사건이었다. 한국은 2차 세계대전 이후 개발주의 국가의 유형에 속하지만, 동시에 전쟁 국가·안보 국가·분단 국가의 성격도 갖고 있다. 이러한 조건이 근대화나 경제 발전에도 영향을 주었고, 민주화에도 영향을 미쳤다. 역사사회적으로 보면 가족주의의 전통이 강력하고, 냉전의 최전선에 위치한 분단 국가이기 때문에 남미와 달리 노동운동이나 사회주의 정치운동이 거의 소멸되었으며, 미국식 자유주의의 영향과 계층 이동의 신화가 매우 강력하게 자리 잡았다.[25]

한국의 산업화와 도시화는 세계에서 유례없이 빠르게 진행되었다. 한국과 동아시아 모든 나라는 압축 성장의 경로를 걸었다. 과거 서유럽과는 비교할 수 없을 정도로 단기간에 대규모 공업 노동자가 형성되었으며 도시화가 이루어지고 중산층이 형성되었다. 모든 면에서 한국 등 여타 동아시아 국가는 일본의 선례를 따라갔다. 급속한 산업화와 도시화는 다양한 사회적 수요를 폭발시켰다. 개발주의 국가는 교육·주택·복지의 수요, 저임금과 노동의 불평등을 오직 경제 성장을 통해 해결하려 한다. 여기서 심각한 사회적 긴장이 발생한다. 우선 대규모의 공업 노동자가 도시로 모이면서 주택, 범죄, 교통 문제가 발생한다. 그리고 산업 현장에서 각종 질병과 재해가 발생한다. 농촌 공동체에서는 친족과 마을을 통해 유지했던 보육·교육·노후 복지도 오롯이 노동자 스스로 해결해야 한다. 주거·교육·의료·복지 등에 대한 공급은 폭증하는 수요를 충족시킬 수 없었다. 여기에서 경제와 사회의 괴리가 발생했다. 군사 정권은 경제 성장에 모든 것을 걸었기 때문에, 그에 수반되는 사회적 요구는 거의 고려하지 않았다.

봉건 체제의 붕괴, 그리고 시장의 형성과 산업화가 국가의 형성과 정치적 민주화보다 먼저 진행된 서유럽에서는 19세기 초반에 이런 사회 문제가 발생했다. 엥겔스가 작성한 「영국 노동자 계급의 상태」 보고서는 맨체스터 같은 공업 도시에서 노동자의 삶의 재생산과 관련해 어떤 일들이 발생했는지 자세히 보여준다.[26] 여기서 노동자 계급이 겪는 사회 문제는 경제 문제의 부산물이며, 개인과 가족이 처리할 수 없는 문제라고 설명한다. 여기에 대응하기 위해 오늘날 국가는 사회 정책을 펼친다. 그러나 서유럽에서는 국가가 주도하는 공공 정책이 실시되기 이전에 노동조합이나 직업조합, 지역 공동체가 자구적으로 상호 부조와 보험을 제공했다. 19세기 말에서 20세기 초에 거의 모든 유럽 국가에서 불평등이 확대되면서 노동운동이 성장하고 사회 정책에 대한 관심이 급격히 고조되었다. 특히 1차 세계대전을 겪으며 전쟁

거시 역사 구조와 지식 정치

에 희생된 병사들의 가족에게 연금과 혜택을 부여하라는 요구에 직면했다. 그 결과 미국에서는 남북전쟁 시기와 1차 세계대전 이후, 독일에서는 1차 세계대전 중에 최초로 사회 보험 제도가 채택되었다. 이후 미국은 2차 세계대전 중 등장한 루스벨트의 케인스주의를 바탕으로, 유럽은 같은 시기의 전시 경제 체제를 바탕으로 1945년 이후 국가의 질서를 거의 그대로 유지했다.

오랜 기간에 걸쳐 점진적으로 시장화, 산업화, 개방화의 길을 걸어온 서구와 달리 반공 국가가 주도한 압축 산업화를 겪은 한국에서는 노사정 간의 사회적 타협이나 합의적 민주주의를 제도화할 수 없었다. 여전히 조직노동은 배제의 대상이고, 사용자 단체의 양보나 타협을 강제할 노동조합의 힘은 형성되지 않았다. 유럽식 노사정 타협 체제는 한국이나 동아시아의 개발주의와는 거리가 멀었다.

이 경우 폭증하는 사회 문제를 해결할 방법은 국가의 재정으로 감당할 수 없는 교육·주거·의료·복지 수요를 사기업을 끌어들여 해결하는 것이다. 사립 학교의 비중 확대는 이러한 기업 의존 공급 정책의 결과였다. 한편 생존권이나 주거권 보장을 요구하면서 저항하는 세력에 대해서는 설득과 포섭 대신 폭력적 진압을 감행한다. 국가는 도시 개발을 추진하는 과정에서 건설 기업에 특혜를 주고, 토지 강제 수용에 저항하는 원주민과 세입자들은 추방했다. 수출 기업을 지원하기 위해 노동자의 임금 인상을 억제하고 노동운동을 통제했다. 저항하는 노조 관련자를 체포해 구속 수감했다. 생존권과 주거권을 박탈당한 사람들의 저항은 극한 양상으로 전개되지 않을 수 없었다. 제도 정치가 이 갈등을 해결하지 못하기 때문에 언제나 피해자와 정부가 정면 충돌하는 양상이 반복되었다.

민주화 이후 시민사회가 본격적으로 형성되려던 1980년대 말부터 1990년대 초에 거대한 지각 변동이 일어났다. 현실 사회 주의가 붕괴했고, 중국은 천안문 사태 이후 개혁 개방의 길로 나 갔으며, 지구적으로 신자유주의가 본격적으로 확산되었다.

이 시기에 한국은 이미 자본주의의 성숙 단계에 돌입해 저 성장·탈산업화·소비 사회 국면이 이어졌다. 군부 통치의 종식 으로 시민사회가 활성화되었고 노동자의 저항과 조직화도 본격 화되었으나, 노동자의 임금이 상승하는 만큼 기업의 자동화·외 주 하청·해외 진출이 가속화되었다. 사회적 개방과 중산층의 형 성은 탈근대적 문화 담론을 확산시켰으나, 그것은 신자유주의적 시장주의와 결합되기도 하고 거기에 굴절되기도 했다. 동아시아 의 탈냉전 분위기는 한중 관계를 정상화하고 한국 경제의 중국 의존도를 심화했다. 이는 남북한의 긴장을 일부 완화하는 효과가 있었지만, 결국 북핵 위기가 본격화되었고 한국이 미국 단일 패 권의 세계사적 구도에 편입되는 계기가 되기도 했다. 개인화, 지 역 정치, 환경 정치나 젠더 담론의 활성화 등 새로운 시민운동은 시장주의 구조조정과 동시에 진행되면서 그 흐름에 압도되었다.

1997년 말 외환위기 이후 한국은 복합적인 조건을 마주했 다. 서구에서는 케인스주의적인 복지 국가가 위기를 맞이하고 포스트포드주의 생산 방식과 디지털 자본주의가 확대되었다. 지 식이 중요한 자본 역할을 하게 된다는 신경제론,[27] 영국발 '제3 의 길'과 근로 연계 복지론의 등장이 '동시대' 조건으로 주어졌다. 그래서 자유 시장주의의 기조를 갖는 OECD, IMF 등 국제 기구의 각종 권고나 요구, 미국발 금융 자본주의 질서가 복지 신생국 한국의 민주화나 사회 정책의 제도화를 심각하게 굴절시켰다. 한국의 역사 발전 경로나 단계를 보면 이제 막 개발주의 체제에서 벗어나야 하는 상황이었지만 동시대의 세계 정치경제의 흐름, 즉 지구적 신자유주의와 같은 시간대에 놓였다.[28]

한국을 비롯한 동아시아 국가들이 반민주적인 경성 국가, 즉 경제 개발을 위해 강력한 집행력과 동원력을 가진 국가가 된 배경에는 정부와 기업의 유착이 있다.[29] 과거 개발주의 한국은 계급 중립적인 국가가 아니었다. 국가는 수출 산업의 주역인 사기업과 거의 한 몸으로 움직였고, 관료·정치권·대기업의 유착이 심각하게 고착되었기 때문에 이후 민주화 세력이 다수당이 되거나 대선에서 승리해도 이를 시정하지 못했다.[30]

19세기 말 20세기 초의 서유럽과 달리 한국에서 정치적 민주화가 계급 정치 활성화를 거쳐 사회경제적 민주화에 이르지 못한 것은 식민지 억압 국가의 유산, 냉전 반공주의, 과잉 교육열로 표현된 개인화된 지위 상승의 관성도 있지만 20세기 후반 한국이 처한 지구적 탈공업화, 탈근대주의 권력의 형성과도 깊은 관련이 있다. 즉 노조나 시민사회의 영향력 확대를 기반으로 개혁적 정책 담론이 형성되지 않고, 대중이 사회 정책을 아래로부터 추진할 수 있는 동력이 제대로 형성되지 못했으며, 정치의 장은 여전히 군사 정부 시기처럼 여야의 극단적 대결 구도로 지속되었다.

외환위기 이후 한국에는 '이중 사회', '두 국민'이 형성되었다. 그 결과 한쪽에서는 거의 1970년대와 유사한 열악한 노동 조건, 장시간 노동에 여전히 시달리지만 최상층 자본가, 상층 화이트칼라, 전문직, 서울 강남 지역의 주민들은 거의 세계 최고 수준의 소득과 주거와 문화 생활을 누린다.

거시 역사 구조와 지식 정치

지구적 신자유주의
담론과 정치

자유 시장의 탄생: 반공 자유주의

　신자유주의는 좁게는 마거릿 대처와 로널드 레이건의 경제 사회 정책, 즉 시장에 대한 국가의 규제를 극소화하고 소비자의 선택권을 중시하며 공공을 사유화하고 노동 시장의 탄력성을 극대화하는 일련의 정책 묶음을 지칭한다. 그런데 이것을 사상적으로 보면 자유방임 시대의 자유주의와 달리 시장을 사회와 분리한 다음, 국가의 정책으로 시장과 자본의 힘을 극대화하려는 반사회주의적이고 반복지적인 흐름을 통칭한다.[31]

　신자유주의는 기존의 '착근된 자본주의embedded capitalism'를 비판한다. 즉 국가의 시장 개입과 생산 체계에서의 포드주의, 그리고 노사정 타협을 거부한다. 신자유주의 사상가들은 사회주의 계획 경제나 중앙 집권 경제와 대립하는 개념으로 시장 경제 혹은 자유 시장이라는 용어를 즐겨 사용했다. 이들은 자본주의라는 용어는 사회 비판적인 연관성을 내포하고[32] 자본주의의 역사적 성격을 강조하면 사회주의로의 변혁이 전제되는 경향이 있기 때문에, 역사성을 제거한 순수한 교환 이론으로서 '시장 경제' 개념을

314

선호했다. 그래서 신자유주의 사상은 시장을 자연과 같은 순수 교환의 체제로 가정하고 '사회적' 요소를 거의 고려하지 않는다.

밀턴 프리드먼은 프리드리히 하이에크, 로버트 노직과 더불어 신자유주의 정책을 현실에서 실행한 미국의 레이거니즘과 영국의 대처리즘의 사상적 스승이라 할 수 있다. 그는 자유 시장과 사적 소유권을 절대화하며, 규제 자체를 반자본주의적인 제도로 보는 신자유주의의 전도사이다. 한국에서는 신자유주의가 본격적으로 유포되기 이전부터 유럽식 사회 민주주의도 사회주의로 간주하는 경제학자와 정치가, 관료가 많았다. 노태우 정부 당시 박준규 국회의장이 토지 공개념이 혁명을 초래할 수도 있다고 비판한 일과[33] 2010년 김문수 전 경기도지사가 무상 급식을 북한식 사회주의라고 공격한 발언에서도 그런 생각들이 나타났다.

신자유주의는 사회 이론이자 사상이며, 정치적 실천이고 이데올로기이다.[34] 정당의 정책, 관료 집단, 그리고 법원의 판결 논리에 모두 신자유주의가 나타나며, 특히 사회경제 질서에 대한 실정법과 헌법의 해석은 신자유주의 이론에 크게 의존한다. 주류 이론이나 사상은 교육, 미디어를 통해서 전파되고 출판을 통해 지식인들에게 영향을 미치며 여론에 영향을 준다. 이론의 생산 기지는 대학이지만, 한국의 대학에서 가르치고 유통하는 지식이 어디에서 온 것인가를 묻는다면 이 문제는 결국 미국의 대학, 세계의 주류 이론, 더 나아가 미국과 영국이 주도하는 각종 국제 기구로 관심을 돌려야 한다.

로널드 레이건 대통령 이후 미국의 정치경제 질서와 미국 경제학자들의 영향하에 있는 여러 국제 기구, 대학, 미디어는 미

거시 역사 구조와 지식 정치

국식 시장 경제 체제의 작동을 정당화하고 합리화했다. 자유 무역·탈규제·민영화·선택의 자유 같은 신자유주의의 핵심 개념은 미국 대학과 지식 사회에서 케인스 학파와의 쟁투, 즉 궁정 전투palace war를 거쳐 지구적인 차원으로 확산되었다.[35] 그중에서도 한국처럼 미국 주류 담론의 영향을 심하게 받은 나라는 거의 찾기 어렵다.

과거 한국의 반공주의·근대화·발전주의 담론 역시 냉전 시기 궁정 전투의 산물로 볼 수 있으며, 소련 사회주의의 붕괴 이후에는 미국 내에서 새로운 전투를 거쳐 신자유주의가 지구적 헤게모니를 갖게 되었다. 이것이 지구적인 '지식 정치'의 생산과 유포 과정이다. 여기서 지식이란 주류 담론을 구성하는 이론이나 논리를 말하고, 이론이란 대학에서 유통되는 이론이나 학술적 담론이 아니라 국가의 정책 기반, 입법의 근거, 사법 판결의 이유가 되는 논리, 주류적인 교과서의 서술 체계, 미디어의 통상적 가정 등을 포함한다. 시장과 개인의 선택, 그리고 재산권을 최고의 가치로 여기는 신자유주의 담론은 그 자체로 권력의 행사와 연결되어 있다. 국가의 정책은 국가의 전략적 선택성selectivity, 즉 사회 내의 계급 또는 정당 간의 역학 관계를 반영한다.[36] 역학을 좌우하는 중요한 근거는 바로 지식, 이데올로기다. 지식 정치는 정치적·계급적 주체 형성과 맞물려 있다.

각 나라의 지식 정치는 세계 자본주의 체제의 헤게모니 국가의 주요 대학과 영향력 있는 싱크탱크·재단에서 주로 생산되어, 후발 국가의 전문가 집단·대학·사법부·언론에 전달되는 국제적인 생산·재생산 구조를 갖고 있다. 인도네시아의 '버클리 마피아', 칠레의 '시카고 보이스' 같은 일군의 경제학자가 대표적이다. 이들은 국내의 권력 장을 지배하면서 미국이 주도하는 국제 지식 정치의 현지 대리자 역할을 하고 있다. 미국이 제공한 학위와 인맥이 각 국가의 권력 장에 동원되고 활용된다. 이 경우 누가 최고 권위자이며 누가 최고 전문가인지는 주로 미국 유명 대학의 학위 소지 여부에 달렸다. 한국도 미국 대학에서 학습한 이론으로 무장한 대학 교수들, 한국개발연구원KDI 같은 국책 연구 기관, 언론인과 관료들이 사회경제 정책을 좌우한다. 민주화 이후에는 정책의 결정, 사법 판결의 논리적 근거, 학교 교과서의 내용 등을 통해 신자유주의 담론이 지배 질서에서 더 중요한 역할을 하기 시작했다.

모든 나라의 사회경제 정책과 안보 정책은 일차적으로 각국의 헌법 조문과 그 아래 깔린 지배적 가치나 논리에 근거한다. 한국에서도 대법원이나 헌법재판소가 최종적으로 법을 해석하는데, 그들의 해석은 판사들이 대학에서 받은 교육, 학문 사회의 주류 이론, 그리고 주류 언론이 조성한 여론을 반영한다. 법과 해석은 언제나 사회를 선도하기보다 사회적 통념을 반영하는 경향이 있기 때문에 기본적으로 보수적이다. 식민지 시기나 군사 정권 시기에는 권력 장에서 통치자의 논리와 법이 국내 권력의 장과 국제 권력의 장을 연결해주는 고리였다. 민주화가 이루어진 이후에는 주로 경제 논리, 경제 질서에 대한 주류 지식, 그리고 사법부의 판결이 가장 중요했다. 그것이 사회 영역, 특히 노동과 교육과 복지의 담론까지 지배했다.

2차 세계대전 후의 냉전과 자본주의 질서가 맞물린 반공주

거시 역사 구조와 지식 정치

의는 미국이 주도하는 자본주의 진영에 속한 각 나라의 최고 지배 이데올로기였다. 그것은 1947년에 트루먼 독트린과 마셜 플랜으로 구체화되었는데, 이에 대해 앤서니 아블라스터는 "냉전 시대에는 비자유주의적이고 억압적이라 할지라도 반공산주의라면 용서되었다. 언론의 자유, 관용과 다양성은 공산주의자들에게는 적용될 수 없는 원리가 되었다"라고 말했다.[37] 냉전 이후 미국에서 공산주의는 합법적 반대 집단이 아니라 '모반 집단'으로 간주되었다. 나아가 "공산주의자도 시민권을 가진다"라고 주장하는 사람도 공산주의 동조자로 간주되었다. 이것이 반공주의와 시장 경제의 결합, 즉 반공 자유주의이다. 혹은 고전적 자유주의 원칙이 아니라 국가의 개입을 통해 자본주의를 지키겠다는 냉전 자유주의Cold War Liberalism라고도 부를 수 있다.[38] 19세기 자유방임 자본주의를 넘어선다는 의미에서 20세기 다양한 '신자유주의'의 일종이었다.

20세기 초반까지는 고전 자유주의, 그리고 영국의 페비언Fabian 사회주의, 케인스 이후의 개혁 자유주의, 사회 민주주의, 마르크스주의 등이 각 나라의 사회경제 정책에 다양한 방식으로 영향을 미쳤다. 이 사상들은 20세기 이후 현대 자본주의 사회의 가장 심각한 고통인 빈곤·불평등·가난·범죄·폭력에 각각의 논리대로 처방하고 접근했다. 예를 들어 국가주의 전통이 강한 독일과 시민사회의 자율성이 강한 영국의 사회 정책은 매우 상이했다.[39] 그러나 미국에서는 매카시즘의 광풍으로 좌익이 추방된 뒤 지식인은 주로 자신을 비즈니스 엘리트와 동일시했다.[40] 이런 조건에서는 그 어떤 복지 사상도 발전하기 어렵다.

모든 자본주의 국가에서 자본과 노동은 다양한 방식으로 대립, 충돌하거나 타협하기 때문에 이들의 역학이나 관계의 성격이 각 나라의 정치가, 정책 결정자, 지식인들에게 영향을 미친다. 그렇다고 이들이 자본가나 노동자를 수동적으로 대변하지는 않는다.[41] 각 나라의 엘리트와 지식인들, 그리고 생산 계층은 각자의 역사와 문화적 전통, 지적인 흐름에서 교육받고 자라면서 자신들만의 생각과 가치관을 발전시킨다. 물론 그럼에도 지배층의 생각이 대체로 피지배층에게 침투한다.

2차 세계대전 중 영국 노동당은 전통적 자유주의 이념에서 벗어난 복지 국가를 구상했다. 이것이 「베버리지 보고서Beveridge Report」로 알려진 청사진에 집약되었다. 여기에 "일할 능력이 있는 모든 시민에게 공정한 조건으로 일자리가 주어져야 한다", "모든 시민들은 사람이 살 수 있는 주택을 가져야 한다", "모든 시민은 충분한 영양분을 얻을 수 있어야 한다", "모든 아동은 부모의 경제적 지위와 상관없이 교육과 훈련의 기회를 보장받아야 한다", "모든 사람이 질병, 실업, 노령으로 인한 고통으로부터 안전해야 한다" 같은 사회적 시민권, 즉 복지 국가의 이상을 담았다. 영국은 국가의 이상을 주민의 경제적 생존과 물질적 성취가 아니라 인간으로서 존엄하게 살 수 있는 서비스의 제공과 사회적 연대에 두었다. 따라서 이 구상은 최대한의 공적 서비스 제공을 국가의 목표로 삼겠다는 선언이었다.

그러나 2차 세계대전 후 미국발 반공 자유주의는 사회 연대, 사회적 시민권의 확대와 복지를 전면적으로 거부했다. 반공 자유주의는 경제 정책에서 시장 근본주의, 반복지, 저조세, 소유권

거시 역사 구조와 지식 정치

절대주의와 연결된다. 전후 극단적 반공주의와 이분법적 세계관은 사회 민주주의 세력까지 모두 좌익으로 낙인찍었다. 미국에서는 노조나 사회주의를 개인과 기업의 창의성을 억제하는 반시장 사상으로 본다. 반공주의는 성장주의와 친화적이다. 계층 상승의 열망과 능력주의 신화가 반공주의의 생산지인 미국을 지배했고, 그 결과 미국은 선진 자본주의 국가 가운데 공공 복지가 가장 낙후되었다. 오늘의 미국 자본주의는 로크식 소유권 절대주의,[42] 노직이나 프리드먼이 고안한 재산권의 신성 불가침론·작은 정부론·규제 완화론·저조세론의 원칙에 기초해 있다.

사유 재산 보호는 모든 자본주의 국가의 기본 원칙이지만, 과거 미국식 자본주의와 반공주의 체제는 재산권을 아예 배타적이고 분리할 수 없는 것으로 본다. 재산권은 자본을 처분할 권리뿐 아니라 노동자를 해고할 권리와 투자권 등을 모두 포함하는데, 스웨덴 사민당의 혁신적 이론가였던 닐스 칼레비는 재산 소유권도 분할할 수 있다고 보았다.[43] 그는 소유 일반과 부르주아적 소유를 구분했고, 소유권은 처분권·점유권·수익권을 포함하는 권리의 다발로 보았다. 미국이 단순한 노조 활동이나 기업 규제도 기업의 창의성을 가로막고 사유 재산권 질서를 흔드는 공산주의운동으로 간주한 것은 강력한 소유권 절대주의와 반공주의의 표현이다. 재산권은 인간과 사물의 관계 규정에 그치지 않고 사실상 인간과 인간의 사회적 관계를 설정한다. 재산권이 절대적이고 배타적 가치가 되면, 재산이 없는 사람은 전근대 시기의 노예와 같은 존재가 된다.[44]

미국의 로크식 자유주의, 즉 소유권 절대주의는 1980년대

레이건 이후 미국의 소유자 사회^{ownership society} 이념으로 연결된다. 소유자 사회는 모든 인간을 자기 자신의 '소유자'로 보고, 주거와 학교 같은 사회적 재생산 영역을 모두 상품으로 거래한다. "집을 소유한 자는 공산주의자가 될 수 없다"는 전후 미국의 부동산 개발업자의 발언에 그러한 철학이 집약되어 있다.[45]

1990년대 이후 신자유주의의 정책과 사상은 생산 방식의 '유연화', 자본주의 산업 구조의 '정보화' 혹은 '서비스화', 1990년대 이후 경제의 '지구화', 특히 현실 사회주의의 몰락이라는 국제적 환경 아래에서 '글로벌 스탠다드'로서 확산되었다. 신자유주의는 지배 방식이자 권위이며, 주체와 정체성을 규정하는 체제이고, 독특한 이성 양식이자 주체의 생산 방식이자 행위이고 평가 지표이다.[46] 그래서 신자유주의는 정부와 개인의 일상을 재구성한다.[47] 능력, 생산성, 소비자, 경쟁력 등이 바로 그 개념들이다.

신자유주의는 경영주의를 국가의 모든 영역에 도입하여, 투자의 효율성과 소비자 주권론을 으뜸가는 가치로 설정한다. 신자유주의 인간형, 호모 에코노미쿠스는 금융화된 인적 자본의 형태로 재탄생했다. 이제 인간은 수치화된 신용 등급에 지속적으로 관심을 가지면서 자신의 가치를 높이거나, 투자자를 계속 끌어들일 수 있도록 자신에게 투자하는 일을 부단히 실천해야 한다.[48] 2000년대 한국의 자기개발 논리, 주식 투자의 일상화는 모두 이러한 신자유주의 문화 현상이다.

국가나 사회를 경영의 대상으로 보면 아래로부터의 민주주의를 배격하게 되고, 시장의 통치성을 최고의 규율 체제로 설정하게 된다.[49] 이 시장주의는 국가의 통치성을 통해 보장되기 때

거시 역사 구조와 지식 정치

문에 실제로는 국가, 민족, 가족 등을 강조하는 보수주의와 결합한다. 칠레의 신자유주의가 피노체트 군사 쿠데타의 산물이며, 레이건과 대처의 신자유주의가 신보수주의 및 국가 가족 이데올로기와 결합해서 폭력적인 노동 탄압을 수반한 것도 이런 이유 때문이다.

정권의 교체와 무관하게 신자유주의적인 경영주의는 1990년대 이후 미국, 동아시아, 남미에서 지배 프레임이 되었다. "미국에서 왜 우익의 사상이 국가의 어젠다가 되는가?", "왜 버락 오바마는 '희망과 변화' 같은 추상적 구호를 내거는가?", "왜 한국에서는 '사람이 먼저다' 같은 매우 인문적인 구호가 대통령 선거에 등장하는가?"라는 통상적 질문에 대한 답도 여기서 찾을 수 있다. '진보'를 표방한 클린턴과 오바마는 집권 후 조세, 재정, 복지 등에서 오히려 불평등을 확대하는 정책을 펴서 민주당의 기반을 갉아먹었고, 결국 미국 노동자들은 트럼프 같은 인종주의자를 대통령으로 만들었다.[50]

개발주의 경로와 신자유주의

1990년대에 본격적으로 유럽에 불어닥친 신자유주의 파고가 그 나라의 사회복지 시스템을 근본적으로 허물지는 않았다. 그러나 후발국의 경우 군사 독재에서 민주주의로 이행하던 국면이었기 때문에 신자유주의의 충격은 훨씬 치명적이었다.

1990년대 이후 자본주의 생산 체제의 변화와 노동자의 파편화 현상으로 말미암아 일본과 유럽에서 조합주의가 탄생했다.

포디즘적 축적과 사회적 타협, 그리고 그동안 만든 복지 국가 체제는 심각하게 무너졌다. 특히 유럽에서 이주 노동자 문제와 관련하여 복지 국가를 견인하던 사회민주당의 계급 대표성이 약화되었고, 영국은 제3의 길을 시도했지만 점점 더 좌우 양쪽으로 극단적인 정치 집단이 강화되었다. 한편 미국은 신자유주의의 진원지로서 민주당의 우경화 현상이 두드러졌고, 일본은 사회민주주의 노선을 걸어온 사회당이 붕괴하고 민주당도 집권에 실패하면서 자민당의 독점이 강화되었다.[51]

1987년 대투쟁 이후 노동자들의 저항에 맞서 대기업은 기업복지를 확충하려는 움직임을 보이며 마지못해 노조를 받아들였다. 그러나 대규모 사업장에서 노사 분규가 발생하면 거의 불법 파업으로 규정되어 공안 기구와 검찰이 노동자 구속에 나섰다. 국가는 과거의 관성대로 사회적 저항에 탄압 일변도로 대응했다.[52]

그런데 이제 막 발전 국가, 성장주의 국가에서 벗어나려던 1990년대 중후반에는 금융의 공익성과 투명성, 기업 민주주의, 시장의 규제 등 자유주의의 토대는 물론 유럽식 노사 협상의 기반 자체가 없었다. 국가 경제가 정치 및 관료 집단의 통제에서 벗어나지 않았고, 국가 경제의 견인차인 재벌대기업의 시장질서 위반을 규제하거나 처벌하지 못했으며, 기업의 지배 구조가 투명하지 않고, 노동자의 의사 표현과 조직화 등의 권리는 부족했다. 그래서 OECD 가입 등 선진국의 문턱에 올라서려 할 무렵 한국은 '신자유'보다 '구자유', 즉 기업과 시장의 투명화와 합리화를 먼저 확립해야 하는 상황이었다. 한국 정부나 시민들이 미국 재무부와 IMF의 개혁 요구를, 그러니까 '신자유'와 '구자유'를 혼동한 것도 이런 이유 때문이다.

후발국에서 관료가 주도하는 공공 사안을 사기업에 위탁하는 개발 방식은 신자유주의와 강한 친화력을 갖는다. 실제 외환위기 구조조정 과정에 막대한 공적 자금이 투입되었고, 금융과 기업을 살리기 위해 국가가 한 지원은 신자유주의는 물론 자유주의와도 거리가 먼 개발주의 방식이었다. 그러나 김대중 정부 이후에도 재벌과 관료 지배, 성장주의 등에서 한국형 신자유주의는 박정희식 개발주의와 결별하지 않았고 그 틀에서 완전히 벗어나지도 않았다.[53] 성장과 발전의 이름으로 시장화가 본격화된 것이다.[54] 노무현 정부에서 실시한 종부세 완화 등 다양한 감세 조치, 재벌기업의 출자 총액 폐지, 사회복지 예산 삭감, 대규모 특혜로 채워진 4대강 사업 등도 전형적인 개발주의이다.

한국은 개발 독재의 유산이 남은 상태에서 OECD 가입과 외환위기를 통과하며 신자유주의 기조로 이행했다. 경제 개방과 지구적 신자유주의의 흐름에 편입된 한국의 정치경제 질서는 개발 독재 시절에 조성된 사회 시스템과 강한 경로 의존성을 갖는다.[55] 한국과 동아시아 국가의 경제 개입은 '시장에 맞서는 정치'라는 특징을 가진 1980년대 이전 유럽 복지 국가의 '조정된 시장경제'와 판이하게 다르다. 국가는 그 자체로 시장의 형성자이자, 나아가 자본의 역할을 대행했다. 그래서 민주화 이후의 정치경제 변화도 냉전 체제와 개발주의 경로에서 진행되었다. 외환위기는 한국 경제를 강압적으로 국제 자본에 노출하는 계기가 되었지만, 그것이 없었다고 하더라도 사회 세력 간의 매우 기울어진 역학 관계에 의해 김대중·노무현 정부가 시도한 사회적 타협이 성사되기는 어려웠을 것이다.

외환위기 이후 살아남은 재벌은 국제 금융 자본주의 질서가 요청한 주주 가치 논리와 공모하여 한국식 재벌 체제로 변형되었으며, 승자 독식과 수출 경제는 관리된 개방에서 전면 개방으로 전환했다. 그 결과 1997년 이후 조립·숙련·절약형 발전이 고착되었다.[56] 개발주의와 신자유주의의 결합이 가장 잘 드러난 사건은 외환은행 해외 매각과 KT 등 공기업 민영화였다. 2003년 론스타의 국내 대리인들―김앤장·금감위·외환은행 행장·재경부 최고위 관리·보수 언론―은 멀쩡한 은행을 부실로 판정하고 금융 선진화라는 그럴듯한 명분을 씌워 마치 군사 작전을 하듯이 팔아치웠다. 국제 금융 자본과 미국 재무부, 한국의 경제 관료가 합작해서 한국의 경제를 재구조화한 것이다.[57]

1990년대 이후 북한 핵개발로 인한 만성적 안보 위기는 국내 선거나 정치경제에 심대한 영향을 주고 국가 예산 중 10퍼센트 이상을 국방비에 지출하게 만들었다. 안보를 명분으로 내부 갈등을 폭력적으로 억제하는 동안 조세의 재분배 기능은 제대로 작동하지 않았다.[58] 수출 주도 경제에서 국가는 가격 경쟁력을 유지하기 위해 노동 비용을 통제했고, 이를 위해 소득세를 낮추고 기업의 사회 부담은 최소화하는 정책을 구사했다. 대신에 필요한 재정은 간접세에 의존했다. 소득세와 사회 보험료는 적고 소비세는 과중한 구조가 거의 그대로 고착했고, 김대중·노무현 정부에서 사회 보험료를 급히 올렸지만 구조 자체를 바꾸지는 못했다.[59] 간접 노동 비용을 유발하는 사회 보험의 도입은 최

거시 역사 구조와 지식 정치

대한 늦추어졌다.

'작은 정부'가 유지된 또 하나의 이유는 민주화 이후에도 증세를 요구하는 진보 정치 세력이 미약했으며 정치권과 관료 집단, 사법부에 대한 신뢰는 매우 낮았기 때문이다. OECD 국가 중에서 GDP 대비 재정 규모가 적고 복지비 지출이 미미한 미국, 멕시코, 그리스 등은 하나같이 정치에 대한 불신이 크고 기득권을 견제할 수 있는 사회적 역량이 매우 취약한 나라이다.

외환위기 이후에도 신자유주의 기조하에서 지속된 성장주의와 경제 제일주의, 낮은 조세와 복지, 시장·가족에 의존하는 사회적 재생산은 개발주의 원칙으로 국가를 운영해온 경제 관료와 지배 엘리트가 그동안 결정한 정책의 산물이다. 동시에 외적으로는 경제 개방과 자유화의 도전, 내적으로는 조직노동 세력의 등장에 맞서는 지배층의 방어 전략이기도 했다.[60] 물론 군사 정권 시기의 기업 전체주의 생산 체제와 노동 통제 정책은 이후 전노협의 등장과 민주노총의 합법화, 그리고 기업별 단체교섭의 제도화를 통해 큰 변화를 겪었다. 그러나 기업의 인사와 경영 사안은 지금도 단체교섭에서 건드릴 수 없다.

김대중 대통령의 지식 정보 강국이나 경제 제일주의 담론은 개발주의 의식의 반영이며,[61] 노무현 대통령의 '2만 달러 시대' 선포[62]와 "농업도 시장 바깥에 머물 수 없다"는 발언은 그가 개발주의, 성장주의, 시장주의 지향을 갖고 있었기 때문이라고 봐야 할 것이다. 문재인 정부의 혁신 성장 담론 역시 개발주의 헤게모니를 인정한 상태에서 나왔다. 이들은 생각과 가치관, 문제의식과 전문성 모두 개발주의와 시장주의를 지향했다.

이명박 정부는 신자유주의를 가장 노골적인 개발주의 방식으로 추진했다.[63] 이명박 정부의 관료 개입 방식의 친기업 시장주의 행보는 1973년 칠레의 피노체트 쿠데타 이후나 1980년대 아르헨티나에서 추진된 국가의 폭력적 '시장 만들기'와 유사했다. 신자유주의가 자유를 확장하는 것이 아니라 오히려 억압하고 국가의 규제를 완화하는 것이 아니라 확장하듯이, 개발주의도 사회력을 위축시키고 국가와 시장의 영역을 극대화한다. 이명박 정부가 그것을 가장 잘 보여주었다.

거시 역사 구조와 지식 정치

한국의 지식 권력과
담론 정치

국가보안법 합헌 이후의 신자유주의

1990년 6월 25일 헌법재판소는 국가보안법 7조 5항의 위헌 여부를 판정하면서 법 해석을 피하고, 대신 법의 운영에서 당국의 오용과 남용을 예방할 수 있다면 헌법과 합치한다는 결정을 내렸다.[64] 국가의 존립과 안보가 헌법상의 표현의 자유보다 더 중요하다고 본 것이다. 1998년 민주 세력의 집권 이후에도 국가 보안법은 더욱 기세등등하게 반국가 조직 결성이나 가시적 친 북 행동으로 볼 수 없는 사건들을 기소했다. 박원순은 1989년에 국가보안법은 "마지막 숨을 거두며 헐떡이는 공룡"이라고 썼지 만,[65] 이후의 과정을 보면 그가 틀렸다. 객관적으로 국가의 안보가 아니어도, 즉 북한의 실제 위협이 아무리 축소되거나 남한의 군사력이 아무리 압도적 우위에 있어도 국가보안법은 건재할 수 있다. 국가보안법의 탄생 배경은 물론 이것이 지속된 이유도 북한의 실질적 위협이 아니라 한국 내부의 반체제 세력을 제압하는 것이 목표였기 때문이다. 실제 국가보안법 위반으로 구속되고 수감된 사람의 거의 대부분이 그러했다.

민주화 이후 헌법재판소가 국가보안법을 한정 합헌으로 결정한 것은 매우 중요한 의미가 있다. 국순옥은 헌법재판소의 판단은 국가보안법이 헌법의 자유 민주주의와 충돌한다고 주장한 기존의 비판을 잠재우고 국가보안법을 헌법의 틀로 들여와, 한국의 법체계가 헌법을 최고 규범으로 하여 다시 통일성을 확보할 수 있는 기회를 열었다고 분석한다.[66] 여기서 '자유 민주적 기본 질서'란 독일 기본법의 내용(Freiheitliche demokratische Grunddordnung, basic free and democratic order, 즉 자유로운 민주주의이다)을 우리말로 옮긴 것으로, 국순옥은 이것을 부르주아 민주주의의 가장 반동적 형태로 본다. 그는 자유 민주적 기본 질서를 국민 주권, 다수결, 평등 같은 고전적 자유주의 이념이자 인간의 존엄과 자유 평등의 총체로 보지만,[67] 동시에 "자유의 적으로부터 자유를 지킨다"는 명분하에 "전체주의의 그림자가 어른거린다"[68]라고 덧붙였다. 20세기 초 독일 법원은 공산당을 불법화하기 위해 기존의 반파시즘적 기조에서 반공주의로 무게 중심을 이동했다. 이것은 반공주의 퇴조로 인한 이데올로기적 위기를 헌법 내의 체제 이데올로기로 정당화하는 출발점이 되었다. '자유 민주적 기본 질서'라는 규정에는 정당의 목적이나 활동의 한계를 규정한 7조 3항의 단서 조항이 있다.[69]

한정 합헌 판결은 반공주의와 좌익 낙인을 동원한 정치 공세가 여전히 유효한 정치 환경을 만들었고, 이후 국가보안법은 여러 정권에서 위세를 발휘했다. 1992년 대선과 1997년 대선에서 김영삼 후보와 『조선일보』 등 반공 보수주의 세력의 김대중 후보 공격, 2002년 노무현 후보의 장인에게 쏟아진 좌익 낙인 등이 대표적이다.

특히 이명박 정부에서는 '군대 불온 도서 차단 대책 강구 지시'(2008년 7월 22일)처럼 '불온'이라는 단어까지 다시 등장했다. 이 사안의 헌법 소원 심판에서 국방부는 '불온'의 뜻으로 "사상이나 태도 따위가 통치권력이나 체제에 순응하지 않고 맞서는 성질이 있음"이라는 국어사전의 정의를 원용했다. 그것은 사실상 사상과 양심의 자유와 저항권을 부인하는 주장이다.[70] 국가보안법은 인간 사고의 결정체인 사상을 정통과 이단으로 가르고, 이단으로 못 박힌 사상에는 국가 폭력이라는 칼날을 휘두른다는 점에서 사실상 '체제 유지법'이다.[71] 불온 서적 목록에는 『세계화의 덫』이나 『삼성왕국의 게릴라들』처럼 자본주의와 재벌을 비판하는 경제 서적도 포함되었다. 이는 국가보안법의 찬양 고무 조항이 과거 일제하 치안유지법처럼 자본주의를 비판하는 거의 모든 주장에 불온 낙인을 찍을 수 있다는 것을 보여준다.[72]

박근혜 정부는 반북한 이데올로기를 강화한 가운데 노골적 언론 통제와 법원 사찰, 야당 무력화와 노동 통제 정책을 폈다. 세월호 참사에서 드러났듯이 국가 운영에서 투명성과 감시, 정상적이고 민주적인 절차는 무시되었으며, 고문과 노골적 폭력 행사만 제외하면 과거 박정희·전두환 정권의 권위주의 행태가 부활하다시피 했다. 이명박·박근혜 정부에서는 국정원과 국방부의 선거 개입, 국정원의 간첩 조작 사건, 대법원장의 재판 개입 같은 헌정 질서를 위배하는 행태가 다시 발생했다.

이명박·박근혜 정부의 퇴행은 군부 정권과 민주화운동 세력 간의 '타협'의 산물인 1987년 민주화에서 어느 정도 예비되었다. 1987년 6월의 항쟁은 혁명이라기보다는 군부 독재 퇴진운동이었으며 야당 정치 세력과 5공 군부 세력의 협상에 의한, 즉 최상층 권력의 양보에 의한 민주화였다. 따라서 1987년은 '민주화'라기보다는 정확히 말해 '군부 독재 종식'이었다. 그런데 1980년대의 군부 독재는 냉전과 분단이라는 동아시아의 권력 장 안에서 만들어진 것이며 동시에 신군부와 보안사·안기부 같은 공안기관, 검찰과 법원, 경찰 기구, 관료 조직, 언론, 관변 사회 단체에 의해 지탱되었다. 또한 경상도를 중심으로 하는 지역주의 정치 구도에 기초를 두고 있었기 때문에 구세력은 선거라는 방식으로 기존의 지배 질서를 연장하려 했었다. 그것이 6·29 선언의 대통령 직선제와 헌법 개정으로 집약되었다.

민주화 이후에도 한국의 냉전 보수 세력은 민주정부가 등장하는 것 자체를 막으려 했고 자신의 기득권을 정책적으로 조금만 위협해도 상대방을 '좌익'으로 몰았다. 김대중·노무현 정부는 반공 보수주의 세력의 엄청난 공격에 시달렸다. 김대중 정부 초기에 대량 실업과 해고 사태를 막고자 일련의 사회복지 제도를 도입하려 했을 때, 기존의 냉전 보수주의와 시장 근본주의 세력은 영국을 예로 들며 한국도 '복지병'에 걸릴지 모른다고 공격했다. 전경련과 한나라당, 그리고 보수 언론은 김대중 정부의 영국식 제3의 길·기업 규제·도시 자영업자의 국민연금 가입 확대·건강보험 통합·언론사의 소유와 경영 분리 같은 정책도 사회주의라고 공격했다.[73] 당시 김대중 정부의 복지 정책은 토니 블레어가 제3의 길에서 제창한 '노동 연계 복지workfare'와 유사한 생산적 복지론이었다. 아마도 '복지는 곧 사회주의'라고 공격하

거시 역사 구조와 지식 정치

는 한국 극우 세력의 반발을 의식했을 것이다. 극우 세력은 한국이 제대로 공공 복지 지출을 한 적 없는 복지 최후진국이었음에도 '약간의 사회복지 제도도 용납할 수 없다'라고 생각했다.

경제가 일정한 단계에 도달한 선진국 중에서 사실상 공공 복지가 가장 낙후된 미국과 영국에서는 증세나 약간의 복지 확대에 대해서도 우익이나 대기업, 보수 언론의 비판과 공격이 더욱 기승을 부리는데, 한국도 그랬다.[74] 한국에서는 자유주의의 원산지 미국이나 영국보다 이 문제가 훨씬 더 도그마화되었다. 김대중 정부 이후 한국에서는 경쟁력·구조조정·퇴출·유연화·도덕적 해이·지대 추구·CEO 같은 신자유주의 용어가 보편화되었다. 이 말들이 한국에서 벌어지는 우량 기업의 해외 매각, 노동자 정리해고, 그리고 공기업 민영화를 정당화했다.

대량 해고와 실업, 사회적 양극화가 심각해지자 복지의 필요성이 제기되었고, 학교 급식과 증세 같은 복지 강화 담론이 부상했다. 학교 급식 문제를 시작으로 복지를 개인의 책임으로 보는 주류 보수 언론의 시각과 복지를 권리로 보는 진보 운동권 및 학계가 대립했다. 2015년 경상남도에서 벌어진 무상 급식 폐지 논쟁이 그 일단을 보여준다. 당시 홍준표 지사는 공공 의료 시설인 진주의료원을 폐쇄하고 "학교는 밥 먹는 곳이 아니다"라고 말하며 무상 급식을 폐지했다. 심지어 그는 복지의 확대를 '종북'이라고 부르면서 색깔론을 펼치기도 했다. 그에게 보편 복지는 사실상 사회주의와 같은 것이었다.[75]

신자유주의 정책은 자유와 법치의 이름으로 설득력을 얻어야 하는데, 한국에서는 이것이 외환위기 전후에 관치 경제를 배격하자는 자유주의 담론으로 나타났다.[76] 일본에서는 사회적 '공정'이라는 이름으로 선전되기도 했다. 일본 고이즈미 준이치로 정부의 우정 민영화도 반관료주의와 특권 비판을 명목으로 진행되었다. 남미 여러 나라의 민주화 이행 과정에서도 "민주 정권의 도래, 군부의 몰락, 국제적으로 인정받는 기준을 촉진하고 법률의 지배와 법원의 보다 강력한 역할이 새로운 국가 구조의 한 부분이 되어야 한다고 요청했다."[77]

반공 자유주의와 신자유주의의 공통점은 경제 민주주의를 거부하고, 노조의 정치화는 물론 세력화에 대해서도 적대적이라는 점이다. 반공 자유주의와 연결되어 있는 한국의 신자유주의는 구조 개혁이나 사회와 경제의 민주화는 적대시하면서 기업가형 국가와 토지의 사유화, 낮은 조세율, 취약한 공공 부문과 복지·교육의 가족 책임주의를 강조한다. 그래서 대선 국면에서 남북 화해나 통일을 제기할 수는 있어도, 재벌 개혁과 조세 인상, 공공성 확대와 대학 무상화, 증세 같은 경제 민주주의나 사회 민주주의 의제는 배제된다. 민주화 이후에 교육·노동·주택 관련 개혁이 선거 정치에서 빠지는 이유는 이것이 표를 얻는 데 도움이 되지 않는다고 보기 때문이다. 시장화된 사회 질서는 그러한 의제를 주변으로 돌린다.

법적 근거가 없는 '경영권'이라는 용어를 사용하면서 재벌 일가의 기업 지배를 옹호한 법원, 토지 공개념 일부 조항의 결함을 이유로 위헌 판결을 한 헌법재판소 등 사법 권력도 민주화 이후 '사회력' 강화를 우려한 보수 세력의 자기 방어 수단이다. 법원의 판결은 국가의 기업 활동 지원은 적극적으로 인정하되, 약

거시 역사 구조와 지식 정치

자의 사회적 권리 확대와 공공성 강화는 엄하게 금지한 반공 자유주의 기조 위에 있다.[78] 사학 재단 설립자의 재산권,[79] 대기업 대주주의 경영권을 옹호하는 논리는 피고용자의 기본권을 무력화한다.[80] 이것은 자유와 평등에 대한 우선순위 혹은 양자의 관계와 연결되지만,[81] 이후의 신자유주의적인 시장 근본주의와도 연결된다.

과거에는 노조 결성의 '자유'가 물리적으로 억압되었지만, 오늘날에는 대기업 영업의 자유, 손해 배상 청구, 위험의 외주화라는 새로운 '자유'의 위세 아래에 놓인다. 자본주의 사회에서 국가의 탈규제와 기업의 구조조정은 피고용자에게는 부당 해고라는 폭력으로 나타날 수 있다. 전경련 산하 자유기업원이 표방하는 자유는 자유총연맹(과거 반공연맹)의 자유와 강한 연속성을 갖는다. 그들은 언제나 시장력이 강한 시장·가족주의만 선전한다. 과거의 반공 자유주의를 대신해서 이제 신자유주의가 국가의 적극적인 사회 정책, 특히 증세와 재분배에 제동을 건다.

민주화 이후 한국에서 대형 로펌, 사법부와 검찰, 보수 언론, 경제학자나 경영학자들이 담론 정치에서 가장 중요한 역할을 하기 시작했다. 아시아와 남미의 후발국에서도 군부 정치의 몰락은 시민사회의 활성화 이상으로 사법부 독립에도 영향을 미쳤다. 이들은 법 해석과 판결을 통해 영향력을 확대했는데,[82] 대부분의 판결은 대체로 시장 질서와 대기업을 보호하는 쪽으로 기울어졌으며, 사회적 형평성과 약자의 권리 신장에는 부정적으로 작용했다.

신자유주의를 반사회주의, 소유권 절대주의, 임금 노동자나 세입자의 권한 제약, 사회복지 축소 등을 포함하는 시장 자본주의의 극단으로 본다면, 그것은 단순히 시장 경제 옹호론이라기보다는 경제적 강자의 자의적 시장 권력 행사이자 노골적 부정부패도 정당화하는 정치 이데올로기일 것이다. 한국에서 이러한 지식 정치는 군사 정권 시기에 반공주의라는 토양 위에서 등장했으며 민주화 이후 본격적인 영향력을 갖기 시작했다. 과거의 반공 자유주의와 오늘의 신자유주의는 차별성도 있으나 연속성도 강하다. 한국에서는 기업이 사회에 기여하기 때문에 재벌 일가의 반사회적 불법 활동까지 용납하는 논리가 사법 판결에서 등장하지만, 그것이 왜 문제인지 묻지도 않고 답을 하지도 않는다.

　　개발 독재를 상징적으로 대표하는 전 경제부총리 남덕우는 삼성 비자금 관련 특검을 보면서 "이 나라를 대표하는 일류 기업이자 20만 명을 먹여 살리는" 삼성을 비판하는 것은 적절하지 않다고 말했다. 또한 기업은 법에 저촉되지 않는 한 무엇이든지 할 수 있다는 것이 창의를 중시하는 자유 기업주의의 원리라고 주장했다.[83] 그의 발언은 개발 독재 시기의 천민적 자본주의 논리와 오늘의 시장 만능주의가 어떻게 연결되는지를 보여준다. 냉전 시대의 '자유'와 신자유주의 시대의 '자유'의 공통점은 무조건적인 친기업주의, 사실상 천박한 공리주의와 물질주의일 것이다.

한국식 자유주의(반공주의와 신자유주의) 담론 정치

　　윤석열 대통령은 취임사에서 '자유'를 35번이나 언급했고, 유엔 연설에서는 21번이나 외쳤다. 그가 말하는 자유는 자유기

　　거시 역사 구조와 지식 정치

업원의 자유, 즉 기업 활동에 대한 모든 규제를 없애는 자유, 기업이 노동자를 해고할 자유, 국가 내 반자유주의 세력을 정치적으로 제거할 검찰권 행사의 자유에 가깝다. 이명박·박근혜의 뒤를 이어 그의 자유 담론은 주류 지배 세력이 2차 세계대전 후 확산된 미국식 자유주의 담론의 장에서 형성된 반공자유주의와 신자유주의를 금과옥조로 받드는 친미 일변도의 자유이다.

2021년 국민의힘 대통령 후보 시절에 윤석열은 가난한 사람은 불량 식품이라도 선택할 수 있게 해야 한다고 말했다. 그러면서 미국 경제학자 밀턴 프리드먼의 『선택할 자유^{Free to Choose}』를 읽었다고 했다. 이 말을 듣고 미국 경제학 박사 출신인 같은 당 유승민은 "프리드먼은 부負의 소득세^{negative income tax}나 저소득층의 복지 정책도 말했다"면서 윤석열의 발언을 반박했다. 프리드먼이 이런 주장을 했는지 여부보다 평생 검사로 일했을 뿐 경제학 공부나 사회 개혁의 대안에 대한 고민은 하지 않았을 윤석열이 신자유주의 정책의 스승 격인 프리드먼을 끌어온 점, 특히 '선택의 자유'가 경제 운영의 가장 중요한 원리인 것처럼 말했다는 점에 주목할 만하다.

사실 김대중 대통령도 1990년대 중반 이후 미국식 시장주의, 자유주의 노선으로 크게 선회를 했다. 1971년 대통령선거에서는 중소기업 활성화와 재벌 비판 등을 강조한 '대중경제론' 노선을 표방하기도 했으나,[84] 1980년 신군부의 탄압을 받아 미국으로 망명한 뒤 사회주의 붕괴를 목격하고 점차 미국식 시장 경제에 가까워졌다.[85] 1990년대 초 영국 망명 중에는 기든스가 제창한 제3의 길에 깊은 인상을 받았고, 미국 학자들의 이론을 받

아들여 '자본주의'라는 용어 대신 '시장 경제'라는 말을 선호하게 되었다.[86]

　김대중 대통령은 1990년대 말에 쓴 저서에 맨서 올슨의 방법론적 개인주의methodological individualism와 기능주의 사회학functionalism, 특히 텔컷 파슨스의 이론에서 출발한 J. T. 던롭 등의 노사 관계 이론을 여러 번 인용했다. 그는 사회 민주주의보다 미국식 시장 경제론, 혹은 영국 제3의 길의 변형된 신자유주의 이론에서 큰 영향을 받은 것 같다. 김대중 대통령은 노사정위원회의 제도화에는 적극적이었으나 노동자의 경영 참여는 거부했는데, 그즈음부터 자유주의와 시장주의 경제 노선을 강하게 드러냈다.

　김대중 정부가 주창한 생산적 복지론뿐 아니라 '창조적 지식 기반 국가 건설론'과 '신지식인론'도 정보화 사회론, 인적 자본론, 지식의 생산성에 기반하는 신경제론, 그리고 영국 토니 블레어 정부의 제3의 길 이론 등을 조합하여 구성한 것이다.[87] 물론 이러한 담론은 영국과 스웨덴에서 추진하던 사회 민주주의의 신자유주의적 혁신이라는 흐름과도 맞닿아 있었다.[88] 단지 한국에서는 지적·정치적 흐름에 대한 비판적 검토 없이 도입되어 국가의 정책 지표로 사용되었다는 문제점을 갖고 있었다.

　유시민이 제창한 노무현 정부의 사회 투자 국가론 및 성장과 분배의 선순환론도 블레어 정부의 사상적·이론적 영향 속에 있다. 사회 투자 국가론은 저세율·저복지의 개발주의 한국의 복지 국가 경로를 '사회 투자 국가'로 변경하려는 중요한 시도였지만 현실에 부합하지 않는 부분이 많았고, 그 성과도 긍정적이지 않다는 비판을 받으면서 이후의 민주당의 정책 노선으로 계승되

　거시 역사 구조와 지식 정치

지 않았다.[89]

　김대중·노무현 정부의 지식 정치는 일종의 '변형된 신자유주의 이론'에 의거했으나 이 모든 것은 국내의 사상 및 이론 지형과는 무관하게 진행되었다. 문재인 정부에서는 사회경제 정책의 사상적·이론적 쟁점을 둘러싼 논의조차 없었다. 경제 관료들이 개발주의 기조 위에서 지구적 주류가 된 신자유주의를 실용적으로 결합해서 여러 사회 정책의 예산을 수립하고 집행했다고 봐도 좋을 것이다. 과거 민주화운동 세대를 포함한 민주당 의원들은 시장주의를 지향하는 미국파 경제학 교수들의 헤게모니 담론을 수용했다.

　1990년대 이후 경제 정책은 물론 사회 정책도 신자유주의 이론으로 무장한 경제 관료나 학자들에 좌우되었다. 군나르 뮈르달은 1953년 영국 사회학회에 참석해서 사회 이론과 정책의 관계에 대한 중요한 주장을 제기했다. 그는 사회 이론 혹은 사상은 사회를 향상시키려는 동기에서 출발하기 때문에 사회 정책과 필연적으로 깊이 연관될 수밖에 없다고 보았다. 특히 자유주의와 사회주의는 철학적 전제와 인간관에서 대립한다. 사회과학의 경험적 증거만 가지고는 기술적 차원에서 정책으로 곧바로 연결될 수 없으며,[90] 오히려 이론적·철학적 기반과 가치와 이데올로기가 사회 정책을 좌우한다. 따라서 오늘날 신고전파 경제학과 신자유주의 경제학은 단순한 학문이 아니라 가치이자 이데올로기이다.

　1990년대 중후반 이후 한국의 지식 정치는 KDI 등 국책 기관과 서울 주요 대학의 교수 자리를 차지한 미국파 경제학자들이 주도했다. 한국에서 사회 정책이 언제나 경제에 종속되는 이유는 냉전 이후 한국의 이데올로기 담론 지형의 결과인 동시에 탈냉전 신자유주의의 지구화 이후 신고전파 경제학이 사실상 다른 모든 사회과학을 식민지화한 것과도 관계가 깊다. 수요와 공급, 단기적 효율성과 생산성을 최고의 가치로 여기는 신고전파 경제학과 하이에크와 프리드먼의 신자유주의적 시장주의 경제학이 한국 내 '궁정 전투'의 승리자가 되었다.

OECD 같은 국제 기구와 미국의 대학에서 생산하고 전 세계로 유포된 신자유주의 지식과 담론이 한국의 사회경제 정책 결정에 본격적인 영향을 미친 시기는 김영삼 대통령이 시드니에서 세계화를 선포하고, 곧이어 OECD에 가입한 때였다. 이후 미국 대학과 미디어, 국제 기구의 담론은 김대중·노무현 정부를 거쳐 문재인 정부에까지 심대한 영향을 주었다. 특히 5·31 교육 개혁의 주요 정책인 자율·학교 다양화·평생 학습 등은 OECD의 수요자 중심주의와 권한 이양devolution 같은 신자유주의 의제가 본격적으로 한국 교육에 침투하는 계기가 되었다. 물론 그것은 일방적 영향은 아니었으며, 한국의 교육 주체들은 그 안을 입맛에 따라 적절히 가공했다.[91] 한국의 지식 사회는 미국의 절대적인 영향 아래에 있고, 그것은 미국식 가치관과 세계관, 이론이 어떻게 한국 사회를 지배하고 있는지를 상징적으로 보여준다.[92]

OECD 등이 유포한 지구적 신자유주의 담론은 김영삼 정부 시기 노동·교육 개혁에 그대로 반영되었다. 김영삼 정부의 세계화 제창, 교육 개혁과 노동 개혁 시도는 당시 주요 이데올로그인 박세일의 국가 개조론과 선진화론에 집약되어 있다.[93] 그의 주장은 한국 같은 후발국은 미국식 시장 자본주의를 모델로 삼아 발전해야 한다는 한국 주류 지식인의 생각을 대변한다. 그리고 이 주장은 근대화와 경제 성장 담론을 주도해온 미국 유학파, KDI 경제학자들의 담론을 신자유주의 시대에 맞게 변형한 것에 불과하다. 5·31 교육 개혁안도 노동 개혁안처럼 교육부 관료와 당시 KDI 소속의 이주호 등이 주도한 것이다.

김대중·노무현 정부의 신자유주의 기조는 주류 언론의 거의 모든 지면과 방송을 차지한 미국 박사 출신 경제학 교수들, 그리고 예산 수립권을 가진 경제 부처 관료들이 직접 영향을 미친 결과로 볼 수 있다. 실제로 한국 경제학자의 80퍼센트는 미국식 노동 시장 유연성을 지지한다는 조사도 있다.[94] 서울대 경제학과의 경우 34명의 교수 중 33명, 정치외교학과는 교수 24명 전원이 외국 대학 박사학위 소지자이다. 한국 경제학자 1599명 중 해외 박사는 1162명이고 그중 840명이 미국 박사다.[95] 한국 대학에 마르크스주의 경제학 전공자는 아예 발을 붙일 수 없고, 케인스주의 이론을 지지하는 개혁 자유주의, 사회 민주주의 지향의 경제학자도 극소수에 불과하다. 그래서 정치권에서 복지 국가나 사회 국가의 기반이 되는 누진세, 재정 지출 확대, 토지 공개념 등을 담은 정책을 펴고 싶어도 전문가를 찾을 수 없다.

경제학자 홍훈은 "한국 경제학계는 대부분 외국에서 학위를 받고 외국 학술지 게재를 지향하는 연구자들로 구성돼 있어서, 한국 사회에 대한 문제 의식이 결핍돼 있고 학문 재생산 능력도 상실했다. … 미국 중심의 자본주의 주류 경제학인 신고전학파 경제학은 시장주의를 지향하고 계량적인 연구 방법을 사용함으로써 인간과 사회에 대해 피상적으로 접근한다"라고 비판했다.[96] 정치학과 사회학도 별로 다르지 않다. 경제학자 한흥열은 2018년 강원대에서 열린 경제학회에서 모든 발표자가 시장주의 기조로 문재인 정부의 소득 주도 성장론을 비판하는 상황을 보고서 "한국의 주류 경제학은 어째서 정책의 선택에서 미국보다 더 자유롭지 못하고 교조적으로 되어버린 것일까"라고 한탄하면서 다음과 같이 말했다.

> 지난 10년간 시장 중심적 사고 방식이 경제 정책을 지배했다. 그리고 한국 사회는 그러한 정책 때문에 고통받고 있다. 세계 최고의 노인 및 청년 자살률, 그리고 세계 최저의 출생률로 한국 사회가 '자살'하고 있음을 말해준다. 독점화된 대기업이 아닌 개인에게 부여된 경쟁의 부담으로 시장이 효율화되기보다 시장 자체가 서서히 파괴되는 장면을 우리는 눈앞에서 보고 있다. 지난 10년간 실패한 정책을 '시장 또는 규제 완화'라는 안전판 뒤에서 또다시 정책 대안으로 제시하는 것을 "게으르다"라고 표현하는 것 이외에 무슨 방법이 있을까 싶다.[97]

미국 대학의 지부처럼 되어버린 한국 대학에서는 케인스주의자 정도도 찾기 어렵다. 특히 여전히 지속되는 국가보안법 체제, 즉 반공자유주의에서 벗어나지 못한 김대중 정부 이후 민주당은 선거로 겨우 권력을 잡아도 자신들의 강령이나 정책에 어느 정도 부합하는 개혁 자유주의나 케인스주의 경제학자, 친미 일변도가 아닌 정치학자, 유럽식 복지 제도를 잘 아는 사회학자

거시 역사 구조와 지식 정치

를 찾지 못했고, 설사 찾더라도 여러 가지 이유로 기용할 수 없었다. 진보 정당을 표방하는 민주노동당이나 정의당도 별로 다르지 않다. 학생운동과 시민운동 자원을 다 동원해서 정치 엘리트는 충원했으나, 지식인이나 학자는 풀 자체가 없기 때문이다. 그 결과 당의 정책을 만들어내는 정책 집단이나 싱크탱크를 구축하지 못했다.

김대중 정부가 정책기획위원장으로 기용한 최장집은 이데올로기 공세로 하차했고, 재벌 개혁을 위해 청와대 경제수석으로 임명한 김태동은 정부의 빅딜론을 비판하다가 3개월 만에 정책기획수석으로 자리를 옮겼다. 노무현 정부에서도 케인스주의 성향의 개혁파 경제학자 이정우 초대 정책실장이 도중에 하차했고, 정태인 청와대 비서관도 노무현 정부를 '머뭇거리는 신자유주의'로 인식한 뒤 임기 중반에 하차했다.[98] 이들은 좌파 성향이 아니라 진보 자유주의 혹은 사회 민주주의를 지향하는 학자였는데, 민주당 정부는 이들조차 붙잡지 못했다.

노무현·문재인 정부는 중도 자유주의 성향의 학자를 각료로 임명하거나, 아예 정치인이나 관료 출신, 김앤장 출신의 법률가들을 청와대 참모로 기용했다. 이렇게 임명된 자유·보수적인 학자와 전문가들은 주택, 교육, 노동 정책에서 최소한의 개혁 자유주의 시도조차 거부하는 경우가 많기 때문에 결국 임명권자인 민주당 대통령의 권력 기반과 지지율을 허무는 데 일조하였다. 이런 상황을 수십 년 겪고서도 민주당은 한국 지식 정치의 지형, 특히 지식의 생산 기지라 할 수 있는 한국의 대학 개혁, 국책연구소 개편, 그리고 싱크탱크 육성 등을 통한 지식 생산 체제의 변화에 관심을 기울이지 않고 당장의 선거에서 승리하는 일에만 몰두해왔다. 그러니 집권을 해도 '사람'을 찾지 못한다.

담론 지형과 대학을 축으로 하는 지식 생산 생태계, 그리고 경제 관료나 정부 고위 관료들의 지식 이데올로기적 편향 위에서는 진보 개혁 사회 정책이 나오기 어렵다. 미국발 지구적 담론 정치로부터 가장 심대한 영향을 받은 한국의 담론 정치는 사회 정책과 사회적 재생산 구조가 어떻게 작동하고 있는지를 잘 보여준다.

6장

한국 자본주의의

경로 대전환

무엇이 우리를
불행하게 만들었나

국가 실패·민주당의 사회 정책 성적표:
저출생과 자살

경제 발전 지표로만 보면 한국은 대단히 성공한 나라다. 국제적 위상은 물론 문화예술 부문에서도 돋보인다. 그러나 압축 성장이 가져온 여러 모순이 매우 심각할뿐더러, 국민의 행복을 보장하는 복지 국가로 가는 길에서 '전환기의 함정transformation trap'에 빠지면서[1] 기존의 국가와 사회의 기본 논리와 경로를 전면적으로 변경하지 않을 수 없는 상황에 직면해 있다.

너무나 힘겨운 현실에 수많은 사람이 어려움을 겪고 있다. 젊은 사람들은 출산을 기피하고, 노인과 청소년, 그리고 위험한 일터의 많은 노동자들은 자연 수명대로 죽지 못한다. 자살률, 저출생, 그리고 노동 현장에서 일어나는 각종 산업재해는 한국 사회의 재생산이 고장 난 상태이며, 한국이 매우 살기 어려운 사회라는 것을 웅변하는 가장 중요한 지표다.[2] 특히 사회학자 박경숙이 말했듯이 저출생은 단지 인구 문제가 아니라 우리 사회가 겪고 있는 고통의 총체적 결과물이다. 이것은 보통의 국민이 자기 방식대로 현 체제를 탄핵하는 저항이다. 세계 최악의 저출생은 미래의 경제뿐 아니라 사회의 존속 자체를 위협한다. 저출생을 사회의 '집단 자살'이라고까지 부르는 까닭이다.

산재나 고강도 업무에 시달리다 스스로 목숨을 끊는 '과로 자살'의 경우는 대체로 그 원인이 단순하고 분명하다. 외주 하청과 간접 고용의 확대, 안전에 대한 기업의 투자 기피처럼 노동자의 안전보다 이윤을 추구하는 행위가 만연하다. 여기에 장시간의 노동과 직장 내 괴롭힘이 더해진다. 그러나 저출생과 자살에는 개인적·구조적·역사적 요인이 복합적으로 작용한다. 그렇다고 해서 저출생과 자살이 불가항력의 자연 현상은 아니다. 그것은 정치경제 체제가 복합적으로 만들어낸 것이므로, 원인 규명과 적절한 처방이 가능하다. 저출생과 자살 문제는 정부 부처의 모든 정책이 긴밀하게 집행되어야 하는 사안이다.[3] 일본은 2005년 이후 합계 출산율이 1.4명 정도로 상승했고, 자살률도 뚜렷하게 감소했다. 이것은 한국의 관료 집단과 정치권이 국가의 미래에 매우 무책임했다는 증거이다.

가족주의 전통이 강하고 혼외 출생이나 다양한 형태의 비혈연적 가족 구성을 인정하지 않는 동아시아 가부장주의 국가에서 대체로 저출생이 심각하다.[4] 표준적 결혼과 '정상가족' 이데올로기가 다른 형태의 가족을 구성할 여지를 없애기 때문이다.[5] 압축 산업화 이후 여성의 학력 신장과 경제 활동 확대로 인해 미혼 비혼 여성이 크게 증가했다. 그러나 많은 조사 보고서는 저출생에는 가족, 여성 변수보다 불평등 변수가 더 중요하게 작용한다는 것을 보여준다. 국회 입법조사처의 보고서를 보면 20~30대는 임금 소득이 클수록 기혼자 비율도 올라갔다. 또 저소득층의 출생은 줄고 고소득층의 출생은 느는 등 소득 격차에 따른 혼인과 출생의 격차가 뚜렷했다.[6] 김유선도 저출생은 소득 하위 80퍼센트의 사람들이 연애나 결혼을 할 수 없기 때문이라고 강조한다.[7] 최근에 결혼한 커플 10쌍 중 4쌍은 5년 안에 자녀를 낳지 않는데, 역시 집값이나 교육 문제가 주요 원인이다.[8]

그 외에도 저출생에는 시장·가족 의존의 교육과 돌봄 체제, 비정규직의 고용 불안, 성별 임금 격차와 장시간의 노동, 주거 불안, 급속한 고령화와 인구와 자원의 수도권 집중 등이 복합적으로 작용한다. 대체로 불평등이 가장 주요한 원인이며, 유럽의 복지 국가는 상대적으로 출생률이 높다. 2019년 이전 15년간 한국의 합계 출산율은 평균 1.19명인 데 비해 프랑스, 스웨덴, 노르웨이, 핀란드의 평균은 각각 1.95명, 1.85명, 1.84명, 1.78명이다.[9]

국내에서도 주거와 교육 문제가 가장 심각하고 생존 경쟁이 가장 치열한 서울과 수도권 지역에서 초저출생 현상이 두드러진다. 반면에 인구 중 고용 조건이 안정적인 공무원이 많은 세종시의 출생률은 매우 높다. 혼외 출생을 죄악시하는 '정상가족' 이데올로기 극복도 필요하지만,[10] 무엇보다 노동·주거·돌봄·교육에서의 과도한 시장주의와 사적 부담을 해소하고 수도권 집중을 완화해야 저출생을 극복할 수 있다.[11]

자살률에도 개인적·사회적·문화적 이유가 복합적으로 작용한다. 리투아니아, 슬로베니아, 헝가리, 러시아 등 동유럽 국가의 자살률이 한국 다음으로 높은데, 여기에는 사회주의 붕괴 이후 급격한 시장화와 그로 인한 불평등의 심화가 영향을 미친 것으로 보인다.[12] 반면 칠레, 멕시코 등은 불평등 지수는 높지만 상대적으로 자살률은 낮다. 한국은 OECD 국가 중에서 노인 자살률이 압도적으로 높고 무직자와 농촌 지역의 자살률도 매우 높다. 최근에는 10대와 20대, 그중에서도 20대 여성의 자살률이 급격히 높아졌다.[13] 자살의 전조 현상인 우울증 진단을 받은 인원을 연령과 성별로 분류해도 25~29세 여성이 가장 많았는데, 2017년 상반기 대비 2021년 상반기에는 175퍼센트나 증가했다.[14] 이 또한 고용 시장의 불안과 생존 불안 등이 주요 원인일 것이다. 즉 시장·가족에 의존하는 사회 시스템과 취약한 사회 안전망, 과도한 경쟁, 불안, 스트레스 등이 높은 자살률의 사회적 원인으로 보인다.

세계 최저의 출생률과 최고의 자살률에 집약된 한국의 사회 시스템 혹은 사회적 재생산 체제는 삶의 재생산을 위한 기본재를 확보하기 어려운 상황을, 즉 개인과 가족이 지속성을 유지하기 위해 필요한 것을 거의 다 시장에서 구매해야 하는 현실을 대변한다. 공적 지원도 매우 취약하고, 친족이나 친구의 사적 지원도 더 이상 작동하지 않기 때문에 개인과 가족이 기본재를 해결할 수 없게 된 순간 자살에 이르게 된다. 교육과 주거와 복지 부문의 공공성은 매우 취약하고 오직 시장력만 강력한 현실이 이런 결과로 이어졌다. 외환위기 이후 지속된 성장주의와 신자유주의 기조가 사회의 '집단 자살'을 심화시켰는데, 민주당의 집권도 이 추세를 바로잡지 못하고 속도를 늦추는 정도로만 시도하다가 대체로 실패했다.

지금의 자살률은 역설적으로 한국식 경제 성장의 부산물이다. 한국은 소득 상승이 자살 증가를 동반한 참으로 역설적 사례이다. 미국을 제외한 거의 모든 나라는 소득 증가가 자살률 하락으로 이어졌다. 오직 미국과 2000년 이후의 한국에서만 반대 현상이 나타나고 있다. 이것은 경제 성장을 통한 소득 상승이 사회지표를 자동으로 개선하지는 않는다는 점을 보여주며, 삶의 질확보에는 소득 분배의 균등성이 더 중요하다는 교훈을 준다. 한국의 성장을 '자살 친화적 성장'이라고까지 부르는 이유도 여기에 있다.[15] 성장주의의 관성에 사로잡혀 전환기의 함정에서 벗어나지 못한 데서 그 원인을 찾을 수 있을 것이다.

저출생과 높은 자살률은 정치인과 관료 집단의 성적표이자총체적 '국가 실패'의 결과다. 좀 더 정확히 말하면 지금까지 세번 집권한 민주당의 성적표이다. 왜냐하면 주류 보수 세력이나국민의힘은 애초부터 성장만 생각할 뿐, 국민의 삶을 위협하는다른 문제들을 해결할 의지도 없었고 그것을 문제라고 생각하지도 않았기 때문이다. 즉 문재인 정부의 실패는 단지 정권을 윤석열과 국민의힘에게 넘겨준 데 있는 것이 아니라, 온 국민의 삶을돕지 못했으며 결국 국가의 미래도 어둡게 했다는 점에 있다.

개발 독재형 신자유주의 체제의 자기모순

오늘 한국의 사회 체제와 사회적 재생산은 개발 독재 시기에 태동하고 외환위기를 계기로 본격적으로 드러났다. 국가는성장과 개발의 이름으로 시장을 육성하고, 물적 풍요를 지상 과제로 설정하여 온 국민을 경쟁에 몰아넣었다. 정도의 차이는 있

한국 자본주의의 경로 대전환

지만 미국식 반공 자유주의 체제를 유지한 일본과 한국, 타이완, 그리고 공산당 일당 독재 국가였던 중국 모두 국가가 자본주의 시장 경제를 도입하고 정착시킨 주체였다. 동아시아 국가는 이제 유럽이나 미국과 어깨를 나란히 하는 발전 국가가 되었으나 타이완을 제외하면 삶의 질과 주관적 행복은 여전히 매우 낮다. 타이완의 높은 행복도는 주목할 만한데, 사회적 지지와 삶에 대한 선택의 자유가 한국보다 높다.

한국은 외환위기 이전까지 반세기 동안 미국식 반공 자유주의를 강력하게 유지했다. 그러면서 국가주의와 개발주의, 신자유주의가 연속으로 작동했다. 국가 주도의 개발주의는 '자유'의 이름으로 폭력과 억압을 자행했고, 국가 주도의 신자유주의는 국가 경쟁력과 '자유 시장'이라는 이름으로 생산 대중이 단결할 자유를 억압했다. 그 모든 기간 동안 강력한 친자본 반노동의 이데올로기가 변함없이 유지되었다. 벤담식 공리주의, 최대 다수의 최대 행복, 그리고 능력에 따른 보상을 종교처럼 받아들였다. 경제적 성과와 효율성, 능력만큼의 성취는 그 자체로 정의롭고, 국가와 사회 조직의 성패도 이 원리로 판단했다.[16] 한국의 노동·교육·주거는 외환위기 이전에도 과도하게 시장화되어 있었고, 특히 교육 부문에서는 경쟁주의와 시험능력주의가 팽배했다. 주거는 자가 소유를 이상으로 삼았으며 임대 주택이나 공공 주택의 비중은 매우 낮았다.

일제의 식민 지배와 군사 독재, 그다음으로 이어진 신자유주의 질서는 형식적으로는 상이하지만 모두 다 노동과 시민사회를 국가의 협력 주체로 인정하지 않았다. 국민을 권력에 순응

352

하도록 만들고 경제적으로는 일방적 약육강식 체제에 몰아넣어, 사회의 연대와 자생력을 제약했다. 또한 둘 다 노동자와 서민 대중의 조직화를 차단했다. 과도한 교육열로 표현된 능력주의와 순응주의가 사회 구성원 간의 수평적 연대를 차단한 점도 동일하다.

국가가 사회적 연대를 해체하면 사회력의 형성은 극도로 억제된다. 개발주의나 신자유주의 질서가 성장을 이루어내기는 했으나, 한국의 제반 사회 지표는 그 속도를 따라가지 못했다. 결국 경제적 성취와 삶의 질 사이에 큰 격차가 생겼다. 한국 사회 전반에서는 물질주의와 성장주의 이외에 사회의 미래를 둘러싼 다른 담론이 제기되지 않는다.

성장을 통한 분배라는 개발 독재의 논리, 가난은 개인의 책임이라는 자유주의, 시장이 불균등과 불평등을 해결할 수 있다는 신자유주의 논리가 외환위기 이후 한데 섞였다. 과거 박정희 정권은 선성장 후복지 논리로 빈곤층의 저항과 불만을 무마시켰지만, 노태우 정권은 국민 소득 2만 달러가 되면 자연스럽게 복지가 보장된다고 설득하거나 시장이 제대로 작동하면 빈곤층에게 더 많은 혜택이 돌아간다는 달콤한 말을 속삭였다. 상부상조와 이타주의가 복지의 사회적 동기라는 지적도 있지만,[17] 민주화 이후 한국의 오랜 저조세 저복지 정책은 사실상 약자들 간의 경쟁과 이기주의를 더욱 부추기는 구조적 조건이었다. 정부는 중산층을 전부 투기꾼으로 만드는 정책을 펴면서 투기를 잡겠다고 하고, 노동자와 약자, 빈곤층을 극도로 이기적인 존재로 유도하는 정책을 펴면서 이들에게 복종과 자제와 협력을 요구했다.

주택 보급률은 100퍼센트가 넘지만 여전히 자가 주택 보유율은 50퍼센트가 되지 않는다. 역대 정부는 사교육 의존을 줄이겠다고 항상 외쳤지만 가계당 사교육비 부담은 계속 늘기만 했다. 정부가 비정규직을 축소하고 보호하겠다고 외쳐도 비정규직의 규모는 줄지 않고 정규직과 비정규직의 임금 격차도 거의 그대로 유지되는 것을 불가항력의 경제 상황 때문이라고 볼 수는 없다. 모든 문제는 사실상 공공 정책 실패의 결과다.[18] 일본은 비정규직의 노동 조건 향상, 노동 시간 단축, 지방 살리기, 아동 수당 지급, 직장 내 남녀 평등 실시로 저출생에 대응했다.[19] 특히 주거 문제를 저출생의 주요 원인으로 지목하고 집값 안정에 집중했다. 반면 한국의 정치 세력들은, 노골적인 성장주의와 친재벌 반노동 정책, 주택 경기 부양과 수월성 교육을 주창하는 주류 보수 세력은 물론 세 번 집권한 민주정부와 민주당은 모두 한계와 무능, 그리고 정책 실패만 남겼다.

민주화 이후 역대 정부와 대선 시기의 거의 모든 후보들은 예외 없이 각종 형용사를 붙인 성장주의를 내세웠다. 성장주의는 언제나 지역 사회와 노조, 공동체보다는 금융 자본과 재벌대기업의 모든 활동, 건설회사의 투자와 개발, 그리고 사학과 사교육의 손을 들어주는 정책으로 나타났다. 약간의 증세 논의와 주거 및 교육의 공공성 확대조차도 사회주의로 공격하는 구시대적 반공주의의 위세가 여전하기 때문이다. '녹색 성장', '소득 주도 성장', '정의로운 성장', '공정 성장', '전환적 공정 성장' 등 그것을 아무리 화려한 수식어로 포장한들 GDP라는 숫자의 함정에서 벗어나지 못한다.[20]

시장·가족 의존 사회 체제는 김영삼 정부 이후, 특히 외환위기와 자본 시장 개방, 기업 구조조정 이후 기존의 관료가 주도하는 개발주의 경제 질서 위에 금융 자본이 주도하는 신자유주의적 시장주의가 더해진 결과다. 교육과 주거에는 여전히 국가가 강력하게 개입하였으나, 서비스 공급은 거의 시장이 담당했다. 사교육과 사기업이 공급한 아파트가 교육과 주거 재생산의 기본 틀이다. 한국은 교육·주거·복지·돌봄에서 앵글로색슨형 자본주의보다 더 심각하게 시장에 의존했다. 민주화운동 세력과 야당 정치 세력은 자유화와 민주화를 지향했으나 결과적으로는 신자유주의에 휩쓸려 사회 시스템을 바꾸지 못했다. 민주정부는 기존의 반공 자유주의, 재벌과 관료 연합 체제의 저항, 시장주의적인 시민들의 의식에 굴복했고, 애초에 내세운 개혁적 자유주의조차 양보했다. 특히 김대중·노무현 두 대통령과 민주당은 대체로 개혁 자유주의, 부분적으로는 사회 민주주의 정책을 약속하며 국정을 시작했으나 집권 1~2년 만에 거의 포기했다.

김대중·노무현 정부에서 조세 부담률과 공공 지출이 늘어나기는 했으나 이명박·박근혜 정부는 그러한 추세마저 되돌렸다. 한국의 2019년 GDP 대비 공공 사회복지 지출 비율은 12.2퍼센트로 1999년보다 두 배 이상 상승했음에도 여전히 OECD 평균에 한참 못 미친다. 노동·교육·주거에서 사회적 약자와 소외자의 버팀목이 될 수 있는 사회 정책, 사회 통합이나 연대를 위한 정책이 제대로 입안되고 관철되지 않았다. 정부가 투명성과 공정성, 법치는 강조했지만 복지 정책에는 매우 소극적으로 대응했기 때문이다. 한국의 민주당은 영국의 토니 블레어, 미국의 클린턴과 오바마처럼 '진보를' 표방했지만 실제로는 피케티가 말한 것처럼 고학력 중상층과 '브라만 좌파'를 의식한 결과 빈곤층이 보수를 지지하게 되었다.[21]

증세를 하지 못하고 복지 재정도 제대로 지출하지 못하는 국가는 사실상 매우 약한 국가, '작은 국가'이다.[22] 모든 지표를 종합하면 한국의 국가, 자본주의, 사회적 재생산 체제는 동아시아형, 남유럽형, 동유럽형, 미국 및 남미형이 모두 섞인 양상을 보인다. 정부의 사회 지출은 동아시아 국가 중에서는 일본, 타이완에 뒤지고 남유럽에는 미치지 못하며 중남미의 칠레 및 멕시코와 같은 군락에 속한다. 이처럼 미국과 남미의 시장주의와 강한 불평등, 동아시아형 개발주의와 취약한 정치적 대표성 등이 한국 안에 모두 존재한다.[23] 이 나라들의 공통점은 국가가 재분배 기능을 하지 않는다는 점이다. 그리고 대체로 정부나 사회 성원 간 신뢰가 낮고 노조 조직률과 단체협약 적용률도 낮으며[24] 진보 정치 세력이 제도 정치권에서 거의 영향력을 발휘하지 못한다. 1990년대 이후 지구적 신자유주의와 금융 자본이 전 세계 경제와 사회에 영향을 미쳤다고 본다면, 한국은 국내 '민주화' 세력의 미숙한 대처와 정책 부재, 그리고 역사적 유산과 정치사회적 역학이 더 큰 변수로 작용했다.

저출생과 고령화, 그리고 노동 천시는 이제 기업의 생산에도 적신호를 보내기 시작했다. 생산 가능 인구의 감소로 조선업 같은 업종을 비롯해 제조업, 음식숙박업, 농업 전반에서 인력 부족이 매우 심각하다. 여러 경제 신문에서 저출생 시대를 극복하기 위해 적극적인 외국인 노동자 고용이 필요하다고 주장했으며, 윤석열 정부는 신규 외국인 근로자 1만 명을 추가로 고용하겠다고 한다. 경제 선진국에서 위험한 노동을 기피하는 현상은 어쩔 수 없는 측면도 있으나, 한국의 심각한 저출생과 인력 부족은 저조세, 작은 국가, 성장주의와 더불어 교육과 노동 체제의 모순이 맞물린 결과이다. 그런데 외국인을 데려와 인구 감소에 대응하겠다는 것은 매우 단기적이고 무책임한 처방이다. 과잉 교육과 노동의 이중화, 노동자 차별 해결이 먼저다. 저출생과 자살, 산재는 노동·교육·주거의 공공성 강화로 대응해야 하고, 장기적 인구 정책 역시 그 틀에서 추진해야 하는데 현재 정치권에서는 그런 문제의식을 찾기 어렵다.

한국 자본주의의 경로 대전환

더 나은 민주주의는
어디에 있나

지금의 세계, 대전환의 시기

세계와 인류는 환경 위기와 기후 위기라는 엄청난 도전 앞에 있다. 기후 위기, 러시아와 우크라이나의 전쟁과 결부된 핵전쟁 위기, 에너지 위기, 식량 위기는 인류 문명과 자본주의 자체의 지속 가능성을 흔들고 있다. 코로나19 같은 전염병은 최근 한 세대 동안 자본주의 국가의 저성장 체제를 설명하는 데 동원된 뉴노멀(새로운 정상 상태)을 재정의하게 만들었다. 전염병이 전 지구로 확산되면서 모든 나라에서 방역과 생존이, 나아가 연대와 삶의 방식 전환이 그 어느 때보다 중요해졌다. 물질 문명과 성장주의의 신화, 인간의 자연 착취에 대한 근본적 반성과 성찰이 제기되었으며 위험의 지구적 편재와 예외적 부재, 존재의 불안과 삶과 질서 등의 재구성이 필요해졌다.

지구화와 신자유주의 논리는 시장을 자연법칙으로 간주한다. 하지만 사실은 그렇지 않다. 지구화는 불가피한 측면이 있지만 그것을 무차별적인 시장주의, 평가 만능, 실적주의, 능력주의로 실현하는 권력 주체는 국민 국가다. 지구화 혹은 신자유주의적 구조조정은 공공 정책의 산물이지 불가항력의 자연법칙이 아니다.[25] 이 점을 인정해야 논의와 대안 모색을 시작할 수 있다.

코로나19로 지구라는 공간과 우리가 사는 시간이 '사피엔스가 장악한 행성'과 '인류세'로 다시 정의되었다. 지구 각 나라의 사회경제적 재생산은 자연 재생산의 순환 고리 속에 있으며, 인간 사회는 자연 생태계 속에서 물질과 에너지를 추출하고 그것을 변환해서 소비한 후에 생태계로 다시 배출한다는 사실이 명확해졌다. 자연과 인간 세계는 분리되지 않는다.[26] 생명체로서 인간은 다른 생명체와 공존해야 하고 생명계를 보존하는 범위 안에서 생존을 도모해야 하며, 인간의 부는 생명계를 훼손한 대가로 얻은 것이므로 생명계 유지를 위해 부자 나라와 부를 향유하는 사람들이 더 많이 지불해야 한다는 점도 분명해졌다. 탄소 경제를 바탕으로 산업화에 성공한 나라와 고도의 생산·소비 체제를 달성한 후발국이 정의로운 경제 개발과 지속 가능한 산업화를 추진해야 한다는 점도 명확해졌다.

그러나 실제 코로나19 대처는 거의 국가 단위로 이루어졌고, 강대국은 자국민을 위해서만 백신을 사들일 뿐 다른 나라에 백신을 공급하는 데는 인색했다. 코로나 재난 이후 전 세계 부자들의 자산이 두 배 증가했다. 「세계 불평등 보고서 2022」에 의하면 상위 1퍼센트가 총자산의 37.8퍼센트와 소득의 19.3퍼센트를 점유하고 있다. 부가 최상층에 집중된 현실을 교정하지 않는 한 사람들의 의식도 변하지 않을 것이다. 지금까지 부자들이 자신의 부를 자발적으로 포기한다고 선언한 적도 없고, 탄소 경제를 포기한다거나 지구 환경 보호를 위한 증세를 시행한 나라도 없

359

다. 당장은 20세기 뉴딜의 구제와 회복에 치중할 뿐 변화의 징후는 아직 뚜렷하지 않다.

인류는 새로운 정치경제 체제와 근본적 대안에 목말라 있지만, 세계를 지배하는 강대국인 미국과 중국, 그리고 유럽연합은 체제 전환 의지를 비치지 않는다. 주요 국가의 정치적 지도력이 약화되었지만 그들이 지구적 전염병 확산, 환경 위기, 불평등을 적극적으로 극복하려는 정치 세력으로 대체되지는 않았다. 자본주의 문명의 '자기 절제', 재산권과 개발권의 제한은 아직 요원하다. 반대로 차별과 불평등을 정당화하거나 혐오를 남발하는 세력이 점점 커지고 있다. 스웨덴과 이탈리아에서 우파가 다수당이 되었다. 인도의 모디 총리, 필리핀의 마르코스 2세 대통령의 사례와 더불어 헝가리와 동유럽 여러 나라에서 신파시즘의 도래를 알리는 징후가 뚜렷하다.

지구 정치경제의 주도권을 쥔 미국은 바이든이 집권한 이후 더욱 자국 중심주의로 회귀하고 있으며, 미국과 패권을 다투려고 몸부림치는 중국은 권위주의적이고 국가주의적이며 민족주의적인 자본주의 국가가 되었다. 이 두 강대국은 21세기 인류가 처한 문제를 해결하기 위해 나서지 않고 사상적으로도 인류의 미래와 관련된 대안이나 가치를 제시하지 못한다.

코로나 팬데믹은 현재 진행형이다. 영국의 과학자들은 코로나의 종식은 없을 것이며, 독감보다 센 전파력을 갖고 매년 겨울 영국에서만 수천 명의 목숨을 앗아갈 것이라고 분석한다. 코로나19로 인해 자본주의 문명에 대한 근본적인 성찰이 제기되었고, 세계가 하나로 연결되어 있다는 인식이 확대되었다. 탄소 경제를 종식시키고 기후 위기와 불평등을 전면적으로 다루면서 산업, 에너지, 건설, 교통, 농업, 생태계를 전면 재편하는 체제 전환을 도모할 때이다. 아프리카와 남미 국가에 가장 큰 충격이 닥칠 것으로 예상되는 이 시점에 세계적 녹색 뉴딜이 필요하다는 지적도 거세된다.[27]

안젤름 야페는 현재를 선거로 세상을 바꾸자고 말하거나, 토요일에 시위에 나간다거나, 덜 소비하고 생태적 삶을 산다고 해서 해결되지 않는 파국으로 본다. 파국은 피할 수 없고 혁명도 불가능하니 그냥 급브레이크를 밟는 수밖에 없다는 것이다.[28] 누가 어떻게 멈춰 세울 수 있을까? 우리가 할 수 있는 일은 대파국을 기다리는 것뿐이다. 정치와 사회운동으로 바꿀 수 있는 것은 없고, 자본주의의 가치 법칙 자체가 파국을 불러올 것이기 때문이다. 그가 말하듯이 자본주의적 모순의 심화, 기후 위기, 감시 사회의 전면화는 주체의 역량 강화 혹은 해방의 동력을 만들지 못한다. 그렇다면 파국만을 기다려야 할까? 그럴 수는 없다.

지금 한국과 세계는 대전환기에 있다. 동시에 다중 전환의 시기이다. 성장주의와 물질문명에서 행복과 삶의 질로 국가의 경로를 옮기고, 투기적 금융 자본주의로부터 약자의 생존과 복지를 보장하는 경제로 돌아가야 하며, 선거 민주주의의 한계를 넘어 민주주의의 내용과 개념, 작동 방식까지 질적으로 다시 구축해야 한다. 경쟁주의와 능력주의에서 연대주의와 공동체주의로 나아가는 것도 시급하다. 더 중요한 전환은 우리의 삶의 방식과 앎의 방식, 그리고 이 둘을 결합하는 방식의 전환이다. 이것에 성공해야 개발주의와 신자유주의가 만들어놓은 궤도에서 벗어

한국 자본주의의 경로 대전환

나 시민이 행복한 국가를 만들 수 있다.

　19세기적 자유주의에 맞서서 러시아는 사회주의를, 유럽은 개혁 자유주의와 사회 민주주의를 실험했다. 20세기를 거치면서 사회주의와 민족주의는 사실상 실패로 끝나고 사회 민주주의가 유일한 대안으로 남았지만, 이제는 그것도 극히 위축되어 오직 신자유주의가 세계를 지배한다. 그러나 신자유주의의 모순이 극에 달하는 지금 이 순간 다시 국가주의와 파시즘이 스멀스멀 찾아왔다. 한동안 유행한 '공정'이라는 정치철학적 가치는 정치경제 질서의 개편, 구체적인 사회 정책과 결합되지 않았다. 환경주의나 페미니즘은 전통적인 진보 사상의 한계를 넘어서는 이념이지만, 아직 모든 사회경제 영역을 포괄하는 보편적 이상으로 자리 잡지 못했다. 근본적 전환이라는 시대의 요청에 응답하기 위해서 우리는 무엇을 해야 할까?

평화·복지·생태·안전 국가를 바라보자

　한국은 민주화에 관한 한 후발국의 모범이다. 그러나 민주화 이후 지속적인 경제 발전에도 불구하고 복지 국가의 궤도로 들어가지 못했다. 한국의 주류 보수 세력의 헤게모니 전략인 성장주의 혹은 경제적 관점으로만 사회를 바라보면 한국이 처한 전환의 복합성을 이해하기 어렵다.[29] 경제는 복지나 사회 문제를 자동으로 해결하지 않는다. 한국은 외환위기 이후 사회 안전망과 생태 안전망 확보라는 과제를 안게 되었다. 앞에서 살펴본 것처럼 교육·복지·주택·의료 영역의 취약한 공공성 개선이 가장 시급하다.

때 이른 디지털화와 탈공업화를 거치며 제조업 부문의 피고용자가 크게 줄고 서비스 산업으로 급격히 이행했다. 자본의 해외 진출과 금융 자본의 지배 확대로 고용 불안과 노동 양극화가 심각해졌고 플랫폼 기업이 성장하며 특수 고용 혹은 프레카리아트의 비중이 크게 늘었다.[30] 이 점에서 한국은 선진 자본주의 국가들과 유사한 도전에 직면해 있다. 경제 성장이 고용과 복지를 보장할 것이라고 강조하던 개발주의 담론은 더 이상 유효하지 않다. 진보적 사회 정책가 혹은 사회복지 연구자나 활동가들은 대체로 서유럽이나 북유럽 복지 국가를 목표로 상정하고 "GDP 대비 복지 지출 증가", "세수 확대", "조직노동의 사회 개입"을 주문했다. 그러나 자본주의 발전의 차별적 궤적들과 실제 정치 및 사회의 역학이나 정책 과정을 비교하면 유럽과 한국을 같은 차원에 놓기 어렵다는 점이, 나아가 한국을 그 모델에 끼워 맞출 수 없다는 사실이 금방 드러난다.

한국은 국가가 시장의 불평등을 재분배를 통해 시정하는 역할을 아주 소극적으로 하는 미국식 시장주의, 일본식 기업별 노조 체제, 영미식 배타적 재산권 보장 체제가 민주화 이후에도 공고했다. 과거에는 개발주의 국가가 강력하게 시장을 창출했고 국가가 시장에 맞서 탈상품화의 영역을 확대하거나 조합주의적 노사정 타협을 주선한 적이 없다. 재벌 총수 일가는 아주 소량의 주식으로 기업 집단 전체의 의사 결정을 좌우한다. 노동자의 저항은 언제나 죄악시되고 사회적 시민권은 보장되지 않는다. 이 점에서 한국은 정치적 노동운동, 사회주의 정당, 기업 차원의 노

한국 자본주의의 경로 대전환

사 타협의 역사를 가진 일본과 다르다.

전쟁 위협과 만성적 안보 불안에 시달리거나 당장의 경제적 성과에 급급한 국가는 결코 구성원들에게 인간적 품격과 자존감을 부여할 수 없다. 그 나라의 구성원들은 동물적 삶을 강요받게 된다. 마찬가지로 준전쟁 상태에 있는 한국이 복지 국가와 사회적 민주주의를 이루는 것은 매우 어렵다.[31] 안보가 비상사태를 정당화하고 특권적 국가prerogative state 혹은 '법 위의 국가와 사회 세력'을 용인하여 사회와 경제의 정상적 작동을 가로막는다.[32] 우리가 "복지 국가를 평화 국가와 동시에 성취해야 하는"[33] 이유가 여기에 있다. 복지는 안전과 사회적 신뢰 위에 존재할 수 있다.[34] 결국 한국은 안보 국가, 개발 국가, 신자유주의 국가의 틀을 벗어나 평화 국가, 복지 국가, 생명·안전 국가로 동시에 나아가야 한다. 한반도 남단에 위치한 국가로서는 우선 평화 국가로의 전환이, 동아시아의 일원으로서는 복지 국가로의 전환이, 그리고 세계의 선진국이라는 위치에서는 생태·안전 국가로의 전환이 필요하다.

한국은 지금까지 안보 국가에서 벗어날 기회가 두 번 있었다. 첫째는 1970년대 초 미중의 외교 정상화와 데탕트 시기에 남북의 밀사가 교류하면서 7·4 공동 성명을 발표한 시기이고, 둘째는 1990년대 초 사회주의의 붕괴 이후 북방 정책을 펴던 시기이다. 그러나 두 번 모두 기회를 살리지 못했다. 1960년대 이후 독일은 민주적 평화 국가의 길로 간 반면 한국의 박정희 정권은 유신 체제하에서 안보 국가의 성격을 강화하면서 이후 두 나라의 경로가 갈라졌다.[35]

안보 국가를 평화 국가로 전환하기 위해서는 남북한 평화 체제 구축 혹은 공존 방식의 낮은 수준의 통일이 필요하다. 그러나 사회운동 진영이 표방한 것처럼 통일을 절대 우선순위로 두면 국내의 사회 개혁과 복지 국가 건설은 먼 미래로 밀려나기 쉽다. 현재의 남북한 분단의 고착화와 대결 구도를 생각해보면 공존과 교류를 통한 사실상의 통일 방식을 찾는 것이 현실적이다. 남한 내 사회 통합을 위해서는 국가보안법의 7조 '고무 찬양 조항'이라도 폐지해야 한다. 안보 국가의 근거인 국가보안법은 생태·복지 국가로의 전환을 가로막는 냉전의 유물이다. 그것은 아무런 사상이나 이념을 갖지 않은 사람도 시장과 가족의 울타리 안으로 움츠러들게 만들어 사회적 연대와 사회 민주주의 세력화를 가로막는, 지배 세력의 강력한 정치 자본으로 기능한다. 북한의 핵 위협이 상존하는 한 안보는 국가의 최우선 과제로 상정되어야 하나, 국가보안법은 언제나 지배 체제 유지와 진보 세력을 억제하는 국내용 제도였다.

한국에서 분단 극복과 통일은 민족주의 이념으로 접근하기보다 사회경제적 의제로 접근해야 한다. 세계 경제의 불확실성과 그로 인한 경기 침체 등 내적 위기의 한 돌파구로서 북한과의 경제 공동체 구축을 모색해야 한다. 7000만 통일 인구라는 내수 기반을 확보하면 대기업도 지구적 신자유주의 질서하에서의 불확실성을 줄일 수 있다. 또한 대기업의 중소기업 지배, 중소기업의 비정규직 노동자 쥐어짜기도 멈출 수 있다. 또한 남북한 인구와 700만 해외 동포를 모두 아우르는 한민족 경제권을 전제해야 가용한 선진화 전략이나 복지 국가 전략을 세울 수 있다.[36] 동아

시아 평화 체제의 구축, 남북한의 경제적 상생 전략 없이는 평화
와 복지 국가는 이상론에 그칠 것이다.

사회 국가, 혹은 복지 국가를 이루기 위해서는 국가가 공공
성과 사회적 유대의 중심에 서야 한다. 이것은 국가가 약자와 탈
락자의 보호자가 되고 시장력을 통제하는 기능을 확대하는 것을
의미한다. 기업의 자본 축적 활동은 물질적 복리의 기반이지만,
규제되지 않는 기업 활동은 사회를 파괴한다. 경제 생태계가 공
정하게 작동되도록 해야 하고, 대기업과 중소기업의 갑을 관계
시정도 중요하다.

자유주의보다 공화주의 정신을 더 강하게 담고 있는 1987년
헌법의 정신을 적극적으로 구현하고[37] "국민 생활의 균등한 향상
을 기한다"는 헌법 전문의 원칙과 기타 '사회 국가'의 내용을 포
함한 조항을 더 적극적으로 해석해야 한다. 헌법 5조에 적힌 "대
한민국은 국제 평화의 유지에 노력하고 침략적 전쟁을 부인한
다"라는 평화 국가의 이념도 더 적극적으로 실행해야 한다.

완전 고용을 지향하던 시대에 수립된 20세기형 복지 국가
모델은 현재에 맞지 않는다. 한국이 추구해야 할 새 모델은 국
가 개입형 복지 국가가 아니라 시민 참여형 친환경 복지 국가이
다. 그것은 복지 전달 과정의 탈관료화와 수혜자의 참여를 반드
시 요구한다. 한국이 어느 수준과 어떤 형태의 복지 국가를 건설
할 수 있을지는 정치사회적 역학 관계와 발전 궤도, 그리고 역사
문화적 조건에 좌우될 것이다. 어떤 경우든 국가의 재정 지출 확
대가 필수이다. 재정 확대는 개발주의, 신자유주의의 작은 국가
론과 정치사상적 대결을 전제로 한다. 이것은 우리 사회의 불균

형을 교정하는 일이다. 이를 위해 새로운 사회 계약, 그리고 지배층의 양보와 사회적 타협이 반드시 필요하다. 물론 타협과 갈등을 관리하며 대외 체제 유지 비용뿐 아니라 내부의 체제 유지 비용을 줄이는 방법도 고려해야 한다.

한국은 중위의 조세 부담, 중위의 복지 국가를 지향하면서 국가의 기본 성격과 방향을 크게 조정해야 한다. 중中조세 중中복지 수준으로 올라가기 위해서는 조세 부담률을 OECD 평균으로 높여야 하며, 노무현 정부가 도입했으나 이명박 정부가 무력화한 부동산 보유세, 세율은 높지만 국민의 2.4퍼센트만 납부하는 상속세, 그리고 45퍼센트가 납부하는 증여세의 낮은 세율을 조정해야 한다. 그리고 소득세 비율을 확대하고 기업 면세 조치를 축소해 조세의 형평성을 보장할 수 있어야 한다. 증세를 위해서는 사법 정의와 행정의 공정성·투명성을 확립해야 한다. 또한 사회적 대타협이 필요하다. 불로 소득을 엄격히 추징하고 불법 및 편법 상속 관행을 근절해야 한다. 그래야만 국민은 납세 의사를 가지게 될 것이다.

조세 부담률이 높은 나라는 국민의 정치 참여율이 높거나 부는 사회적으로 형성된 것이라는 인식이 뿌리내리고 있다. 우리에게도 소득세 인상을 전제로 부자들의 조세 부담 확대를 요구하는 새로운 사회 계약이 필요한데, 여기에는 기업과 노조, 그리고 민간의 기부가 포함된다. 국가가 주관하는 복지의 일방적인 강화보다는 민간 차원의 협동조합과 공제조합을 지원하여, 이들이 일자리와 복지의 제공자가 되도록 설계해야 한다. 한국은 자영업자의 비율이 특히 높기 때문에 영세 자영업자를 조직화하고 이들에게 일정한 교섭권을 부여할 필요도 있다. 특히 주거·교육·의료 영역에서 공적 부담 확대도 중요하지만, 시장주의를 완화하고 연대와 상호 부조가 작동할 수 있도록 재구성하는 일이 보다 시급하다. 이 모든 일에는 각 사회적 주체들의 타협과 대화가 전제되어야 한다.

만성적 감세 국가에서 증세 국가로 전환하는 정치사회적 변화, 국가의 기본 방향과 철학의 전환이 없다면[38] 생태·복지 국가의 건설은 불가능하다. 교육·복지·노동·주거에서 시장력의 과도한 작용을 제한하는 것도 불가능하다. 증세 논의가 나오면 곧바로 '세금 폭탄'이라는 비판이 쏟아질 것이다. '증세 없는 복지는 불가능하다'가 정언 명령이지만 문재인 정부도 보수 세력의 반대를 의식해서 증세 없는 복지 기조를 유지했다. "100년을 이어갈 재정 정책 개혁의 로드맵"을 목표로 삼은 재정개혁특별위원회는 불과 10개월 만에 아무 성과 없이 활동을 중단했다.

문재인 정부와 같은 세수 증대와 긴축 재정 기조로는 복지 국가로 한 걸음도 나아갈 수 없다. 나아가 이런 방식으로는 '집단 자살'로까지 일컬어지는 심각한 저출생과 자살을 막을 방법이 없다.

전환의 동력: 정치 개혁과 사회력 강화

정치 개혁과 실질 민주주의

생태와 복지와 평화 국가의 기본 전제는 민주주의, 즉 이 어젠다를 추진할 의지와 역량이 있는 정치 세력의 집권이다. 민주주의의 실질적 보장 없이는 모든 게 공염불에 그칠 것이다. 시민이 중앙과 지방 정치에 참여할 수 있는 절차와 장치가 있어야 사회적 자유와 민주주의가 보장된다.[39] 선거는 그런 장치 가운데 하나일 뿐이다. 때로는 보통선거 제도가 체제 변혁을 막는 벽으로 작용하기도 한다.[40] 지금처럼 정당이 엘리트 카르텔로 변질되어 시민사회와 정치가 분리되면 정치적 불신이 커진다. 한국의 반공 자유주의와 국가보안법은 사회적 동원, 저항 세력, 그리고 사회적 연대가 제도 정치로 연결되는 길을 막거나 비틀어버렸다. 소비 자본주의하에서 청년층의 탈정치화와 보수화는 이런 상황을 더 악화시켰다. 선거 외에는 정치에 참여하는 방법을 알지 못하는 보통 시민들에게 정치는 대체로 '저들의 일'이다.

변화의 단초는 양대 정당의 독점 구조를 해체하는 것이다. 오른쪽으로 크게 기운 제도 정치의 스펙트럼을 왼쪽으로 옮겨야 한다. 우선 한국의 보수 정치 세력이 냉전 반공주의와 전쟁 정치가 남긴 기득권에 의존하는 상태에서 벗어나야 한다. 비선출 권력인 검찰, 공안 기관, 경제 관료, 보수 언론이 모두 국민의힘을 뒷받침하는 기울어진 운동장에 서 있는 한국의 정치 구도는 자민당이 지배하는 일본과 유사하다.

이명박 정부에서 얼굴을 적나라하게 드러낸 현대 한국의 보수 세력은 공안 권력 의존성, 친미 반중 일변도, 북한 붕괴론 맹신, 그리고 친재벌 노선을 특징으로 한다. 여기에 더해 이들은 '태극기 부대'나 기독교 근본주의로 뭉친 극우 파시즘 세력과 헌법상의 경제 민주화 조항의 삭제를 요구하는 시장 근본주의 담

369

론에 의존했다.[41] 2017년 초 박근혜 전 대통령 탄핵 직후에는 보수의 혁신 가능성이 있었으나, 문재인 정부의 정책 실패로 국민의힘은 다시 과거의 새누리당, 한나라당으로 돌아가고 말았다. 한국의 보수 정치 세력이 독일의 기독교민주연합[CDU]이나 최소한 일본의 자민당 정도의 사회 통합적 보수주의를 취할 수 있게 만든다면 정치 구도의 실질적 변화가 가능할 것이다.

한국 제도 정당들의 스펙트럼이 오른쪽으로 치우친 구도를 바꾸기 위해서는 사회 민주주의와 녹색, 젠더, 평화의 가치를 표방하는 여러 진보 정당이 정치권에서 최소한 교섭 단체 정도의 의석을 가져야 한다. 이런 정치 스펙트럼의 변화는 선거법 개혁 같은 정치 개혁이 전제되어야 가능하다. 앞서 살펴본 것처럼 현재와 같은 5년 단임 대통령제, 승자 독식의 단순 다수제 소선거구제, 지역주의, 거대 정당의 국고 보조금 독식이 유지되는 한 개혁 진보 세력의 진출은 사실상 불가능하다. 설사 문재인 정부처럼 개혁 성향의 대통령이 대중의 힘을 얻어 다시 당선되거나 민주당이 의회의 180석을 차지하더라도 이들은 총선이나 다음 대선을 앞두고는 결국 정치 공학에 치중하여 정책을 등한시할 것이다.

민주화 이후 35년의 역사가 말해주듯이 기존 거대 양당은 생태와 복지 국가 이념을 적극적으로 받아들이지 않는다. 10석 내외를 얻었던 민주노동당이나 거대 양당 내 일부 정치가는 그런 소신을 갖고 있어도 유권자인 국민의 인식 또한 성장주의로 기울어 있기 때문에 앞으로 나설 수 없었다. 거대 양당은 국가 개혁을 위한 장기 비전과 정책 대안을 수립하거나 그것을 제도화하는 헌법 및 법제 개편보다는 총선과 대선에서 승리할 정치 공학에만 매달렸다.

민주화 이후 선거가 부활했고 사법 독립이나 언론 자유도 어느 정도 보장되었으며 제도 정치의 대표성도 높아졌다고 하지만, 선거 정치는 여전히 국가 지배 구조의 틀을 건드리지 않는 범위에서 진행된다. 그 결과 선거는 제한된 의제 안에서 언론이 만들어낸 인물에 대한 인기 투표라는 성격이 강화되었다. 최고 권력자를 뽑는 대통령선거마저도 국가의 중대 정책이 아니라 메시아 대망, 이미지 소비, 혐오 인물 비토에 머문다.

몇 번의 정권 교체에도 불구하고 한국의 노동자층이나 경제적 중간층은 시위 참가라는 '직접 행동'을 제외하면 정권에 충격을 줄 방법을 찾지 못했다. 국가가 배제한 이들의 농성·저항·단식·삭발·자발적 감금 같은 극단적 자해 저항운동이 지금도 빈번한 까닭은 한국의 제도 정치가 국민의 삶과 심각하게 괴리되어 있기 때문이다. 한국의 선거법과 정당법은 대체로 권력이 경제적 강자나 엘리트의 지배를 뒷받침하는 현실을 드러낸다.[42] 점점 더 분명해지는 빈곤층과 노동자의 보수화 현상, 포퓰리즘 정치가 이를 잘 반영한다.

신자유주의 질서의 지구화 이후 선진 자본주의 국가의 정치 역시 사회적 대표성을 상실하고 있다. 과거 서유럽 복지 국가의 형성에는 사회민주당 같은 진보 정당과 조직노동을 축으로 하는 사회적 연대(혹은 복지 동맹)가 있었는데 이제 그 기반이 허물어졌다. 특히 트럼프 이후 미국, 브렉시트Brexit 이후의 영국, 극우파가 약진한 프랑스와 이탈리아, 스웨덴도 정치가 심각하게 망가

진 상태이다. 따라서 우리는 이들의 모델을 거의 참고할 수 없게
되었다.

현재와 같은 대의제 민주주의, 선거 민주주의, 정당의 사회
적 대표성이 부재한 현실을 극복할 수 있는 장기적 대안은 스위
스의 직접 민주주의 제도이다.[43] 스위스는 일 년에 네 번씩 법안
과 정책을 놓고 국민 투표를 실시하며, 높은 수준의 분권과 자치
를 시행한다. 주로 정당 지지에 비례하여 선출된 상하원 의원들
은 전업이 아닌 봉사직이다. 스위스는 인구가 800만 명밖에 되지
않는 연방 국가이기 때문에 한국의 모델이 될 수 없다는 비판도
있지만, 인구의 다소가 직접 민주주의의 실행 혹은 제약 조건은
아니다. 거의 모든 국민이 스마트폰을 사용하는 상황에서 직접
민주주의의 물리적인 장벽은 제거되었다고 볼 수 있다.

행정부와 국회의 입법 과정과 국민의 직접 동의 절차를 결합
할 필요가 있다. 스위스처럼 일 년에 네 번씩 국민투표를 실시하
기는 어렵더라도, 두 차례 정도 중요한 입법안에 대한 국민 동의
절차를 마련할 필요가 있다. 국민 발안 제도를 적극 도입하여 50
만 명의 서명으로 국회에서 법안을 우선 심의하게 할 수도 있다.

우선 결선 투표도 없이 대통령을 선출하는 5년 단임 대통령
제부터 바꿀 필요가 있다. 5년 단임 대통령과 단순 다수제로 의
회를 확보한 집권당은 조세나 재정 개혁을 주저한다. 비례대표
의 확대를 포함한 선거 제도의 개혁과 정당 간 타협에 의한 증세
와 복지를 달성할 수 있도록 정치 시스템을 변화시켜야 한다. 모
든 분야에 확고한 개혁 철학과 방향을 가진 영웅적 대통령은 나
오기도 어렵지만, 설사 그런 사람이 당선되더라도 현재의 상태로

는 할 수 있는 일이 매우 제한적이다. 따라서 한국식 대통령제는 최소한 중임제, 장기적으로는 내각제로 바뀌어야 한다.

아울러 권역별 비례대표제도 적극적으로 추진할 필요가 있다. 핀란드처럼 유권자가 해당 권역의 지지 정당에서 낸 후보 명단(권역별 비례대표 후보 명단)을 보고 투표하는 '개방형 명부Open List' 방식을 도입할 수도 있다.[44]

국회의원의 특권은 과감히 축소해야 한다. 지금처럼 국회의원이 지방의원의 공천권을 독점하거나 정당이 지방의원을 추천하는 나라에서는 풀뿌리 정치가 작동하기 어렵다. 더 나아가 당원이 직접 당의 정책을 결정하고 후보자 추천권도 확보한다면 정당의 지역 조직은 지역 정치의 원천이 될 수 있다. 투명성 확보를 전제로 정당 후원 조직을 설립하고 정당의 자생력을 길러야 할 것이다.

선출되지 않은 권력인 사법부와 검찰의 보수주의도 개혁의 걸림돌이다. 특히 민주화 이후 한국은 미국처럼 과잉 법률 사회over-legalistic society로 변했다.[45] 정치사회적 갈등을 모두 법이 담당하게 되자 법은 개인의 인권을 보호하기보다는 소송 만능주의로 치달으며 사회를 더욱 피폐하게 했다. 특히 헌법재판소나 대법원의 결정이 평화와 복지 국가로의 진전에 제동을 거는 경우가 많았다. 국가보안법 한정 합헌, 토지 공개념 위헌, 행정수도 건설 위헌, 종합부동산세법 일부 위헌 판결이 대표적이다. 이는 사법부와 검찰에 대한 시민의 통제력을 확보하고 법조인 교육을 재구성하는 일이 정치 개혁만큼이나 중요한 과제라는 것을 말해준다.

한국 자본주의의 경로 대전환

사회력 강화

　민주화 이전에도 국가는 오랫동안 시장력을 강화하는 역할을 했다. 군사 독재는 '사회' 혹은 사회관계, 사회 계약의 부재 상태였다. 국가 안에서 공公과 사私는 서로 대비된다. 사는 개인과 가족, 그리고 연고 집단을 가리키며, 공은 모든 사람과 '함께'이거나 모든 사람에게 '공통된다'는 의미이자 사회 전체를 지칭한다.[46] 공공의 개념은 전근대 사회에서 군주의 존재 혹은 수직적 질서를 전제로 탄생했다. 그러나 오늘날에는 임금 혹은 사족이 공을 체현하거나 군사 독재 시절처럼 국가가 곧 공인 것도 아니다. 이제 시민사회가 곧 공공이다. 물론 공공이 국가와 시민사회 모두에 적용될 수도 있으나, 주로 국가 혹은 정치 밖의 시민사회를 지칭한다.

　조선 시대의 공 개념에는 옳은 것과 그른 것, 즉 정사正邪의 도덕적 함의가 있었다. 일본이나 서구의 공 개념이 지배성을 강조한다면 한국에서는 윤리와 사적인 욕망의 억제를 강조했다.[47] 지금 한국에서 거론되는 공공성 혹은 시민사회의 자력화empowering에도 어느 정도 윤리적 함의가 있다고 볼 수 있다. 18세기 영국의 도덕 철학자들이나 19세기 프랑스 사회주의자들에게도, 그리고 협동조합운동에도 윤리가 중요했다. 그렇다면 한국의 공 개념에서 나름의 보편성을 발견할 수 있을 것이다. 이 책에서 필자가 말하는 사회력이란 곧 국가 밖에 있던 시민사회의 자력화이기도 하고 시장, 원자화, 파편화된 개인을 넘어서는 연대와 상호부조의 형성을 의미하기도 한다. 또한 자유와 평등만이 아니라 우애Fraternité의 가치까지 포함한 것이다. 그리고 자유는 평등과

우애를 방해하지 않아야 한다.[48]

앞에서 강조한 한국 정치의 과도한 우편향 교정은 실질적 비례대표제 도입을 통한 선거제 개혁이나 진보 정치 세력의 영향력 확대만으로는 불가능하다. 제도 정치는 사실상 여론과 사회적 지지 기반, 조직된 사회 세력의 힘 등 넓은 의미에서 사회의 종속 변수이기 때문이다. 정치 변화를 직접 유도할 수 있는 것은 사회의 밀도density, 즉 사회력이다. 그것은 시장·가족 의존 체제에서 벗어나 사람들이 일상과 지역, 그리고 선거 정치와 사회 참여 활동을 통해 실질적 주권자 역할을 하도록 연대를 구축하는 일이다. 또한 이것은 구성원이 사회 참여를 통해 자신의 존재를 확인하고 사회적 생명력의 본성을 확인한다는 의미이다. 그러기 위해서는 능력주의에 의한 불평등, 독점 기업의 시장 지배, 노동자 파편화를 극복하고 제도 정치가 사회 대표성을 회복해야 한다.

사회력은 개발주의와 신자유주의가 초래한 시장력의 과대 팽창, 개인 간의 과도한 경쟁, 파편화, 연대 파괴를 복원할 수 있다. 이것이 획기적으로 확장될 때 개혁적 정치 세력은 제도권에 진입해서 제 역할을 할 수 있다. 그리고 이러한 정치 변화가 일어나야 국가의 성격 변화를 기대할 수 있다. 사회력은 시장력에 맞서는 물질적 기반 조성, 대항 담론의 형성, 다양한 영역에서의 시민 조직화, 그리고 대중의 직접 행동인 사회운동의 총체다. 사회력의 물질적 기반은 국가의 재정 지출을 통해 마련되어야 한다. 청년과 노동자가 사회적 주체로 등장해서 빈곤과 불평등 극복을 위한 공공 활동에 정부의 기금을 활용해야 한다. 또한 무상 교육과 각종 재단 설립을 통해 사회적 연대의 물질적 기반을 만들어

한국 자본주의의 경로 대전환

야 한다.

식민지 근대화 이후 사회력의 근거라 할 수 있는 마을 단위 공동체와 노동조합과 협동조합, 지역 사회의 각종 사회 조직과 자선이 파괴되었다. 무엇보다 이것을 복원하는 일이 먼저다. 사회력의 관점에서 오늘 한국의 자본주의를 관찰하면 "모든 사회가 자본가들의 투자나 시장 장악력에 종속된 형태가 되었다."[49] 사회력 강화의 필수 전제는 독점 대기업이 개인과 모든 경제 주체의 생존을 좌우하는 경제 질서의 개혁이다. 대기업의 총수 일인 독재 구조와 시장 권력 행사를 그대로 두는 한 불평등은 계속 확대되고 사회적 자원의 고갈도 막을 수 없다. 정규직과 비정규직의 임금 격차 확대와 계속되는 중대 산업 재해를 멈추기 위해서라도 경제 민주화와 재벌 개혁을 가속해야 한다. 대기업에 대한 각종 특혜를, 무엇보다도 조세 혜택을 축소해야 한다. 특히 개인과 기업이 토지 독점으로 얻은 이익은 반드시 세금으로 환수해야 한다.

사회운동은 넓은 의미의 정치이다. 앤서니 기든스가 말하는 '발생적 정치generative politics'로 볼 수 있고 연성 정치라고 부를 수도 있다. 발생적 정치는 자원 배분에 관여하는 것이 아니라 의사소통을 통해 사회적 자원을 만들어내는 작업이다. 빈곤 퇴치 같은 복지운동에서 특히 두드러지는데, 성원의 자율적 참여를 유도하고 신뢰 관계를 구축해 국가와 시장의 이분법을 극복한다.[50] 참여를 통해 권력 구조와 지배 방식에 눈뜬 사람들이 사회 세력으로 결집하여 의제와 방향을 제시하고, 정치권을 압박하며, 결국 문제 해결의 주체로 성장하는 것이 연성 정치의 핵심이다. 발생적 정치는 제도 정치의 보완재가 아니라 그것에 생명과 활력을 불어넣는 다른 형태의 정치이자 사회력 형성의 중요한 계기이다.

지금까지 한국의 정치 변동과 정권 교체, 그리고 일부 개혁적 사회 정책은 주로 사회운동, 즉 민주화운동과 1987년 이후의 노동운동 및 촛불시위를 비롯한 대중 항쟁의 성과였다. 또한 이것이 시민사회의 문을 연 계기였다. 대중 저항과 사회운동이 사회력 형성으로 연결된 가장 대표적인 사례는 6월 항쟁과 7~8월 노동자 대투쟁 이후에 팽창한 시민사회와 노조 조직화였다. 연성 정치의 가장 중요한 사회적 기초는 법적으로 허용된 노동자의 정치 참여다. 1987년 6월 항쟁 이후 지금까지 수많은 시민사회 조직이 형성되었고, 그중에서도 여성의 주체화는 2016~17년 촛불시위의 가장 큰 성과라고 볼 수 있다. 1990년대 노동자들의 정치 세력화, 민주노동당의 등장과 제도 정치 진입 역시 1987년 이후의 성과 위에 있다.

그러나 지역 사회와 마을 단위의 자치, 주거와 교육 개혁을 목표로 하는 시민 참여와 조직은 턱없이 부족했다. 서울이나 대도시에서 일어난 몇 번의 시위가 정권에 정치적 타격을 주거나 심지어 정권을 붕괴시키기도 했지만 발생적 정치는 더디게 진행되었다. 국가와 정치가 튼튼한 사회력과 연성 정치에 기초할 때 사람들의 삶의 질만 높아지는 것이 아니라 국가의 사회적 기반 자체도 튼튼해지고 신뢰를 확보할 수 있다. 그러나 1987년의 대투쟁도 임금이나 노동 조건 외에 주거·복지·교육 같은 재생산 의제는 제거하지 못했다. 그 뒤로도 철거민, 교사와 학부모, 빈민

377

이 재생산 의제를 표출했지만 그들은 주거권과 교육권, 복지권 보장을 요구하는 사회적 주체가 되지 못했다. 오직 교사와 학부모만 교육 개혁의 한 주체로 성장했을 뿐이다.

노동자 대투쟁의 가장 중요한 성과인 노조 조직화는 회사 지배 구조의 민주화와 회사 내 대항 권력체로서의 노조라는 가시적 성과를 거두었지만, 노동자를 기업 경영의 파트너 혹은 공동 결정의 주체로까지 만들지는 못했다. 한국의 기업별 노조 체제에서 단체교섭을 적용받는 노동자의 수는 노조에 가입한 노동자 수(가입률 14퍼센트)와 똑같다. 나머지 86퍼센트 노동자의 참여 통로를 만드는 일이 사회력 형성의 핵심 과제이다. 사회력은 노동조합 조직률을 획기적으로 높이거나 산별 노조의 교섭력을 확대하는 방식으로, 또는 협동조합을 더 활성화해서 부족한 공공 복지를 보충해야 한다. 오스트리아의 노동회의소를 한국에 도입하여 모든 비정규직 임시 노동자를 보호하고 대표하는 조직을 만들면 최대 다수의 노동자를 존엄한 존재로 인정할 수 있다.[51]

20세기 이후 노동자 정당과 복지 국가의 선례를 만든 유럽에서도 노동자들의 계급 투표나 계급 행동이 크게 축소되었다.[52] 코로나19를 겪으며 세계 각국의 학자들은 자본주의 노동 체제의 변화, 특히 정치적 민주화를 넘어서 기업과 작업장의 민주화가 필요하다고 역설한다.[53] 기업과 작업장, 그리고 생활 세계의 민주화는 곧 경제 영역, 시장의 작동에 사회적 힘이 개입하는 방식이며 사회력의 지지 기반을 만드는 작업이다. 다양한 형태로 고용된 청년 노동자들의 연대를 만드는 방식이 관건이다. 이들 대

다수는 능력주의와 경쟁주의를 신봉하고 매우 개인주의화되어 있다. 그러나 몇 년 전 홍콩 청년들의 시위에서 볼 수 있듯이 서비스 분야에 불안정하게 고용된 청년들에게 일자리와 주거권, 결혼과 출산의 권리는 절실한 문제이다. 이들의 연대가 새로운 주체로 등장할 수 있도록 사회정치적 발판을 마련할 필요가 있다.

전국 단위의 노조(민주노총, 한국노총)와 이들 산하의 산별 노조는 조직력을 확대하고 정책 개입력을 강화해야 한다. 그러나 가까운 미래에는 이런 변화가 어렵기 때문에 지역 주민 자치 운동을 활성화할 수 있는 제도 개혁과 시민들의 다양한 사회 단체 참가로 한계를 메워야 한다. 여러 형태의 사회적 경제 혹은 협동조합은 생활 세계를 시장화하고 식민화하는 신자유주의에 맞서는 중요한 거점이 될 수 있다. 특히 노조와 협동조합의 결합, 기업의 사회적 책임 강화, 대학과 지역 시민 단체가 주관하는 정치 교육 강화 등을 더욱 적극적으로 모색해야 한다. 각종 지역 조직은 현재와 같은 토착 보수 단체에서 자영업자와 농민, 비정규직 노동자가 함께 참여하는 단체로 거듭나야 한다.

학생을 수동적 공부 기계로 만드는 학교 제도도 개혁이 필요하다. 특히 석차 평가 관행에서 완전히 탈피하여 학생의 지적 호기심을 격려하고 실패를 관용하며 학교와 교실 안에서 사회적 혼합을 적극적으로 실천하는 협동과 공감의 교육으로 나아가야 한다.[54] 지자체와 시민사회, 협동조합, 그리고 마을 단위의 교육 운동 단체가 청소년을 위한 시민 교육, 특히 노동·평화·인권 교육을 전면적으로 실시해야 한다. 지역의 시민 교육 기관을 활성화하고 사회 교육을 통한 주민의 의식화 작업도 확충해야 한다.

　한국 자본주의의 경로 대전환

이를 위해서는 교사들이 학교를 벗어나 탈학교 청소년과 학부모 교육에 부분적으로 개입할 필요가 있다. 학교와 지역 사회는 민주주의를 훈련하는 도장이 되어야 하고, 그러기 위해서는 생태·평화·복지 국가 건설에 무엇이 필요한지 토론하고 생각할 수 있는 기회를 마련해야 한다.

사회적 유산 상속과 기부를 활성화하고 여러 형태의 재단 설립을 장려하는 제도 개혁을 선행해야 하며, 가족과 친족의 경조사를 중심으로 짜인 한국인의 기부 관행도 극복해야 한다. 가족 상속이 아닌 사회적 상속이 확산될 수 있도록 베이비붐 세대의 기부 모델도 구성해야 한다. 대기업 등 여러 경제 단체는 사회적 공헌과 ESG 경영, 혹은 사회적 기부를 넘어서 더욱 적극적으로 사회에 기여해야 한다.

어쩌면 가장 중요한 사회력은 보통 사람들의 판단력과 이해력, 문해력과 미디어 독해 능력일 것이다. 교육과 학문과 미디어가 이런 일을 담당한다. 그중에서도 학문과 미디어가 중요한데, 개념과 이론을 세우고 세상에서 벌어지는 일과 자신이 처한 상황을 정확하게 볼 수 있는 눈을 길러주는 역할을 하기 때문이다. 대학의 경제학이 '노동 유연성'이 피고용인의 입지를 더 불안하게 만든다고 가르치지 않고, 시장 경제가 작동하기 위해서는 국가가 강력한 반독점 정책을 펴야 한다고 가르치지 않는다면 노동자를 비롯한 사회 구성원들은 자신과 세상에서 벌어지는 일을 이해할 수도 없고 어떻게 행동해야 하는지도 알 수 없다. 따라서 학문을 바로 세우고 미디어의 공공성을 확보하는 일이야말로 사회력 형성의 근본이다.

대안적 가치의 추구

파리외방선교회의 샤를 달레 신부는 『조선천주교회사』
(1874)에 "조선인의 위대한 장점은 인류애 법칙을 선천적으로 존
중하고 일상에서 그것을 실천한다는 점이다"라고 썼다.[55] 그는
"각종 협동조합과 특히 친족들이 서로를 보호하고 의존하며 돕
는다. 그리고 이 우의 감정이 친족과 협동조합의 한계를 넘어서
확대된다"라고 보면서 "상호 구제와 타인의 후대는 조선 국민의
특이한 특성이다. 이 특성으로 인하여 조선인은 현대 문명의 이
기주의에 침해된 다른 나라 국민보다 훨씬 우위에 서는 것이다"
라고 상호 부조의 정신을 크게 찬양했다. 그러나 일제 강점기 이
후 정착한 재산권의 배타성과 시장 자본주의가 전근대의 상호
부조를 몰아냈다.

20세기의 시장 자본주의는 사회의 상층에는 물질적 풍요를
선물했지만, 나머지 사람들에게는 고통을 안겨주었다. 한반도
의 북쪽 절반은 식민지 자본주의 극복을 목표로 사회주의 국가
를 건설했으나, 결국 빈곤과 고립, 세습 전제주의 체제로 귀결했
다. 나머지 반인 한반도의 남쪽에 '더 좋은 사회', 더 실질적인 민
주주의 국가를 건설하는 것이 한국인과 인류의 미래를 연결하는
결정적 고리가 되었다. 더 이상 한국의 과제와 세계의 과제가 분
리되어 있지 않다.

지금까지 우리는 한국인의 행복도가 낮은 가장 중요한 요인
이 사회적 관계의 실종이라는 사실을 확인했다. 오직 성장과 성
취를 추구하라고 부추기는 사회에서 인간은 불안과 불행에 빠지
기 쉽다. 과도한 개인주의와 경쟁주의는 청년을 포함한 모든 한

381

국인의 영혼을 지배하여 연대와 책임, 협동이라는 개념을 지웠다. 당면한 현실을 극복하기 위해서는 안정된 관계, 공감, 연대, 소속감을 가질 수 있는 물질적·제도적·문화적 조건을 수립해야 한다. 사회 안전망과 주거 공공성 확대, 혹은 청년 기본 소득 같은 장치가 물질적 기초가 될 수 있다. 앞으로 국가의 모든 정책은 삶의 안정성을 보장하고 끊어진 사회관계를 잇는 데 초점을 두어야 하며, 사회운동도 관계 회복을 통한 사회력 형성에 몰두해야 한다.

우리가 추구할 대안 정치체는 사회적 민주주의 혹은 공화주의적 민주주의이다. 선거 민주주의를 넘어 직접 민주주의의 길을 모색해야 한다. 노동자와 여성, 소수자와 이주민이 모두 참여의 주체가 되어야 한다. 공화주의와 민주주의의 기본 정신은 상품화된 질서와 인간관계를 넘어서는 공감, 생명, 그리고 연대이다. 그리하여 인간의 생명이 지속 가능한 사회와 정치 체제를 수립해야 한다. 디지털화와 자동화로 노동의 종말이 머지않다고 하지만 인간은 어떤 형태로든 "노동이나 일에 참여하지 않으면 삶이 부패한다."[56] 경제 활동과 노동의 기본 목표는 생명 유지인데, 그것을 인간을 도구화하거나 다른 생명을 담보하거나 지구의 모든 생명체의 활력을 앗아가는 방식으로 획득하는 현재의 체제를 극복해야 한다.

물론 경제 성장은 필요하고 기업의 혁신을 통한 일자리 창출도 매우 중요하다. 당장 탈국가주의와 탈성장이 현실 정치의 대안이 되기는 어렵다. 녹색 정치나 젠더 정치는 포괄적 사회경제 의제와 연결되어야 정치적 힘을 얻을 수 있다. 정체성에 기초한 운동과 담론은 그 자체로 의미를 갖지만 정치적 연대의 전선을 파괴할 위험도 상존한다. 따라서 이해관계와 정체성은 언제나 사회적 동원과 함께 가야 한다. 기후 위기와 저출생 고령화, '쓸모 있는' 일자리의 실종, 그리고 전쟁과 만성적 군사 대결이라는 지구적 도전에 맞서서 담론과 연대의 조건을 만들고 한국형 평화·복지 국가를 이룩해야 한다.[57]

기후 위기에 맞서서 인간과 자연과 이웃을 살릴 수 있는 방법은 무엇일까? 산업 혁신, 녹색 뉴딜, 누진세 확대, 사회적 일자리를 더 이상 미룰 수 없다. 배타적 가족주의를 넘어서는 가족과 친밀 공동체 구성하고 모든 구성원이 자신의 역량을 발휘할 수 있는 교육 체제를 고안해야 한다. 그러기 위해서는 배타적 소유권과 재산권을 보장하는 사고와 관행과 법제를 수정하고, 경제를 사회적으로 통제하며, 인간의 존엄을 보장하라는 요구에 복종하는 체제를 건설해야 한다.

한국 자본주의의 경로 대전환

맺음말

이 책에는 앞으로의 경제 발전에 대한 생각이나 주장을 거의 담지 않았다. 필자가 이 분야에 대한 식견이 부족하기도 하거니와, 무엇보다도 공공 정책을 바로 세우고 기업 생태계를 정상화하는 것이 곧 지속 가능한 경제 발전과 일자리 창출로 이어진다고 보기 때문이다. 한편 현재의 국민의힘과 윤석열 정부에 대해서도 거의 언급하지 않았다. 그 이유는 이들이 한국의 미래를 열 수 없다고 생각하기 때문이다. 그래서 비판과 분석은 주로 민주당을 향했다.

이 책에는 1994년 이후 논문과 각종 발표문, 보고서, 칼럼 등에 쓴 나의 글과 시민사회운동 언저리에서 활동하며 갖게 된 나의 생각이 모두 녹아 있다. 1995년 『한국 사회 노동자 연구』를 출간한 이후 노동·교육·사회 정책은 언제나 내 관심사였다. 그러나 한국전쟁과 국가 폭력 과거사 연구, 사회운동 및 정책 활동에 진력하면서 이 주제를 더 밀고 나가지 못하다가 마침내 이 책으로 정리할 수 있게 되었다.

척박한 출판 환경에도 불구하고 출간 제안에 선뜻 응해준 사계절출판사의 강맑실 사장께 감사를 드린다. 『이것은 기억과의 전쟁이다』, 『대한민국은 왜?』에 이어 이번에도 편집과 교정에 수

고를 아끼지 않은 인문팀 여러분에게는 특별한 감사를 전한다. 아울러 지난 몇 년간 책과 컴퓨터 화면만 바라보며 집필 노동에 모든 시간을 쏟는 나를 격려하고 성원해준 아내 권은정에게도 고마움을 전한다.

마지막으로 원고를 정리하던 2022년 10월 29일 밤, 서울 용산구 이태원에서 대참사가 발생했다. 이 책에서는 주로 저출생과 자살, 산업재해를 한국 정치와 공공 정책 실패의 결과물로 강조했지만, 사실 세월호 참사를 비롯한 재난 사태야말로 국가 시스템이 오작동한 최악의 사례이다. 과거에는 민족 내부의 갈등, 식민지 제국주의, 분단과 국가 폭력, 자본주의의 폐해로 인해 국민의 생명과 재산이 파괴되었다면 신자유주의 시대에는 국가의 직무유기가 보통 사람들의 삶을 무너뜨린다. 다시 말해 냉전 체제에서 형성된 주류 보수 세력이 보통 국민의 안전과 생명에 무관심하기 때문에 재난과 참사가 거듭 발생한다. 과거에도 그랬고 지금도 마찬가지로, 이들에게서는 국가와 사회에 대한 책임감과 윤리의식을 거의 찾을 수 없다.

프로메테우스는 자신의 고통과 문명 사회의 발전을 맞바꿨다. 그러나 한국 정치는 국민의 고통과 자신의 권력을 맞바꿨다. 이것이 고통의 근원이다. 오늘의 집권 검찰 세력은 어제의 군부와 국정원의 후예이다. 이들이 한국이 정상 국가, 지속 가능한 국가로 나아가는 길의 마지막 걸림돌이라고, 나는 생각한다.

2022년 11월 일산 서재에서
김동춘

385

1. 민주화 이후 경제와 사회

1   김시우 외, 『추월의 시대: 세대론과 색깔론에 가려진 한국 사회의 성장기』, 메디치미디어, 2020.

2   이태수 외, 『성공한 나라 불안한 시민: 대전환 시대, 한국 복지 국가의 새판 짜기』, 헤이북스, 2022.

3   「65세 이상 취업률, 한국 '씁쓸한 1위'…돈 없어 은퇴 못 한다」, 『조선일보』, 2022.6.28.

4   https://worldhappiness.report/ed/2021/

5   「4대 보험과 더 멀어진 비정규직」, 『한국일보』, 2017.2.13.

6   「한국 소득 불공평 해소 정책 선진국 중 '최악' 수준」, 『연합뉴스』, 2015.9.10.

7   와타나베 오사무의 주요 주장이다. 渡辺治, 『現代日本の支配構造分析: 基軸と周辺』, 化伝社, 1988을 참조하라.

8   노인 빈곤율은 65세 이상 인구 중에서 균등화 소득이 빈곤선 이하인 비율을 말한다.

9   「영양실조로 사망, 작년 345명, 외환위기 후 최다」, 『동아일보』, 2021.10.7.

10   「韓출산율에 우려 쏟아낸 외신들 "금세기에 韓인구 절반 줄 것"」, 『중앙일보』, 2022.8.26.

11   박한선, 「저출산의 미스터리」, 『동아사이언스』, 2019.1.20.

12   장경섭, 『내일의 종언(終焉)?: 가족 자유주의와 사회 재생산의 위기』, 집문당, 2018, 20쪽.

13   「김현철 서울대 교수 "중산층 총체적 붕괴가 밀려온다"」, 『경향신문』, 2016.6.18.

14   「저출산 극복, 6시 퇴근부터 시켜줘라」, 『경향신문』, 2017.4.2.

15   「초저출생, 미래가 없다」, 『노컷뉴스』, 2021.8.21.

16   박선권, 「제3차 저출산고령사회 기본계획의 문제점과 개선 방향: 저출산 대응 정책을 중심으로」, 국회 입법조사처, 『현안보고서』 302호, 2017.1.26.

17   Gunnar Myrdal, "Population Problems and Policies Social Problems and Policies in Sweden", *The Annals of the American Academy of Political and Social Science*, vol.197, 1938, pp.200~215.

18   「[특파원 리포트]태국의 저출산과 한국의 저출산을 비교해 보니」, KBS 뉴스, 2022.7.13.

19   조은주, 『가족과 통치: 인구는 어떻게 정치의 문제가 되었나』, 창비, 2018, 282쪽.

20   이혜정, 『대한민국의 시험: 대한민국을 바꾸는 교육 혁명의 시작』, 다산4.0, 2017, 46쪽.

21   「380조 저출산 예산, 밑 빠진 독 물붓기라고요?」, 『노컷뉴스』, 2021.9.21.

22   『한국경제신문』의 진단과 칼럼이 대표적이다. 「가파른 인구절벽…출산율 집착 말고 근본적 발상 전환을」, 『한국경제신문』, 2022.8.25.

23   「자살률 OECD 1위 한국 VS G7 1위 일본…같은 듯 다른 실상」, 『매일경제신문』, 2020.7.18.

24   「"성적 탓 자해·자살 생각했다" 26퍼센트…경쟁 강조에 '우려'」, 『오마이뉴스』, 2022.7.7.

25   「한국 자살률 OECD '최고'」, 『뉴시스』, 2020.9.22.

26   가족주의와 자살의 상관성에 관해서는 송재룡, 「한국 사회의 자살과 뒤르케임의 자살

론: 가족주의 습속과 관련하여」,『사회이론』34호, 한국사회이론학회, 2008, 123~164 쪽을 참조하라. 사회 해체와 상관성에 대해서는 김왕배,「자살과 사회 해체」,『정신문화 연구』33권 2호, 한국학중앙연구원, 2010을 참조하라.

27 백인립·김흥주,「사회적 타살의 사회경제적 의미: 자살에 대한 개인 심리적 접근을 넘어 사회 구조적 대안을 향하여」,『상황과 복지』44호, 2014, 326~360쪽.; 이재경·이래혁·이 은정·장혜림,「저소득층은 왜 자살을 생각하는가? 물질적 어려움의 경험을 중심으로」, 『한국 사회복지학회 학술대회 자료집』, 한국사회복지학회, 2016.4., 803~820쪽.

28 「자살률 OECD 1위 한국 VS G7 1위 일본…같은 듯 다른 실상」,『매일경제신문』, 2020.7.18.

29 은기수,「경제적 양극화와 자살의 상관성: 1997년 외환위기를 전후하여」,『한국인구학』 28권 2호, 한국인구학회, 2005, 97~129쪽.

30 노법래,「복지 국가와 자살에 관한 비교사회 정책 연구: 공적 사회 서비스의 중재 효과 를 중심으로」, 서울대학교 대학원 사회복지학과 박사학위 논문, 2017.

31 이용재·김경미,「지역 간 자살률 차이와 사회복지 요인이 미치는 영향」,『디지털 융복합 연구』18권 7호, 한국디지털정책학회, 2020.

32 물론 여기서 뉴질랜드는 아시아 국가에 포함시키지 않았다. https://v-dem.net/ media/publications/dr_2022.pdf

33 V-Dem Institute at the University of Gothenburg, "Democracy Facing Global Challenges: V-DEM ANNUAL REPORT 2019", 2019.

34 강정인은 그것을 파생적 민주주의라 부른다. 강정인,『민주주의의 한국적 수용: 한국의 민주화, 민주주의의 한국화』, 책세상, 2002, 31쪽을 참조하라.

35 전병유·신진욱 엮음,『다중격차, 한국 사회의 불평등 구조』, 페이퍼로드, 2016.

36 https://www.index.go.kr/potal/main/EachDtlPageDetail.do?idx_cd=1407

37 볼프강 슈트렉, 김희상 옮김,『시간벌기: 민주적 자본주의의 유예된 위기』, 돌베개, 2015.

38 Bryan S. Turner, "The Erosion of Citizenship", *British Journal of Sociology*, vol.52, no.2, June 2001.; 라메쉬 미쉬라, 이혁구·박시종 옮김,『지구적 사회 정책을 향하여: 세 계화와 복지 국가의 위기』, 성균관대학교출판부, 2002.

39 프랑스의 사회학자 알랭 투렌은 사회적 재생산에서 사회운동을 특히 강조한다. 그는 사회를 하나의 제도나 구조, 혹은 의식이나 지향으로 보기보다는 역사적으로 조건화 된 상황에서 행위하는 인간의 개입으로서 사회운동, 사회관계의 맺음, 계급적 지배와 피지배의 측면에서 접근해야 한다고 보았다. Alain Touraine, *The Self-Production of Society*, University of Chicago Press, 1977.

40 미셸 푸코는 권력과 담론을 동일한 것으로 본다. 지식 권력은 사람들의 정체성이 어떻 게 구성되고 변용되는지, 사회 집단들이 어떻게 형성되고 사라지는지 문화적 헤게모니 가 어떻게 안정화되고 경쟁하는지를 설명한다. Michel Foucault, *Power/Knowledge*, Pantheon, 1980.

41 마사 누스바움, 한상연 옮김,『역량의 창조: 인간다운 삶에는 무엇이 필요한가?』, 돌베 개, 2016, 36쪽.

42 사회적 재생산에는 지배 질서의 재생산, 즉 물질적 자본과 상징적 자본의 재생산이 동 시에 작용한다. Pierre Bourdieu·Jean-Claude Passerson, *Reproduction, Society and Culture*, Sage publication, 1977.

43 통계청,「경제활동인구조사」, 2020.

387

44 플랫폼은 알고리즘 방식으로 거래를 조율하는 디지털 네트워크다. 플랫폼은 거래가 일어나는 온라인 공간이므로 일종의 시장이라 볼 수 있으나 운영자가 사전에 설치한 알고리즘에 의해 조율되고 이 과정에서 이윤이 발생한다. 플랫폼 노동자는 자율성과 종속성의 양면성을 갖는다. 장지연, 「플랫폼 노동자의 규모와 특징」, 『고용·노동브리프』 104호, 한국노동연구원, 2020.11.

45 전혜원, 「노동에 대해 말하지 않는 것들: 종속적 자영업자에서 플랫폼 일자리까지」, 서해문집, 2021, 285쪽.

46 김동춘, 『한국인의 에너지, 가족주의』, 피어나, 2020을 참조하라.

47 개인화에 대해서는 Ulrich Beck·Elisabeth Beck-Gernsheim, *Individualization: Institutionalized Individualism and Its Social and Political Consequences*, SAGE Publications Ltd, 2002.; 장경섭, 앞의 책, 2018.

48 Charles Tilly, "War Making and State Making as Organized Crime", Dietrich Rueschemeyer·Theda Skocpol, Peter B. Evans(Eds.), *Bringing The State Back In*, Cambridge University Press, 1985.

49 밥 제숍, 남상백 옮김, 『국가권력: 마르크스에서 푸코까지, 국가론과 권력 이론들』, 이매진, 2021.

50 지구상의 각 국가의 정치지리적 위치와 국가 내 계급 및 시민권의 관계에 대해서는 Anthony Giddens, *The Nation-State and Violence*, University of California Press, 1985.

51 푸코의 이론에 기초한 사회 정책 분석 방법론에 대해서는 마크 올슨·존 코드·앤 마리 오닐, 김용 옮김, 『신자유주의 교육 정책, 계보와 그 너머: 세계화·시민성·민주주의』, 학이시습, 2015.

52 Charles Wright Mills, *The Causes of World War Three*, Ballantine books, 1961.

53 김동춘, 『전쟁정치: 한국정치의 메커니즘과 국가폭력』, 길, 2013. '전쟁정치'란 국가가 전쟁 상태에 있다는 것을 전제로 국가의 유지, 즉 내외의 적으로부터 국가를 보호하는 것을 가장 일차적인 목표로 삼고 국내 정치를 전쟁 수행하듯이 운영하는 것을 말한다. 모든 정치는 전쟁의 논리 위에 서 있으나 평시에는 이러한 전쟁적 성격이 전면화되지 않는다. 전쟁정치 상황은 일종의 국가 비상사태이며, 계엄 혹은 준계엄 상태이다. 계엄 체제하에서 법의 작동은 정지되거나 제한된다. 즉 국가 기관, 대통령, 공안 기구 등의 불법이나 위법이 용인되거나 정당화된다.

54 프레카리아트는 위험(precarious)과 프롤레타리아(proletariat)의 합성어이다. 가이 스탠딩, 김태호 옮김, 『프레카리아트: 새로운 위험한 계급』, 박종철출판사, 2014.

55 Theda Skocpol·Edwin Amenta, "States and Social Policies", *Annual Review of Sociology*, vol.12, 1986, p.132.

56 같은 글, p.131.

57 Gunnar Myrdal, "The Relation between Social Theory and Social Policy", *British Journal of Sociology*, vol.4, no.3, 1953, pp.210~224.

58 박근갑, 『복지 국가 만들기: 독일 사회 민주주의의 기원』, 문학과지성사, 2009.

59 T. H. Marshall, *Citizenship and Social Class and Other Essays*, University of Cambridge Press, 1950.

60 칼 폴라니, 홍기빈 옮김, 『거대한 전환 : 우리시대의 정치·경제적 기원』, 길, 2009.

61 정책 포획의 개념으로 세월호 참사를 설명한 것으로는 유종성·박연민, 「여객선 안전 규제에 나타난 정부-산업 간 유착과 포획: 박정희 정권의 국가 조합주의 유산과 세월호 비

극」, 서재정 외, 『침몰한 세월호, 난파하는 대한민국: 압축적 근대화와 복합적 리스크』, 한울엠플러스, 2017.

62 Melani Cammett·Lauren M. MacLean(Eds.), *The Politics of Non-state Social Welfare*, Cornell University Press, 2014(e-book).; Ian Gough, "Social policy regimes in the developing world", Patricia Kennett(Ed.), *A Handbook of comparative social policy*. Edward Elgar Publishing Ltd, 2013, pp.205~224.; Geof Wood·Ian Gough, "A comparative welfare regime approach to global social policy", World Development, vol.34, no.10, 2006, pp.1696~1712.

63 Gøsta Esping-Andersen, *The Three Worlds of Welfare Capitalism*, Princeton University Press, 1990.

64 장경섭·진미정·성미애·이재림, 「한국 사회 제도적 가족주의의 진단과 함의: 소득보장, 교육, 돌봄 영역을 중심으로」, 『가족과 문화』 27집 3호, 2015.; Ulrich Beck·Elisabeth Beck-Gernsheim, 앞의 책, 2002.

65 Melani Cammett·Lauren M. MacLean(Eds.), 앞의 책, 2014(e-book).; Ian Gough, 앞의 글, 2013, pp.205~224.

66 지구 정치하에서 각 국가 내의 계급 관계와 시민권에 관해서는 Anthony Giddens, 앞의 책, 1985를 참조하라.

67 니크 브란달·외이빈 브라트베르그·다그 에이나르 토르센, 홍기빈 옮김, 『북유럽 사회민주주의 모델』, 책세상, 2014, 108쪽.

68 2차 세계대전 후 복지 국가의 형성 일반에 대한 개관적 논의는 Stephan Leibfried·Steffen Mau, "Introduction. Welfare States: Construction, Deconstruction, Reconstruction", *Welfare States: Construction, Deconstruction, Reconstruction*, vol.1, Analytical Approaches, Edward Elgar, 2008.

69 동아시아 국가의 일반적인 특징이다. 복지 정책도 인적 자본에 대한 투자에 초점을 두었다. 루이젠더, 「동아시아 복지 체제의 발전과 도전: 쟁점과 전망을 중심으로」, 조흥식 엮음, 『대한민국 복지 국가의 길을 묻다: 바람직하고 지속 가능한 시민복지 국가를 향해』, 이매진, 2012.; Jae-Jin Yang, *The Political Economy of the Small Welfare State in South Korea*, Cambridge University Press, 2017.

70 마이클 애플은 레이건 시대의 교육 정책 관련 보고서에서 사회 민주주의의 합의가 부정되는 상황을 지적했다. Michael W. Apple, "National Reports and the Construction of Inequality", *British Journal of Sociology of Education*, vol.7, no.2, 1986, pp.171~190.

71 Bryan S. Turner, 앞의 글, 2001.

72 아시아 국가의 경우 인도, 필리핀, 베트남의 불안정 노동자 비율이 70퍼센트를 넘는다. Kevin Hewison, "Precarious work: Origins, development and debates", *International Symposium: Crises and Precarious World in the Neo-liberal World*, Chung-Ang University, 2016.

73 마리아나 마추카토, 김광래 옮김, 『기업가형 국가: 공공경제부분의 한계 극복 대안』, 매일경제신문사, 2015.

74 Walter Korpi, *The Democratic Class Struggle*, Routledge, 1983.; Gøsta Esping-Andersen, *Politics against Markets: The Social Democratic Road to Power*, Princeton University Press, 2017.

75 지그문트 바우만·카를로 보르도니, 안남규 옮김, 『위기의 국가: 우리가 목도한 국가 없

389

는 시대를 말하다』, 동녘, 2014, 186쪽.

76 라메쉬 미쉬라, 앞의 책, 2002.; 지주형, 「지구화와 국민국가: 전략-관계론적 접근」, 『사회와 이론』 14집, 한국이론사회학회, 2009.

77 제임스 오코너, 우명동 옮김, 『현대국가의 재정위기』, 이론과실천, 1990.; Bryan S. Turner, 앞의 글, 2001.

78 기업의 힘은 사보타주 능력에서 나온다는 주장으로는 Thorstein Veblen, *Absentee Ownership: Business Enterprise in Recent Times: The Case of America*, Routledge, 1996.

79 김종철은 재산권과 계약권의 모순적인 이종 교배를 현대 주식회사의 본질로 본다. 즉 법인은 아무런 법적 책임을 지지 않으면서도 재산권은 행사한다는 것이다. 김종철, 『금융과 회사의 본질: 재산권과 계약권의 이종 교배』, 개마고원, 2019.

80 이것을 시장 전제주의(market despotism)라고도 한다. 노조가 없거나 노조가 완전히 무력화되어 기업이 노동자들을 상품의 질서에 완전히 복종시킨 상황이다. 송호근, 『시장과 이데올로기』, 문학과지성사, 1992, 16쪽.

81 찰스 테일러, 이상길 옮김, 『근대의 사회적 상상: 경제·공론장·인민 주권』, 이음, 2010, 123쪽.

82 조지 소로스, 형선호 옮김, 『세계 자본주의의 위기: 열린 사회를 향하여』, 김영사, 1998.

83 재산이라는 법적 용어는 사물이 아니라 권리를 가리킨다. 정확히는 사물과 관련된 소유자와 타인의 관계다. 권리란 항상 한 사람이나 그 이상의 사람에 대한 권리이다. 사유재산권의 핵심은 항상 타인을 배제하는 권리였다. 모리스 코헨, 「권력으로서 재산권」, 김남두 엮음, 『재산권 사상의 흐름』, 천지, 1993.

84 한국의 시험능력주의에 대해서는 김동춘, 『시험능력주의: 능력주의는 어떻게 불평등을 강화하는가』, 창비, 2022를 참조하라.

85 김동춘, 앞의 책, 2013. ; 김동춘, 『반공자유주의: 우리를 병들게 하는 낙인』, 필요한책, 2021.

86 유시민, 『대한민국 개조론』, 돌베개, 2007, 143쪽.

87 예란 테르보른, 이경남 옮김, 『불평등의 킬링필드: "나"와 "우리"와 "세계"를 관통하는 불평등의 모든 것』, 문예춘추사, 2014, 75~86쪽.

88 시장을 카탈락시 게임(Spiel der katallaxe)이라고 부르자고 제안한다. 카탈락시 게임의 결과는 결국 능력과 행운에 달렸다. Friedrich A. Hayek, *Law, Legislation and Liberty, Volume 3 The Political Order of a Free People*, Routledge and Kegan Paul, 1973.

89 이것은 고프의 복지 체제론 분류의 방법론적 입장이기도 하다. 앞의 자본주의 다양성론 역시 자본주의를 역사-제도로 본다. 그러나 소스키스의 유형화는 역사적 경로가 사장된 모형에 가깝다.

90 하성규·김연명, 「한국의 주택 정책과 이데올로기」, 『대한국토계획학회지』 59권 1호, 대한국토·도시계획학회, 1991, 23~41쪽.

91 조흥식, 「한국 복지 체제의 변천과 복지 국가의 요건: 바람직하고 지속 가능한 시민복지 국가를 지향하며」, 조흥식 엮음, 『대한민국 복지 국가의 길을 묻다』, 이매진, 2012.

92 노정호, 「동아시아 복지 국가의 발전과 저발전: 제도와 행위자, 그리고 사회경제적 변화」, 『한국정치학회보』 48집 5호, 2014, 207~228쪽.; 김영순, 「한국의 복지정치는 변화하고 있는가?: 1, 2차 국민연금 개혁을 통해 본 한국의 복지정치」, 『한국정치학회보』 45집 1호, 2011, 141~163쪽.

93 이런 비판은 Melani Cammett·Lauren M. MacLean(Eds.), 앞의 책, 2014(e-book).

390

94   Graham Room, "Commodification and Decommodification: A Developmental Critique", *Policy and Politics*, vol.28, no.3, pp.331~351, 2000.

95   장경섭, 앞의 책, 2018.

96   윤홍식 엮음, 참여사회연구소 기획,『평화복지 국가: 분단과 전쟁을 넘어 새로운 복지 국가를 상상하다』, 이매진, 2013.; 윤홍식,『한국 복지 국가의 기원과 궤적』(전3권), 사회평론아카데미, 2019.

97   Jae-Jin Yang, 앞의 책, 2017.; Gøsta Esping-Andersen, 앞의 책, 1990을 양재진·정이룡,「복지 국가의 저발전에 관한 실증 연구: 제도주의적 신권력자원론의 타당성 검토」,『한국정치학회보』46집 5호, 한국정치학회, 2012, 79~97쪽에서 재인용. 양재진의 '작은 복지 국가'는 에스핑앤더슨이 1992년에 지적한 "사회 안전에 대한 노력은 근대화에 훨씬 뒤처져 있다"라는 지적에서 영감을 얻은 것으로 보인다.

98   Ja-Jin Yang, 앞의 책, 2017, 4쪽.

99   Gøsta Esping-Andersen, 앞의 책, 1990.; Ian Holliday, "Productivist Welfare Capitalism: Social Policy in East Asia", *Political Studies*, vol.48, no.4, 2000, pp.706~723. 할리데이는 "자유주의 유형은 시장을 우선시하고, 보수주의 유형은 고용상의 지위를 중시하고, 사회 민주주의 유형은 복지를 강조하는 데 비해 동아시아의 생산주의 유형은 성장을 전제로" 한다고 주장한다.

100   「[조한혜정·사토 마나부 대담]시장 논리에 학교가 멍든다」,『한겨레신문』, 1999.7.5.

101   김동춘,「한국 자본주의와 지배 질서: 안보 국가, 시장, 가족」, 한국산업사회연구회 엮음,『한국 사회의 변동: 민주주의, 자본주의, 이데올로기』, 한울아카데미, 1994.; 김동춘, 앞의 책, 2021을 참조하라. 윤홍식의 연구(2019)는 사회복지, 사회보장 정책 관련 연구에서 국가와 사회운동과의 연관성, 민주화 이후의 국제 정치경제 체제와의 연관성을 종합적으로 검토한 점에서 기존의 사회 정책 연구의 한계를 극복했다.

102   소스키스와 홀 등이 자본주의의 다양성 문제를 주로 거론했다(Peter A. Hall·David Soskice, *Varieties of Capitalism: The Institutional Foundations of Comparative Advantage*, Oxford University Press, 2001). 알버르(Michel Albert), 버거(Suzanne Berger)와 도어(Ronald Dore) 등도 금융, 노사 관계, 기업의 지배 구조 등 여러 측면에서 자본주의의 다양성을 분석했는데 라인형 자본주의와 앵글로색슨형 자본주의(미셸 알버르, 김이랑 옮김,『자본주의 대 자본주의』, 소학사, 1993.; 김미경, 2013), 혹은 자유 시장 경제와 조정 시장 경제 등으로 구분했다. 그러나 과거의 주변부 자본주의 국가, 남유럽 국가, 그리고 한국과 같은 동아시아 후발 자본주의 국가는 이런 유형화에서 빠졌다.

103   신정완,「'한국형 사회적 시장 경제 모델' 구상」, 유철규 엮음,『혁신과 통합의 한국경제 모델을 찾아서』, 함께읽는책, 2006.; 정이환,『한국 고용체제론』, 후마니타스, 2013.

2. 성공의 증거, 혹은 불행의 원인?

1   강충경,「핀란드 34세 여성 총리 정부의 국정 철학은?」,『프레시안』, 2021.3.22.

2   "Emmanuel Macron unveils policies as he seeks second presidential term", *Euro news*, 2022.3.17.

3   이종찬,『숲은 고요하지 않다』2권, 한울, 2015.

4   강우진,「사람들은 왜 성장주의를 지지하는가?: 성장주의 결정 요인에 대한 경험 분석」,『한국과 국제 정치』31권 3호, 경남대학교 극동문제연구소, 2015.

5   윤상우,「한국 성장주의 이데올로기의 역사적 변천과 재생산」,『한국 사회』17집 1호, 고

려대학교 한국사회연구소, 2016, 7쪽.; 지주형, 「한국의 성장주의: 기원, 궤적, 구조」, 『인문논총』56집, 경남대학교 인문과학연구소, 2021.

6   임현진·송호근, 「박정희 체제의 지배 이데올로기」, 역사문제연구소 엮음, 『한국 정치의 지배 이데올로기와 대항 이데올로기』, 역사비평사, 1994.

7   박태균, 「로스토우의 제3세계 근대화론과 한국」, 『역사비평』66호, 역사문제연구소, 2004.

8   정재정, 「나의 학문 나의 인생-안병직-민족주의에서 경제 성장주의로」, 『역사비평』59호, 역사문제연구소, 2002.

9   윤상우, 앞의 글, 2016.

10   Ian Holliday, "Productivist Welfare Capitalism: Social Policy in East Asia", *Political Studies*, vol.48, no.4, 2000.

11   권순미, 「정치 체제, 발전 전략, 그리고 복지 제도: 산업화 시기 일본, 대만, 한국의 비교」, 『사회과학논집』36권, 연세대학교 사회과학연구소, 2005.

12   1994년 타이완 국민당의 사회복지 가이드라인. Yeun-Wen Ku, 「대만의 새로운 사회 정책, 마잉주 정부의 과제」, 『국제노동브리프』, 한국노동연구원, 2012.6., 14~26쪽.

13   윤상우, 『동아시아 발전의 사회학』, 나남, 2005, 93~94쪽.

14   「분배·평등보다 성장·경쟁 선호 강해진 청년들…왜?」, 『한겨레신문』, 2019.12.27.

15   「삶의 질보다 경제적 성취, 분배보다 성장에 방점」, 『한겨레신문』, 2020.6.24.

16   박정희를 다시 소환한 것은 김영삼 정부다. 이때부터 경제가 어려움에 처할 때마다 박정희가 소환되었다.

17   센은 인적 자본론이 이러한 점을 갖고 있다고 비판했다. 그러면서 이러한 주장은 경제 성장이 왜 맨 앞자리에 와야 하는지 제대로 설명하지 못한다고 지적했다. Amartya Sen, *Development as freedom*, Anchor Vooks, 1999, p.295(마크 올슨 외, 『신자유주의 교육 정책, 계보와 그 너머: 세계화·시민성·민주주의』, 학이시습, 2015, 369쪽에서 재인용).

18   같은 책.

19   Ida Kubiszewskia·Robert Costanzaa·Carol Francob·Philip Lawnc·John Talberthd·Tim Jacksone·Camille Aylmer, "Beyond GDP: Measuring and achieving global genuine progress", *Ecological Economics*, vol.93, 2013. pp.57~68.

20   https://weall.org/about

21   「19대 대선에서 무시당한 굴욕 잊지 않았다」, 『오마이뉴스』, 2021.8.11.

22   국정기획자문위원회, 『문재인 정부 국정 운영 5개년 계획』, 진한엠앤비, 2017.

23   장덕진, 「그들은 어떻게 복지 이슈를 이용하는가」, 안상훈 외, 『복지 정치의 두 얼굴: 서울대 교수 5인의 한국형 복지 국가』, 21세기북스, 2015, 170쪽.

24   김우창 외, 『한국 사회 어디로: 더 나은 사회를 꿈꾸는 한국인의 교양 필독서』, 아시아, 2017.; 물질주의가 "경제 성장, 권위주의적 정부, 애국심, 크고 강한 군대, 법과 질서"를 선호한다면, 탈물질주의는 "개인의 발전과 자유, 정책 결정에 대한 시민의 참여, 인권과 환경을 중시하는 가치관"이다. 「한국인 물질주의 가치관 여전…공연한 불안 이제 내려놓아야」, 『한국일보』, 2017.2.28.

25   Cho Hyeon Jeong·Jin Byoungho·Kittichai (Tu) Watchravesringkan, "A Cross-cultural Comparison of Materialism in Emerging and Newly Developed Asian Markets", *International Journal of Business, Humanities and Technology*, vol.6, no.1, pp.1~10, 2016.; 이진석·초현영·전승우, 「다양한 얼굴의 물질주의: 물질주의, 변화 기대, 과시적 소비」, 『마케팅 연구』34권 2호, 한국마케팅회의, 2019, 45~66쪽.

26 「"10억 준다면 감옥 가도 괜찮아?" 고교생들에게 물으니」, 『중앙일보』, 2021.7.23.

27 페르낭 브로델, 주경철 옮김, 『물질문명과 자본주의 1-1: 일상생활의 구조-상』, 까치글 방, 1995.

28 막스 베버, 김덕영 옮김, 『프로테스탄티즘의 윤리와 자본주의 정신』, 길, 2010, 80쪽.

29 「한국인의 낮은 행복감, 물질주의 때문」, 『동아일보』, 2010.8.17.

30 「한국 국가 행복 순위 OECD 꼴찌 수준⋯37개국 중 35위」, MBC, 2021.5.19.

31 유교권 국가는 북유럽 국가에 비해 대체로 생존 가치에 비중을 두는 경향이 있다. 최희 경, 『북유럽의 공공 가치: 의료 정책과 교육 정책의 현장에서』, 한길사, 2019, 68쪽.

32 양해만·조영호, 「한국의 사회경제적 변화와 탈물질주의: 왜 한국인들은 여전히 물질주 의적인가?」, 『한국정치학회보』 52집 1호, 한국정치학회, 2018, 75~100쪽.

33 장지연, 「젠더 레짐과 복지 국가의 설계」, 이종오 외, 『어떤 복지 국가인가?: 한국형 복 지 국가의 모색』, 한울, 2013, 109쪽.

34 프랑스(11.4년), 독일(10.7년), 스페인(10.4년), 네덜란드(9.9년), 오스트리아(9.6년), 핀란 드(9.4년), 스웨덴·노르웨이(9.1년), 영국(8.2년), 스위스(8.1년), 덴마크(7.6년) 등이었다. 금재호의 조사, 「한국 고용 불안 OECD 최고 수준⋯평균 근속연수 5.6년」, 『연합뉴스』, 2015.7.21.

35 피난 사회와 가족주의에 대해서는 김동춘, 『전쟁과 사회: 우리에게 한국전쟁은 무엇이 었나』, 돌베개, 2006; 김동춘, 『한국인의 에너지, 가족주의』, 피어나, 2020을 참조하라.

36 박민영, 「그리고 기업 인문학이 있었다」, 『인물과 사상』 238호, 인물과사상사, 2018, 115쪽.

37 최현, 「시장인간의 형성: 생활세계의 식민화와 저항」, 『동향과 전망』 81호, 한국사회과 학연구소, 2011.

38 찰스 더버, 김형주 옮김, 『히든 파워: 미국 민주당이 공화당을 못 이기는 진짜 이유!』, 두 리미디어, 2007.

39 「문 대통령, 이재용 사면 요청에 "고충 이해⋯국민 공감 많아"」, 『한겨레신문』, 2021.6.2.

40 「삼성전자, 국가 경제 기여도 1위⋯2위~4위 기업 합친 것보다 많아」, 『한국경제신문』, 2020.10.30.

41 임운택, 『전환 시대의 논리: 자본주의와 민주주의의 이중 위기 속의 한국 사회』, 논형, 2016, 143쪽.

42 「30대 재벌 자산, 지난해 GDP 91퍼센트 규모」, 『내일신문』, 2020.5.15.

43 공정위, 「공시 대상 기업 집단 주식 소유 현황 공개」, 2020.9.30.

44 「5대 재벌 소유 땅값 10년 새 2.8배⋯43조 6000억 원 늘어」, 『경향신문』, 2019.2.26.

45 「사익편취 회사를 통한 지배 주주 일가의 부의 증식 보고서」, 『경제개혁 리포트 2019-03』, ERRI경제개혁연구소, 2019.03.08.

46 福祉国家と基本法研究会·井上 英夫·後藤道夫·渡辺治, 『新たな福祉国家を展望する: 社会保障基本法·社会保障憲章の提言』, 東京: 旬報社, 2011.

47 곽정수, 「대·중소기업 간 이익 공유제, 저임금 해소의 단초가 될까?」, 홍희덕 의원실 주최 토론회 "최저 임금 현실화, 어떻게 실현할 것인가: 초과이익공유제와 저임금 문제 해소", 2011.6.16., 23, 27쪽.

48 전국금속노조울산지역공동위원회, 「원하청 불공정거래 실태 및 대안」, 2015.; 박상인, 「청년에게 '재벌개혁'이란?」, 『Issue & Review on Democracy』 34호, 민주화운동기념 사업회·한국민주주의연구소, 2019.

49 「5만 4000개 기업 데이터 분석, '재벌 해체론' 틀렸다」, 『시사인』, 2019.4.1.

50 국윤호, 「현안분석(3) 일본 재벌의 해체 과정」, 『재정포럼』23권, 한국조세재정연구원, 1998.

51 김기원, 「재벌 체제의 발전과 모순」, 『동향과 전망』, 한국사회과학연구소, 2001.

52 腹部民夫, 『한국의 기업: 인의 경영』, 일본경제신문사, 1985.

53 김기원, 앞의 글, 2001, 220쪽.

54 Se-Woong Koo, "Chaebol Nutcase: Welcome to a Feudal Aristocracy of the Orient", KOREA EXPOSÉ(https://www.koreaexpose.com/welcome-to-a-feudal-aristocracy-of-the-orient/), 2015.1.5.

55 공정자, 「한국 대기업가 가족의 혼맥에 관한 연구」, 이화여자대학교 대학원 사회학과 박사학위 논문, 1989.; 오갑환, 「한국의 재벌: 경제 엘리트의 사회적 배경, 계층적 상황과 그 영향력에 관한 사회학적 연구」, 『오갑환 교수 유고집』, 역민사, 2012.

56 박희, 「한국의 가족주의적인 조직 원리와 공공성의 문제」, 『호서문화논총』11호, 서원대학교 호서문화연구소, 1997.

57 공병호, 『재벌, 비난받아야 하는가』, 예명사, 1992.

58 박상인, 「경제 민주주의」, 민주화운동기념사업회 한국민주주의연구소 엮음, 『한국 민주주의 연례보고서 2020』, 민주화운동기념사업회 한국민주주의연구소, 2020.

59 「[장충기문자 4부]학연, 지연을 이용한 삼성과 '그들'의 공생…장충기의 인맥 관리」, 뉴스타파, 2018.5.3.

60 조돈문·이병천·송원근·이창곤 엮음, 『위기의 삼성과 한국 사회의 선택』, 후마니타스, 2014.

61 「자수성가는 없다…신분 세습 갈수록 심해져」, 뉴스타파, 2015.11.19.

62 현대경제연구원, 「현안과 과제」, 2015.8.26.

63 「대물림되는 빈곤…극빈층 10명 중 4명 "조부모 대부터 가난"」, 『중앙일보』, 2019.1.30.

64 渡辺治, 『企業支配と国家』, 青木書店, 1991, p.34.; 渡辺治, 「日本の 新自由主義: Harvyの 新自由主義に 寄せて」, デヴィッド ハーヴェイ 外, 『新自由主義: その歴史的展開と現在』, 作品社, 2007.; 渡辺治, 1988, p.81~84.; 渡辺治, 『企業社會企業社会·日本はどこへ行くのか』, 教育史料出版會, 1999, p.102~103.

65 데이비드 C. 코튼, 차혜원 옮김, 『기업이 세계를 지배할 때』, 세종서적, 1997, 215쪽.

66 「이준석 신부 "약자들의 도피처였던 명동대성당은 어떻게 변했나?"」, 가톨릭일꾼(http://www.catholicworker.kr), 2016.10.20.

67 기업가형 국가에 대해서는 마리아나 마추카토, 김광래 옮김, 『기업가형 국가: 공공경제 부문 한계 극복 대안』, 매일경제신문사, 2015를 참조하라.

68 「변협 "이재용 상고심 맡은 대법관 출신 전관 사임해야"」, News1, 2018.3.3.

69 「삼성이 대한민국을 관리하는 방법」, 뉴스타파, 2017.1.19.

70 김종철, 『금융과 회사의 본질』, 개마고원, 2019.

71 볼프강 슈트렉, 김희상 옮김, 『시간벌기: 민주적 자본주의의 유예된 위기』, 돌베개, 2015, 59쪽.

72 http://thebostonsun.com/2020/05/07/this-is-no-time-for-hooverism; 홍종학, 「친기업주의와 한국 경제」, 『기억과 전망』19호, 민주화운동기념사업회, 2008.

73 Thorstein Veblen, *The Theory of Business Enterprise*, Augustus M. Kelley, 1975.

74 찰스 더버, 앞의 책, 2007, 33쪽.

75 데이비드 C. 코튼, 앞의 책, 1997, 211쪽.

76 사토 요시유키, 김상운 옮김, 『신자유주의와 권력: 자기-경영적 주체의 형성과 소수자-되기』, 후마니타스, 2014.

77 미국에서 냉전과 매카시즘이 기업권력을 강화했다. 셸던 월린, 우석영 옮김, 『이것을 민주주의라고 말할 수 있을까?: 관리되는 민주주의와 전도된 전체주의의 운명』, 후마니타스, 2013, 71쪽.

78 홍종학, 앞의 글, 2008.

79 사적인 통치(기업)와 전통적 통치(정부) 사이의 공생 관계를 지칭한다. 같은 글.

80 渡辺治, 앞의 책, 1991, p38.

81 셸던 월린, 앞의 책, 2013.

82 Hamsa Alavi·Colin Leys, "The 'Overdeveloped' Post Colonial State: A Re-evaluation", *Review of African Political Economy*, no.5, 1976, pp.39~48.

83 한국이 '작은 국가'라는 지적은 양재진, 「작은 복지 국가 연구: 성과, 한계 그리고 연구 방향의 제시」, 『정부학연구』 22권 3호, 고려대학교 정부학연구소, 2016.; 양재진·민효상, 「한국 복지 국가의 저부담 조세 체제의 기원과 복지 증세에 관한 연구」, 『동향과 전망』 88호, 박영률출판사, 2013.; Jae-Jin Yang, *The Political Economy of the Small Welfare State in South Korea*, Cambridge University Press, 2017을 참조하라. 그에 따르면 작은 복지 국가는 사회복지 분야에서 공공의 규모가 작고 사회 보장 프로그램의 발달이 더딘 국가를 지칭한다.

84 Michael Mann, "The Autonomous Power of the State: Its Origins, Mechanisms and Results", *European Journal of Sociology*, vol.25, no.2, 1984, pp.185~213.

85 Joel S. Migdal, *Strong Societies and Weak States: State-Society Relations and State Capabilities in the Third World*, Princeton University Press, 1988.; Mattis Ottervik, "Conceptualizing and Measuring State Capacity", *Working Paper Series*, 2013:20, The Quality of Government Institute, University of Gothenburg.

86 2014년 기준 일반 정부 지출은 GDP의 32퍼센트 수준으로, OECD 및 G7 평균인 42퍼센트에 비해 크게 낮다(OECD 대한민국 정책센터, 2016).

87 국민 부담률은 복지 국가의 전제 조건이다. 이것은 한 해 국민이 낸 세금(국세+지방세)에 사회 보장 기여금(국민연금보험료, 건강보험료, 고용보험료 등)을 더한 뒤 그해 국내 총생산(GDP)으로 나눈 값이다. 2015년 한국의 국민 부담률은 24.6퍼센트로 통계가 확보된 OECD 30개국 중에서 세 번째로 낮았다. 「한국, 국민 부담률 OECD 최하위권…꼴찌에서 3번째」, 『한겨레신문』, 2015.12.9.; 강병구, 「한국형 복지 국가와 재정 개혁 과제」, 민주화운동기념사업회 기획, 『한국의 민주주의와 자본주의: 불화와 공존』, 돌베개, 2016을 참조하라.

88 김미경, 「동아시아 국가에서의 조세와 국가의 경제적 역할: 비교의 시각에서」, 『국제정치논총』 49권 5호, 한국국제정치학회, 2009, 197~224쪽.; 양재진·민효상, 앞의 글, 2013.

89 김미경, 『감세국가의 함정: 한국의 국가와 민주주의에 관한 재정사회학적 고찰』, 후마니타스, 2018.

90 「한국, GDP 대비 정부 재정 규모 32.5퍼센트, OECD 최하위…재정 확대 여력 아직 많아」, 『헤럴드경제』, 2019.11.8.

91 https://data.oecd.org/gga/general-government-spending.htm

92 「OECD 평균 조세 부담률 25%…한국은 여전히 최하위권」, 『연합뉴스』, 2018.8.5.

93 김미경, 앞의 글, 2009.; 김미경, 「조세 체제와 자본주의의 다양성」, 『국제정치논총』 53

권 4호, 한국국제정치학회, 2013, 225~257쪽.

94 자본주의의 유형과 조세 체제와의 연관성을 분석한 것으로는 김미경, 앞의 글, 2013.; 김미경, 앞의 책, 2018.

95 윤홍식, 「복지 국가의 조세 체계와 함의: 보편적 복지 국가 친화적인 조세 구조는 있는 것일까」, 『한국사회복지학』 63권 4호, 한국사회복지학회, 277~299쪽.

96 같은 글.

97 Charles Tilly, "War Making and State Making as Organized Crime", Dietrich Rueschemeyer·Theda Skocpol, Peter B. Evans(Eds.), Bringing The State Back In, Cambridge University Press. 1985.

98 김동춘, 『대한민국은 왜?』, 사계절출판사, 2020.

99 최정운, 『한국인의 발견』, 미지북스, 2016, 75쪽.

100 기무라 간, 김세덕 옮김, 『조선/한국의 내셔널리즘과 소국의식: 조공국에서 국민국가로』, 산처럼, 2007.

101 유럽은 주로 전쟁 수행을 위한 징세, 관세, 물품세 등에 치우쳤기 때문에 소득과 부에 세금을 부과하는 근대 조세 체계에 기초한 것은 아니었다. 그러나 중국과 조선의 왕실은 유럽의 절대 왕정과 같은 물리력은 물론, 재정 능력도 갖추지 못했다. 또한 국민들에 대한 보호 능력은 물론 국민들로부터 세금을 거두어 재정을 확충할 능력도 없었다.

102 1990년대 국가 능력에 대한 국가론 연구가 쏟아졌다. 주로 산업 정책의 결정과 전환 등을 설명할 때 동원되었다. 이 연구들은 국가의 이념, 지배 연합, 세계 체제 등이 산업화 정책 결정에 영향을 미쳤다고 분석한다(김석준, 「국가 능력과 산업화 정책의 변동: 한국과 타이완의 비교」, 『한국정치학회보』 23집 2호, 한국정치학회, 1990, 65~91쪽).

103 자영업자에 대한 소득 파악이 크게 늘어났다고 한다. 그러나 고소득 자영업자의 탈루 비율은 여전히 매우 높은 것으로 추정된다. 소득 하위 10퍼센트의 추정 소득 탈루율은 18.5퍼센트인데, 상위 10퍼센트는 38.1퍼센트이다. 「자영업자는 여전히 탈세의 온상일까?」, 『경향신문』, 2021.10.3.

104 https://stats.oecd.org/Index.aspx?datasetcode=SOCX_AGG

105 「OECD 주요국의 공공 사회복지 지출 현황」, 『NABO Focus』 20호, 국회예산정책처, 2021.2.24.

106 「[이상민 칼럼]예산 규모로 볼 때 우리나라는 큰 정부일까? 작은 정부일까?」, 피렌체의 식탁, 2021.11.27.

107 장경섭, 『가족·생애·정치경제: 압축적 근대성의 미시적 기초』, 창비, 2009.; 장경섭, 『내일의 종언(終焉)?: 가족 자유주의와 사회 재생산 위기』, 집문당, 2018.

108 강병구, 「복지 국가와 공평 과세」, 『복지동향』 180호, 참여연대, 2013, 18~22쪽.

109 이는 미국의 민주당과도 비슷한 입장이다. 즉 세출 구조 조정과 과세 형평성을 통해 저소득층의 복지를 해결하겠다고 한다. 부자들에게 세금을 더 물리는 것은 거론조차 하지 못한다.

110 오건호, 「재정 전략 대담하게 짜라」, 『시사인』 507호, 2017.6.10.

111 노무현 전 대통령이 세상을 떠난 뒤 미완성 원고를 다듬어 출간한 『진보의 미래』에 나오는 내용이다. 노무현, 『진보의 미래: 다음 세대를 위한 민주주의 교과서』, 돌베개, 2019, 234쪽.

112 「정부, 초과 세수 취해 증세 '골든타임' 놓치나」, 『경향신문』, 2019.3.9. 재정개혁특위는 2018년 7월 종부세의 과세 표준을 정할 때 주택의 공시 가격에 곱하는 비율인 '공정 시장가액 비율'을 80퍼센트에서 매년 5퍼센트포인트씩 올리도록 권고했다. 금융 소득 종

합 과세 기준 금액도 연간 2000만 원에서 1000만 원으로 낮추도록 했다. 정부는 종부세와 동시 인상이 어렵다며 금융 소득 과세 확대에 제동을 걸었다.

113 양재진·민효상, 앞의 글, 2013, 52쪽.

114 https://data.oecd.org/healthstat/suicide-rates.htm

115 https://en.wikipedia.org/wiki/World_Giving_Index

116 전현경·장윤주, 『한국 기부 문화 20년 조망』, 아름대운재단, 2020.; 「한국 기부금 'GDP 1퍼센트 문턱' 7년째 못 넘는 이유」, 『한국경제신문』, 2015.4.29.

117 「[2016 기빙코리아]개인 기부 실태조사 결과 분석」, 아름다운재단 기부문화연구소, 2016.11.29.

118 "Finland is the world's happiest country-again", World Economic Forum, 2019.3.21.

119 같은 보고서.

120 그는 금융이 지배하는 새로운 축적 체제와 기업의 사회적 책임 등이 부상하는 것은 맞물려 있다고 본다. 자선은 자본가 분파들 간의 투쟁의 전략이자 지배적 규범에서 일탈한 경제 행위를 정당화하는 전략이라는 것이다. 니콜라 귀요, 김태수 옮김, 『조지 소로스는 왜 가난한 사람들을 도울까』, 마티, 2013, 70쪽.

121 「한국 기부 문화 문제점은 부자들 태도」, 『한국일보』, 2011.09.02.

122 물론 외국 부자들의 거액 기부가 순수하기만 한 것은 아니다. 소로스의 민주당 기부, 헝가리 중부유럽대학 설립 기부 등은 정치적 목적이 없다고 보기 어렵다. 그러나 그들은 그러한 기부를 통해 지속 가능한 자본주의, 어쩌면 미국 자본주의의 퇴행을 막으려는지도 모른다.

123 도시산업선교회, 크리스천아카데미, 기독교사회문제연구원 등이 대표적이다. 이들 기독교 사회운동 단체는 주로 미국이나 독일 교회의 후원으로 설립되어 활동했다. 그러다 1990년대 이후 한국의 경제력이 향상되자 외국의 선교 단체는 지원을 끊었는데, 한국 교회는 그 자리를 채우지 않았다. 한국 교회는 해외 선교는 활발히 펼치지만, 정작 국내 사회 단체 지원에는 매우 인색하다.

124 아직도 한국의 노동·사회 단체들이 중요 학술 행사를 개최할 때 한국에 있는 독일 애버트재단 등의 후원을 받는데 이는 매우 부끄러운 일이다.

125 「불황에 기부 손길마저 '꽁꽁'…"작은 정성이라도 함께 나눠야"」, 『아시아경제』, 2018.12.17.

126 박영선, 「비영리민간단체지원법을 중심으로 살펴본 시민사회 활성화 정책 방안 연구」, 『NGO연구』 10권 1호, 한국NGO학회, 2015.

127 박준식, 「1960년대의 사회환경과 사회복지 정책: 노동 시장 문제를 중심으로」, 한국정신문화연구원 엮음, 『1960년대 한국의 사회 변동』, 백산서당, 1999.

128 김동춘, 「한국 자본주의와 지배 질서: 안보국가, 시장, 가족」, 한국산업사회연구회 엮음, 『한국 사회의 변동: 민주주의, 자본주의, 이데올로기』, 한울아카데미, 1994.

129 장경섭, 앞의 책, 2009.; 황정미, 「가족, 국가, 사회 재생산」, 김혜경 외, 『가족과 친밀성의 사회학』, 다산출판사, 2014.; 김동춘, 「한국 자본주의와 노동·복지 체제」, 『역사비평』 43권, 역사비평사, 1998.

130 이런 비판은 Melani Cammett·Lauren M. MacLean(Eds.), *The Politics of Non-state Social Welfare*, Cornell University Press, 2014(e-book).

131 같은 책.

397

3. 사회 정책과 사회적 삶의 재생산: 시장·가족주의

1 「靑관계자 "톨게이트 수납원, 없어지는 직업인 게 보이지 않느냐"」, 『프레시안』, 2019.10.13.

2 노중기, 「문재인 정부 노동 정책 1년: 평가와 전망」, 『산업노동연구』 24권 2호, 한국산업노동학회, 2018.

3 같은 글.

4 유연 안전성이란 노동 시장의 유연성을 높이는 동시에 사회 안전망을 강화하는 내용의 노동 정책 개념이다. 그러나 이러한 정책은 자본의 노동 관리를 더욱 세련화한다는 비판도 있다. 장귀연, 「비정규직과 신자유주의 노동 정책, 노동운동의 전략」, 『마르크스주의 연구』 8권 4호, 경상대학교 사회과학연구원, 2011.

5 「공공 부문 비정규직의 정규직 전환, 성과와 한계는」, 『매일노동뉴스』, 2021.5.14.

6 같은 기사.

7 「문 대통령님, 총선 끝나면 지금처럼 하지 마세요」, 『오마이뉴스』, 2019.11.28.

8 「문재인 정부, 집권 초와 달리 노동 정책 유턴했다」, 『프레시안』, 2021.7.13.

9 전혜원, 『노동에 대해 말하지 않는 것들: 종속적 자영업자에서 플랫폼 일자리까지』, 서해문집, 2021, 114쪽.

10 「[커버스토리-비정규직 제로의 배신]대통령 옆 환히 웃던 그들 11명 중 절반은 인천공항 떠났다」, 『매일노동뉴스』, 2021.6.28.

11 「비정규직 성적표 '사상 최악'…문재인 정부의 역설」, 『국민일보』, 2021.10.27.

12 조돈문, 「비정규직 중심으로 본 노동 정책의 과제와 대안」, 이병천 외, 『다시 촛불이 묻는다: 포스트코로나 시대의 사회경제 개혁』, 동녘, 2021, 314~316쪽.

13 「고용 노사정 협의체 구성」, 『한겨레신문』, 1997.12.27.

14 한국노동연구원장을 역임한 김대모는 한국은 기업이 고용 조정을 할 수 있는 길이 봉쇄된 세계적으로 유례 없는 노동 시장 과보호 국가라고 보았다. 그는 "단체교섭이라는 쇠고랑으로부터 기업을 풀어주어야 하며, 근로자 파견제, 시장 자율화 등을 추진하여야 한다"라고 주장했다. 「경쟁력 발목 잡는 고용 족쇄」, 『중앙일보』,1998.11.5.

15 민주노동당 정책위원회, 『D-730, 김대중 정부 3년의 평가와 대안』, 이후, 2001, 27쪽.

16 고영주, 「하반기 정세 전망과 민주노총의 투쟁 방향」, 민주노총 정책토론회, "IMF 체제하의 정세전망과 민주노총의 대응방향", 전국민주노동조합총연맹, 1998.7.6.

17 민주노총의 성명서, 1999.2.10.

18 정경윤, 『다시 진보 정당』, 오월의봄, 2018, 156쪽.

19 http://www.klsi.org/bbs/board.php?bo_table=B07&wr_id=1866

20 박지순, 「제4발제: 비정규직법의 쟁점과 입법 과제: 비정규직법의 시행 1주년에 따른 평가와 과제」, 『한국노사관계학회 정책세미나』, 한국고용노사관계학회, 2008.

21 같은 글.

22 고혜진, 「비정규직 보호법의 차별 시정 효과」, 『한국사회정책』 25권 제4호, 한국사회정책학회, 2018.

23 경향신문 특별취재팀, 『민주화 20년의 열망과 좌절: 진보 개혁의 위기를 말하다』, 후마니타스, 2007, 302쪽.

24 김영삼 정부의 노사 관계 개혁의 5대 원칙이나 기본 노선은 미국 클린턴 행정부의 던롭 위원회(Dunrop Commission)가 표방하는 생산성, 피고용자 참여, 협력적 행위, 노사 분쟁에서 정부 간섭 축소와 당사자 해결의 4대 원칙과 대단히 유사하다. 그러나 당시 미국에서 국가 간의 경쟁의 격화, 생산 방식의 유연화에 대처하기 위해서는 복지 삭감과

해고 조건 완화 등을 통해 기업 활동의 자율성을 높여야 한다는 사용자 단체와 공화당 측의 급진 자유주의 개혁 구상과 클린턴 행정부의 개혁적 자유주의 안은 심각한 갈등 상태에 있는데, 한국의 개혁 구상은 양 입장을 절충한 것으로 보인다(김동춘, 「신노사관계 개혁 구상의 문제점」,『동향과 전망』 31권, 한국사회과학연구소, 1996.).

25 와그너법(Wagner Act)의 핵심은 종업원에 대한 권리, 즉 노조를 자주적으로 조직할 수 있는 권리, 대표를 선택할 수 있는 권리, 그리고 단체교섭 장려, 사용자의 부당 노동행위 규정 등으로 이루어져 있다. 이 법은 1935년 7월 뉴딜 정책의 일환으로 제정된 전국노동관계법(National Labor Relation Act)을 지칭하는 것으로서 제안자인 로버트 와그너 민주당 상원의원의 이름을 따라 '와그너법'이라고 통칭되고 있다. 미국 노동 입법 사상 가장 획기적으로 노동자를 보호한 대표적인 법이다.

26 김동춘, 「제2부 서론: 한국의 노동과 노동 정책」, 사회문화연구소 엮음,『한국 시민사회의 변동과 사회 문제 』, 나눔의집, 2001.

27 당시 노동부의 노사 안정, 총액 임금 정책은 '기업의 인건비 부담'을 걱정하는 기조였으며, 산업 구조 변화와 노동자의 삶의 조건 개선 같은 내용은 찾기 어렵다. 홍장표, 「대·중소기업과 저진로 양극화 전략」, 참여사회연구소 기획, 이병천·신진욱 엮음,『민주 정부 10년, 무엇을 남겼나: 1997년 체제와 한국 사회의 변화』, 후마니타스, 2015.

28 1988년 노사 분규에 대처하기 위해 공안합동수사본부가 창설되었는데, 검찰, 안기부, 경찰, 문교부, 노동부가 상호 정보 교환 협조 체제 구축을 한다는 명분하에 범정부적 대응 체제를 구축하였다.

29 요코타 노부코,『한국 노동 시장의 해부: 도시 하층과 비정규직 노동의 역사』, 그린비, 2020, 226쪽.

30 「제조업 성장 기여도 빠르게 하락⋯산업 공동화 우려 현실화」,『연합뉴스』, 2016.7.3.

31 데이비드 하비, 최병두 옮김,『신자유주의』, 한울, 2007, 48~52쪽.

32 Ramana Ramaswamy, "The Swedish Labor Model in Crisis", *Finance and Development*, vol.31, no.2, International Monetary Fund, 1994.; "The Perils of Cosy Corporatism", *The Economist*, May 21, 1994.

33 임운택,『전환 시대의 논리: 자본주의와 민주주의의 이중 위기 속의 한국 사회』, 논형, 2016, 159쪽.

34 조우현·김근태·장현준·오두환·이래경,『허물어진 국가의 재창조』, 한울, 2007, 116쪽.

35 대표적인 용역 폭력을 자행한 발레오, 만도, 유성기업은 모두 현대자동차에 부품을 납품하는 하청기업이다. 그리고 여기에서 발생한 노조 탄압, 제2노조 가입 유도, 용역 폭력을 현대자동차가 지휘한 흔적이 있다. 대법원은 현대차 임직원에게 실형을 선고했다. 「노조 파괴 '배후' 8년 만에 죗값 치를까」,『한겨레21』 1276호, 2019.

36 「납치, 미행, 매수, 유령노조⋯공포의 무노조 전략」,『월간말』 171호, 2000.

37 「노동 3권 실종 '노동 배제·비하' 뿌리에서 나왔다」,『매일노동뉴스』, 2017.4.11.

38 「경제 민주화 담론을 비판한다」,『프레시안』, 2016.12.30.

39 김선수, 「노사 갈등의 현황과 쟁점」,『한국노동법학』 8호, 한국노동법학회, 1998. 그런데 사회 통념이나 사회 상규가 어떻게 만들어지는지 생각해본다면 대법원의 판결은 결국 '경제 위기'와 '기업 경영 환경 악화'라는 경영자 측의 입장에 설 수밖에 없음을 예상할 수 있다.

40 http://www.nocutnews.co.kr/news/4706835#csidx804adfcae5f5512b00e0e46d52b82a4

41 「비정규직 77퍼센트 "文 노동 정책, 잘못"」,『참세상』, 2020.1.14.

42 https://data.oecd.org/emp/hours-worked.htm

43 「한국, 비정규직 차별 없애면 성장률 10년간 年 1퍼센트 상승」, 『한국일보』, 2012.10.23.

44 1995년 이탈리아 피사에서 노동조합, 인권 단체, 개발 단체가 모여 국제 회의를 개최하고 무역 자유화에 따른 노동권 침해에 항의한 바 있다. 캐나다와 유럽의 노동조합이 주도한 〈세계화와 기업의 지배〉 국제 심포지엄에서는 "기업의 지배를 초래하는 네 가지 주요 제도를 다자간 투자협정(MAI), WTO, 투기 자본, IMF/세계은행으로 정하고 다음 해 사회운동의 주요 대상으로 삼기로 했다. 또한 기업의 지배에 저항하는 날을 정하여 매년 시민 불복종을 전개하기로 결의했다. 노동 시간 단축을 요구하는 프랑스 실업자들의 항의와 노동자들의 파업 행동, 날치기 통과에 대항하는 한국 노동자들의 1997년 총파업은 모두 고용 위기에 대항하는 노동자의 항거였다고 볼 수 있다.

45 택배·배달 업무, 환경 미화 업무, 콜센터 업무 등 국민 안전, 최소한의 일상 및 경제 활동 유지를 위한 중요 업무에 종사하는 노동자를 필수 노동자로 분류한다.

46 조돈문·조경배·정흥준, 「특수 형태 종사자의 인권 상황 실태조사 결과」, 『특수 형태 근로 종사자의 인권 상황 실태 파악 및 보호 방안 마련을 위한 토론회』, 국가인권위원회, 2015.

47 근로기준법상의 '근로자'란 "직업의 종류와 관계없이 임금을 목적으로 사업이나 사업장에 근로를 제공하는 자를 말한다"라고 되어 있다. 그런데 노동조합법상의 노동자는 "사용자에게 고용되어 노동력을 제공하고 그 대가로 임금이나 급료 등의 수입을 얻어 생활하는 사람을 가리키는 개념으로 근로자라 말하기도 한다"로 되어 있어 근로기준법상의 근로자보다 좁은 범위를 지칭한다. 대법원 판결에 의하면 골프장 캐디의 경우 근로기준법상 근로자에는 해당하지 않으나 노동조합법상 근로자에는 해당한다고 판단했고(대법원 2014. 2. 13. 선고 2011다78804), 학습지 교사의 경우 종래 근로자에 해당하지 않는 것으로 판단하다가 2018년에는 노동조합법상 근로자에 해당하는 것으로 판단했다(대법원 2018. 6. 15. 선고 2014두12598, 12604 판결). 근로기준법상 근로자로 인정되기 어려운 방송 연기자도 노동조합법상 근로자에 해당하는 것으로 판단했다(대법원 2018. 10. 12. 선고 2015두38092 판결).

48 「'자영업형 노동자' 613만 명…경계 모호 새 직종 '고용보험 확대' 한계」, 『경향신문』, 2020.7.20.

49 박지순, 「저무는 노동조합의 시대… 노동법 모두 바꿔야」, 여시재, 2020.7.7.

50 정이환, 『한국 고용체제론』, 후마니타스, 2013.

51 한국노동연구원 장지연 박사가 1998~2005년 '노동패널' 자료를 분석해 추적 조사한 결과에서도, 처음 비정규직으로 취업한 사람 가운데 7퍼센트만 정규직으로 이동한 것으로 나타났다. 「정규직으로 가는 사다리 끊겼다」, 『한겨레21』 1052호, 2015.3.13.; 또한 계약 기간 만료자 중에서 정규직으로 전환된 사람의 비율은 10퍼센트 내외에 불과하다. 「비정규직의 정규직 전환율 하락, 2017년 10.16퍼센트 → 작년 8.26퍼센트」, 『문화일보』, 2019.3.28.

52 「[삶은 통계]우울한 한국…'직장인 스트레스' OECD 1위」, SBS Biz, 2014.1.15.

53 장세진, 「근로자들의 직무 스트레스」, 『한국의 사회 동향 2013』, 통계청, 2013.

54 渡辺治, 『現代日本の支配構造分析: 基軸と周辺』, 化伝社, 1988, p.80.

55 국가인권위원회, 「비(非)라는 이름으로 가해지는 폭력과 처벌」, 『인권』, 국가인권위원회, 2004.

56 「쌍용차 30번째 사망자, 그가 남긴 마지막 말」, 『한겨레신문』, 2018.6.30.

57 1등급은 '권리 침해가 불규칙적'인 국가로 독일과 우루과이 등 12개국이 선정됐다. 2등

급(권리 침해가 반복되는 국가)에는 일본과 남아프리카공화국 등 21개국이, 3등급(권리 침해가 정기적인 국가)에는 칠레와 폴란드 등 26개국이 선정됐다. 파라과이와 잠비아 등 34개국은 '체계적인 권리 침해 국가'를 의미하는 4등급을 기록했다.

58 「한국, 4년째 '노동기본권 보장 없는' 꼴찌 등급」, 『경향신문』, 2017.6.13.

59 우상범, 「서평: 『어서와요, 노동 존중 CSR: 세계화의 공장화 시대, 위태로운 노동시민권을 지켜주는 기업』(박명준 외 지음, 해피스토리, 2017)」, 『산업노동연구』 24권 2호, 한국산업노동학회, 2018.

60 문무기, 「우리나라 노동관계법제와 노동 정책에 대한 연혁적 고찰」, 『법과 정책 연구』 14집 3호, 한국법정책학회, 2014.

61 그 예로 프랑스에서는 남성이 가사와 돌봄 노동에 참여하는 시간이 길수록 둘째 자녀를 낳는 경우가 많은 것으로 나타났고, 핀란드에서는 특히 자녀 돌봄에 남성이 더 많은 시간을 투입할수록 출생률 제고 효과가 큰 것으로 나타났다. 「장시간 근로, 저출산 원인… 남편 돌봄 노동 하루 16분에 불과」, 『쿠키뉴스』, 2018.1.4.

62 「[정책편지] "문재인 정부 4년, 교육 공약 성적표가 도착했습니다"」, 사교육걱정없는세상, 2021.6.4.; 「문재인 정부의 교육 분야 4년을 평가한다」, 교육을바꾸는사람들, 2021.6.2.

63 신현석·안희진·강민수, 「문재인 정부 사학 정책에서의 패러독스 현상 분석: Stone의 이해관계 패러독스를 중심으로」, 『교육행정학연구』 40권 1호, 한국교육행정학회, 2022.

64 당시 송인수 사교육걱정없는세상 대표는 "애초에 이 정책은 시민들 491명을 불러 그 결정의 책임을 미룰 일이 아니었습니다. … 교육 단체들이 3년 내지 5년을 집중적으로 공부하고 그 대안을 찾기 위해 수십 차례 토론회를 해야 겨우 겨우 길이 보일 만큼 난제 중 난제인데 일반 시민들이 2박 3일 짧은 기간의 학습 과정을 거쳐 결정할 일이 아니었습니다"라고 비판했다.

65 여론 조사 전문 기관 리얼미터가 내놓은 자료(CBS 의뢰, 25일 전국 19세 이상 성인 501명 대상, 표본 오차는 95퍼센트 신뢰 수준에서 ±4.4퍼센트포인트)에 따르면 정시 전형 확대에 '찬성한다'는 응답은 63.3퍼센트였다. '반대한다'는 응답은 22.3퍼센트였고 '모름·무응답'은 14.4퍼센트였다.

66 『한국사회학』(54권 3호, 2020)에 김창환 캔자스대 사회학과 교수 연구팀이 게재한 「입시 제도에서 나타나는 적응의 법칙과 엘리트 대학 진학의 공정성」에 따르면 부모의 소득·자산·교육 수준 등 가족 배경이 논술, 수능, 학종 순으로 입시 제도에 크게 영향을 미쳤다. 「대입서 부모 영향력, 논술〉수능〉학종順」, 『매일경제신문』, 2020.10.7.

67 교육부, 「코로나 이후, 미래 교육 전환을 위한 10대 정책 과제」, 2020.10.5.

68 대선 직전 시기에 정무적 판단이 교육 전문가들의 의견을 제압한 과정에 대해서는 다음을 참조하라. 이범, 『문재인 이후의 교육』, 메디치미디어, 2020, 73쪽.; 김성천, 「문재인 정부 교육 5년, 정무적 판단만 존재했다」, 『교육플러스』, 2021.11.1.

69 이찬승, 「대입 전형 논의, 치명적 문제점을 고발한다」, 교육을바꾸는사람들 홈페이지, 2018.4.26.

70 김성근, 『교육, 끊어진 길 되짚으며 새 길을 내기 위하여』, 한국과미래, 2012, 18쪽.

71 김영삼 정부가 출범하면서 대통령 직속 교육개혁위원회가 설치되었다(1994.2.5.). 위원회는 세계화·정보화 시대의 문명사적 전환에 대응하기 위한 국가적 생존 전략이자 교육 병폐를 해결하는 종합 대책을 마련해야 했다. 1994년 9월 5일 '신한국 창조를 위한 교육 개혁의 방향과 과제'를 보고하는 자리에서 교육 재정 확충과 대학의 국제 경쟁력 강화, 사학의 자율과 책임 제고 등을 3대 과제로 설정했고, 이를 포함하여 11개 교육 개혁

401

과제를 선정했다.

72 김용·박대용, 「문민정부 교육 개혁에서의 OECD의 영향: 국제 기구의 영향과 글로벌 교육 정책 장으로의 편입」, 『교육정치학연구』 25권 2호, 한국교육정치학회, 2018.

73 김재웅, 「김영삼 정부의 교육 정책 결정 구조와 과정: 5·31 교육 개혁안을 중심으로」, 『교육정치학연구』, 22권 2호, 한국교육정치학회, 2015.

74 공보처, 『제6공화국 실록, 노태우 대통령 정부 5년』 4권, 정부간행물제작소, 1992, 38쪽.

75 장수명, 「한국 자본주의와 민주정부 10년의 고등 교육 정책」, 이병천·신진욱, 『민주정부 10년 무엇을 남겼나』, 후마니타스, 2014, 586쪽.

76 김종엽, 「교육에서의 87년체제: 민주화와 신자유주의 사이에서」, 『경제와 사회』 84호, 한울엠플러스, 2009, 40~69쪽.

77 김성근, 앞의 책, 2012, 18쪽.

78 옌뉘 안데르손, 장석준 옮김, 『도서관과 작업장: 스웨덴, 영국의 사회 민주주의와 제3의 길』, 책세상, 2017, 53~82쪽.

79 마크 올슨·존 코드·앤 마리 오닐, 김용 옮김, 『신자유주의 교육 정책, 계보와 그 너머: 세계화·시민성·민주주의』, 학이시습, 2015, 21쪽.

80 푸코의 지식과 권력의 관계에 대한 대담은 Michel Foucault. *Power/Knowledge*, Pantheon, 1980을 참조하라. 신자유주의 통치성에 대한 강연 내용은 미셸 푸코, 심세광 옮김, 『생명관리 정치의 탄생: 콜레주 드 프랑스 강의 1978-1979』, 난장, 2012를 참조하라.

81 민철구·우제창·송완흡, 「대학의 Academic Capitalism 추세와 발전 방향」, 『경제정책연구』, 과학기술정책연구원, 2003.

82 Patria Somers, "Academic capitalism and the entrepreneurial university: some perspectives from the Americas", *Roteiro*, Joaba, vol.43, no.1, pp.21~42, 2018.

83 능력주의에 대한 비판으로는 다음을 참조하라. 김동춘, 『시험능력주의: 한국형 능력주의는 어떻게 불평등을 강화하는가』, 창비, 2022.

84 같은 책, 18쪽.

85 김성근, 앞의 책, 2012, 33쪽.

86 최종 법안은 개방 이사 4분의 1, 친족 이사 제한, 학교평의회 설치 등이 담겼다.

87 『중앙일보』 대학 평가 기준을 보면 총 295점 중 교수 연구의 배점은 55점인 데 반해 취업 관련 배점은 60점이다. 여기에 기업 평판도 10점을 더하면 70점으로 늘어난다.

88 David F. Labaree, "Public schools for private gain: The declining American commitment to serving the public good", *The Phi Delta Kappan*, vol.100, no.3, 2018, pp.8~13.; David F. Labaree, "Public Goods, Private Goods: The American Struggle over Educational Goals", *American Educational Research Journal*, vol.34, no.1, 1997, p.43.; David F. Labaree, *How to Succeed in School Without Really Learning: The Credentials Race in American Education*, Yale University Press 1997.

89 이반 일리치, 황성모 옮김, 『탈학교의 시회』, 삼성미술문화재단, 1984, 139쪽.

90 지위재란 서비스 자체의 품질 기능보다는 그것이 주는 상징과 이미지가 중요한 재화를 말한다.

91 김석수, 「상징적 폭력과 전근대적 학벌 사회」, 『사회와 철학』 16호, 사회와철학연구회, 2008.

92 「문재인 정부 교육 정책 탓 사교육비 역대급 증가」, 『서울신문』, 2020.3.21.

93 「공교육에조차 돈 많이 쓰는 한국 부모들···OECD 교육 지표 보니」, 『경향신문』, 2018.9.11.

94 미국의 경우 주정부에서 주로 운영하는 community college에 입학한 학생들의 비중이 높기 때문에 실제 사립대 재학생 수가 적다. 한국교육개발원, 『교육통계연보』, 2016.; NCES, Digest of Education Statistics, 2016.

95 박민, 「대만 사립학교법에 대한 연구」, 『법학논총』 24권 1호, 국민대학교 법학연구소, 2011.

96 「사립 대학 재정 규모 총 48.8조···교비 수입 등록금 의존율 53.7퍼센트」, 『대학지성 In&Out』, 2021.1.17.

97 최석현, 「노동 공급 구조적 시각에서 본 한국 교육 체제의 기원과 그 성격: 역사적 제도주의 접근」, 『형상과 인식』 34권 4호, 한국인문사회과학회, 2010.

98 공보처, 앞의 책, 3권, 1992, 74쪽.

99 김종서, 「사립학교법의 개정으로 본 사학 정책의 변화」, 『교육비평』 31호, 교육비평, 2013, 116쪽.

100 정대화, 「사학 민주화와 사학 개혁의 과제: 상지대 사태를 중심으로」, 『동향과 전망』 90호, 한국사회과학연구소, 2014.

101 김형태, 「어느 사학 비리 공익 제보자의 이야기」, 『월간참여사회』, 2018년 4월호.

102 「사립대 138곳 중 90곳벌 세습 운영」, 『한겨레신문』, 2010.10.27.

103 「친인척 채용한 사립 학교 법인 67.3퍼센트···4대 세습 2곳」, 『교수신문』, 2016.10.10.

104 「사학법 개정 전문가 대담, 사학법을 왜 바꿔야 하나?」, 『월간중앙』, 2010년 11월호.

105 한국교육네트워크 총서기획팀, 『핀란드 교육 혁명』, 살림터, 2010, 40쪽.

106 한국 어린이·청소년의 주관적 행복 지수는 2009년 첫 조사 이후 2014년까지 60~70점대를 기록하며 6년 연속 최하위였다가 2015년에 90.4점(23개국 중 19위)으로 올랐다. 하지만 2016년에 다시 꼴찌의 불명예를 안았다.

107 「한국 '가계 교육비' 비중, 핀란드의 15배」, 『한겨레신문』, 2015.9.20.

108 성열관, 「핀란드 교육 성공, 그 사회적 조건」, 한국교육네트워크 총서기획팀, 앞의 책, 2010.

109 이범, 앞의 책, 2020.

110 이윤미, 「우리에게 참고할 외국 모델이 있는가」, 교육원탁회의 발제문, 2013.

111 엄기호, 『교사도 학교가 두렵다』, 따비, 2013, 345쪽.

112 같은 책, 293쪽.

113 김성기, 「초중등학교의 학업 실태 분석 및 대처 방안 연구」, 『교육발전연구』 28권, 경희대학교 교육발전연구원, 2012, 29~44쪽.

114 「"인성 교육 대국민 설문 조사", 공부 스트레스에···학생 40퍼센트 학교 그만두고 싶다」, 『서울신문』, 2012.9.4.

115 '소유적 개인'은 맥퍼슨의 소유적 개인주의(possessive individualism)에서 따온 것이다. C. B. 맥퍼슨, 이유동 옮김, 『소유적 개인주의 정치 이론』, 인간사랑, 1991.

116 「대학 등록금 때문에 채무 1천만 원 넘었어요」, 『연합뉴스』, 2017.9.24.

117 「사교육비 잡아야 출산율 오른다」, 대한민국 정책브리핑, 2010.3.12.

118 전강수, 『부동산공화국 경제사』, 여문책, 2019.

119 서정렬·정수연·전미윤·이상영, 「문재인 정부의 주거 및 주택 정책에 바란다」, 『도시정보』 423호, 대한국토도시계획학회, 2017, 3~20쪽.

120 김민규, 『모두가 기분 나쁜 부동산의 시대: 문재인 정부 부동산 백서』, 빅피시, 2021, 22쪽.

121 전강수, 「문재인 정부 부동산 정책이 참여정부의 재판이라고?」, 『프레시안』, 2018.9.17.

122 「만성적 전세난 뒤엔 14퍼센트뿐인 공공 임대」, 『한겨레신문』, 2021.8.20.

123 다주택=투기꾼, 1주택=실수요 프레임으로 짠 핀셋 방식의 그물은 부동산 투기를 잡기에는 그물코가 너무 크고 헐거웠다. 이성영, 「모두 기분 나쁘게 만든 부동산, 엉망으로 계속 놔둘 건가?」, 『오마이뉴스』, 2022.3.22.

124 서정열·정수연·전기윤·이상영, 앞의 글, 7쪽.

125 「빈재익① "문재인 정부는 기성 질서와의 타협 선택해"」, Newscape, 2019.10.29.

126 김헌동, 『부동산 대폭로: 누가 집값을 끌어올렸나』, 시대의창, 2020, 63쪽.

127 「서울 30평 아파트 값 18년 전의 4배…강남-비강남 격차 15억」, 『연합뉴스』, 2022.7.19.

128 「文 "부동산 자신 있다" 장담했지만…5년간 서울 공시가 2배 껑충」, 『매일경제신문』, 2022.3.22.

129 존 포데스타, 김현대 옮김, 『진보의 힘』, 한겨레출판, 2010, 38쪽.

130 조선 시대에도 소유권의 개념은 존재했으나 그것은 배타적이기보다는 중층적이었다. 토지에 대한 배타적 소유권은 일제에 의한 식민지 근대화의 산물로 봐야 할 것이다.

131 헌법의 전문, 제34조 제1항, 제119조 제2항 등을 통해 이념적인 측면에서 토지에 대한 공적 규제를 정당화하는 근거가 있다. 제120조 제2항의 "국토와 자원은 국가의 보호를 받으며, 국가는 그 균형 있는 개발과 이용을 위하여 필요한 계획을 수립한다"라는 규정과 제122조의 "국가는 국민 모두의 생산 및 생활의 기반이 되는 국토의 효율적이고 균형 있는 이용·개발과 보전을 위하여 법률이 정하는 바에 의하여 그에 관한 필요한 제한과 의무를 과할 수 있다"는 규정도 있다.

132 공보처, 앞의 책, 3권, 1991, 277쪽. "토지는 국민 전체의 복리 증진을 위한 공동 기반으로서 공적 재화임을 고려하여 그 소유와 처분에 대한 적절한 유도와 규제가 가해질 수 있다는 개념을 의미한다. 토지 공개념은 토지는 그 성격상 단순한 상품으로 다룰 것이 아니라 토지가 가지는 사적 재화로서의 성격과 함께 공적 재화로서의 성격도 고려하여 그 배분 및 이용과 거래가 정상화되도록 하자는 하나의 토지 철학이다." "경제 자율화에 대한 시대적 요구는 자유 시장 경제에 대한 신뢰에 기초한다. 경쟁적인 산업 환경의 조성이 중요하며 공정 거래 질서, 불공정 거래 행위 규제, 독과점적 시장 구조의 경쟁을 촉진한다"라고 밝힌다.

133 자유기업원의 김정호 원장의 주장이 대표적이다. 김정호, 『땅은 사유 재산이다: 사유 재산권과 토지 공개념』, 나남, 2006.

134 같은 책.

135 하성규·김연명, 「한국의 주택 정책과 이데올로기」, 『대한국토계획학회지』 59권 1호, 대한국토·도시계획학회, 1991, 28쪽.

136 건설업체가 신규 아파트를 공급할 때 18평 이하 소형 주택을 20~30퍼센트로 하도록 의무화한 제도를 말하는데, 원래 저소득층의 자가 마련을 촉진하기 위한 것이었다. 이 제도가 폐지되자 건설업체는 이윤을 극대화할 수 있는 중대형 평형을 주로 공급했다.

137 박윤영, 「김대중 정부 주거 정책의 성격: 대폭적인 시장 강화, 제한적인 주거 복지」, 『사회복지 정책』 20권, 한국사회복지정책연구원, 2004, 297~321쪽.

138 박태견, 『참여정권, 건설족 덫에 걸리다』, 뷰스, 2005, 135쪽.

139 김명수, 『내 집에 갇힌 사회: 생존과 투기 사이에서』, 창비, 2020.

140 김명수, 「보유세 개혁의 좌절에 관한 조세정치적 해석: 종합부동산세의 사례」, 『경제와 사회』 101호, 비판사회학회, 2014, 184~225쪽.

141 최창우, 「집 걱정 없는 세상」, 오건호 외, 『나라는 부유한데 왜 국민은 불행할까?』, 철수

와영희, 2018, 143쪽.

142 김대용, 「우리나라 부동산 정책 변화에 대한 검토 및 시사점: 역대 정부별 주택 정책을 중심으로」, 『주택금융월보』, 2013년 5월.

143 『시민의 신문』, 2005.10.10.

144 「통제 불능 '투기 욕망' 거품만 키운 대책…땅 짚고 헤엄쳤다」, 『경향신문』, 2017.3.15.

145 「문재인 정부, 불로 소득 주도 성장? 3년간 땅값만 2670조 원 올라」, 『매일경제신문』, 2020.10.21.

146 김헌동, 앞의 책, 2020, 83쪽.

147 「부동산·주식 가격 상승…가구당 순자산 5억 1220만 원, 11퍼센트 증가」, 『경향비즈』, 2021.7.22.

148 전강수, 「부동산 공화국 해체를 위한 정책 전략」, 이병천 외, 『다시 촛불이 묻는다: 포스트코로나 시대의 사회경제 개혁』, 동녘, 2021, 144쪽.

149 박선구, 「OECD 국가들의 건설 투자 적정성 비교」, 대한건설정책연구원, 2020.11.11.

150 2000년 이후 2005년까지 수도권 공동 택지의 57퍼센트가 편법으로 수의 계약되었으며, 이 과정에서 3조 6000억 원의 폭리가 발생했다. 즉 공동 택지가 로또복권으로 인식되어 택지 전매, 확정 이윤 보장 등의 이면 계약으로 건설업체는 특혜를 얻고, 집값이 폭등한 부담은 분양을 받는 시민들에게 전가되었다. 『시민의 신문』, 2005.10.17.

151 「"부동산 실효세율 낮다" vs "국가 간 비교 어려워"」, 『조선일보』, 2021.5.24.

152 「"양도세 내는 투자자", 수익률은 주식 156퍼센트·부동산 58퍼센트」, 『연합뉴스』, 2020.10.11.

153 '경영 행정'의 개념은 1967년에 도입되었다. 종래 "시세와 국고에만 의존하던 재정의 한정주의적 개념에서 벗어나… 개발주의적인 예산 개념으로 전환"한다는 의미이다. 김명수, 「서울 공화국의 역대 시장님들」, 『정경문화』, 한국정경연구소, 1983, 162쪽.; 장세훈, 「서울시 무허가 정착지 철거, 정비 정책의 전개 과정」, 한국도시연구소, 『철거민이 본 철거: 서울시 철거민 운동사』, 한국도시연구소, 1998, 30쪽에서 재인용.

154 한정심, 「도시 빈민 주택 정책에 관한 연구: 80년대 이후 도시 재개발 정책을 중심으로」, 이화여자대학교 대학원 사회학과 석사학위 논문, 1990, 27쪽.

155 같은 글, 27쪽.

156 변창흠의 주장. 시민사회단체연대회의 토지주택공공성네트워크 긴급 토론회, 「용산 철거민 참사를 계기로 본 도시 재개발 사업의 문제점과 대안」, 2009.2.4.

157 홍인욱, 「우리나라 도시 개발 사업의 성격과 문제점」, 토론회 자료집.

158 대통령비서실, 앞의 글, 2003.

159 하성규·김연명, 앞의 글, 1991. 이들은 주택 공급은 시장에 의존하나, 국가가 심각하게 통제하고 사회 주택 등의 개입이 거의 없다는 점을 강조한다.

160 이 점에서 한국의 주택 공급을 '자원 동원형 주택 공급 연쇄'라고 지칭한다. 국가, 건설 자본, 자금 공급자이자 소비자인 중산층의 상호 의존과 이해관계에 기초에서 주택 공급이 이루어졌다고 본다. 김명수, 「한국 주거문제의 구조적 기원(1970~1985): 자원동원형 주택 공급 연쇄와 그 내부 긴장」, 『공간과 사회』 64권 2호, 한국공간환경학회, 2018.

161 이병천 교수의 지적이다.

162 한도현, 「현대 한국에서의 자본의 토지 지배 구조에 대한 연구」, 서울대학교 대학원 사회학과 박사학위 논문, 1992, 182쪽.

163 1990년 국세청의 현지조사 결과 재벌의 35퍼센트가 비업무용 토지를 소유했다. 그 밖에도 공장 용지와 건축물 부속 토지, 체육 시설이나 축산업용 토지, 예비군 훈련장, 골

405

프장 같은 업무용 토지에 대한 세제 우대 정책과 공장을 지방으로 이전하는 경우 지방세와 법인세 감면 등이 자본가적 토지 소유의 확대에 기여했다. 같은 글, 197쪽.

164 장세훈, 「자본의 토지 소유 및 개발에 대한 국가 정책 연구」, 서울대학교 대학원 사회학과 박사학위 논문, 1996.

165 주진형, 참여사회아카데미 강의(2018.2.26.) 중에서.

166 김명수, 앞의 책, 2020, 173~193쪽.

167 김명수, 「정치는 왜 부동산 문제를 풀지 못했나」, 『참여사회』, 참여연대, 2020년 9월호.

168 한국감정원의 조사에 의하면 1963년부터 1977년까지 서울의 주거 지역 지가는 87배 증가했고, 강남의 경우 176배 증가했다. 전강수, 앞의 책, 2019, 110쪽.

169 천현숙, 「주거가 안정돼야 아기 울음소리 들을 수 있어」, 『더 퍼블릭 뉴스』, 2022.04.25.; 윤윤정·천현숙, 「일본의 저출산 대응 주택 정책과 지역 육아 지원 거점 사업」, 『국토연구』375호, 국토연구원, 2013.

170 「부동산 불로 소득의 사유화가 불평등의 몸통」, 『민중의 소리』, 2020.3.4.

171 경실련, 「부동산 재산 분석 (1) 21대 국회의원」, 2021.7.31.

172 「21대 국회 신규 의원 재산 1위는 전봉민…평균은 28억 원」, 『한겨레신문』, 2020.8.27.

173 「고위 공직자 절반 땅 보유, 부동산 불패 이제는 끝내야」, 『한겨레신문』2021.3.24.

174 「서울 가구 42퍼센트가 '내 집' 소유…자가〉전세 역전」, 『서울신문』, 2021.4.29.

175 소유자 사회는 영미형 자본주의, 특히 레이건과 대처 이후 미국과 영국의 일반적인 특징이다.

176 이혜미, 『착취도시 서울』, 글항아리, 2020, 18쪽.; 「쪽방촌 뒤엔…큰손 건물주의 '빈곤 비즈니스'」, 『한국일보』, 2019.5.7.

177 김동춘, 「1971년 8·10 광주 대단지 주민 항거의 배경과 성격」, 『공간과 사회』38호, 한국 공간환경학회, 2011.

178 시민사회단체연대회의, 앞의 토론문, 2009.2.4.

179 홍인욱, 앞의 글.

180 「온몸으로 철거 막는 철거민들…"누굴 위한 수용인가요"」, MBC 뉴스투데이, 2018.5.3.

181 김명수, 앞의 책, 2020. 그는 2000년대 이후 소유자들의 힘은 세입자나 무주택자들의 힘을 완전히 압도하게 되었다고 설명한다.

182 근로자와 노동자 중 평소 주로 접하는 단어를 묻는 항목에는 '근로자'라는 응답이 71.3 퍼센트였다. 또한 '노동자라고 하면 거리감을 느낀다'는 응답이 49.9퍼센트로 '동질감을 느낀다'(33.8퍼센트)보다 높았다. 「절반 넘는 시민들 "우리 사회는 노동의 가치를 존중하지 않는다"」, 『경향신문』, 2020.11.18.

183 김동춘, 앞의 책, 2022.

184 Pierre Bourdieu, Rechard Nice(Trans.), *Distinction A Social Critique of the Judgement of Taste*, Harvard University Press, 1984.

185 자크 랑시에르는 노동자를 가족의 구성원, 신분 상승을 꿈꾸는 존재 등 단일 정체성이 아닌 여러 가지 생애를 가진 개인이라 규정했다. 루스 배러클러프, 김원·노지승 옮김, 『여공문학: 섹슈얼리티, 폭력 그리고 재현의 문제』, 후마니타스, 2017, 249쪽.

186 「헬조선에 태어나 노오오오오력이 필요해」, 『경향신문』, 2015.9.4.

187 김상봉, 『학벌사회』, 한길사, 2004.

188 양재진, 『복지의 원리』, 한겨레출판, 2020, 212~213쪽.

189 김동춘, 앞의 책, 2022.

190 성열관,『수업 시간에 자는 아이들: 교실사회학적 관점』, 살림터, 2018, 50쪽에서 재인용.

191 장수명, 앞의 글, 2014, 575~579쪽.

192 채창균,「한국 청년의 채용 시장」, 교육의 봄 토론회 "대한민국 기업의 채용, 어디까지 왔나?", 2021.11.18.

193 이태수 외,『성공한 나라 불안한 시민: 대전환 시대, 한국 복지 국가의 새판 짜기』, 헤이북스, 2022, 88쪽.

194 김명수의 '생존주의 주거 전략' 논의가 이 점을 강조한다(김명수, 앞의 책, 2020, 230~231쪽).

195 안상훈 외,『복지 정치의 두 얼굴: 서울대 교수 5인의 한국형 복지 국가』, 21세기북스, 2015, 53~54쪽.

196 병상 수 기준으로 공공 의료 비중은 영국 100퍼센트, 호주 69.5퍼센트, 프랑스 62.5퍼센트, 독일 40.6퍼센트, 일본 26.4퍼센트이다. 민간 의료 보험 중심의 미국도 공공의 비중이 24.9퍼센트 인데 한국은 9.2퍼센트(2015년 기준)에 불과하다.

197 신영전,『퓨즈만이 희망이다』, 한겨레출판, 2020.

198 김석수,「상징적 폭력과 전근대적 학벌 사회」,『사회와 철학』16호, 사회와철학연구회, 2008.

199 노무현 정부의 '서비스 산업 경쟁력 강화 종합 대책' 등에서 집약된 의료 민영화 요구의 배후에는 거의 삼성 등 재벌기업들의 로비가 작용했다. 이수정,「삼성과 의료 민영화, 메르스 재앙의 시나리오」,『의료와 사회』1호, 2015.9.

200 잔여적 복지란 가정이나 사회, 시장 등이 기능을 상실했을 때, 살아가는 데 필요한 욕구를 충족시킬 수 없는 사람에게만 공공 부조나 사회복지 서비스를 한정적으로 제공해야 한다는 입장이다.

201 "Analysis of the high-risk age group of suicide in South Korea—Comparison of Japan and South Korea", *Journal of Forensic and Legal Medicine*, vol.16, 2009, pp.104~110.

202 김성이,「자살의 사회적 결정 요인: 한국과 일본의 자살 역학 비교」,『한국사회학대회 발표 논문집』, 한국사회학회, 2008.

203 루스 베러클러프, 김원·노지승 옮김,『여공문학: 섹슈얼리티, 폭력 그리고 재현의 문제』, 후마니타스, 2017, 207쪽.

204 구해근, 신광영 옮김,『한국 노동 계급의 형성』, 창작과비평사, 2002, 81쪽.

205 1950년대 이효재의 조사에서도 부모의 명령에 자녀가 무조건 복종해야 한다는 응답이 15.7퍼센트, 되도록 복종하되 판단할 자유를 주어야 한다가 60.3퍼센트였다. 이효재,「서울시 가족의 사회학적 고찰」,『한국문화연구원논총』1집, 이화여자대학교 한국문화연구원, 1959, 40쪽.

206 장경섭·진미정·성미애·이재림,「한국 사회 제도적 가족주의의 진단과 함의: 소득 보장, 교육, 돌봄 영역을 중심으로」,『가족과 문화』27권 3호, 한국가족학회, 2015, 20쪽.

207 애초 법안에는 부양 의무자의 범위가 2촌 이내의 혈족으로 넓었으나 이후 지속적으로 축소 조정되었다. 즉 조부모, 손자녀, 형제, 자매에 대한 규정이 삭제되었다.

208 장경섭 외, 앞의 글, 2015, 9쪽. 유족 연금 수급자의 91.8퍼센트가 여성이다. 그러나 국민연금은 소득 대체율이 낮기 때문에 사실상 남성 부양자 모델을 지탱할 수 없다. 피부양자 제도의 변화에 대해서는 왕혜숙,「가족 인정 투쟁과 복지정치: 한국의 의료보험 피부양자 제도의 변화 과정을 중심으로」,『한국사회학』47권 4호, 한국사회학회, 2013.

407

209 윤홍식, 「가족주의와 가족 정책 재유형화를 위한 이론적 논의」, 『한국사회복지학』 64권 4호, 한국사회복지학회, 2012.

210 "남편은 직업을 가지고 아내는 가정을 돌보는 것이 좋다"라는 견해에 동의하는 비율이 78.4퍼센트나 되는 조사가 주요 근거다. 즉 여성이 돌봄을 제공해야 한다는 전통적 가족 책임주의가 연령과 관계없이 한국 사회를 지배하기 때문이라고 본다. 같은 글, 279쪽.

211 김종일, 「제3의 길에서 생산적 복지까지: 21세기 복지 국가의 좌표」, 『비평』, 2000.

212 김연명, 「사회 정책 패러다임 전환의 필요성에 대하여」, 참여연대 사회복지위원회 토론 자료, 2000.12.28.

213 임시직이나 일용직 근로자들의 경우 상용직 근로자들에 비해 민간 보험에 가입하는 확률이 낮다. 김재원·김정석, 「고용 형태에 따른 민간 의료보험 가입 현황 분석: 중장년층 남성 임금근로자를 대상으로」, 『보건사회연구』 35권 2호, 한국보건사회연구원, 2015.

214 은수미, 「복지 세력의 형성: 시민 연대나 노동 연대냐를 넘어」, 조흥식 외, 『복지 국가 건설의 정치경제학 자료집』, 한겨레 사회정책연구소·한림국제대학원 대학교 정치경영연구소, 2011

215 여유진·김미곤·강혜규·장수명·강병구·김수정·전병유·정준호·최준영, 『한국형 복지 모형 구축: 한국의 특수성과 한국형 복지 국가』, 한국보건사회연구원, 2014.

216 외환위기 이후 한국의 복지 담론과 복지 정치의 형성에 대해서는 신광영, 「현대 한국의 복지 정치와 복지 담론」, 『경제와 사회』 95호, 한울엠플러스, 2012.

217 한신실, 「한국은 어떤 복지 국가로 성장해왔는가?」, 『한국 사회 정책』 27권 1호, 한국 사회정책학회, 2020.

218 같은 글.

219 장경섭, 『내일의 종언?: 가족 자유주의와 사회 재생산 위기』, 집문당, 2018, 210쪽.

220 김도균, 「한국의 자산 기반 생활 보장 체계의 형성과 변형에 관한 연구: 개발 국가의 저축 동원과 조세 정치를 중심으로」, 서울대학교 대학원 사회학과 박사학위 논문, 2013.

221 김동춘, 「한국 자본주의와 지배 질서: 안보국가, 시장, 가족」, 한국산업사회연구회 엮음, 『한국 사회의 변동: 민주주의, 자본주의, 이데올로기』, 한울아카데미, 1994. 1970~80년대 노조 파업이 발생하면 경찰은 언제나 시골의 부모에게 곧바로 연락하여 자식의 집단행동 참여를 좌절시키려 했다. 일제 시기부터 그러했지만 효도, 즉 부모와 가족의 기대에 충실히 부응하는 것과 사회 참여 및 저항은 상충했다.

222 장경섭·진미정·성미애·이재림, 앞의 글, 2015.

223 경성 국가는 뮈르달이 과거 인도 등 빈곤과 저개발의 늪에 빠진 아시아 개발주의 국가에서 강력한 지도력을 행사하는 정치 관료들을 설명할 때 사용한 개념이다. Gunnar Myrdal, Asian Drama: *An Inquiry into the Poverty of Nations*. Allen Lane The Penguin Press. 1972.

224 로베르트 웅거, 이재승 옮김, 『민주주의를 넘어』, 앨피, 2017, 265쪽.

225 김석준, 「국가 능력과 산업화 정책의 변동: 한국과 타이완의 비교」, 『한국정치학회보』 23권 2호, 한국정치학회, 1990, 90쪽.: 최병선, 「정치경제 체제의 전환과 국가 능력: 경제자유화와 민주화를 중심으로」, 『한국정치학회보』 23권 2호, 한국정치학회, 1990.

226 고스타 에스핑앤더슨·갈리·헤어릭·마일즈, 유태균 외 옮김. 『21세기 새로운 복지 국가』, 나남, 2006, 68쪽.

227 Ester L. Rizzi, 「이탈리아 가족주의 복지 제도와 여성 고용 정책」, 『국제노동브리프』 20권 8호, 한국노동연구원, 2022.; 전광희, 「이탈리아의 초저출산과 정책 부재의 원인」, 『사회과학연구』 28권 3호, 충남대학교 사회과학연구소, 2017.

4. 사회 정책, 사회적 재생산의 정치사회학

1   여기서 '정부'는 대통령과 청와대, 집권 여당, 그리고 그들의 지휘로 움직이는 각 정부 부처를 통칭하는 개념이다. 5년 단임 대통령제인 한국에서는 사실상 정권과 거의 같은 개념으로 사용된다. 단지 정권의 경우 집권 정치 세력을 중심으로 정의하는 것이다.

2   노무현, 『운명이다: 노무현 자서전』, 돌베개, 2010, 205쪽.

3   「말썽 빚은 한국논단 '사상검증토론회'」, 『미디어오늘』, 1997.10.22.

4   송제숙, 추선영 옮김, 『복지의 배신』, 이후, 2016, 55쪽.

5   이제민, 『외환위기와 그 후의 한국 경제』, 한울, 2017.

6   나오미 클라인, 김소희 옮김, 『쇼크 독트린: 자본주의 재앙의 도래』, 살림Biz, 2008.

7   강경식 장관은 "열린 시장 만들기"라는 "당연히 할 일을 미루다가 IMF에 의해 개혁을 강요당하는 자존심 상하는 부끄러운 일"을 겪었다고 상황을 진단했다. 강경식, 『강경식의 환란 일기: IMF 관리 체제 이후 최초의 환란 보고서』, 문예당, 1999.

8   진시원, 「한국 발전주의 국가의 한국형 신자유주의 국가로의 전환: 해외 직접투자 정책을 중심으로」, 『국제지역연구』 12권 4호, 서울대학교 국제대학원 국제학연구소, 2003, 75~103쪽.

9   홍기빈, 「금융 엘리트의 독주: 금융 허브 계획의 실상과 문제점」, 이병천·신진욱 엮음, 참여사회연구소 기획, 『민주 정부 10년, 무엇을 남겼나: 1997년 체제와 한국 사회의 변화』, 후마니타스, 2015, 278쪽.

10   김대중 대통령 연설에서 가장 많이 나온 말은 '세계 일류', '경제', '지식 정보 강국' 등이다. 대통령비서실 엮음, 『김대중 대통령 연설문집』 3·4권, 2001을 참조하라.

11   한림과학원 엮음, 『신한국의 정책 과제』, 나남, 1993, 22쪽.

12   최배근, 「'한국식 산업화' 모델의 종언과 4차 산업혁명 그리고 정치경제 패러다임의 대전환」, 다른백년연구원 엮음, 『한국보고서: 경제』, 다른백년, 2018.

13   Young Jun Choi, "End of the Era of Productivist Welfare Capitalism? Diverging Welfare Regimes in East Asia", *Asian Journal of Social Science*, vol.40, no.3, 2012, pp.275~294.

14   최영준은 1990년대 이후 동아시아 생산주의 국가들 내에서도 분화가 진행되었는데, 한국은 과거의 생산주의가 복지주의로 나가지 않고 오히려 자유주의로 갔다고 지적한다. 같은 글, pp.275~294.

15   김대중, 『김대중 자서전』 2권, 삼인, 2010, 341쪽.

16   같은 책, 341쪽.

17   이제민, 『외환위기와 그 후의 한국 경제』, 한울, 2017, 160쪽.

18   오연호, 『노무현, 마지막 인터뷰: 대한민국 제16대 대통령 노무현! 오연호 대표기자와 나눈 3일간 심층 대화』, 오마이북, 2009, 229쪽.

19   사회 투자 국가론은 보건복지부 장관인 유시민이 제창하였다. 그는 복지 국가로 가지 못하는 조건에서의 타협적 선택이었다고 변명하였다. 유시민, 『대한민국 개조론』, 돌베개, 2007, 92쪽.

20   "노무현 대통령은 '개방해서 경쟁시키지 않으면… 성장하지 못합니다'라고 강조했다." 대통령비서실 엮음, 「국민과의 인터넷 대화 말씀(2006.3.23.)」, 『노무현 대통령 연설문집』 4권, 2007, 104쪽.

21   김대중, 「한국 노동운동의 진로」, 『사상계』, 1955년 10월호.

22   대통령비서실 엮음, 『김대중 대통령 연설문집』 3·4권, 2001을 참조하라.

23   노무현, 앞의 책, 2010, 205쪽.

24 문재인 정부는 2가구 이상을 소유한 다주택자나 투기 세력에게 혜택을 주지 않으려 했고, 1주택자와 집을 구매할 수 있는 중산층 전세 세입자에게 유리한 정책을 시행하려고 했지만, 임대 주택 확대나 주거 복지를 일차적인 정책 목표로 세우지는 않았다.

25 참여연대의 소액주주운동과 이에 대한 진보적 경제학자들의 비판이 대표적이다.

26 참여사회연구소, 이병천 엮음,『세계화 시대 한국 자본주의: 진단과 대안』, 한울, 2007, 40쪽.

27 대한민국정부,『이명박 정부 1년, 이렇게 일했습니다』, 문화체육관광부, 2009.

28 이준구,「슬픈 종부세」, 개인 홈페이지, 2008.9.30.;「MB 정부 최후의 안전핀까지 뽑았다」,『프레시안』, 2008.9.30.

29 강명세,「"촛불혁명"의 희망은 무엇이었으며 그것은 어떻게 실현할 수 있는가?」,『의정연구』23권 2호, 한국의회발전연구회, 2017, 5~36쪽.

30 노무현, 앞의 책, 2010, 217~218쪽.

31 전규찬,「표상의 정치, 표상 '대통령'의 연대기」, 김상봉 외,『당신들의 대통령: 선출된 왕과 그 이후』, 문주, 2012.

32 변기용,「교육 정책 과정에서 나타나는 관료의 정치 행태의 양상과 원인 분석」,『교육정치학연구』26권 3호, 한국교육정치학회, 231~258쪽.

33 강원택,『한국정치론』, 박영사, 2019, 53쪽.

34 임혁백,「한국의 대통령제 거버넌스 모색 : 제도와 운영 방식을 중심으로」,『아세아연구』46권 4호, 고려대학교 아세아문제연구소, 2003.

35 김상봉 외, 앞의 책, 2012.

36 최태욱 엮음,『신자유주의 대안론: 신자유주의 혹은 시장만능주의 넘어서기』, 창비, 2009, 85쪽.

37 현재의 정치자금법은 오직 국회의원들만 정치 자금을 모금할 수 있도록 되어 있어서 예비 정치인들이 정책 능력을 가질 기회를 차단한다.

38 프랑스의 경우 집권당이 소수당일 경우 의회의 다수를 차지하는 정당에게 실질적인 행정권을 부여하여 야당들에 의해 내각이 구성되는 동거 정부(cohabitation)가 만들어진다.

39 강명세,『한국의 노동 시장과 정치 시장』, 백산서당, 2006, 205~207쪽.

40 강원택,「한국 정당 정치 70년」,『한국정당학회보』17권 2호, 한국정당학회, 2018.

41 박상훈,『만들어진 현실: 한국의 지역주의, 무엇이 문제이고 무엇이 문제가 아닌가』, 후마니타스, 2009.

42 Torben Iversen·David Soskice, "Electoral Institutions and the Politics of Coalitions: Why Some Democracies Redistribute More Than Others", *The American Political Science Review*, vol.100, no.2, American Political Science Association, 2006.

43 강명세, 앞의 책, 2006, 205~207쪽.; 박상훈,「민주화 이후 정당 체제의 구조와 변화」, 김종엽 엮음,『87년 체제론: 민주화 이후 한국 사회의 인식과 새 전망』, 창비, 2009.; S. M. Lipset·S. Rokkan·Cleavage Structures, "Party Systems and Voter Alignments: An Introduction", S. M. Lipset·S. Rokkan(Eds.), *Party Systems and Voter Alignments: Cross-National Perspectives*, Free Press, 1967.

44 같은 글.; 강원택,「한국에서 정치 균열 구조의 역사적 기원: 립셋-록칸 모델의 적용」,『한국과 국제정치』27권 3호, 경남대학교 극동문제연구소, 2011, 99~129쪽.

45 물론 자본과 노동이라는 산업 사회의 핵심 균열축인 '계급'이 곧 정당 체계로 연결되는 것은 역사사회학적으로 보자면 예외적으로만 존재하며, 실제로는 '계급' 이외의 사회

즉 종교, 지역, 인종 등의 사회적 균열이 정당 간 균열로 연결되는 경우도 빈번하다.

46   김수진, 『한국 민주주의와 정당정치』, 백산서당, 2008, 195쪽.

47   정당법 제44조 제1항.

48   조반니 사르토리, 어수영 옮김, 『현대 정당론』, 동녘, 1995.

49   아이버슨과 소스키스는 연합정치(coalition politics)의 특성으로 인해 다수제는 중도우파 정부를, 비례제는 중도좌파 정부를 만들어내는 경향이 있으며, 따라서 비례제하에서 보다 재분배적인 정책이 나타날 가능성이 높다는 사실을 보여주었다.

50   Adam Przeworski, *Capital and Social Democracy*, Cambridge University Press, 1985.

51   김수진, 『한국 민주주의와 정당 정치』, 백산서당, 2008, 195쪽, 244~247쪽.

52   강명세, 앞의 글, 2017.

53   「국민 75퍼센트 한국의 정치 상황에 "불만족"…"만족"은 6.1퍼센트 불과」, 『연합뉴스』, 2020.4.8.

54   세계은행 홈페이지(https://tcdata360.worldbank.org/indicators/h5f2277ca?country=BRA&indicator=41323&viz=line_chart&years=2007,2017#table-link).

55   사이토 준, 김영근 옮김, 『일본자민당 장기 집권의 정치경제학: 이익 유도 정치의 자기모순』, 고려대학교출판문화원, 2018.

56   토마 피케티, 안준범 옮김, 『자본과 이데올로기』, 문학동네, 2019, 780~916쪽.

57   Paul Whiteley, "Is the Party Over?: The Decline of Party Activism and Membership across the Democratic World", *Paper Presented at the Panel on Party Membership and Activism in Comparative Perspective*, *Political Studies Association Meeting*, University of Manchester, April 2009.

58   대통령 비서실이나 청와대 핵심 참모가 각 부처 장관의 정책 활동에 제동을 거는 일이 많다. '청와대 정부'라는 비판이 여기에서 나온다. 박상훈, 『청와대 정부: '민주 정부란 무엇인가'를 생각하다』, 후마니타스, 2018.

59   강우창·구본상·이재욱·정진웅, 「제21대 국회의원의 이념 성향과 정책 태도」, 『의정연구』 26권 3호, 한국의회발전연구회, 2020.

60   나무위키 열린우리당(https://namu.wiki/w/열린우리당) 항목.; 강원택, 「한국 정당의 당원 연구 이념적 정체성과 당내 민주주의」, 『한국정치학회보』 42집 2호, 한국정치학회, 2008.

61   「더불어민주당·정의당, 증세 논쟁 격화」, 『매일노동뉴스』, 2022.2.23.

62   「국회의원 1인당 재산 '21억'…국민 평균 재산의 5배」, 『오마이뉴스』, 2020.6.4.

63   19·20대는 SBS에서 조사·분석한 자료이며, 21대는 같은 기준으로 KBS 조사를 기초해 필자가 작성했다.

64   정상호, 「야당의 당원, 조직, 운영 방식」, 류상영 외, 『김대중과 한국의 야당사』, 연세대학교출판문화원, 2013.

65   이동걸, 「대한민국 관료제의 대수술을 제안한다」, 『창작과 비평』 42권 3호, 창비, 2014, 122~137쪽.

66   관료 정치 모델은 정책 과정의 핵심 주체를 고위 직업 관료와 권력 엘리트로 간주하여 행정부 상층에 포진한 이들이 이들 간의 갈등과 협상으로 정책이 결정되는 것을 말한다. 윤상우, 「민주화 이후 관료 독점 정책 생산 구조의 변형과 재편」, 조희연·김동춘 엮음, 『복합적 갈등 속의 한국 민주주의: '정치적 독점'의 변형 연구』, 한울, 2008, 185쪽.; 최장집, 『민주화 이후의 민주주의』, 후마니타스, 2002.

411

67   이경호는 특수 이익집단화한 정부가 IMF 외환위기의 원인이었다고 본다. 이경호, 『과천블루스』, 지식더미, 2007.

68   조지프 스티글리츠, 송철복 옮김, 『세계화와 그 불만: 전 세계은행 부총재 스티글리츠의 세계화 비판』, 세종연구원, 2002, 94쪽.

69   론스타의 법률 대리인인 '세종'에 전 외환은행장 윤용로가 영입되었다. 검찰은 멀쩡한 은행을 부실 은행으로 둔갑시켜 사모펀드에 팔아넘긴 주범으로 변양호 전 재정경제부 금융정책국장과 이강원 전 외환은행장을 지목했다. 「한국의 경제 관료와 론스타」, 『경향신문』, 2015.5.4.

70   박찬표, 『한국의 의회 정치와 민주주의: 비교의회론의 시각』, 오름, 2002, 57쪽.

71   소준섭, 『대한민국 민주주의 처방전: 다시 새로운 시작을 위하여』, 어젠다, 2015.

72   김광웅, 「민주주의 적은 공산주의가 아니라 바로 관료주의」, 『중앙일보』, 2017.1.5.

73   조우현 외, 『허물어진 국가의 재창조: 합리적 진보주의의 길』, 한울, 2007.

74   「재경부 3급 이상 관료 60퍼센트 서울 강남권 거주」, '선대인의 인사이트' 홈페이지.

75   「경제 관료 '3대 특징'…예금 4억·강남3구 거주·평균 재산 12억」, 『한국경제신문』, 2013.3.29.

76   「[재산공개]법조계 상위 '판사'가 싹쓸이…강영수, 498억 원 '1위 탈환'(종합)」, 『조선일보』, 2021.3.25.

77   「〈안국동窓〉이헌재 부총리의 정체」, 참여연대 홈페이지, 2005.3.5.

78   SBS는 서울의 대표적 준공업 지역인 강서구 등촌동 일대 공장 건물과 1681㎡(약 510평) 규모의 땅을 박 차관의 형, 누나, 부인이 소유하고 있다고 보도했다. 이 부동산은 2017년 12월 박 차관의 부친이 증여한 것으로, 박 차관은 공직자 재산 신고 당시 이 땅과 강남 아파트 1채, 과천의 땅까지 모두 39억 원이라고 밝혔다. 「국토부 차관, 과천이어 서울 준공업지 보유 도마」, 『서울신문』, 2020.9.7.

79   김영삼 정부의 반부패 운동도 주로 개발 독재 시기에 관행화된 부패를 청산하자는 것이었다. 한림과학원 엮음, 『신한국의 정책 과제』, 나남, 1993, 50~51쪽.

80   「지금은 '뇌물 없는 부패'의 시대…사회적 통제 절실」, 『오마이뉴스』, 2020.12.9.

81   「무소불위 '교피아'…행정학 학위로 경호과 거쳐 유아교육 교수로」, 『매일경제신문』, 2019.4.21.

82   「[관피아 대해부-③금융위]업무 연관성 규정 비웃는 '금피아'」, 『뉴시스』, 2016.4.7.

83   Claus Offe, "Governance: An Empty Signifier?", Constellation, vol.16, no.4, 2009.

84   2008년 당시 재경부 출신 김앤장 근무자는 9명이었다. 국세청 및 관세청 출신은 27명이었다. 임종인·장화식, 『법률사무소 김앤장: 신자유주의를 성공 사업으로 만든 변호사 집단의 이야기』, 후마니타스, 2008, 147~149쪽.

85   이명박 정부는 한승수 국무총리, 윤증현 기재부 장관을 포함해 10명이 고위직에 포진했다. 박한철 헌법재판소 소장, 윤병세 외교부 장관, 조윤선 여성가족부 장관, 정진영 청와대 정무수석, 곽병훈 법무비서관, 조응천·권오창 공직기강비서관, 김학준 민원비서관 등이 모두 김앤장을 거쳤다.

86   복지 국가 등장을 설명하는 과거의 대표적 이론인 권력자원론의 주요 주장이다. Walter Korpi, The Democratic Class Struggle, Routledge, 1983.; Walter Korpi, "Power resources and employer-centered approaches in explanations of welfare states and varieties of capitalism: Protagonists, consenters, and antagonists". World politics, vol.58, no.2, 2006, pp.167~206.; 김영순. 「복지 동맹 문제를 중심으로 본 보편적 복지 국가의 발전 조건: 영국·스웨덴의 비교와 한국에의 함의」, 『한국정치학회보』

46권 1호, 한국정치학회, 2012.

87 창립 당시 민주노동당은 "노동자와 민중 중심의 민주적 경제 체제를 지향한다. 이것은 사회적 소유를 바탕으로 하여 시장을 활용하는 경제 체제로서, 경제의 효율과 안정을 추구함과 동시에 노동자를 비롯한 민중에 대한 평등한 분배의 실현을 목표로 한다"라고 밝혔다.

88 지병근, 「한국진보 정당의 조직, 이념, 그리고 지지기반」, 『현대정치연구』 7권 1호, 서강대학교 현대정치연구소, 2014.

89 조현연, 『한국 진보 정당 운동사: 진보당에서 민주노동당 분당까지』, 후마니타스, 2009, 233쪽.

90 조돈문, 「노동 계급의 정치 세력화: 민주노동당의 의회 진출을 중심으로」, 『노동사회』 89권, 한국노동사회연구소, 2004.

91 강원택, 「제17대 총선에서 민주노동당 지지에 대한 분석」, 『한국정치연구』 13권 2호, 서울대학교 한국정치연구소, 2004.

92 정영태·윤상진, 『민노당 지지층의 투표 행태와 정치 의식』, 진보정치연구소, 2005.; 강원택, 앞의 글, 2004에서도 확인할 수 있다.

93 신카와 도시미스, 임영일 옮김, 『일본의 전후 정치와 사회 민주주의: 사회당·총평 블록의 흥망』, 후마니타스, 2016, 109쪽.

94 민주노동당의 분당 이후 진보 정당의 약화는 1990년대 이후 한국 자본주의, 노동자층의 성격 변화와 관련해서 설명할 필요가 있다. 이에 대해서는 채진원, 「민주노동당의 변화」, 『한국정당학회보』 9권 2호, 한국정당학회, 2010.

95 지병근, 앞의 글, 2014.

96 김종갑, 「19대 대선과 진보 정당의 미래에 영향을 미치는 주요 요인」, 『이슈와 논점』 1403호, 국회 입법조사처, 2018.

97 같은 글.

98 「[기획]독일식 정당명부제 도입 땐… '지역주의' 엷어지고 '제3당' 나온다」, 『국민일보』, 2014.11.17.

99 지역 대표 체제는 금권 정치와 귀결된다는 지적이 있다. 영국의 G. D. H. 콜 등 길드 사회주의자들은 인간은 직능에 따라 단체를 만들어 생활해왔기 때문에 의회에서의 대표 선출 단위는 구역이 아니라 직업이 되어야 한다고 보았다. G. D. H. 콜, 김철수 옮김, 장석준 감수, 『영국 노동운동의 역사』, 책세상, 2012를 참조하라. 또한 신해혁명 이후 중국에 도입된 직업대표제에 관하여서는 유용태, 『직업대표제: 근대 중국의 민주유산』, 서울대학교 출판문화원, 2011을 참조하라.

100 「떠오르는 지식 패권 삼성경제연구소」, 『한겨레21』, 2005.3.29.

101 새뮤얼 보울스, 차성수 옮김, 『민주주의와 자본주의』, 백산서당, 1994.; E. E. 샤츠슈나이더, 현재호·박수현 옮김, 『절반의 인민주권』, 후마니타스, 2008, 10쪽.

102 박태견, 『참여정부, 건설족의 덫에 걸리다』, 뷰스, 2005, 14쪽.

103 최현일, 「김대중 정부의 주택 정책에 대한 평가 연구」, 『한국정책연구』 2권 1호, 경인행정학회, 2002.

104 박태견, 앞의 책, 2005, 170쪽.

105 유치원 3법이란 사립학교법·유아교육법·학교급식법 개정안을 말하는데 사립 유치원의 재정 운명의 불투명과 비리를 관리하고, 급식의 품질 및 유치원 운영자에 대한 신뢰 향상을 위해 2018년 발의되었다. 패스트트랙에 올라가 2020년 1월 13일 국회를 통과했다.

413

106 루쉬마이어 외, 박명림·조찬수·권혁용 옮김, 『자본주의 발전과 민주주의: 민주주의 비
교역사 연구』, 나남, 1997.

107 참교육학부모회는 "5·31 교육 개혁이 공교육에 대한 국가의 책임을 방기하는 측면이
있으며 교육을 시장에 맡겨서 교육의 공공성을 급속히 와해시킬지 모른다는 점을 직시
하지 못한 채 장기간 긍정적인 기대감을 유지했다"고 진단한다. 참교육학부모회, 『참교
육을 위한 전국학부모회 20년사』, 민주화운동기념사업회, 2009.

108 전교조는 김대중 정부의 교육 정책에서 미국식 자유주의와 신자유주의가 섞여 있다고
보았다. 열린 교육, 체험 학습, 수능 시험, 대입 무시험 전형, 수행 평가, 보충 자율 학습
폐지와 방과후 활동 강화 등이 그 사례이다.

109 프랜시스 세예르스테드, 유창훈 옮김, 『사회 민주주의의 시대: 북유럽 사민주의의 형성
과 전개 1905~2000』, 글항아리, 2015, 70쪽.

110 최종숙의 2014년 조사에서 30~40대가 가장 많다고 나왔으나 이 회원들이 거의 그대로
지속된다고 보면 지금은 40~50대가 되었을 것이다. 최종숙, 『회원 분석을 통해 본 참여
연대의 현재』, 조대엽·박영선 엮음, 참여연대 기획, 『감시자를 감시한다: 고장 난 나라의
감시자 참여연대를 말하다』, 이매진, 2014.

111 「영향력 커진 검찰·국세청 신뢰도는 뒷걸음」, 『중앙일보』, 2013.8.22.

112 Kwang-Yeong Shin, "The Dilemmas of Korea's New Democracy in an Age of
Neoliberal Globalisation", *Third World Quarterly*, vol.33, no.2, 2012, pp.293~309.

113 Sheri Berman, "The Civil Society and Collapse of Weimar Republic", *World
Politics*, vol.49, no.3, 1997, pp.401~429.

114 서복경, 「19대 총선과 정당 체제의 사회적 기반」, 전북대학교·성공회대학교·경향신문
공동 주최, "제19대 총선과 정당 그리고 한국의 민주주의", 2012.4.19.

115 이용마, 「2000년대 이후 한국 사회 계층 균열 구조의 등장」, 『한국정치학회보』 48권 4
호, 한국정치학회, 2014.

116 손낙구, 『대한민국 정치사회 지도: 집약본』, 후마니타스, 2010.

117 정영태·윤상진, 『민노당 지지층의 투표 행태와 정치 의식』, 진보정치연구소, 2005, 65
쪽.

118 박종민·최승범·신수경, 「지방 사회의 정치 균열의 기초: 부동산 이익」, 『한국정책학회
보』 10권 2호, 한국정책학회, 2001.

119 민주화운동기념사업회 한국민주주의연구소, 「지역 민주주의와 관변 단체에 관한 기초
연구」, 민주화운동기념사업회, 2015.

120 정상호의 충주 지역 조사 연구에서 중부내륙고속도로 건설이 지역 사회의 주요 현안이
었다. 정상호, 「야당의 당원, 조직, 운영 방식」, 류상영 외, 『김대중과 한국의 야당사』, 연
세대학교출판문화원, 2013, 293쪽.

121 박근갑, 『복지 국가 만들기』, 문학과지성사, 2009, 320쪽.

122 Gøsta Esping-Andersen, *The Three Worlds of Welfare Capitalism*, Princeton
University Press, 1990.

123 이 경우 노조의 영향력이란 단순한 조직력, 즉 가입된 노동자의 수적인 영향력을 의미
하는 것은 아니다. 그것은 노동자의 집단 행동과 노조의 활동이 어느 정도 노동자의 관
점에서 해석할 수 있는지, 노조가 기존의 사회적 균열이나 교육·주거·복지 등 시민사회
사안에 개입하여 그러한 문제의 해결 주체로 나설 수 있느냐의 문제이다.

124 필자는 『한국 사회 노동자 연구』(역사비평사, 1995)에서 한국 노동운동을 전투적 경제주
의로 개념화한 바 있다. 그것은 한국의 지배 구조와 기업별 노조주의라는 맥락 속에서

설명될 수 있다. 즉 전투성은 억압성의 반정립이며, 경제주의는 기업별 노조로 강제된 노사 교섭 체제에서 발생한 것이다.

125 김동춘,『한국 사회 노동자 연구』, 역사비평사, 1995.

126 산별 노조를 허용할 경우 '국부적인 분규까지도 전 산업으로 파급되고 대형화되어 산업 평화를 저해할 것'이라고 경고했다, 「노동·관계법 개정에 관한 경제계 의견」, 한국경영자총협회, 1987.9.24.

127 일본 사회당의 몰락은 기업주의에 기인한다. 渡辺治, 『現代日本の支配構造分析: 基軸と周辺』, 化伝社, 1988을 참조하라.

128 이철승,『노동 시민의 연대는 언제 작동하는가?: 배태된 응집성과 복지 국가의 정치사회학』, 후마니타스, 2019.

129 이해관,「구조조정 반대 투쟁과 기업별 노조의 한계: 한국통신 민영화 반대 투쟁 사례를 중심으로」, 미발표 논문.

130 이철승, 앞의 책, 2019.

131 그들의 분류에 따르면 노조 조직률은 높지만 자유주의적인 복지 국가에 포함되는 나라로는 오스트레일리아와 뉴질랜드가 있다.

132 Seymour M. Lipset(Ed), *Unions in Transition: Entering the Second Century*, Institute for Contemporary Studies Press, 1986.

133 물론 미국의 노조 조직률 하락은 이미 1970년대부터 계속되었다. 따라서 그에 대한 설명 역시 단순하지 않다. 이에 대해서는 아래를 참조하라. Michael Goldfield, *The Decline of Organized Labor in the United States*, The University of Chicago Press, 1987.; Jane Jenson·Rianne Mahon(Eds.), *The Challenge of Restructuring: North American Labor Movements Respond*, Temple University Press, 1993, pp.19~47.

134 김영순,「민주화 이후 30년, 한국 복지 국가 발전의 주체와 권력 자원」,『시민과 세계』31호, 참여연대, 2018.

135 김용·박대용,「문민정부 교육 개혁에서의 OECD의 영향: 국제 기구의 영향과 글로벌 교육 정책 장으로의 편입」,『교육정치학연구』25권 2호, 한국교육정치학회, 2018.

136 박세일은 교육을 경제 성장을 위한 가장 핵심 정책 수단으로 보았다. 박세일,『대한민국 선진화 전략』, 21세기북스, 2006, 231쪽.

137 김연명은 "김대중 정부가 추진한 사회복지 정책은 그 변화의 강도와 내용에 있어서 우리나라의 근대적 사회복지가 시작된 1960년대 이후 가장 혁신적인 것이다"라고 매우 긍정적으로 평가했다. 그 근거는 공적 연금의 전국적 시행, 통합 의료보험 제도의 도입, 국민기초생활보호법의 도입 등이다. 증세 없이 복지 국가의 발전은 불가능하다. 그런데 어떤 민주 대통령도 증세를 말하지 않았다. 김연명, 「사회 정책 패러다임 전환의 필요성에 대하여」, 참여연대 사회복지위원회 토론 자료, 2000.12.28.

138 김대중 대통령은 울산에서 "중산층과 저소득 서민층이 안심하고 살 수 있는 국민생활보장기본법을 제정하겠다"라고 말했다. 대통령의 한마디는 그동안 매우 느리게 진척되던 기초보장법 제정 과정에 강한 추진력을 부여했다. 김영순,「민주화와 복지 정치의 변화: 국민기초생활보장법 제정 과정을 중심으로」,『한국과 국제정치』21권 3호, 경남대학교 극동문제연구소, 2005.

139 「문 대통령처럼 해서는 절대로 안 되는 것 하나」,『오마이뉴스』, 2021.9.16.

140 유아교육법·사립학교법·학교급식법을 지칭한다.

141 정경윤,『다시 진보 정당』, 오월의봄, 2018.; 조상기,「사분오열, 지리멸렬 속 2월 통과 눈앞에」,『월간말』, 2006년 2월호.

415

142 은수미, 「비정규직법 시행 1년의 빛과 그림자」, 『복지동향』 118권, 참여연대 사회복지 위원회, 2008.

143 김용일, 「정권 교체와 교육 정책의 변동에 관한 연구」, 『교육정치학연구』 26권 1호, 한국 교육정치학회, 2019.

144 김성근, 『교육, 끊어진 길 되짚으며 새 길을 내기 위하여』, 한국과미래, 2012. 21쪽.

145 이오덕 선생의 지적이다. 이오덕, 「학교의 등급」, 『아이들에게 배워야 한다: 이오덕 선생이 우리에게 남긴 마지막 말씀』, 길, 2004, 50쪽.

146 반값등록금 예산 4조 원가량을 그대로 둘 경우 추가적으로 3조원 이상의 예산이 필요하다. 반상진, 「새 정부 고등 교육 재정의 쟁점과 과제」, 『교육재정경제연구』 26권 2호, 한국교육재정경제학회, 2017.

147 실제로 사학 중심의 대학 체제하에서 높은 고등 교육비 부담에 불만을 갖는 학생들의 대학 등록금 저항을 무마하기 위해 이명박 정부가 도입한 반값 등록금 정책은 사실 대학 체제 개편을 가로막는 요인이 되었다. 최병호·이근재, 「고등 교육의 공공성 강화를 위한 고등 교육재정의 개혁 과제: 거점국립대학을 중심으로」, 『지방정부연구』 24권 3호, 한국지방정부학회, 2020.

5. 거시 역사 구조와 지식 정치

1 Herbert P. Bix, "Regional Integration: Japan and South Korea in America's Asian Policy", Frank Baldwin(ed.), *Without Parallel: The American-Korean Relationship Since 1945*, Pantheon Books, 1973.

2 Alice H. Amsden, *Escape from Empire: The Developing World's Journey through Heaven to Hell*, MIT Press, 2007.

3 그가 말한 '권력의 장(champ du pourvoir)'은 경제의 장, 법률의 장, 사회의 장과 더불어 인간의 활동의 한 영역을 지칭하는데 정치 엘리트들이 정치권력을 행사하는 장을 지칭한다.

4 Joel Kovel, *Red Hunting in the Promised Land: Anticommunism and the Making of America*, Basic Books, 1994, p.243.

5 Seymour Melman, *The Permanent War Economy: American Capitalism in Decline*, A Touchstone book, 1974.

6 브루스 커밍스 외, 한영옥 옮김, 「샘(Sam)이여 다시 한번: 개발 이론의 현실과 변명」, 『대학과 제국: 학문과 돈, 권력의 은밀한 거래』, 당대, 1998.

7 '정치 자본'의 개념은 부르디외가 비물질적인 자본 형태를 열거할 때 언급한 것이다 (Bourdieu, 1992). 부르디외는 여러 자본들의 변환 가능성(interconcertability)을 강조하며 인적 자본, 경제적 자본, 사회적 자본, 문화적 자본 등이 정치 시장에서 어떻게 정치 자본으로 변환되는지 설명했다.

8 Natalia Bracarense, "Development Theory and the Cold War: The Influence of Politics on Latin American Structuralism", *Review of Political Economy*, vol.24, no.3, 2012.

9 Charles Tilly, "War Making and State Making as Organized Crime", Peter B. Evans·Dietrich Rueschemeyer·Theda Skocpol(ed.), *Bringing The State Back In*, Cambridge University Press, 1985.

10 임현진, 『지구시대 세계의 변화와 한국의 발전』, 서울대학교출판부, 1998.

11 박명림, 「헌법, 국가 의제, 그리고 대통령 리더십: '건국 헌법'과 '전후 헌법'의 경제 조항 비교를 중심으로」, 『국제정치논총』 48권 1호, 한국국제정치학회, 2008.

12 과거의 농지 개혁은 오늘의 재벌 개혁에 해당할 정도로 심대한 정치경제적 영향을 준 사건이다. 그러나 1997년 외환위기는 재벌을 해체하지 못했다. 그것은 외적인 압력이 있어도 국내적인 동력이 형성되지 못하면 정책을 성사시킬 수 없음을 보여준다.

13 박명림, 앞의 글, 2008.

14 로베르트 웅거, 이재승 옮김, 『민주주의를 넘어』, 앨피, 2017, 265쪽.

15 Dong-Choon, Kim, "The San Francisco Peace Treaty and 'Korea'", *Kimie Hara, The San Francisco System and Its Legacies: Continuation, transformation and historical reconciliation in the Asia-pacific*, Routledge, 2014.

16 Bruce Cumings, "The Origins and Development of the Northeast Asian Political Economy", *International Organization*, vol.38, no.1, 1984.

17 渡辺治, 『企業支配と國家』, 青木書店, 1991, 301쪽.

18 와타나베 오사무는 1960년대 이후 일본의 '기업 사회' 현상이 서구 발전된 자본주의와 달리 일본 기업의 다국적 기업화로의 변신이 지연되었기 때문이라고 본다. 다국적 기업화화 해외 진출이 일본에는 일어나지 않고 수출 주도형을 유지했기 때문에, 이러한 조건에서 노동자 지배와 하청기업 지배로 나타나게 되었다. 같은 책, 102~103쪽.

19 Jae-Jin, Yang, *The Political Economy of the Small Welfare State in South Korea*, Cambridge University Press, 2017.

20 정치의 주체가 정당이 아니라 국가라는 점은 카를 슈미트의 저작을 참조하라. Carl Schmitt, George Schwab(ed.), *Political Theology: Four Chapters on the Concept of Sovereignty*, University of Chicago Press, 2005.; Carl Schmitt, *The Concept of the Political*, University of Chicago Press, 2007.

21 한국 정치의 이데올로기적 편향에 대해서는 다음을 참조하라. 김동춘, 「4·15 총선, 코로나19 재난 속 한국 민주주의: 국가와 정당, 그리고 시민사회」, 『기억과 전망』 42호, 민주화운동기념사업회, 2020.

22 김광억, 「특집/현대사회와 전통문화: 한국인의 정치적 행위의 특징: 시론」, 『한국문화인류학』 15집, 한국문화인류학회, 1983.

23 앵글로색슨형 자본주의에 대해서는 다음을 참조하라. 미셸 알버르, 김이랑 옮김, 『자본주의 대 자본주의』, 소학사, 1993.

24 임혁백, 『비동시성의 동시성: 한국 근대 정치의 다중적 시간』, 고려대학교출판부, 2014.

25 김상준, 「온 나라가 양반되기: 조선 후기 유교적 평등화 메커니즘」, 한국사회학회 2001년 전기 사회학대회 발표문. 조선 시대 양반의 격증은 내적인 논리를 갖고 있었다고 보고 평등적 예론과 사족의 혈통적 신분 계승, 그리고 노비제 해체 등이 그 기반이었다고 설명한다.

26 프리드리히 엥겔스, 조효래 옮김, 『영국 노동자 계급의 상태』, 두리미디어, 1988.

27 옌뉘 안데르손, 장석준 옮김, 『도서관과 작업장:스웨덴, 영국의 사회 민주주의와 제3의 길』, 책세상, 2017.

28 진시원, 「한국 발전주의 국가의 한국형 신자유주의 국가로의 전환: 해외 직접투자 정책을 중심으로」, 『국제지역연구』 12권 4호, 서울대학교 국제대학원 국제학연구소, 2003.

29 강성 국가는 뮈르달이 인도 등 빈곤과 저개발의 늪에 빠진 아시아 개발주의 국가에서 강력한 지도력을 행사하는 정치 관료들을 설명할 때 사용했던 개념이다. Gunnar Myrdal, *Asian Drama: An Inquiry into the Poverty of Nations*. Allen Lane The

Penguin Press, 1972.

30 로베르트 웅거, 앞의 책, 2017, 265쪽.

31 유럽에서 케인스주의 복지 국가가 본격적으로 착근하는 1950~1960년대에 케인스주의와 자유 방임주의를 함께 비판한 서독의 질서 자유주의(Ordo Liberalismus)도 신자유주의였다. Alan Peacock·Hans Willgerodt(eds.), *German Neo-liberals and the Social Market Economy*, Macmillan Press LTD., 1989.

32 엘마 알트파터, 염정용 옮김, 『자본주의의 종말』, 동녘, 2007, 62쪽.

33 「박의장, 토지 공개념 혁명을 부를 수도」, 『동아일보』, 1993.3.30.

34 하이에크의 핵심 주장은 다음을 참조하라. Friedrich Hayek, *The Road to Serfdom*, Routledge Press, 1944.; Friedrich Hayek, "The Three Sources of Human Values", *Law, Legislation and Liberty*, vol.3, Routledge & Kegan Paul, 1979.

35 이브 드잘레이·브라이언트 가스, 『궁정 전투의 국제화: 국가권력을 둘러싼 엘리트들의 경쟁과 지식 네트워크』, 김성현 옮김, 그린비, 2007.

36 Bob Jessop, "Recent theories of the capitalist state", *Cambridge Journal of Economics*, vol.1, no.4, 1977.; Bob Jessop, *State Theory: Putting the Capitalist State in Its Place*, Penn State University Press, 1990.

37 앤서니 아블라스터, 조기제 옮김, 『서구 자유주의의 융성과 쇠퇴』, 나남, 2007.

38 하비는 2차 세계대전 이후 '나쁜 자유'가 '좋은 자유'를 대체했다고 지적했다(David Harvey, "In What Ways Is 'The New Imperialism' Really New?", *Historical Materialism*, vol.15, no.3, 2007, p.57). 즉 양심의 자유, 언론의 자유, 집회와 결사의 자유, 직업 선택의 자유, 시장 경제 활성화의 자유 등 좋은 자유가 사적 소유권의 행사와 사기업 활동 옹호 같은 나쁜 자유의 공격을 받았다고 보았다.

39 Dietrich Rueschemeyer·Theda Skocpol(ed), *States, Social Knowledge, and the Origins of Modern Social Policies*, Princeton Legacy Library, 1995.

40 Joel Kovel. *Red Hunting in the Promised Land: Anticommunsim and the making of America*, Basic Books, 1994, p.243.

41 같은 책, p.6.

42 C. B. 맥퍼슨, 이유동 옮김, 『소유적 개인주의 정치 이론』, 인간사랑, 1991.

43 홍기빈, 『비그포르스, 복지 국가와 잠정적 유토피아』, 책세상, 2011, 266쪽.

44 Jongchul, Kim, "Propertization: The process by which financial corporate power has risen and collapsed", *Review of Capital as Power*, vol.1, no.3, 2018.

45 Tunner Howard, "Homeownership Is Dead. The Future Lies in Public Housing", *In These Times*, May 3, 2018.

46 웬디 브라운, 배충호·방인지 옮김, 『민주주의 살해하기: 당연한 말들 뒤에 숨은 보수주의자의 은밀한 공격』, 내인생의책, 2017, 22쪽.

47 같은 책, 31쪽.

48 같은 책, 38쪽.

49 George Monbiot, "Neoliberalism-the ideology at the root of all our problems", *The Guardian*, April 15, 1916.

50 Arun Gupta, "How the democrats became the party of Neoliberalism", *Toward Freedom*, November 4, 2014.

51 이에 대해서는 다음을 참조하라. 신카와 도시미스, 임영일 옮김, 『일본 전후 정치와 사회 민주주의: 사회당·총평 블록의 흥망』, 후마니타스, 2016.

52 김석준, 「국가 능력과 산업화 정책의 변동: 한국과 타이완의 비교」, 『한국정치학회보』 23집 2호, 한국정치학회, 1990, 90쪽.: 최병선, 「정치경제 체제의 전환과 국가 능력: 경제자유화와 민주화를 중심으로」, 『한국정치학회회보』 23권 2호, 한국정치학회, 1989.

53 진시원, 앞의 글, 2003.

54 Toby Carroll, "Introduction: Neo-liberal Development Policy in Asia beyond the Post-Washington Consensus", *Journal of Contemporary Asia*, vol.47, no.3, 2012.

55 이영환, 「사회 보장의 위기와 대안 전략의 모색」, 이영환 엮음, 『시민사회의 구성 원리 전환과 사회 정책의 대안적 프레임』, 함께읽는책, 2006, 183쪽.

56 이병천, 「정글 자본주의에서 참여 자본주의로: 이중화의 정치경제와 복지-생산 체제 혼합 전략」, 조흥식 엮음, 참여사회연구소 기획, 『대한민국, 복지 국가의 길을 묻다: 바람직하고 지속 가능한 시민 복지 국가를 향해』, 이매진, 2012, 199쪽.

57 지주형, 『한국 신자유주의의 기원과 형성』, 책세상, 2011, 476쪽.

58 강병구, 「복지 국가의 발전을 위한 재정 정책」, 『복지동향』 197호, 참여연대, 2015.; 강병구, 「한국형 복지 국가와 재정 개혁 과제」, 민주화운동기념사업회 기획, 『한국의 민주주의와 자본주의: 불화와 공존』, 돌베개, 2016.

59 양재진 외, 『복지 국가의 조세와 정치』, 집문당, 2016, 26쪽.

60 현재 한국의 사회 보호 관련 재정 지출은 OECD 평균을 크게 밑돌고 있지만 국방과 경제 및 주택 관련 지출은 OECD 평균의 두 배 이상이다. 이와 같이 특정 부문에 편중된 재정 지출은 분단과 개발 연대의 구조적 특징이다(강병구, 앞의 글, 2015).

61 다음을 참조하라. 대통령비서실 엮음, 『김대중 대통령 연설문집』(전4권), 2001.

62 당시 이광재는 국정상황팀장이었다. 노무현 대통령의 2만 불 담론에 대해 20년 전의 개발주의 시대의 홍보 전략이라는 비판이 제기었다.

63 이근, 「이명박 정부와 신자유주의: 정치·경제·언론권력의 삼위일체」, 최태욱 엮음, 『신자유주의 대안론: 신자유주의 혹은 시장 만능주의 넘어서기』, 창비, 2009.

64 헌법재판소 1990. 6. 25. 선고 90헌가11 전원재판부(합헌) [국가보안법 제7조 제5항의 위헌심판] [헌집2, 165]. 헌법재판소는 7조의 완전 폐기에서 오는 법의 공백과 혼란, 국가적 불이익, 내란죄가 '우리가 처한 국가의 자기 안전, 방어에는 다소 미흡'하기 때문에 한정적으로 헌법에 합치된다고 결론을 내렸다.

65 박원순, 『국가보안법 연구 1』, 역사비평사, 1989, 42쪽.

66 국순옥, 「자유민주적 기본 질서란 무엇인가?」, 『민주법학』 8권, 민주주의법학연구회, 1994.

67 당시 독일 연방헌법재판소의 입장과 국내 법학계의 해석에 대해서는 다음을 참조하라. 김민배, 「자유민주적 기본 질서와 국가보안법」, 『법학연구』 4권, 인하대학교 법학연구소, 2001.

68 같은 글, 136쪽.

69 독일의 '자유민주적 기본 질서'는 국민의 기본권 보장에 기초하는 사회의 기본 질서를 말한다. 따라서 방어적 민주주의에 의해 인정되는 민주적 제도들과 그 바탕에 있는 국민의 기본권에 대한 여러 가지 통제는 국가를 위해 국민이 희생하는 관계가 아닌 국민을 위한 국가 안보를 지향한다. 박진애, 「표현의 자유와 국가 안보」, 『헌법학연구』 14권 1호, 한국헌법학회, 2008.

70 오동석, 「시장, 양심의 자유와 국가보안법」, 『헌법학연구』 15권 3호, 한국헌법학회, 2009.

71 국순옥, 앞의 글, 1994, 126쪽.

72 오동석, 앞의 글, 2009.

73 「언론사 압박, 소유 경영 분리 시도」, 『동아일보』, 2001.7.31.

74 고세훈, 『복지 한국, 미래는 있는가: 이해관계자 복지의 모색』, 후마니타스, 2007, 10쪽.

75 이에 맞선 진영에서는 급식 대상자 선별은 낙인 효과를 가져오고 빈곤층 증명 등의 과정에서 복지 수혜자들에게 모멸감을 준다고 비판했다. 그리고 무상 급식은 정확한 용어가 아니며 누군가는 비용을 부담해야 하는 문제인데, 복지 의제는 재정·성장·공정·인간성·공평 같은 문제와 결합해야 한다고 말하기도 했다.

76 데이비드 하비, 최병두 옮김, 『신자유주의: 간략한 역사』, 한울, 2007.

77 이브 드잘레이·브라이언트 가스, 앞의 책, 2007, 405쪽.

78 모든 기업은 그가 선택한 사업 또는 영업을 자유롭게 경영하고 이를 위한 의사 결정의 자유를 가지며 사업 또는 영업을 변경(확장·축소·전환)하거나 처분(폐지·양도)할 수 있는 자유를 가지고 있고 이는 헌법에 의하여 보장된다. 이를 통틀어 '경영권'이라 부르기도 한다. 대법원 2003, 7.8 선고 7225 판결.

79 상지대학교 관련 고등법원 판결(2006.2.14. 서울고등법원 제5민사부 부장판사 조용호) 중에서. 그런데 판결문은 임기가 만료된 이사에게 소송 제기 권한을 부여하고 사학 법인 설립자의 재산권을 인정했다. 공익적 명분으로 출연하여 설립된 학교를 사유 재산권이라는 관점에서 접근했다. 정지환, 『한국 사학이 사는 길: 민주 시민 대학 성공 모델 상지대학교 이야기』, 시민의신문사, 2006, 21쪽.

80 임지봉, 「업무 방해죄의 적용에 관한 헌법적 고찰」, 『노동법학』 34호, 한국노동법학회, 2010, 126쪽.

81 허영은 평등이란 평등 그 자체에 의미가 있는 것이 아니라 자유의 조건으로서 자유를 실효성 있는 것으로 실현하는 데 그 본래의 기능과 의미가 있다고 본다.

82 이브 드잘레이·브라이언트 가스, 앞의 책, 2007, 397쪽.

83 「[시론/남덕우]삼성 사태를 보면서」, 『동아일보』, 2008.4.28.

84 1980년 직후 옥중편지에서도 경제에 대한 그의 시각은 자유 시장 경제를 옹호하기는 하나, 재벌 비판과 중소기업 강조의 기조를 갖고 있었다. 김대중, 『사랑하는 가족에게: 김대중 옥중서신 모음』, 새빛문화사, 1998, 268~277쪽.

85 그가 과거의 민중주의 지향을 버리고 자유주의 경향을 더 강하게 갖게 된 까닭이 그에게 퍼부어진 '좌익'이라는 공격을 피하기 위해서였는지는 알 수 없다.

86 김동춘, 「개발 독재하의 노동 문제와 대중경제론」, 류상영·김동노 엮음, 『김대중과 대중경제론』, 연세대학교 김대중도서관, 2013.

87 앤서니 기든스, 한상진·박찬욱 옮김, 『제3의 길』, 생각의나무, 1998.; 스튜어트 홀·에릭 홉스봄, 노대명 옮김, 『제3의 길은 없다』, 당대, 1999.

88 옌뉘 안데르손, 앞의 책, 2017, 58~77쪽.

89 김영순, 「사회 투자 국가가 우리의 대안인가?: 최근 한국의 사회 투자 국가 논의와 그 문제점」, 『경제와 사회』 74권, 한울엠플러스, 2007.; 양재진, 「사회 투자 국가가 우리의 대안이다: 사회 투자 국가 비판론에 대한 반비판」, 『경제와 사회』 75권, 한울엠플러스, 2007.

90 Gunnar Myrdal, "Conference of the British Sociological Association, 1953. II Opening Address: The Relation between Social Theory and Social Policy", *The British Journal of Sociology*, vol.4, no.3, 1953.

91 김용·박대용, 「문민정부 교육 개혁에서의 OECD의 영향: 국제 기구의 영향과 글로벌 교육 정책 장으로의 편입」, 『교육정치학연구』 25권 2호, 한국교육정치학회, 2018.

92 미국 고등 교육 전문 주간신문 *The Chronicle of Higher Education*의 2005년 1월 10일

보도. 「미국 박사 배출 외국 대학 1위 한국」, 『한겨레신문』, 2005.1.10.

93 물론 그는 '국가 개조'의 개념을 들고 나왔고, 국가 최고 정치 지도자들이 주체가 되어야 한다는 점을 강조하기 때문에 단순한 신자유주의론자는 아니다. 박세일, 『국가 개조: 왜 해야 하고 어떻게 해야 하는가?』, 한반도선진화재단, 2015.

94 「경제학자 80퍼센트, "노동 시장 유연성 확대 필요"」, 『연합뉴스』, 2022.3.19.

95 「경제 6천747명 最多…… 정치·사회 1천534명 그쳐」, 『교수신문』, 2016.4.25.

96 홍훈, 「신고전학파 경제학의 변화와 한국학계의 수용, 1960-2006년」, 『사회경제평론』 29-1호, 한국사회경제학회, 2007.

97 「"변방이 더 교조적" 떠올리게 한 한국 경제학자들」, 『한겨레신문』, 2018.2.14.

98 「건설형 신자유주의 견제할 세력 반드시 있어야」, 『경향신문』, 2008.3.3.

6. 한국 자본주의의 경로 대전환

1 Marc Saxer, *Mind the Transformation Trap: Laying the Political Foundation for Sustainable Development*, Friedrich Ebert Stiftung, 2015.

2 전 주한 일본대사 무토 마사토시武藤正敏는 『韓國人に生まれなくてよかった』(悟空出版, 2017)에서 치열한 교육열과 입시 경쟁, 취업난, 결혼난, 노후 불안, 높은 자살률, 취약한 연금 제도 등 한국 사회의 문제점을 강조했다.

3 보건복지부 장관을 했던 유시민도 이 점을 지적했다. 유시민, 『대한민국 개조론』, 돌베개, 2007, 209쪽.

4 "Asia's advanced economies now have lower birth rates than Japan", *Economist*, May 18, 2022. 한국의 비혼 출생률은 전 세계 모든 국가 중 가장 낮은 수준이다.

5 김순남, 『가족을 구성할 권리』, 오월의봄, 2022.

6 박선권, 「저출산 관련 지표의 현황과 시사점」, NARS 현안분석, vol.58, 국회 입법조사처, 2019.6.4.

7 김유선, 「저결혼·저출산과 청년 일자리」, 서울사회경제연구소 엮음, 『노동 현실과 희망 찾기』, 한울, 2017.

8 은행업의 경우 비정규직에서 정규직으로 전환되면 아이를 하나 더 낳았다고 한다. 김혜진, 『비정규 사회』, 후마니타스, 2015, 177쪽.

9 대표적인 저출산 국가인 일본, 이탈리아, 스페인의 합계 출산율 평균은 각각 1.37명, 1.36명, 1.34명이다.

10 1938년 스웨덴은 혼인 형태와 무관하게 보편적으로 주어지는 출산 수당을 포함한 출산 장려 정책을 마련했고, 피임 기구의 판매와 낙태 또한 합법화했다.

11 2018년 공무원 총조사에서 여성 공무원의 출산율 및 공무원이 많이 거주하는 세종시의 출생률을 통해서 이 점을 확인했다.

12 Thomas Blanchet·Lucas Chancel·Amory Gethin, "How Unequal Is Europe? Evidence from Distributional National Accounts,1980-2017", WID.world WORKING PAPER, 2019.6.(https://wid.world/document/bcg2019-full-paper/); Shere Berman, "The consequences of neoliberal capitalism in eastern Europe", September 6th, 2021(https://socialeurope.eu/the-consequences-of-neoliberal-capitalism-in-eastern-europe).

13 「한국 자살률 OECD 1위…20대 여성·10대 남성 크게 늘어」, 『연합뉴스』, 2021.9.28. 20대 여성은 2017년부터 2020년까지 매년 15퍼센트 이상 자살률이 증가했다.

14   정여진, 「2030 청년여성 정신건강 관련 정책, 이렇게 바꾸자」, 『일터』 통권 218호, 한국 노동보건안전연구소, 2022.6.

15   김승원·최상명, 「경제성장·소득분배·사회지표 간의 관계 분석을 통한 성장 중심 거시 경제 정책 평가」, 『동향과 전망』 91호, 박영률출판사, 2014.

16   자수성가의 신화가 자리 잡은 미국에서 계급 간의 갈등과 연대는 능력주의와 성취주 의 문화, 프티부르주아의 지위 상승, 그리고 개인주의에 압도당했다. 그래서 좀바르트 와 립셋이 말한 것처럼 사회주의 정치 세력의 힘이 미약했다. Samuel Martin Lipset, *American Exceptionalism*, Norton, 1996.

17   김상균, 『현대 사회와 사회 정책』, 서울대학교출판부, 1999, 11쪽.

18   폴 콜리어, 김홍식 옮김, 『자본주의의 미래: 새로운 불안에 맞서다』, 까치, 2020, 141쪽.

19   「일본의 저출산 극복법 '먹고살 만해야 낳는다'」, 『한겨레신문』, 2017.3.21.

20   「19대 대선에서 무시당한 굴욕 잊지 않았다」, 『오마이뉴스』, 2021.8.11.

21   토마 피케티, 안준범 옮김, 『자본과 이데올로기』, 문학동네, 2019, 796~798, 804~819, 887~916쪽.

22   Joel S. Migdal, *Strong Societies and Weak States: State-Society Relations and State Capabilities in the Third World*, Princeton University Press, 1988.

23   Stephan Haggard·Robert R. Kaufman, *Development, Democracy, and Welfare States Latin America, East Asia, and Eastern Europe*, Princeton University Press, 2008.

24   박형준, 「한국 사회, 경로를 바꿔라: '국가 대 시장'에서 '자본 대 사회'로」, 다른백년 창 립 준비 발표회 자료집, 2016.1.28.

25   마크 올슨·존 코드·앤 마리 오닐, 김용 옮김, 『신자유주의 교육 정책, 계보와 그 너머』, 학 이시습, 2015.

26   조효제, 『침묵의 범죄, 에코 사이드: 환경 위기는 곧 인권 위기다』, 창비, 2022, 228쪽.

27   Ian Goldin, "Coronavirus is the biggest disaster for developing nations in our lifetime", *The Guardian*, April 21, 2020.

28   안젤름 야페, 강수돌 옮김, 『파국이 온다』, 천년의상상, 2021, 35쪽.

29   Marc Saxer, 앞의 책, 2015.

30   프롤레타리아(proletariat)와 위험(precarious)의 조합어인데, 고용 불안 상태에 있는 모 든 유형의 노동자를 지칭한다. 가이 스탠딩, 김태호 옮김, 『프레카리아트: 새로운 위험 한 계급』, 박종철출판사, 2014.

31   전병유, 「신자유주의와 사회적 양극화」, 최태욱 엮음, 『신자유주의 대안론: 신자유주의 혹은 시장만능주의 넘어서기』, 창비, 2009, 106쪽.

32   특권국가에 대해서는 Ernst Fraenkel, *The Dual State : A Contribution to the Theory of Dictatorship*, *Clark*, The Lawbook Exchange, Ltd, 2006.

33   http://www.hani.co.kr/arti/society/rights/560376.html

34   김동춘, 「새 정부에 바란다: 사회 정책」, 『국회입법조사처보』, 2017년 여름.

35   이병천 외, 『안보 개발 국가를 넘어 평화 복지 국가로: 독일의 경험과 한국의 과제』, 사 회평론, 2016.

36   구갑우, 「복지 국가는 평화 국가와 함께 가야 한다」, 『월간 복지동향』 162호, 참여연대 사 회복지위원회, 2012.

37   정원규, 『공화민주주의』, 씨아이알, 2016의 「미리 쓰는 후기」를 참조하라.

38   김미경, 『감세국가의 함정: 한국의 국가와 민주주의에 관한 재정사회학적 고찰』, 후마

니타스, 2018.

39　　로버트 달, 조기제 옮김,『민주주의와 그 비판자들』, 문학과지성사, 1998, 76~78쪽. 최
　　　태욱,『한국형 합의제 민주주의를 말하다: 시장의 우위에 서는 정치를 위하여』, 책세상,
　　　2014, 55쪽.

40　　강명세,「"촛불혁명"의 희망은 무엇이었으며 그것은 어떻게 실현할 수 있는가?」,『의정
　　　연구』23권 2호, 한국의회발전연구회, 2017.

41　　2007년 대선 직전에 전경련은 헌법 개정 토론회를 열었다. 이 자리에서 민경국(강원대)
　　　은 "정부의 비대화와 경제 불안은 '정부 실패'가 아니라 '헌법 실패' 때문이다. 반시장
　　　적 헌법 조항을 삭제하고 보편적이고 차별 없이 자유와 재산권을 보장하는 법 원칙을
　　　구현한 '자유 헌법'의 확립이 필요하다"라고 주장했다. 강경근(숭실대)은 아예 현행 헌
　　　법의 경제 조항을 대부분 삭제하자고 주장했다.

42　　선거보다 추첨이 민주주의 정신에 부합한다는 지적도 있다. 버나드 마넹, 곽준혁 옮김,
　　　『선거는 민주적인가』, 후마니타스, 2004.

43　　장준호,「스위스 연방의 직접 민주주의: 2008년 6월 1일 국민투표를 중심으로」,『국제
　　　정치논총』48집 4호, 2008.12.; 리누스 폰 카스텔무르,「스위스 직접 민주주의는 수백
　　　년 걸쳐 진화해온 체계다」,『주민자치』vol.99, 2020.1., 54~56쪽.

44　　하승수,「'불편한 이야기' 제주 국회의원 선거 이대로 좋은가?」,『제주의 소리』,
　　　2022.9.27.

45　　"Law and Common Sense", *Economist*, January 27, 2009.

46　　미조구치는 무사 무분별의 개념으로 '공' 개념을 설명한다. 박영은,「한국에서 근대적
　　　공 개념의 형성과 성격」,『현대와 탈현대를 넘어서: 고 박영근 선생 유고집』, 역사비평
　　　사, 2004, 270쪽에서 재인용.

47　　같은 글, 273쪽.

48　　악셀 호네트, 문성훈 옮김,『사회주의 재발명: 왜 다시 사회주의인가』, 2016,48쪽.

49　　Adam Przeworski, *Capitalism and Social Democracy*, Cambridge University
　　　Press, 2012, pp.138~139.

50　　앤서니 기든스, 한상진·박찬욱 옮김,『제3의 길』, 생각의나무, 1998, 27~28, 110쪽.

51　　이용득·손낙구,『한국형 노동회의소를 꿈꾸다』, 후마니타스, 2020.

52　　한형식,『맑스주의 역사 강의』, 그린비, 2010.

53　　70명 이상의 학자가 코로나 이후의 발전 모델에 대한 5개의 제안(Five Proposals for a
　　　Post Covid19 Development Model)에 서명을 했다.

54　　사회적 혼합이 학교 교육에서 가장 중요하다는 지적은 폴 콜리어, 앞의 책, 2020, 274
　　　쪽.

55　　샤를 달레, 안응렬·최석우 옮김,『조선천주교회사(상)』, 분도출판사, 1979, 251쪽.

56　　E. F. 슈마허, 박혜영 옮김,『굿 워크』, 느린걸음, 2011.

57　　이종오 외,『어떤 복지 국가인가: 한국형 복지 국가의 모색』, 한울, 2012.

고통에 응답하지 않는 정치

2022년 12월 5일 1판 1쇄

지은이
김동춘

| **편집** | **디자인** | |
| 이진, 이창연, 홍보람 | 신종식 | |

| **제작** | **마케팅** | **홍보** |
| 박흥기 | 이병규, 양현범, 이장열 | 조민희, 강효원 |

| **인쇄** | **제책** | |
| 천일문화사 | J&D바인텍 | |

| **펴낸이** | **펴낸곳** | **등록** |
| 강맑실 | (주)사계절출판사 | 제406-2003-034호 |

| **주소** | | **전화** |
| (우)10881 경기도 파주시 회동길 252 | | 031)955-8588, 8558 |

전송
마케팅부 031)955-8595, 편집부 031)955-8596

| **홈페이지** | **전자우편** | |
| www.sakyejul.net | skj@sakyejul.com | |

| **블로그** | **페이스북** | **트위터** |
| blog.naver.com/skjmail | facebook.com/sakyejul | twitter.com/sakyejul |

값은 뒤표지에 적혀 있습니다. 잘못 만든 책은 서점에서 바꾸어드립니다.

사계절출판사는 성장의 의미를 생각합니다.
사계절출판사는 독자 여러분의 의견에 늘 귀 기울이고 있습니다.

ISBN 979-11-6094-988-9 03300